# 프로이트와 볼셰비키

제정러시아와 소비에트연방에서의 정신분석

SLAVICA 슬라비카총서 10

**Freud and the Bolsheviks** Psychoanalysis in Imperial Russia and the Soviet Union
by Martin A. Miller

Originally published by Yale University Press.

Copyright © 1998 by Yale University

All Rights Reserved

Korean translation copyright © 2018 GREENBEE PUBLISHING, This Korean edition is published by arrangement with YALE REPRESENTATION LIMITED, London through Yu Ri Jang Literary Agency, Seoul.

슬라비카 총서 10
**프로이트와 볼셰비키** 제정러시아와 소비에트연방에서의 정신분석

**발행일** 초판1쇄 2018년 10월 10일 · **지은이** 마틴 밀러 · **옮긴이** 전혜진
**펴낸이** 유재건 · **펴낸곳** (주)그린비출판사 · **주소** 서울시 마포구 와우산로 180, 4층
**전화** 02-702-0727 · **이메일** editor@greenbee.co.kr · **신고번호** 제2017-000094호

ISBN 978-89-7682-456-1 93180
이 도서의 국립중앙도서관 출판예정도서목록(CIP)은 서지정보유통지원시스템 홈페이지(http://seoji.nl.go.kr)와
국가자료공동목록시스템(http://www.nl.go.kr/kolisnet)에서 이용하실 수 있습니다.(CIP제어번호: CIP2018030508)

철학이 있는 삶 **그린비출판사** www.greenbee.co.kr

# 프로이트와 볼셰비키

제정러시아와 소비에트연방에서의 정신분석

마틴 밀러 지음 | 전혜진 옮김

SLAVICA 슬라비카총서 10

그린비

Y. N. M과 J. L. M.과 Z.A.M.에게

# 서문

그리고 같은 날이었는지, 혹은 다른 날이었는지, 우리는 오랫동안
대화를 나누었다. 그는 죽음과 거짓에 대해 모질고 가혹한 말을 했
다. 그때, 그는 얼굴을 찡그리면서 단호하게 — 아마도 나에게라기
보다는 자기 자신에게 이렇게 말했다. "하지만 이 모든 것에는 한 줌
의 진실 — 온갖 거짓 없는 진실 — 이 있습니다. 애증. 아마도 이것
이 러시아에 대한 나의 감정을 가장 정확하게 묘사한 것일 테죠."
— 알렉산드르 블로크가 본 예브게니 자먀틴(1920)

이 책은 러시아로 유입된 프로이트의 개념과 정신분석의 영향력, 그리
고 이러한 과정이 러시아에 미친 결과에 대한 연구이다. 지크문트 프로
이트Sigmund Freud는 『히스테리 연구』Studien über hysterie[1]를 출판하면서 '정신
분석'이라는 새로운 분야로 뛰어들었고, 그 이후 그의 작업은 여러 방면
으로부터 공격을 받았다. 이들 공격은, 현대 과학 실험의 일반적인 기준
에서 볼 때 정신분석의 이론과 실제를 임상 차원에서 증명하는 것이 불
가능하다는 우려에서 비롯된 아주 진지한 의구심에서 나왔다. 게다가
최근의 작업은 프로이트가 자신의 환자를 치료하면서, 나쁘게 보면 치
명적이고, 좋게 보면 불필요했던 몇 가지 오류를 범했음을 밝혔다. 이외
에도, 정신분석적 기획 전반의 유용성에 대한 의문이 떠오르고 있다. 가

---

1 요제프 브로이어·지크문트 프로이트, 『히스테리 연구』, 김미리혜 옮김, 열린책들, 2003. — 옮긴이

장 열광적인 프로이트 지지자들조차 머지않아 위기가 닥쳐오리라는 것을 인정하지 않을 수 없다. 훈련 기관은 그 어느 때보다 지원자들의 관심을 끌지 못하고 있고, 유명한 정신의학 저널들은 정신분석 관련 원고를 거의 게재하지 않고 있으며, 정신분석 치료를 받는 개인 환자 수가 급격하게 감소하고 있는데다가, 정신분석가 훈련을 받고 있는 정신의학과 학생들은 거의 남아 있지 않다(그리고 이들 학과에는 교수들조차 거의 없다).

하지만 동시에 많은 정신분석연구소, 임상 연구 발표, 전공자들의 연례 학회는 지속되고 있다. 게다가 미국을 비롯한 여러 나라 출판사들이 프로이트와 정신분석에 관한 책들을 쏟아내고 있다. 대학의 인문·사회과학 수업개요에는 학생들의 필독자료로 여전히 어느 정도의 정신분석학 관련 서지(찬성 쪽과 반대쪽)가 포함되어 있다. 많은 경우 미디어에서는 때때로 아주 극적으로 소란을 피우면서 정신분석 관련 사안에 대한 지대한 관심을 넌지시 드러내기도 한다. 지크문트 프로이트 아카이브의 전前 기획 책임자였던 제프리 매슨Jeffrey Masson이 자신의 경력을 비판적으로 주시했던 『뉴요커』New Yorker의 기자 재닛 맬컴Janet Malcolm에게 정식으로 소송을 제기한 사실을 널리 보도한 것도 그런 경우 중 하나이다. 프로이트의 딸 안나, 그리고 그의 제자들과 반대자들이 쓴 프로이트 전기는 학술 잡지에서뿐만 아니라 대중적인 차원에서도 폭넓게 논의되었다. 프로이트에 대한 반응은 그것이 특히 정신분석에 대한 페미니스트의 비판을 중심으로 펼쳐지거나, 1995년 미 국회도서관의 프로이트 전시회 취소와 관련해 편향된 큐레이터의 주장을 반박하는 집회가 뒤따랐던 것과 같은 사건이 발생했을 때 오히려 커다란 관심을 끌었다.

정신분석의 역사와 관련해서는 적어도 중요한 이야기가 이미 다 나왔다는 생각이 오랫동안 당연한 것으로 여겨졌다. 하지만 이 연구를 시작하면서, 러시아의 중요성을 다룬 것을 포함해서 정신분석의 주요 역사도, (어니스트 존스Ernest Jones의 『지크문트 프로이트의 삶과 업적』Life and Work of Sigmund Freud에서부터 류벤 파인Reuben Fine의 『정신분석의 역사』History of Psychoanalysis에 이르기까지) 프로이트를 호의적으로 잘 다룬 것으로 여겨지는 저서도 없다는 사실이 나를 놀라게 했다. 심지어 원전의 자료가 잘못 제시되어 있기도 했다. 빈정신분석학회Wiener Psychoanalytische Vereinigung 의사록에서 "제1차 세계대전 이후 러시아에서 정신분석이 금지되었다" (II, 173)라는 [잘못된] 기록을 보길 바란다. (피터 게이Peter Gay의 『프로이트』Freud[2]와 이디스 커즈웨일Edith Kurzweil의 『프로이트주의자들』The Freudians을 포함한) 최근의 작업에서는 마치 러시아에는 프로이트주의 단체도 없었고 정신분석에 대한 진지한 토론도 없었던 양 러시아를 간단히 생략해 버린 초기 연구들의 평가와 서술을 수정하지 않았다. 정신분석의 역사와 무의식 개념의 발달에 관한 가장 좋은 저서임에 분명한 『무의식의 발견』The Discovery of the Unconscious에서 앙리 엘랑베르제Henri Ellenberger가 "러시아에서의 정신분석의 역사는 아직 쓰여지지 않았다"라고 말한 것을 볼 때, 적어도 그는 이 문제의 중요성을 충분히 인식하고 있었다.

이 책은 이러한 생략을 바로잡고 러시아에서의 정신분석의 영향에 대한 탐색을 시도한다. 러시아에는 활동적이고 창조적이며 활기에 찬 정신분석학계가 있었다(그리고 사실상 다시 한 번 더 형성된다)는 점이 분명해질 것이다. 게다가 러시아에서의 프로이트의 영향력은 유럽 정신분석 발전의 초창기에 그 기원을 찾을 수 있을 것이다. 프로이트의

---

2 피터 게이, 『프로이트』 전 2권, 정영목 옮김, 교양인, 2011. ― 옮긴이

독일어 저작은 『꿈의 해석』*Die Traumdeutung*, 1899[3]을 시작으로 다른 어떤 외국어보다 먼저 러시아어로 번역·출판되었다. 프로이트, 카를 융Carl Jung, 그리고 카를 아브라함Karl Abraham과 연구하기 위해 서유럽에 온 러시아의 정신의학자들psychiatrists은 런던, 파리, 뉴욕 혹은 부에노스아이레스 등 ─ 훗날 정신분석센터가 번성하게 될 이 모든 도시에서 어떤 기관이 생기기 수년 전에 모스크바에 훈련 기관을 설립했다. 하지만 이렇게 외국과 연계되어 있으면서 여러모로 유럽 정신분석과 유사한 담론과 제도적 체계를 마련했음에도 불구하고 러시아인들은 전문적으로 유럽과는 매우 다른 경로를 택하게 되었다.

1부에서는 정신분석의 형성기를 탐색한다. 러시아 최초의 프로이트 지지자들은 대부분 환자를 치료하면서 난감한 문제에 부딪쳤던 정신의학자들이었다. 유럽에서 종종 '신체적 염세주의'somatic pessimism라고 불렀던 이 개념은 세기말fin-de-siècle의 러시아에서 두 개의 커다란 흐름이 결합된 형태로 받아들여졌다. (1) 심각한 정신질환 치료에 주도적이었던 기질성 병인학organic etiology의 패러다임이 환자들을 대규모로 병원에 감금해 버릴 뿐 발병률을 거의 호전시키지 못하면서 병폐를 낳게 되었다. (2) 정부가 원조를 확대 지원할 의지가 없음을 정신의학계 내부에서 인식하게 되었다. 이러한 문제들은 새로운 해법과 이론 틀을 찾도록 만들었다. 이 시기 일부 러시아 정신의학자들이 반드시 필요하다고 생각했던 대안을 빈에 있는 지크문트 프로이트의 작은 모임에서 연구하고 있었다.

1917년 볼셰비키 혁명 이후의 복잡한 기류 속에서 러시아의 프로

---

3 지크문트 프로이트, 『꿈의 해석』, 김인순 옮김, 열린책들, 2004. ─ 옮긴이

이트주의자들이 제대로 된 치료를 위해 노력하고 배우는 가운데 초반의 성공은 커다란 문제를 가져왔다. 2부에서 설명하겠지만, 이러한 어려움을 겪는 와중에도 1920년대 전반기 소비에트 러시아의 프로이트주의 단체는 세계 최초로(그리고 지금까지 유일하게) 국가 정부의 지원을 받는 정신분석연구소를 설립하였다. 게다가 정신분석적 원리로 운영되는 아동 정신요법 학교가 정부 기금으로 세워졌다. 아울러 1920년대 내내 볼셰비키의 주요 당 기관지에서는 정신분석학에 관한 활발한 토론이 이루어졌다. 하지만 이러한 상황은 1920년대 후반 결정적인 변화를 맞게 되었다. 프로이트 및 정신분석과 관련된 모든 문제들이 국가의 적이라는 지위로 배제되면서 사라져 버린 것이다.

　1930년 모스크바의 인간행동연구소 학술대회에서 프로이트주의에 대한 가혹하면서도 아주 공개적인 비난이 개진되었던 그때 러시아 정신분석의 역사는 멈춰 버린 것처럼 보였다. 하지만 예사롭지 않은 또 다른 반전을 맞이하게 되었다. 정신분석은 사라진 대신 비평을 둘러싼 업業으로 전환된 것이었다. 임상치료사로서는 실습이 불가능했고 정신분석적 정체성을 가진 학자로서도 책을 낼 수 없었지만, 이 비평 담론이 스탈린 시대 내내, 그리고 전후 기간에도 지속된 것은 사실상 프로이트에게 진정으로 관심을 가졌던 사람들 덕분이었다. 이는 결국 프로이트와 정신분석에 대한 상당한 관심을 다시 불러일으켰다. 그중에서도 1970년대 주도권을 잡은 트빌리시의 우즈나드제 연구소Uznadze Institute of Psychology의 심리학자 그룹과, 고르바초프와 글라스노스트(개방) 정책이 시행되기 이전부터 나왔던 몇몇 대담한 학자의 저술이 가장 두드러진 성과를 보여 주었다. 소비에트 시대의 마지막 20년 동안 정신분석은 무의식의 힘을 강조하는 인간동기이론으로서, 또 정신적으로 고통스러운 증상을 이해하고 경감시키는 임상치료 과정의 탐구로서 진정한 부활을 경험하게 되었다. 이러한 부침을 겪어 내는 모습과 그 결과가 이후의 페이지들에서 묘사된다.

나는 이 책이 얼마나 입문적인 연구인지를 잘 알고 있으며, 따라서 다른 사람들이 러시아 정신분석의 매력적인 역사를 좀 더 심층적으로 연구하는 데 있어 이 책이 용기를 주었다면 성공한 것이라고 생각한다. 정신분석 관련 개인 소장 자료와 국립 아카이브 문서들을 포함해서 미출판 원전 자료들을 이용할 수 있게 됨에 따라, 여기서 설명한 많은 주제에 대해서 내가 연구를 착수했을 때 가능했던 것보다 더 철저한 연구가 허용될 것이다.

용어 사용에 대해 말하면, **프로이트적/프로이트주의자**Freudian란 말과 **정신분석적**psychoanalytic이라는 용어는 내가 본 자료에서 사용한 대로 가져왔다. 용어 사용에서 나타난 혼란, 차이, 왜곡 역시 소비에트 정신분석 담론의 일부분이기에 이를 희석시켜 버리지 않으려는 의도에서였다. 이를테면 프로이트 시대의 러시아인들이 알프레트 아들러Alfred Adler, 융, 그리고 여타의 초기 정신분석학계 구성원들의 영향을 받았다는 사실에도 불구하고, 혁명 이전 시기에 이 두 용어는 종종 동일한 의미로 사용되었다. 소비에트 시대에 정신분석의 지지자들과 비평가들은 정신분석과 관련된 특정인들을 지칭하기 위해 **프로이트적/프로이트주의자**라는 용어를 채택하기 시작했다. 1920년대 정신분석에 관한 이데올로기적 논쟁이 벌어졌던 시기부터, 소비에트의 **프로이트주의자들**이라는 말은 특정 경향과는 상관없이 정신분석 운동을 일괄으로 통칭하는 문구로 사용되었다. 한참 뒤에야 『소비에트 대백과전서』*Large Soviet Encyclopedia*, 1978는 무의식적 현상 연구로서의 정신분석과, 프로이트주의, 즉 "정신분석적 견해에서 철학적이고 인류학적인 원리로" 격상된 이론 간의 차이를 구분했다. 다른 예를 살펴보면, **정신분석**psychoanalysis은 정신요법의 임상적 실천을 언급하기 위해 사용되었던 반면, **프로이트주의**Freudianism는 개인의 충동과 사회적 갈등만큼 다양한 주제들을 다룬 프로이트의 이론을 의미했다. 나는 이 용어들을 그 시기 자료에 쓰여진 대로 사용하였다.

마지막으로, 제목과 관련해서 한마디 하겠다. 나는 **볼셰비키**Bolshevik라는 말을 문자 그대로의 의미와 은유적인 의미로 모두 사용했다. 이 명칭은 1917년 10월 혁명 이후 ('공산주의'라는 명칭이 그것을 대체할 때까지) 소비에트 러시아에서 집권했던 정당의 실제 명칭과 소비에트 시대 전체를 아우른 상징적인 유형을 지칭하기 위해 사용되었다. 당연하게도 프로이트는 러시아에 없었지만, 이 책에서 보여 주게 될 그의 존재는 아주 중요했다.

나는 미 국회도서관 음역 체계의 수정판을 이용했다. 또 러시아 사람들이 했던 대로 러시아가 1918년 1월 31일 유럽 달력을 채택할 때까지는 혁명 전의 율리우스력(그레고리력보다 13일 늦다)을 따랐다.

# 감사의 말

이 책은 여러 방면에서의 도움이 없었다면 완성될 수 없었을 것이다. 이러한 도움에 깊이 감사드리며, 특별한 감사를 표하기 위해 쓴 다음의 목록에서 빼놓은 사람이 없기를 바란다.

로라 잉겔슈타인Laura Engelstein, 데이비드 조라프스키David Joravsky, 필립 폼퍼Philip Pomper, 그리고 리하르트 보르트만Richard Wortman은 이 책의 초고 전체를 읽어 주었다. 이들이 알아보지 못할지도 모르지만, 완성된 저서에서 내가 수정한 상당 부분은 이들의 통찰력 있는 비판에서 비롯되었다. 제임스 라이스James Rice는 이 책을 발전시키는 데 전반적인 도움을 주었다. 러시아의 아론 벨킨Aron Belkin, 알렉산드르 에트킨트Alexander Etkind, 그리고 발레리 레이빈Valerii Leibin은 너그럽게도 대개 원고의 형식이었던 자신들의 작업을 나에게 보여 주었다. 나는 이들 모두에게서 러시아 정신분석에 대해 여러모로 가르침을 받았다.

이 책의 일부는 존스홉킨스대학 메디컬센터의 존 J. 길브라이드John J. Gilbride 기념 강좌, 제3차 슬라브 연구 학술대회, 시카고대학 피시바인센터, 듀크대학의 국제문제센터, 의학사센터, 정신의학과, 에모리대학의 국제문제센터, 애틀랜타 정신분석학회, 전미슬라브학협회, 미국정신분석아카데미, 듀크대학-노스캐롤라이나대학의 정신분석학회, 국립인문학센터의 지성사 세미나 등에서 대중들에게 공개되었다. 이 초청 행사에서의 열렬한 지지와 건설적인 비판은 자료들을 새로운 관점에서 다시 검토하도록 해주었기에 너무나도 뜻깊었다. 처음『슬라빅 리뷰』Slavic Review에 게재했던「볼셰비키의 지배하에서의 프로이트 이론」Freudian Theory Under Bolshevik Rule을 이 책의 5장에 수정해서 다시 실을 수 있도록 허락해 준『슬라빅 리뷰』측에도 감사의 말을 전하고 싶다.

참고문헌과 관련해서는 다음과 같은 귀중한 도움을 받았다. 미 국회도서관, 국립의학도서관, 일리노이대학(어바나-샘페인캠퍼스)의 슬라브참고문헌서비스의 직원들, 듀크대학의 도서관 상호 대차 서비스 직원들, 뉴욕정신분석연구소 A. A. 브릴A. A. Brill도서관의 문서 및 특별 소장 자료 관장인 넬리 L. 톰슨Nellie L. Thompson에게 특히 감사드린다. 모스크바의 아론 벨킨은 이 책에 인용한 러시아 문헌 자료를 조사할 수 있게 해주었다. 듀크대학교 퍼킨Perkin도서관의 슬라브 서지학자 오레스트 펠레치Orest Pelech는 자료 요청에 항상 응해 주었을 뿐 아니라 책에 나오는 러시아어와 독일어 인용을 신경 써서 검토해 주었다. 유능한 도트 샙Dot Sapp과 제나 골닉Jenna Golnik이 원고를 타이핑해 주었으며, 원고 편집자였던 노렌 오코너Noreen O'Connor와 일할 수 있었던 것은 내게 행운이었다. 론 보브로프Ron Bobroff가 최종적으로 원고를 읽어 준 덕에 이 책이 좀 더 나아졌다.

수십 년 전 내가 대학생이었을 때, 델마 레빈Thelma Levine은 메릴랜드대학의 역사철학 강의에서 잊을 수 없는 독특한 방식으로 프로이트를 소개해 주었다. 1965년에서 1966년 학기에 모스크바 국립대학의 문화교환 프로그램에 참여한 대학원생이었던 나는, 구 소비에트연방에서

에리히 프롬Erich Fromm을 연구하기에는 극히 어려웠던 시기에 그런 연구를 했던 블라디미르 도브렌코프Vladimir Dobren'kov의 저작을 통해 처음으로 정신분석 연구의 쟁점을 배웠다. 레오폴드 하임슨Leopold Haimson과 미하엘 콘피노Micheal Confino ── 과거의 스승이자 현재의 친구들 ──에게서 받은 영감은 내가 써 내려간 행간 곳곳에 '무의식적으로' 녹아 있다.

이 기획은 원래 국립정신건강연구소의 후원을 받은 컬럼비아대학 정신의학 역학 훈련 프로그램이 제공한 유익했던 2년간의 특별 연구원 시절에 모양을 갖추었다. 인문학 국가기금, 러시아 동유럽 연구 국립협의회, 국제연구교환위원회(러시아 여행 목적), 듀크대학 연구협의회에서 받은 고마운 지원금으로 나는 강의 업무에서 벗어나 있을 수 있었다. 이 모든 지원에 감사드린다.

가장 큰 빚을 진 내 아내 일라나Ylana에게는 채 갚을 수 없을 만큼의 고마움을 느낀다. 그녀는 이 책의 초고들을 세심하게 읽어 주었으며 심각한 오류를 범하지 않도록 해주었다. 또한 그녀는 내가 지나쳤을지도 모를 중요한 문제들을 일깨워 주기도 했다. 그녀에게 영원히 사랑한다!liubov' navsegda!라고 말하고 싶다. 아마도 보다 간접적인 방식으로 나의 아이들 조쉬Josh와 지나Zina는 이 기획의 방향을 고안하는 데 도움을 주었다.

이 책의 내용에 대해서는 온전히 나의 책임이지만, 이 자리와 주석에서 언급한 사람들의 도움 덕택에 이 책이 더 나아졌다. 이들이 없었다면, 그렇게 하지 못했을 것이다.

# 차례

# 1부

# 혁명 이전

# 1장

# 러시아 정신의학과 그 불만

욕망과 정념의 세계 이외에 우리에게 현실로 '주어진' 것은 아무것
도 없다. 우리는 자신의 충동의 현실이 아닌 다른 '현실'로는 떠오르
거나 가라앉을 수 없다. ── 사유는 오직 이 충동들 간의 상호관계이
기 때문이다. ── 프리드리히 니체, 『선악의 저편』[1]

## 수용소에서 병원까지의 역사

10세기로 거슬러 올라가면, 러시아에는 '영혼의 장애'를 치료하는 일에
대한 언급이 산재해 있다.[2] 16세기 이반 뇌제 통치기에는 '귀신에 홀려
서 이성을 잃은' 사람이라 불렸던 광인을 보호하는 법령이 발포되었다.
이런 사람들은 "건강한 사람들에게 짐이 되지 않으면서, 계몽되어 현실
에 대한 이해력을 얻게 될" 지정 수도원에 수용되었다.[3] 18세기까지 광

---

1 프리드리히 니체, 『선악의 저편·도덕의 계보』, 김정현 옮김, 책세상, 2002, 68쪽. 번역은 수정 ── 옮
  긴이
2 N. A. Bogoiavlenskii, "O dushevnykh i nervnykh bolezniakh na Rusi epokhi feodalizma(XI–XVII
  vek)", *Zhurnal nevropatalogii i psikhiatrii*, 66, 1966, pp.1706~1713[「봉건제 시대(11~17세기) 루시의
  영혼 및 신경증 환자들에 관하여」, 『신경병리학과 정신의학 저널』]에 실린 흥미로운 근거 참조. 초
  창기에 관련한 또 다른 접근으로는 T. I. Iudin, *Ocherki istorii otechestvennoi psikhiatrii*, Moscow:
  Medgiz, 1951, pp.7~22[『조국 정신의학사 논고』] 참조.
3 Naomi Raskin, "Development of Russian Psychiatry before the First World War", *American
  Journal of Psychiatry*, 120(9), March, 1964, p.851.

인들은 제도적 차원에서 수도원의 책임하에 있었다.

그럼에도 불구하고 대부분의 광인들이 구속받지 않은 상태로 있었다는 데에는 의심의 여지가 없다. 미친 사람들을 설명하기 위해 사용되었던 용어는 광기에 대한 일반적인 태도를 반영하고 있다. 광인들은 '불행한 사람들'로, 이따금 '고통받는 사람들'로, 때로는 '축복받은 사람들'로까지 불렸다. 게다가 사회를 위협하지 않는 한 미쳤다고 여겨지는 사람들이 마을과 동네의 길을, 자신들에 대한 전설이 자라는 숲 근처를 떠도는 것은 일상적인 일이 되었다. 당대의 기록에서 가난한 사람들과 광인들 모두에게 불행한 사람들neschastnyi이라는 말이 사용된 탓에 이 둘 사이를 구별하는 데는 어려움이 있다.

점진적으로 광인들을 감금하기 시작한 데에는 몇 가지 요인들이 작용했다. 여기에는 농노제의 합법화(러시아 구력으로 1649년 울로제니예 Ulozhenie, 즉 1649년 법전에서는 소작인들의 이동의 자유를 폐지했다)와 알렉세이 1세(재위 1645~1676) 치세에 있었던 러시아 정교회 내부의 종교적인 분열이 포함된다. 농노가 된 소작인들은 지주에게서 도망치려 했고 엄청난 수의 사람들이 모스크바로 몰려왔다. 가난했든 미쳤든 간에, 그들은 확립된 질서에 대한 위협으로서 취급되었을 뿐 더 이상 그저 가없은 '불행한 사람들'이 아니었다. 종교 문제에 있어서는, 1660년대 총대주교 니콘Nikon의 개혁이 단행되는 동안 교회의 내분을 야기한 신학 논쟁의 여파로 '적'과 '이단자'가 대폭적으로 추려졌다. 이렇듯 살벌한 분위기 속에서 종교의 반대자와 모든 범주에서의 비정상인들(주로 전제적인 지주에게서 도망친 소작농들)은 '사악함'에 맞선 성전으로 소탕되었다.

정신의학psychiatry이 등장하기 전이었던 그 시절에 의사 자격으로

'영혼의 치료사'가 나타난 것은 역사적으로 중대한 사건이었다. 교회가 정의한 사악함, 국가가 정의한 비정상인, 그리고 의학계가 정의한 광기는 더 이상 구별되지 않았다. 사실 국가가 교회, 권세 있는 귀족, 지방의 제후들을 국가권력으로 통합하면서, 개인적인 일탈은 격리하고 타파해야 할 위협으로 인식되었다.

이러한 경향은, 러시아 사회의 세속화가 광기의 치료에 본격적이고 진지하게 영향을 미치기 시작했던 표트르 대제(재위 1689~1725) 치세에 분명해졌다. 표트르 대제가 세운 근대 국가에서는 자유로운 소작인과 마찬가지로 자유로운 광인들을 위한 사회적 공간이나 관용은 없었다. 그는 향후에 사회적으로 '쓸모없고', '위험하고', '위협적인' 개인을 수용한다는 내용을 담은 일련의 법안을 발표했다. 새로운 제정 국가를 건설하기 위해 러시아 사회의 다양한 부문들을 결집시키면서, 표트르 대제는 국영사업을 위한 엄정한 조건과 일탈을 거의 허용하지 않는 생산력 증대의 기풍을 마련하였다. 어떤 이유에서든 건국 사업에 참여할 수 없었던 사람들은 비생산적이고 게으르다고 여겨졌다. 귀족이든 소작농이든 간에, '꾀병 환자'와 '무당', 그리고 광범위하면서도 더 오래된 범주인 '불행한 사람들'을 대상으로 많은 교정 시설들이 설계되었다. 표트르 대제의 뚜렷한 의도는 광인들을 수용하고 보호했던 수도원의 책임을 회수하는 것이었다. 새로운 기관은 전적으로 정부의 원조 아래 놓였으며, 병원뿐만 아니라 작업 시설도 갖추고 있었다. 이러한 표트르 대제의 법령을 집대성한 문건 중 특히 1720년대 초반에 발행된 자료에는, 러시아 사회의 다른 '불행한 사람들'과 변별하여 광인들을 지칭하기 위해 새로운 법률 용어(광인sumabrodnye)를 포함시키기도 했다.[4]

표트르 대제가 이러한 법안을 제정한 동기는 환자들을 갱생시키거나 돌보는 데에 있다기보다는 국영사업을 운영하는 분명한 기준을 세우는 일과 훨씬 더 관련이 있었다. 그렇지만 훈육이든 치료든 간에, 그의 재위기에 계획된 기관 중 어떤 것도 설립되지는 않았다. 광인들을 특정 용어로 지칭하고 이들의 치료를 수도원에서 세속으로 이전할 것을 명령했던 표트르 대제는 이로써 수용소 시스템을 위한 무대를 마련하였지만 시스템의 창조로까지 나아가지는 못했다. 러시아에서 광인들을 위한 최초의 수용소가 세워지기까지는 이로부터 반세기가 더 걸렸다.

러시아 수용소 시스템의 기원은 표트르 3세가 상원의 발의로 정부 법령을 공표했던 1762년으로 거슬러 올라간다. 거기에는 "광인들을 수도원으로 보내지 않고 외국의 사례에서처럼 특별한 기관으로 보낸다"라고 명시되어 있었다.[5] 표트르 3세는 한동안 몇몇 독일 공국에 있었던 독일식 정신병원인 톨하우스Tollhaus를 모델로 생각하고 있었다. 러시아 과학아카데미Rossíiskaya akadémiya naúk가 작성한 긴 보고서는 새로운 기관의 기틀을 제공하였다. 광인에 대한 4가지 진단 범주가 치료를 위해 다음과 같이 확립되었다. '간질환자, 정신이상자, 우울증 환자, 미치광이 beshenye(문자 그대로 쉽게 분노하고 공격적인 사람들)'. 이러한 장애를 가진 사람은 수용소라는 분리된 장소에 수용되어 치료받았다. 보고서에는 의사와 직원의 총 인원수도 자세하게 기록되었다. 건물 구조에서부터 활용된 치료 방법에 이르기까지 모든 것이 보고서에 논의되었다. 그것은 러시아가 치료에 있어서 어둠에서 빛으로 이동했던 역사적으로

4 Iudin, *Ocherki istorii*, pp.23~26[『조국 정신의학사 논고』] 참조. 또한 Kenneth S. Dix, "Madness in Russia, 1777~1864: Official Attitudes and Institutions for Its Care", Ph.D. diss., UCLA, 1977 참조. 법령에 실제로 사용된 용어를 보려면, Charles Vallon and Armand Marie, *Les Aliénés en Russie*, Montrevrain: Imprimerie typographique de l'école d'Alembert, 1899, pp.7~8 참조.
5 Iu. Kannabikh, *Istoriia psikhiatrii*, Leningrad: Gosmedizdat, 1929, p.283[『정신의학사』].

유일한 순간인 듯하다.[6]

1776년과 1779년 사이에, 국가의 제도화된 통제의 본보기로 최초의 광인 수용소가 등장하였다. 그것은 예카테리나 대제의 지방 개혁 프로그램을 따라 노브고로드, 모스크바, 상트페테르부르크에 설립되었다. 수도 모스크바의 러시아 과학아카데미는 이 초기 수용소들을 설립하는 데에 핵심적인 역할을 하였다. 공간이 부족했기 때문에 지방에 있는 몇몇 수용소는 아이러니하게도 기존의 수도원을 할당받았다.[7] 흔히 칠해진 페인트 색상에 따라 일명 '노란 집'으로 불렸던 수용소는 향후 10년간 전국 방방곡곡에 세워졌다.

그러나 수용소는 시작부터 큰 난관에 부딪히면서 무력해졌다. 입원 기준이 의학적인 근거하에 명확하게 규정되지 않은 탓에, 수용소는 곧 범죄자, 빈민, 그리고 경찰이나 사회 구성원들이 대중 사이에서 쫓아버리고 싶어 했던 다양한 범주의 '불행한 사람들'을 모아 놓은 쓰레기 하치장이 되었다. 정신의학 관련 전문가들이 출현하기 전에 수용소 시스템이 먼저 구축된 까닭에, 훈련이 안 된 직원이 수용소 업무를 관리하고 조정했다. 또한, 초만원인 상황에서 피수용자들은 학대를 받았다. '난폭'한 사람들에게는 주로 가혹한 구속(가죽끈과 구속복)을, 고분고분한 사람들에게는 온수욕이나 냉수욕을 처방하는 것으로 치료가 이루어졌

---

6 G. F. 뮐러(G. F. Müller)가 쓴 보고서의 제목은 「정신이상자를 위한 쉼터 설립에 대하여」(On the Founding of Homes for Lunatics)이다. Iudin, *Ocherki istorii*, p.33[『조국 정신의학사 논고』]의 논의와 N. N. Bazhenov, *Istoriia moskovskogo dolgauza*, Moscow, 1909[『모스크바 돌하우스의 역사』]에서의 보다 다채로운 서술을 참조.

7 A. M. Shereshevskii, "Sozdanie v Rossii pervykh spetsial'nykh uchrezhdenii dlia dushevnobol' nykh", *Zhurnal nevropatalogii i psikhiatrii*, 78, 1978, vol.1, pp.131~134[「러시아 최초 정신질환 특수 기관의 설립」, 『신경병리학과 정신의학 저널』].

다. 게다가 수용소는 그렇게 문제가 많고 다양한 환자 집단이 가진 대단히 복잡한 문제들을 처리하거나 실력 있는 직원을 고용하기에 충분한 자금을 지원받지 못했다. 수용소는 국가의 요청으로 공공기관이 되었지만, 국가로부터 필요한 지원을 받지는 못했다. 미셸 푸코Michel Foucault가 명명한 근대 '감금'의 시대가 러시아에서 시작된 것이다.

러시아가 유럽의 계몽주의 사상을 접하게 되면서 광인 치료 정책이 실시된 것은 우연이 아니다. 예카테리나 대제는 러시아에 새로운 '고급 문화'를 전파하기 위해서 유럽의 계몽전제군주 —— 특히 프러시아의 프리드리히 대왕 —— 를 의식적으로 모방하였다. 이 개혁의 시대에 시작된 많은 개혁들 중에는 사회의 불행한 사람들에 대한 인도적인 치료와 관련된 것들이 있었다. 예카테리나 대제는 본인이 책임지고 버려진 아이들을 위한 보호소, 고아원, 그리고 병원을 세웠다. 이러한 개혁 활동 이면의 숨은 동기를 궁핍하고 병든 사람들의 처지를 개선하려는 그녀의 진심 어린 바람에서 찾기도 하고, 자신의 권위를 강화하기 위해 보다 넓은 지지 기반을 창출하려는 계산된 시도의 일환으로 보기도 한다.

그러나 이러한 해석에서 종종 간과되는 것은 정치와 계몽주의 시대의 목표 사이에서 작동하는 모종의 관계를 강조하는 일이다. 서구 합리주의의 선택적 인지 오류에 빠져 스스로를 개조하려고 애쓰는 사회에서, 여기에 어울리지 않는 사람들은 골칫거리로 떠오르게 되었다. 이성의 세계는 논리, 질서, 균형, 목표 지향적 행위 등의 역학에 구속된다. 근대 국민국가의 건설을 위해 완벽한 헌신과 참여의 정신으로 무장한 표트르 대제가 게으른 자들을 참아 낼 수 없었던 것처럼, 예카테리나 대제는 이성의 안티테제 —— 즉 광기 —— 를 러시아 계몽주의 시대의 일부로 받아들일 수 없었다. 이와 같이 광인들을 새로 만든 수용소로 보내는 것은 계몽주의 시대의 인식과 정치의 직접적인 결과였다. 표트르 대제에 따르면, 게으른 자들은 '치료되어야' 했다. 국가에 봉사하는 일을 하게 하려면 말이다. 마찬가지로 예카테리나 대제에 의하면 광인들은 '치료되어야' 했다. 이성을 되찾기 위해, 그리고 사회질서를 교란시키거나 위협하는 대신 그에 기여하도록 하기 위해서 말이다.

19세기 동안에는 광인 치료에 많은 진척이 있었으며, 정신의학이 의학계 내에 별개의 전공으로 출현했다. 수용소 시스템과 함께 '미친 사람들'을 돌보는 병원들 사이에 네트워크가 확립되었다. 니콜라이 1세 (재위 1825~1855) 치세에 국립빈민구호소, 고아원, 병원을 감독하기 위해 특별위원회 산하 정부 부서가 만들어졌다. 특별위원회의 위원 중 한 명인 이반 F. 륄Ivan F. Riul', 1796~1846은 선구적인 정신의학 개혁가로서의 면모를 보여 주었다. 1832년 황제에게 보낸 상세한 보고서에서 그는 광인 치료와 관련하여 영향력 있는 진술을 하였다. 륄은 치료 불가능한 환자들로부터 치료가 가능하다고 진단받은 환자들을 격리시킬 광인 특수 병원의 설립을 제안했다. 충분한 생활공간과 치료 활동은 회복 과정에 도움을 줄 것이었다. 그는 병원에 입원한 환자들을 진찰하는 동안 식이요법, 생활양식, 가정환경에도 신경 쓸 것을 권고했다. 나아가, 륄은 러시아의 정신질환 비율에 대해 최초로 과학적인 추산을 가능케 한 정교한 환자용 설문지를 고안하였다.[8]

보고서를 제출하자마자 륄의 제안은 승인을 받았고 상트페테르부르크에 병원이 설립되었다. '모든 회개자의 병원'The All-Mourners' Hospital(혹

---

8 륄에 관해서는 Dix, "Madness in Russia", p.118, 각주 26과 p.119, 각주 44 참조. Iudin, Ocherki istorii, pp.60~63[『조국 정신의학사 논고』]도 참조.

은 모든 고통받는 자들. 러시아어로는 'Vseskorbiashchie')의 원장으로 부임한 F. I. 게르츠그F. I. Gertsog, 1785~1853는 러시아 최고의 정신의학자 중 한 명이었다. 그러나 곧이어 수용소에서 해결할 수 없는 많은 문제들이 발생했고, 룰이 기대했던 높은 수준에는 한참 못 미친 채로 몰락하게 되었다. 병원이 수용 인원을 초과하게 됨에 따라 치료의 질은 떨어졌고, 훈련이 부족했던 직원들은 적절한 진단을 내릴 수 없었다. 불치 비율이 예상보다 높았던 탓에 병원에서 일하는 의사들의 사기는 꺾였다. 자금 제공도 일정치 않은 수준이었다. 몇 년간은 정부자금이 후했지만, 대부분의 기간 동안은 그렇지 못했다.

프레오브라젠스키Preobrazhenskii는 광인 치료에 전념한 모스크바 최초의 병원으로 1808년에 처음 문을 열었다. 이 병원에는 러시아의 초창기 임상치료 관련 논문 중 하나를 집필했던 Z. I. 키발치치Z. I. Kibal'chich 박사가 원장으로 있었다.[9] 모스크바의 프레오브라젠스키 병원의 상황은 상트페테르부르크의 '모든 회개자의 병원'에서 묘사된 것과 비슷했다. 이 시기 병원의 예산을 보면, '난폭한 사람들'을 구속하기 위해서 오래된 나무 창살을 쇠사슬과 강철 창살로 교체하는 데 상당한 지출을 했다. 1828년, 프레오브라젠스키 병원의 원장으로 임명된 V. F. 사블레르V. F. Sabler 박사는 인간적인 치료를 시도했다. 그는 쇠사슬로 매어 구속하는 것을 폐지했고, 환자들에게 음악, 수공예, 병원 정원에서의 농사일 같은 것을 활용한 서유럽식의 '순화 요법'moral therapy 방식을 도입하였다. 그러

---

9 키발치치의 저작 『모스크바 병원의 거류 외국인 치료 방법에 대한 기록』(Notes sur la mode de traitement employé à l'hôpital des alienes de Moscou)은 원래 1813년 파리에서 출판되었다. D. D. Fedotov, Ocherki po istorii otechestvennoi psikhiatrii, Moscow: Ministerstvo zdravoohkraneniia SSSR, 1957, vol.1, pp.104~105, 276~278[『조국 정신의학의 역사에 관한 논고』] 참조.

나 그는 통제 불능의 환자들에게는 여전히 구속복과 가죽끈이 달린 구속 의자의 사용을 허용했다.[10] 그럼에도 불구하고, 256명의 환자를 억지로 욱여넣었던 1850년에 이르러서는 병원이 과잉 수용된 인원을 감당하기 어려운 지경에 이르렀다. 자금 부족과 훈련되지 않은 직원, 그리고 명확한 입원 제한 기준의 부재 등 이 모든 것들이 또다시 프레오브라젠스키 병원의 효율성을 떨어뜨렸다.

## 좌절된 개혁

대다수의 연구에 의하면, 이반 발린스키Ivan Balinskii, 1827-1902의 작업으로 러시아 정신의학이 근대적 전문 분야로서 널리 등장하게 되었다. 그의 책임하에 1857년 상트페테르부르크의 명망 높은 의료기관인 내외과아카데미mediko-khirurgicheskaia akademiia에는 정신의학이 최초로 독립 교과과정으로 개설되었다. 그는 1861년에 상트페테르부르크의 아카데미에서 광인들을 위한 특수 클리닉을 열기도 했다. 발린스키는 러시아 최초의 전문적인 정신의학 기관인 페테르부르크 정신의학 학교Peterburgskaia shkola psikhiatrov를 만드는 데 일조하기도 했다(그리고 이후에는 회장이 되었다). 유럽 전역을 돌아다니면서, 그는 어느 정도 국제적인 명성을 얻었다. 그리고 유럽의 정신의학에 관한 그의 지식은 의대생들의 관심을 끌었다.[11]

---

10 Iudin, *Ocherki istorii*, pp.67~68[『조국 정신의학사 논고』]. 사블레르는 유럽 학회지에 논문을 게재했으며, 해외에서 명성을 얻은 최초의 러시아 정신의학 전문가 중 한 명이었다. 순화 요법의 실제를 다룬 문헌은 많다. 예컨대, Andrew Scull, "John Conolly: A Victorian Psychiatric Career", *Social Order/Mental Disorder: Anglo-American Psychiatry in Historical Perspective*, Berkeley: University of California Press, 1989, pp.164~212 참조.

11 Ibid., pp.98~99, 108~114, 164~168. 발린스키는 언젠가 이렇게 말했다. 상트페테르부르크에 있는

1860년대 알렉산드르 2세는 러시아 사회 전반과, 개별적으로는 정신의학에 깊은 영향을 주었던 대대적인 개혁에 착수했다. 1855년 크림 전쟁에서 러시아가 예상치 못한 굴욕적인 패배를 당한 이후에 이 개혁 프로그램이 시행되었다. 여기서의 중심 항목은 농노 해방이었다. 아울러 군대, 사법제도, 교육기관, 그리고 전국의 병원 네트워크 등의 개혁과 관련된 법률이 제정되었다. 황제의 개혁 프로그램으로 신설된 여러 정부기관 중에서 젬스트보zemstvos(지방의회)는 거의 자포자기 상태에 빠진 소작농의 삶을 개선하는 임무를 맡아 처리하였다. 젬스트보는 국가 개혁을 위한 알렉산드르의 대담한 기획에 고무된 많은 학생과 전문가들에게 매력적으로 다가왔다. 그들은 가장 먼저 지방의 교육, 주거, 교통, 농산물, 보건에 대한 통계 데이터를 모으는 데 주력했다. 국가 공공 수용소를 조사하면서, 그들은 사실상 전 지역이 비참한 조건에 놓여 있음을 발견했다. E. A. 오시포프E. A. Osipov, 1841~1904는 젬스트보의 출중한 의사들 중 한 명으로, 그의 아들은 훗날 러시아 정신분석의 창시자 중 한 명이 된다. 아버지 오시포프는 많은 지방 보건 기구의 본보기가 된 지역 보건 단체를 창시하는 데 중요한 역할을 하였다.

도시라고 해서 상황이 더 나을 것은 없었다. 외국에서 온 의료 방문객들은 이 도시들에서 젬스트보 단체가 지방에서 수집했던 징후들을 확인했다. 1867년에 방문했던 한 영국인 의사는, 수도 모스크바의 가장

한 주요 기관의 정신의학 분과는 너무도 열악한 상황에 처해 있어 차라리 "단테의 지옥의 지부(支部)"라 부르는 편이 낫겠다고 말이다. Kannabikh, *Istoriia psikhiatrii*, p.379[『정신의학사』]. 발린스키는 19세기 전반기 두 명의 프랑스 주요 정신의학 개혁가인 장-에티엔 도미니크 에스키롤(Jean-Etienne Dominique Esquirol)과 필리프 피넬(Philippe Pinel)과 비교되어 왔다. A. G. Roitel'man, "Psikhiatricheskie aspekty deiatel'nosti vrachei v meditsinskikh obshchestvakh nezemskikh mestnostei Rossii", *Zhurnal nevropatalogii i psikhiatrii*, 86, 1986, p.1238[「러시아 비(非)젬스트보 지역 의료계에서 의사들의 정신의학적 활동들」, 『신경병리학과 정신의학 저널』] 참조.

큰 수용소에서마저도 "혜택을 받으리라 한결같이 기대하고 있었던 대부분의 불행한 수감자들은 마치 겨울 동안 모든 빛을 쬐여 버렸다는 이유로 지하 감옥에 갇혀 버린 것 같다"고 말했다. 상트페테르부르크 제1육군병원Pervyi voennyi gospital'에 소속된 수용소에 대해 그가 기록한 부분은 보다 충분히 인용될 만하다.

여기서 정신병자 담당관에게 할당된 병동은 아주 역겹고 어두침침하며, 그림, 장식품, 화초 혹은 제대로 된 것처럼 보이는 가구조차도 전혀 갖추어지지 않았다. 낮 동안 변변찮게 사용되고 있는 침실과 거실은 불행한 수감자들에게서 발견되는 불만과 우울이 충분히 이해될 만큼 모두 칙칙한 외양을 띠고 있다. 이들은 우중충하게 보이는 회색 실내복을 걸치고서 군데군데 정처 없이 걸어 다니는데, 흡연 이외에는 기분전환을 위한 다른 어떤 수단도 가지고 있지 않은 듯 보인다. 총 인원이 서른 명이 채 되지 않았음에도, 그들은 그 야만적인 아우성과 흥분 상태로 방문객을 괴롭혔다. 그리고 버림받고 가련한 이들의 처지를 느끼게 된 방문객의 마음을 아프게 했다. 그들의 머릿속을 즐겁게 할 책이나 신문 따위는 없었다. …… (광인들은) 엄격하게 방 안에 감금되는데, 이는 그들의 정신 건강과 신체 건강에 처참한 결과를 가져올 것이다. ……

방문객은 관리자들이 자신들의 소명에 대해 준비가 부족하다는 확신을 강하게 가지고서, 무거운 마음으로 상트페테르부르크 제1육군병원의 광인 병동을 떠난다.[12]

---

12 T. B. Belgrave, "The Asylums for the Insane in St. Petersburg and Copenhagen", *Journal of Mental Science*, 13, 1867, pp.11, 13~14. '젬스트보 정신의학'의 기원에 대해서는 Iudin, *Ocherki istorii*, pp.86~101[『조국 정신의학사 논고』] 참조.

젬스트보가 제출한 정신의학 보고서와 제안서로 인해 1864년에서 1875년 사이에는 서른 곳 이상의 지방 수용소와, 보다 규모가 큰 지방 자치단체의 종합병원에 소속된 많은 정신의학 분과가 젬스트보 소관 으로 이전되었다. 젬스트보위원회는 과밀화를 해소하기 위해 광인들을 위한 새로운 기관을 만들고, 정신의학을 전공한 보다 숙련된 의사들을 확보하며, 환자 치료를 위한 정부 기금을 증액할 것 등을 제안했다. 대략적으로 말하면, 젬스트보는 지역 자치기관이 수행한 실험이었으며, 지방정부 통치기에 자행된 악습과 태만을 바로잡으려는 노력이었던 것이다.

1879년까지 조심스러운 낙관론이 지속된 이유가 있었다. 그 시기의 정부는 반복되는 젬스트보의 원조 요청에 응답하였고, 법령을 발표하면서 수용소의 끔찍한 상황을 공개적으로 인정하였으며, 재정적 지원의 수위를 높였다. "적절한 치료로 광인들 중 상당 비율이 사회의 생산적인 구성원으로 전환될 수 있다"라는 전제가 기조를 이루고 있었던 것이다.[13]

게다가 19세기 후반 동안 의료인들 사이에서 많은 러시아 정신의학자들이 이론과 임상에 있어 우위를 차지하게 되었다. 1890년까지의 집계를 보면 훈련을 받고 자격증을 딴 정신의학자들이 180명에 달했다. 1877년 상트페테르부르크 내외과아카데미에 I. P. 메르제예프스

---

13 Julie V. Brown, "The Professionalization of Russian Psychiatry: 1857~1911", Ph. D. diss., University of Pennsylvania, 1981, p.85에서 1879년 법령 부분 재인용. 내무부의 통계에 따르면, 이 시기에 러시아는 4만 명을 광인으로 등록했으며, 그들 중 75퍼센트는 '공공의 안전에 위협적' 이라고 간주되었다. 이 사람들 중 1만 8000명만이 병원에 수감되었다. 1860년대에 몇몇 지방에서는 입원 비율이 열세 배에 달할 만큼 급격하게 증가했으며, 예산 압박으로 인해 해결할 수 없는 문제들이 발생하였다. Vallon, Les Aliénés, 특히 pp.15, 43~45, 185~188, 211~212, 261~268 참조.

키I. P. Merzheevskii, 1838~1908가 발린스키의 후임으로 왔다. 그는 쉰 명 이상의 정신의학자를 길러 내고 정신의학 관련 박사학위 연구 스물여섯 편을 지도한 공로를 인정받았다. 게다가 그는 프랑스에서 가장 중요한 정신의학자 중 한 명인 발렌틴 마뇽Valentine Magnan, 1835~1916과 신경학 합동 프로젝트를 진행하는 등 외국 의사들과 공동 작업을 한 최초의 러시아 정신의학자였으며, 1887년에는 제1차 러시아 정신의학자 대회1 s"ezd otechestvennykh psikhiatrov에서 초대 회장으로 선출되었다. 하르코프에서는 P. I. 코발레프스키P. I. Kovalevskii, 1849~1923의 주도하에, 카잔에서는 모스크바의 신경학연구소 소장으로 국제적인 명성을 얻은 V. M. 베흐테레프V. M. Bekhterev, 1857~1927의 주도하에 정신분석이 발전하였다.

이 시기 동안 모스크바에서는 정신의학의 주요 인물들이 잇달아 출현했다. 1887년 대학 정신의학 클리닉 신설에 일조했던 I. I. 코젠프니코프I. I. Kozhenvnikov, 1836~1902를 포함해서 통상적으로 누구보다 뛰어난 이 시기의 러시아 정신의학자로 간주되는 세르게이 코르사코프Sergei Korsakov, 1854~1900가 있었다. 문학에서 코르사코프는 거의 전설처럼 그려지고 있는데, 이는 정신의학 역사 일반에서 주요 개혁가로서 프랑스의 필리프 피넬1745~1826, 그리고 미국의 토머스 커크브라이드Thomas Kirkbride, 1809~1883의 지위에 상응하는 것이었다. 피넬이 프랑스에서 한 것처럼, 코르사코프도 러시아에서 정신질환자에게 시행하던 기구에 의한 모든 구속을 폐지했으며, 알코올중독성 정신병자 진단을 위해 국제적으로 승인된 진단 분류 체계를 확립하는 일을 맡았다.[14]

---

14 이 시기에 대해서는 Kannabikh, *Istoriia psikhiatrii*, pp.381~397[『정신의학사』]의 논의 참조. 또한 G. Zilboorg, "Russian Psychiatry: Its Historical and Ideological Background", *Bulletin of the New York Academy of Medicine*, 9, October, 1943, 특히 pp.718~726 참조. 정신의학사의 맥락에서 피

이 시기의 러시아 정신의학은 이론 면에서나 임상 면에서나 프랑스보다 전문적으로 발달한 독일의 영향을 보다 강력하게 받았다. 그리고 이는 차후 정신분석에서 중요한 요소로 작동하게 된다. 러시아 정신의학자들은 정신질환이 본래 뇌 질환이라는 개념을 받아들였다. 즉 뇌 질환에는 (심리학과는 대조적으로) 신체적인 근거가 있으며, 진단과 치료에 있어서 분류(질병분류학)와 원인(병인학)에 강조점을 두어야 한다는 개념을 수용한 것이었다. 독일로부터의 이와 같은 영향이 초기부터 나타날 수도 있었겠지만,[15] 그것이 분명하게 가시화된 것은 생리학자 이반 세체노프Ivan Sechenov, 1829~1905의 작업에서였다. 세체노프는 그의 저서 『뇌의 반사신경』Refleksy golovnogo mozga, 1863으로 가장 잘 알려져 있는데, 거기에서 그는 인간 신경 시스템의 정신 활동의 토대는 대체로 생리학적이며 외부적인 감각 자극에 의존한다는 입장을 취하며 다음과 같이 말했다. "반사신경선을 따라 발생하는 모든 정신적 행위는 전적으로 생리학적으로 연구되어야 한다. 왜냐하면 그것의 시작인 감각 자극과 그것의 끝인 운동신경의 행동은 생리학적 현상이기 때문이다. 게다가 그것의 중개자인 정신적 요소조차도, 항상 그런 것은 아니라고 해도, 엄밀히 말해 대개는 독립적인 현상이 아니라 ― 한때는 그렇게 믿었지만 ― 이 전체 과정의 구성요소인 것이다."[16]

넬과 커크브라이드의 작업에 대한 최근의 일반적인 논의는 Gerald Grob, *The Mad Among Us: A History of the Care of America's Mentally Ill*, Cambridge, Mass.: Harvard University Press, 1994에서 찾아볼 수 있다. 코르사코프의 경력이 엄밀하게 객관적으로 균형감 있게 서술되어 있다.

15 Fedotov, *Ocherki*[『조국 정신의학의 역사에 관한 논고』]의 여러 곳에 등장하는 논의를 참조.

16 Joseph Wortis, *Soviet Psychiatry*, Baltmore: Williams and Wilkins, 1990, p.18에서 인용. 세체노프의 이력에 대한 개관은 다음을 참조. Sergei Rubinstein and Ivan Sechenov, *I. M. Sechenov i materialisticheskaia psikhologiia*, Moscow: Akademiia nauk, 1957[『I. M. 세체노프와 유물론적 심리학』]; A. A. Smirnov, "Vklad I. M. Sechenova v razvitie nauchnoi psikhologii v Rossii", *Razvitie*

세체노프는 독일 생리학자 카를 루트비히Carl Ludwig, 1816~1895의 실험실에서 수련했다. 루트비히는 자신이 쓴 『생리학 교재』Lehrbuch der Physiologie des Menschen, 1856에서 정신 현상이 인간 유기체의 혈액과 뇌 속 상태로부터 기인하고 있음을 설득력 있게 논했다. 이러한 성향은 여타의 지식 영역에도 결부되어 있는 광범위한 유럽 과학적 성향의 일부였다. 하지만 이것은 거의 즉각적으로 곤경을 맞이하게 되었다. 예컨대, 세체노프는 자유주의 역사학자 콘스탄틴 카벨린Konstantin Kavelin에게서 장황한 비판을 받았다. '당대 독일의 심리학'을 철저하게 분석한 카벨린은 데카르트적 이원론의 문제가 세체노프의 작업에서 해명되지 못했다고 주장했다. 카벨린의 주요 논점은 영혼, 즉 정신이 육체의 활동에서 여전히 자율신경으로 남아 있다는 것이었다. 그는 인격의 고유성에 대해 보다 많은 관심을 가져야 한다고 열정적으로 호소했으며, 심리학은 바로 이것을 자신의 주요 임무로 떠맡아야 한다고 생각했다. 카벨린은 세체노프의 생리학적 접근이 마음의 본성과 작용을 연구하는 데 있어 보다 적합한 것인가에 대해 회의적인 입장이었다.[17]

*I sovremennoe psikhologicheskoi nauki v SSSR*, Moscow: Pedagogika, 1975, pp.51~65[「러시아 과학적 심리학의 발전에 대한 I. M. 세체노프의 관점」, 『소련 심리과학의 발전과 현 상황』]; M. G. Yaroshevskii, "I. M. Sechenov: The Founder of Objective Psychology", ed. B. Wolman, *Historical Roots of Contemporary Psychology*, New York: Harper and Row, 1968, pp.77~110. 세체노프의 저서를 두고 정부가 제기했던 논란에 대한 이야기는 Daniel P. Todes, "Biological Psychology and Tsarist Censor: The Dilemma of Scientific Development", *Bulletin of the History of Medicine*, 4, 1984, pp.529~544 참조. 최근 들어 세체노프와 그의 저작에 대한 흥미로운 재평가에 대해서는 David Joravsky, *Russian Psychology*, Oxford: Blackwell, 1989, pp.57~63, 96~101 참조. 투르게네프가 창조한 캐릭터 바자로프가 세체노프에게 미친 영향을 보여 주려는 시도는 Micheal Holquist, "Bazarov and Sechenov: The Role of Scientific Metaphor in *Fathers and Sons*", *Russian Literature*, 15, 1984, pp.359~374에서 찾아볼 수 있다.

17 카벨린의 논문들은 원래 1868년과 1872년 『유럽의 전령』(Vestnik evropy)에 실렸으며, Konstantin Kavelin, *Sobranie sochinenii*, St. Petersburg: Stasiulevich, 1899, vol.2, pp.365~802[『전집』]에 재수록되었다. 또한 Joravsky, *Russian Psychology*, pp.96~104 참조.

코르사코프의 연구 역시 독일 정신의학의 발전에 자극을 받았다. 그는 정신질환이 "그것의 징후, 즉 성격 장애, 그리고 부위, 즉 전뇌의 질병에서 기인한다"[18]라고 보았다. 코르사코프의 주된 업적은 '기억 장애'의 증상과 원인을 발견하고, 1887년에 최초로 그것을 생리학에서 주로 쓰는 용어인 알코올성 '다발신경염 정신병'으로 분류한 것이었다. 그는 기억 장애와 기억상실이 결국 뇌에 의한 감각 인상들의 분자적 혹은 세포적 전치의 결과일 것이라고 제안하면서 신경 시스템의 미세한 기능에도 주의를 기울였다.[19] 이와 유사하게 베흐테레프, 블라디미르 세르프스키|Vladimir Serbskii, 1858~1917, 바실리 길랴로프스키|Vasilii Giliarovskii, 1876~1959, 표트르 간누슈킨|Petr Gannushkin, 1857~1933을 포함한 대다수의 뛰어난 러시아 정신의학가들이 정신질환을 신경학적이고 생리학적인 차원에서 연구하였다.

발전을 거듭하면서 점차 정교해지는 정신의학 전문가들의 이러한 활동에도 불구하고, 환자 치료에 있어서는 사태가 계속해서 악화되었다. 게다가 병원과 수용소의 상황이 또다시 악화되면서, 환자들의 고통을 덜어 주고자 했던 많은 정신의학자들은 환자들의 증상을 이해하기 위한 새로운 길을 찾았다. 대부분의 정신의학자들은 수용소와 병원을 개선하기 위해 국가와 지방정부로부터 더 많은 돈을 지원받아야 한다는 데 동의했지만, 그들의 비평은 정부 공약 이상의 일을 하였다.

이렇게 확대된 비평의 생생한 예가 1887년 모스크바에서 열린 제1

---

18 E. Babayan, *Structure of Psychiatry in the USSR*, p.47에서 인용.
19 S. Korsakov, "Etude medico-psychologique sur une forme des maladies de la mémoire", *Revue philosophique de la France et de l'étranger*, 28(2), 1889, pp.521, 529; A. A. Portnov and D. D. Fedotov, *Psychiatry*, Moscow: Mir, 1969, pp.21, 255.

차 러시아 정신의학대회에서 공표되었다. I. P. 메르제예프스키는 개회사에서, "러시아에서 정신장애 및 신경장애의 발병 조건"의 특성을 분명히 하고 "그것을 직접적으로 감소시킬 방법"을 제안하고자 했다. 메르제예프스키의 주장은 미국에서 정신질환의 원인을 설명하기 위해 사용했던 병인학적 모델과 아주 흡사한 환경 결정론적 해석에 근거를 둔 것이었다. 19세기 미국의 많은 정신의학자들은 자신들이 지켜본 정신질환 비율의 증가가 국가에 의해 경험하게 된 급속하고 엄청나게 컸던 사회 변화에 대한 직접적인 반응이라고 믿었다. 환경적 스트레스가 정신장애를 유발한다는 가설을 강조하기 위해, 이 정신의학자들은 특히 남북전쟁 이전의 남부에서 백인보다는 흑인의 정신착란증 비율이 낮다는 점을 주장했다. 그리고 그 근거로 플랜테이션(농장) 시스템 아래 생활하는 흑인들은 급속한 변화, 지리적 혼란, 그리고 날마다 결정을 내리고 위험을 감수해야 하는 삶에 직면한 도시의 백인들이 짊어지고 있는 불안과 스트레스로부터 보호받고 있다는 점을 들었다. 그 당시 탁월한 미국 정신의학자였던 에드워드 자비스Edward Jarvis에 따르면, 광기는 "문명화를 위해 우리가 지불한 일종의 대가"이다.[20]

유사한 방식으로, 메르제예프스키는 러시아에서 정신질환자 치료의 중대 국면을 1861년의 소작농 해방으로 소급하였다. 결과적으로, 농노였던 사람들은 어떤 훈련이나 경험도 없이 의사를 결정하거나 새로운 책임을 떠맡아야 하는 근대라는 당혹스러운 세계에 강제로 던져졌

---

20 19세기 미국의 환경 병인학적 모델과 자비스의 관점에 대해서는 David Rothman, *Discovery of the Asylum*, Boston: Little, Brown, 1971, pp.112, 115~118, 120~121 참조. 미국 남부 노예들의 정신질환에 대한 주제는 Gerald Grob, "Class, Ethnicity and Race in American Mental Hospitals, 1830~75", *Journal of the History of Medicine*, 28, July, 1973, pp.207~229와 Todd Savitt, "Insanity", *Medicine and Slavery*, Urbana: University of Illinois Press, 1978, pp.247~279 참조.

으며, 여기에 잘 대처할 수가 없었다. 메르제예프스키는 한 세대의 흐름을 넘어서 나타난 이러한 딜레마의 결론이 알코올중독, 이상 행동, 자살, 그리고 심각한 정신장애의 확산으로 드러나는 사회적 스트레스와 불안의 증가라고 주장했다. 해방으로 인해 성취감, 부, 사회적 진보에 대한 기대감이 커졌지만 그것이 현실화되지는 않았고, 일반 국민들 사이에서 정신적 고통에 따른 증상은 더 심각해져 갔다. 메르제예프스키는 이 문제에 대해 사회와 정부 모두에게 책임이 있다고 확신했다. 그럼에도 불구하고, 그는 적합한 재정적 지원으로 국립 병원과 요양소에서 더 많은 환자들을 치료함으로써 이처럼 환경적으로 뿌리 깊이 형성된 정신질환의 고통스러운 증상을 완화하는 데 정신의학이 중요한 역할을 할 수 있지 않겠느냐고 제안하기도 했다.[21]

1887년 학술대회의 기획자였던 하르코프의 정신의학자 P. I. 코발레프스키는 상황에 대해 다른 식으로 의견을 제시하였다. 러시아 최초로 정신의학 전문 저널을 펴낸 코발레프스키는 자신의 전공 분야에서 앞선 개혁을 추진했던 숙련된 의사였을 뿐만 아니라 대학교수이기도 했다. 이 학술대회에서, 그는 러시아 전역에서 범죄를 저지르고 있는 '상이군인 무리'가 유례없이 증가하고 있음을 지적하면서 구석구석에 스며 있는 광인에 대한 두려움을 이야기했다. 그는 광기라는 일종의 전염병이 통제 불가능한 상태로 사회 전반에 퍼지고 있다고 생각했다. 그는 국가가 사회질서의 근간을 위협하는 '광기의 소굴로부터 공격받고' 있다고 경고했다. 그에 따르면, 국민 중에서 가장 연약한 부류 — 즉 러

---

21 메르제예프스키의 연설에 대해서는 *Trudy pervogo s'ezda otechestvennykh psikhiatrov*, St. petersburg: Stasiulevich, 1887, pp.15~37[『제1차 러시아 정신의학대회 논문집』] 참조.

시아의 청년들 —— 가 정치적 급진주의, 예술적 퇴폐주의, 범죄적 일탈로 인해 타락하고 있었다. 코발레프스키는 러시아의 광인들 중 대략 90퍼센트는 어떤 시설에서도 치료를 받고 있지 않으며, 어떤 방식으로든 다른 사람들과 자기 스스로를 해치고 있다고 믿었다.

코발레프스키는 여러 층위에서 의학계와 정부의 공동 대처 방안을 제시했다. 여기에는 광인을 묵인하는 것은 위험하며 그들을 격리할 필요가 있다는 점을 대중들에게 교육하고, 광인들 사이의 결혼을 금지하며, 비현실적인 기대로 인한 스트레스 방지를 위해 사회 전반의 '물질적·도덕적 사기 진작' 캠페인을 펼쳐야 한다는 등의 내용이 포함되어 있었다. 나아가 심각하고 만성적인 장애로 악화되기 전에 정신적으로 소진된 희생자를 돌봐야 한다고 강조했다.[22]

P. I. 야코비P. I. Iakobii, 1842~1913는 이 시기에 확인되지 않고 널리 다루어지지 않았던 광기의 유행에 대해 아마도 이론적으로 가장 포괄적이고 급진적인 분석을 내놓았다. 그는 서유럽에서 여러 해를 보냈으며, 그곳에 있던 러시아 망명자들 사이에서 급진적인 정치에 깊이 개입하고 있었다. 러시아로 돌아온 후, 그는 모스크바에서 정신의학을 공부했는데, 그 경험은 자신의 비평의 토대가 되었다. 야코비에 의하면, 한편으로 사회의 정치적·경제적·사회적 구조와 다른 한편으로 광인의 치료 및 광인에 대한 태도 사이에는 직접적인 상호 관련성이 있었다.

야코비는 자신의 책에서 광인의 제도화는 인간적인 치료라는 개념

---

22 "Vstupitel'naia rech' P. I. Kovalevskogo", Ibid., p.13「P. I. 코발레프스키의 개회사」]. 또한 S. A. Gurevich, "P. I. Kovalevskii: Osnovatel' pervogo Russkogo zhurnala psikhiatrii", Zhurnal nevropatologii i psikhiatrii, 79, 1979, pp.350~352「P. I. 코발레프스키: 러시아 최초의 정신의학 저널 창간자」, 『신경병리학과 정신의학 저널』] 참조.

이 아니라 '광인에 대한 추상적인 계급적 공포'에 기반한 것임을 풍부한 자료를 통해 보여 주려고 했다. 겉으로 보이는 폭력성, 통제할 수 없는 정념, 미쳤기 때문에 저지르는 불가해한 행동의 동기 등을 두려워했기에 사회의 지배층들은 사회로부터 이러한 위협을 제거하고자 수용소 건설을 지지했다. 야코비는 러시아에서 권력을 가진 부르주아가 등장하고, '이성이 결여된' 사람들로 인해 방해받지 않으면서 사유재산을 획득하고자 했던 부르주아의 고민이 표출된 시점과 수용소 건설의 전성기가 서로 일치한다고 주장했다. 만약 수용소가 빈틈없이 들어찼다면, 이것은 주로 정신의학에 대한 효과적인 선전 때문이며, 적과 경쟁자로 인식된 사람들을 제거하려는 모든 사회계층민의 욕망 때문일 것이다. 야코비에 따르면, 광인 수용소와 병원이 실패로 입증되었다는 사실은 그다지 놀라운 일이 아니다. 왜냐하면 그 시설들은 치료가 아니라 감금을 위해 기획된 탓에, "치료의 의미를 모두 잃어버린 채 값싼 ── 그러나 결핍된 ── 빈민구호소의 대용물 역할"을 했기 때문이다. 그가 결론내린 바에 의하면, 정신의학자는 의사로서가 아니라 체포된 무력한 희생자들을 통제하는 교도관과 경찰로서 기능했다.[23]

1911년 제1회 러시아 정신의학자 및 신경병리학자 연합Russkii soiuz

23 Julie Brown, "The Professionalization of Russian Psychiatry", p.265에서 인용. 또한 Iudin, *Ocherki istorii*, pp.196~200[『조국 정신의학사 논고』]에 있는 야코비의 작업에 대한 논의 참조. 야코비가 쓴 책의 제목은 The Principles of Administrative Psychiatry[Printsipy administrativnoi psikhiatrii], Orel: Tip. gub. pravleniia, 1900이다. 지루한 교과서 같은 제목에 700쪽이 넘는 방대한 분량의 이 책은 검열의 비판적인 감시를 피해 외진 지방 출판사에서 출판되었다. 야코비의 비판에도 불구하고, 러시아의 지방에서 일했던 많은 정신의학자들이 상황을 너무 안일하게 생각하고 있었다는 점에 주목해야 할 것이다. 문헌적 근거는 A. G. Roitel'man, "Psikhiatricheskie aspekty", pp.1237~1242 참조. 또 다른 종류의 비평에 대한 예시로 Joravsky, *Russian Psychology*, pp.83~91에 있는 제1차 세계대전 직전 러시아의 제정에 대한 베흐테레프의 반론을 참조.

psikhiatrov i nevropatologov 학술대회가 개최되기까지, 1887년 학술대회에서 경종을 울린 이후로 대부분의 사람들은 광인들의 상황이 나아지지 않았다는 사실을 인정했다. 모든 정신병 환자에 대한 속박을 없애려고 했던 코르사코프의 노력에도 불구하고, 정신의학자들은 대부분의 시설에 아직도 수갑이 남아 있다고 항의하기 시작했다. 일관성 없는 입원 기준, 불충분한 직원 배치, 참담한 수준의 사망률과 발병률로 인해 정신의학자들의 근로 조건은 심지어 1887년보다 더욱 어려워졌다. 전체 정신의학자 수는 매우 적은 상황이었다. 1914년까지, 제정 러시아의 1억 6000만 명 중에 정신의학자와 신경병리학자들은 겨우 350명에 불과했다.

정신의학 진단 분류 시스템은 여전히 인정되지도, 시험을 거치지도 못했다. 게다가 외국의 연구 저널과 연간 학술대회를 통해 학계가 더욱 국제화되면서, 서유럽의 병원 설비와 동시대적인 임상 작업과 비교해 볼 때 러시아의 현재 치료 방식에는 바랄 점이 많아 보였다. 이와 함께 특히 1905년 혁명 이후, 이 정권이 필요한 개혁을 통해 닥쳐오는 위기에 대응할 능력이 없는 반동적인 정권임을 알아차리게 되면서 점점 더 많은 정신의학자들 사이에서 불만의 소리가 높아졌다. 정치적 자유를 향한 자유주의적이고 급진적인 요구가 차르 정부에 의해 탄압을 받게 되면서 사회적으로 절망, 비관주의, 자포자기의 분위기가 더욱 확산되었다. 제1차 세계대전 직전에 자살과 알코올중독의 비율이 확대되자 정부는 비난을 면치 못했다. 정신의학자들은 정치적 맞수로 떠오르고 있던 자유주의에 합류하기 시작했다. 그들 중 대다수는 항의의 표시로 자신들의 지위에서 물러났으며, 다른 사람들은 반-정권 활동으로 인해 감옥에 갔다.[24] 변화를 모색하던 중에 불만을 품었던 몇몇 정신의학자들은 프로이트의 이론으로 선회하였다.

## 시대의 불안

변혁의 힘 앞에서 정신의학자들만이 이런 반응을 보인 것은 아니었다. 사실상 러시아는 모든 사회계층에 영향을 준 급격한 변화의 소용돌이 한가운데에 있었다. 예컨대 교통 시스템은 이미 러시아에 막대한 영향력을 행사했던 새로운 통신망 구축을 가능하게 했다. 상트페테르부르크에서는 철도선으로 인해 새로운 취업 가능성이 열림으로써 노동력이 교체될 수 있었고, 전국 각지에서 유입된 1세대 도시인들로 이루어진 완전히 새로운 거주지가 생겨날 수 있었다. 제국의 다른 지역에 살던 거주자들을 쫓아내는 식의 이주 형태는 재무부 장관 세르게이 비테Sergei Vitte, 1849~1915가 기획한 세기 전환기의 국가 산업화 계획의 핵심이었던 시베리아 횡단 철도의 개통을 맞아 현실화되었다.

이러한 변화들은 다양한 결과를 수반했으며, 그중 몇몇은 상당히 위협적인 것으로 받아들여졌다. 도시로 이동하는 배고픈 소작농들과

---

24 D. D. Fedotov and V. M. Lupandin, "O deiatel'nosti vrachei-psikhiatrov v revoliutsionnom dvizhenii Rossii", ed. D. D. Fedotov, *Voprosy psikhopatologii i psikhoterapii*, 40, Moscow, 1963, pp.310~320[「러시아 혁명운동에서 의사-정신의학자들의 활동에 관하여」, 『정신병리학 및 정신요법의 문제들』] 참조. 또한 Julie Brown, "Revolution and Psychosis: The Mixing of Science and Politics in Russian Psychiatric Medicine, 1905-13", *Russian Review*, 46, 1987, pp.283~302 참조. 한 연구자에 따르면, 1905년에서 1907년 사이에 젬스트보에 있었던 총 2639명의 의사들 중 1300명이 혁명적 격변에 의한 직접적인 결과로 행정상 추방 판결을 받았다. 여기서 많은 정신의학자들이 구금되었다. 게다가 정신의학자들이 국가에 위기를 가져왔노라고 비난하던 사람들이 지방 수용소에 있던 정신의학자들을 공격하는 일도 가끔 있었는데, 때로는 치명적인 결과를 낳기도 했다. 그럼에도 불구하고 1905년 혁명에서 제1차 세계대전 발발 사이에는 정신의학자와 신경병리학자의 수가 급격히 증가했다. Iudin, *Ocherki istorii*, pp.315~317, 321[『조국 정신의학사 논고』] 참조. 이러한 싸움판의 한켠에서는 국립의사회의 학회지가 1905년 혁명의 결과로 생긴 "순교자들"의 명단을 싣기 시작했다. 한 추산에 의하면, 1905년에서 1907년 사이에 수감, 추방, 혹은 '태형' 판결이 내려진 '탄압받은 의사들'은 총 1324명이었다. N. Frieden, *Russian Physicians in an Era of Reform and Revolution*, Princeton: Princeton University Press, 1981, p.320 참조.

사회경제적으로 상황이 나빠져서 보다 낮은 지위로 몰락하는 귀족들의 수를 계산한 통계적 수치들을 보면, 일반인들의 불안이 고조되는 것은 당연했다.[25] 1881년 인민의 의지파Narodnaya Volya에 의한 알렉산드르 2세 암살 이후 소강상태에 접어들었던 정치적 테러리즘은, 신인민주의자 [나로드니키] 사회혁명당Partsiia sotsialistov-revoliutsionerov에서 탈당한 과격한 당원들을 주축으로 하여 맹렬하게 다시 나타났다. 유대인 공동체를 겨냥한 대학살Pogrom은 종종 지역 당국의 묵인하에 러시아 서쪽의 유대인 정착 지역Pale of Settlement 전체에서 자행되었다. 게다가 실업률, 홈리스, 하층계급의 빈곤이 증가하면서 도시 폭동, 범죄 그리고 질병에 대한 공포가 발생했고, 공청회와 미디어는 이를 공론화하였다. 과거에, 이렇게 제정기의 마지막 20년 동안에서와 같이 상류계급이 하위계층의 대중들과 정면으로 부딪쳐야만 했던 적은 없었다. 1905년 혁명 동안 파업과 시위의 무대 한가운데에 극적으로 불려 나온 프롤레타리아의 위협은 무서우면서도 때로는 기이한 이미지로 확장되었다. 이것은 모스크바, 상트페테르부르크, 그리고 더 작은 공업 지역으로 아마도 소작농들이 옮겨 온 성병에 대한 공포와 결합되었으며, 이로 인해 감지된 위협을 통제하려는 노력이 되살아났다.

　아마도 이 당시에 치명적인 고통을 주었던 매독의 확산에 대한 극도의 우려가 이러한 불안들을 연결하는 교차점이 되었을 것이다. 성병을 앓고 있다는 사실이 폭로됨으로써 고상한 가문의 명성이 무너져 버

---

25 이러한 변화와 그 결과에 대한 논의는 James H. Bater, *St. Petersburg: Industrialization and Change*, Montreal: McGill-Queen's University Press, 1976; Daniel Brower, *The Russian City between Tradition and Modernity*, Berkeley: University of California Press, 1990; Reginald Zelnik, ed. and trans., *A Radical Worker In Tsarist Russia: The Autobiography of Semen Ivanovich Kanatchikov*, Stanford: Stanford University Press, 1986 참조.

릴 수도 있는 일이었기에, 이 질병은 도덕적인 딜레마를 만들어 냈다. 이러한 문제가 일단 공적 영역으로 들어오게 되자, 사회 구성원들은 설명과 규제를 요구하게 되었다. 불법 매춘굴은 구속과 비난의 대상이 되었다. 법조계에서는 성관계 시 행위 규정의 초안을 잡았고, 신문은 곧바로 다양한 성적 장애의 '치료'와 관련된 광고로 채워졌다.

두려움 및 규제와 나란히 성욕에 대한 공적 담론이 강한 매력을 발산하면서 따라 나왔다. 과거 러시아에서 그렇게 종종 그래 왔듯이 제정 러시아의 검열이나 사회적인 금기로 인해 토론하기 어려웠던 주제들에 대해서 문학은 할 수 있는 한 토론의 장을 제공했다.

가장 초기의 것 중 하나는 1888년 출판된 안톤 체호프Anton Chekhov, 1860~1904의 「발작」Pripadok이었다. 이 소설에서는, 자신이 찾은 지역 매춘굴의 열악한 조건에 충격을 받아 자살을 시도한 한 법대생이 불안 발작과 망상(그는 거리의 타락한 여성을 구출하길 원한다), 그리고 우울증을 치료하기 위해 정신의학자에게로 보내진다.[26]

1891년 레프 톨스토이Lev Tolstoi, 1828~1910는 「크로이체르 소나타」Kreitzerova Sonata를 출판했는데, 폭풍 같은 논란을 불러일으켰다. 이 소설은 한 남자가 자신의 아내를 죽였다는 사실에도 불구하고 법원으로부터 면책을 받는다는 내용을 중심으로 하고 있다. 아내가 부정을 저질렀다고 항변하자, 법정은 그가 명예를 위해 행동한 것이라고 판결하여 그를 놓아주었다. 주요 문학잡지와 신문 지면에서의 공개적인 토론과 더

---

26 Anton Chekhov, "A Nervous Breakdown", The Oxford Chekhov, Oxford: Oxford University Press, 1980, ed. and trans. Ronald Hingley, vol.4, pp.157~179. 체호프에 따르면 소설 속의 정신의학자는 V. M. 가르신(V. M. Garshin)을 모델로 삼은 것으로, 둘 다 '타인의 고통에 대한 주인공적인 고뇌'를 가지고서 헛된 노력을 하게 된다는 점을 '공유'하고 있다(p.265). 정신의학자에 대한 이와 같은 묘사는 러시아 문학사에서 초기에 등장하는 특징적 요소 중 하나이다.

불어, 톨스토이는 익명으로 된 사적인 편지를 여러 통 받았다. 이 편지를 보낸 사람들은 대부분이 여성이었는데, 이들 편지에는 그녀들의 가장 내밀한 성적 불안과 고민들이 담겨 있었다.[27]

성적 욕망, 마조히즘, 그리고 분노에 대한 인간의 투쟁을 강하게 묘사한 발레리 브류소프Valerii Briusov의 소설 「지금, 내가 깨어났을 때: 사이코패스의 수기」Teper' — kogda ia prosnulsia'...: Zapiski psikhopata, 1905는 보다 더 대담하다.[28] 파벨 닐루스Pavel Nilus는 자신의 소설 「폭염」Summer Heat, 1907에서 훨씬 과감하게 근친상간적이고 여성 동성애적인 사랑의 장면을 묘사했다.[29] 좀 더 대중적인 수준에서는, 욕망으로 돌진하는 도덕관념이 없는 주인공을 그린 소설 『사닌』Sanin, 1907이 있다. 이 소설의 등장으로 적어도 일부는 상트페테르부르크의 '에로스의 사원'에 이끌렸다. 성의 위험성에 대한 매혹을 다룬 문학의 또 다른 예로는 아나스타샤 베르비츠카야Anastasiia Verbitskaia, 1861~1928의 관능적인 멜로드라마인 『행복의 열쇠』Klyuchi schast'ya, 1910~1913를 들 수 있다.[30]

---

27 톨스토이 이야기와 관련된 미발표 편지와 사적인 답신에 대한 논의는, Peter U. Møller, *Postlude to the Kreutzer Sonata*, Leiden: Brill, 1988, pp.115~127 참조. 톨스토이 작품집에서 「크로이체르 소나타」는 수많은 판본이 있다.

28 Valerii Briusov, "Now When I Have Awakened(Notes of Psychopath)", eds. Carl Proffer and Ellendea Proffer, *The Silver Age of Russian Culture*, Ann Arbor: Ardis, 1975, pp.303~308.

29 Pavel Nilus, "Summer Heat", *Ibid.*, pp.321~324. ['파벨 닐루스'라는 작가의 해당 작품은 러시아어로는 검색이 되지 않는다. ― 옮긴이]

30 Michel Niqueux, "La critique marxiste face à l'érotisme dans la littérature russe(1908~1928)", ed. Leonid Heller, *Amour et érotisme dans littérature russe du XXe siècle*, Bern: Peter Lang, 1922, pp.83~90; Richard Stites, *The Women's Liberation Moment in Russia*, Princeton: Princeton University Press, 1978; Laura Engelstein, *The Keys to Happiness*, Ithaca: Cornell University Press, 1992, pp.375~376 참조. 미하일 페트로비치 아르치바셰프(Mikhail Petrovich Artsybashev)의 소설은 *Sanin*, New York: Huebsch, 1915로 번역되어 있다. 소설이 끼친 비도덕적인 영향과 '사니니즘'(Saninism)의 위험성에 대한 당대의 우려에 대한 예로는 Semen Frank and A. S. Izgoev, *Velkhi(Landmark)*, trans. and ed. Marshall Shatz and Judith Zimmerman, Armonk, N.Y.: M. E. Sharpe, 1994, pp.76, 132[『이정표』]의 비평을 참조. 또한 베르비츠카야의 소설 제목을 딴 잉겔

성적 불안은 다른 곳에서도 표면화되었다. 혁명 전 시기에 성에 대한 가장 기탄없는 논의는 의심할 여지없이 독창적인 철학자이자 저널리스트인 바실리 로자노프Vasilii Rozanov, 1856~1919의 붓끝에서 나왔다.[31] 또한, 러시아 인텔리겐치아의 의미를 재평가하려는 의도로 기획되어 1909년 출판된 유명한 심포지엄 논문에서 알렉산드르 이즈고예프Alexander Izgoev는 청년들 사이에서 도덕적 가치가 하락하고 있다는 점에 주목했다. 그는 모스크바대학 학생들의 성에 대한 사고방식과 행동에 대해 당시에 발표한 한 조사 결과를 근거로 들었는데, 상상했던 것보다 훨씬 더 어린 나이에 훨씬 더 많은 성적인 행동이 이루어지고 있다는 점에서 충격을 주었다.[32]

슈타인의 책에서 특히 pp.404~414의 논의를 참조. 덧붙여 Bernice Rosental, ed., *Nietzsche in Russia*, Princeton: Princeton University Press, 1986, p.28 참조.

31 특히 V. V. Rozanov, *Solitaria*, London: Wishart, 1927 참조. 로자노프의 삶과 사상에 대해서는 Spencer E. Roberts, trans. and ed., *Four Faces of Rozanov: Christianity, Sex, Jews, and the Russian Revolution*, New York: Philosophical Library, 1978에 수록된 "People of the Moonlight", pp.39~194를 참조. 영어로 쓴 가장 좋은 로자노프 연구로는 Renato Poggioli, *Rozanov*, New York: Hillary House, 1962가 있다. 또한 Poggioli, *The Phoenix and the Spider: A Book of Essays on Some Russian Writers and their View of the Self*, Cambridge, Mass.: Harvard University Press, 1957, pp.185~207 참조. 니체와 로자노프의 관계는 Anna Lisa Crome, "Nietzschean, All Too Nietzschean? Rozanov's Anti-Christian Critique", ed. Bernice Rosenthal, *Nietzsche in Russia*, pp.95~112 참조. 로자노프의 영향력에 대해 관심이 있는 독자는 D. V. Filosofov, "V. V. Rozanov", *Slovo i zhizn'*, St. Petersburg, 1909, pp.139~161[「V. V. 로자노프」, 『말과 삶』]과 Engelstein, *Keys*, pp.318~333을 필독할 것. 로자노프의 주요 저작의 탁월한 학술판으로는 V. V. Rozanov, *O sebe i Zhizni svoei*, Moscow: Moskovskii rabochii, 1990[『나 자신과 나의 삶에 관하여』]을 참조. 종합적인 참고문헌 목록은 O. S. Ostroi, "Pervyi bibliograf V. V. Rozanova", *Sovetskaia bibliografiia*, 5, September-October, 1989, pp.82~91[「최초의 서지학자 V. V. 로자노프」, 『소비에트 서지학』] 참조.

32 이즈고예프는 대부분의 자료를 대학의 젊은 강사 M. A. 출레노프(M. A. Chlenov)의 연구 프로젝트 '모스크바 학생들의 성에 대한 설문'(1909)과 또 다른 연구 '모스크바인 학생들의 성적 고백에 대한 기록'에서 인용해 왔다. Alexander Izgoev, "On Educated Youth: Note on Its Life and Sentiments", eds. Boris Shragin and Albert Todd, *Landmarks*, New York: Karz Howard, 1977, pp.88~111, 특히 pp.90~92 참조. 미하일 게르셴존(Mikhail Gerzhenson)이 편집한 러시아어 원저는 출판된 첫 해에 5판까지 매진됐다.

무엇보다도 성욕에 대한 관심이 커지면서, 안전한 성관계와 위험한 성관계에 대한 필수적인 설명을 제공하기 위해 새로운 '과학적' 문헌이 대량으로 수입되었다.[33] 독일에서 처음 출판된 이래로 1년이 지난 뒤인 1887년에 러시아에서 발행된 리하르트 크라프트-에빙Richard Krafft-Ebing, 1840~1902의 『성적 사이코패스』Psychopathia sexualis와 런던에서 초판 발행 후 4년이 지난 1898년에 러시아에서 출판된 해블록 엘리스Havelock Ellis, 1859~1939의 『남성과 여성: 인간의 2차성징 연구』Man and Woman: A Study of Human Secondary Sexual Characters를 포함해서 이들 저서 대부분은 서유럽의 새로운 성과학sexology 연구를 번역한 책들이었다.

정신분석이 유입되기 전 이 시기의 성과학 텍스트 가운데 가장 흥미롭고 영향력 있는 것 중의 하나는 1908년 베를린에서의 첫 출판 이후 2년 뒤에 러시아어로 번역된 이반 블로흐Iwan Bloch의 중요한 저서, 『우리 시대의 성생활과 현대 문명의 관계』Das Sexualleben unserer Zeit in seinen Beziehungen zur modernen kultur이다. 블로흐의 목적은 거의 이해되지 않고 있는 중요한 주제를 독자들에게 이해시킬 전문적이고 "완성된 성과학 백과사전을 쓰는 것"이었다. 그는 또한 자신의 저서가 "성적 영역에서의 폐해와 부조화에 맞서는 캠페인"에 기여할 수 있기를 바랐다. "성생활에 대한 보다 이성적인 관점에서 성생활 전반의 개혁이 필요하다"라는 생각은 블로흐에게 너무도 중요했다. 그는 특히 "성 문제를 통틀어 핵심적인 문제"로 생각했던 성병류 질환을 근절할 필요가 있다고 생각했다.[34]

33 Engelstein, Keys, 특히 pp.215~253과 Gerald Surh, "A Matter of Life or Death: Politics, Profession and Public Health in St. Petersburg before 1914", Russian History, 20, nos.1~4, 1993, pp.125~146 참조. 이 시기 동안 교육받은 상류 사회의 성 문제에 대한 관심이 증대된 이면에 놓인 동기를 일반적으로 다룬 것으로는, Lawrence Birken, Consuming Desire: Sexual Science and the Emergence of a Culture of Abundance, 1871-1914, Ithaca: Cornell University Press, 1988 참고.

성적 마조히즘을 다룬 특별 부록에서, 블로흐는 1905년 혁명에 참여했던 러시아 아나키스트의 고백이라고 밝힌 문서 한 편을 수록했다. 이 자전적 에세이의 저자는 단지 N. K.라고만 확인될 뿐이다. 블로흐의 극적인 소개에 따르면, 그는 1906년 바르샤바에서 체포되었는데, 사건을 담당했던 지휘관이 그는 '정신병자'였고, 그의 반체제적 행동은 바로 이 때문이었다고 판정한 덕택에 사형이 확실시된 상황에서 살아남게 된 혁명가였다. 블로흐는 N. K.가 수감 기간에 쓴 기록을 "말한 그대로 주석을 달지 않고" 복원하였다.

(블로흐가) "심리학에 대한 러시아 혁명의 공헌"이라고 이름 붙인 이 회고록은, 기실 인간의 고통이 지닌 힘의 관점에서 근대 서양사를 해석한 것이다. 저자는 가정 폭력으로 얼룩져 있는 자신의 어린 시절을 묘사했다. 어린 시절, 그는 친구들로부터 서로에게 고통을 주면서 관계가 성립되고 유지된다는 것을 배웠다. 대학 시절, 그는 사랑에 깊이 빠졌고, 친밀한 관계에서 종종 발생하는 고통스러운 감정이 필연적이라는 느낌을 처음으로 받았던 듯하다. 더욱 중요한 것은, 종종 한 사람이 다른 사람에게 가하는 고통과, 현실 세계가 욕망에 걸어 둔 필연적인 제약에서 오는 고통 모두에서 그가 향락을 경험했다는 점이다. N. K.는 1905년의 격변 동안 '프롤레타리아의 시위'에 참여하면서 느꼈던 고통스러운 흥분에 대해 이야기하기도 했다. 그는 반란의 동기가 (국가의 통제와 일상생활에서의 억압적인 측면뿐만 아니라) "잔인함에 대한 사랑"에 있었다고

---

34 Iwan Bloch, *The Sexual Life of Our Time in Its Relations to Modern Civilization*, New York: Allied Book Co., 1925, pp.vi~xii. 영어판 서문에 있는 다음의 진술은 지적해 볼 만하다. "매우 진지하고 주의 깊게 심사숙고한 끝에, 출판사는 이 책의 영어 번역본을 법조계와 의학계 전문가들에게만 한정해서 판매하기로 결론을 내렸다"(p.v). 독일어 원본이나 1910년도 러시아 번역본에서는 이런 제한 조건이 없었다.

공공연하게 이야기했다. 그는 1905년의 시위를 "무의식적, 본능적 마조히스트들"에 의해 자행된 "고통에 대한 악마적인 탐닉"으로 묘사했다. 그는 '위대한 니체'의 영향을 기꺼이 인정하는 만큼, 고통이란 "인류의 문명화를 위한 요소"라고 결론을 내렸다. 우리는 N. K.에 대해 더 이상은 알지 못하지만, 그에 대한 관심은 곧 러시아의 정신분석에서 중요한 테마가 될 것이다.[35]

1905년 혁명은 정신 건강 전문가들 사이에서 또 다른 우려를 낳았다. 모스크바 신경병리학자 및 정신의학자 협회Moskovskoe obshchestvo nevropatologov i psikhiatrov의 1906년 연례회의에서, 폭동으로 가열된 분위기 속에서 개인과 집단 양자의 '정신적 균형'이 장애를 일으킨다는 보고서가 제출되었다. 1907년 러시아 의학 간행물에 실린 한 논문에 따르면, "현재의 정치적 조건은, 체질적으로 불안정한 사람들뿐만 아니라 온전하게 건강한 사람들까지 정신 건강에 직접적인 위협으로 나타난다". 일부 정신의학자들에 따르면, 혁명의 격변기에 정부의 붕괴는 정신병원 입원 급증의 원인이 되었다. 달리 말해, 혁명은 일종의 "정신적 유행병" 혹은 "극단적인 감정 변화, 판단력 상실, 강한 불안, 제어되지 않는 공격성과 관련된 집단 정신병리학의 한 형태"였다.[36]

이 시기의 탁월한 정신의학자인 블라디미르 세르프스키도 혁명과

---

35 Iwan Bloch, M.D., "Appendix: A Contribution to the Psychology of the Russian Revolution(History of the Development of an Algolagnistic Revolutionist)", *The Sexual Life of Our Time*, pp.587~607.

36 1905년과 그 직후에 나온 논문 및 연설에서 정신의학자들이 이끌어 낸 혁명과 광기의 상관성에 대한 논의는 Engelstein, *Keys*, pp.255~264 참조. 또한 Julie Brown, "Revolution and Psychosis" 참조. 혁명이 정신장애의 외부적 원인이라고 진단한 최초의 사례 중 하나는 프랑스 정신의학의 개혁자인 필리프 피넬의 저서에서 발견할 수 있다. Philippe Pinel, *A Treatise on Insanity*, London: Cadell and Davies, 1806.

광기 사이의 상관관계에 대해 관심을 가졌다. 그는 대중운동이 대개 불안정한 성격을 다치게 했다고 보았으며, 혁명적 상황이 특정 정신장애를 악화시키는 경향이 있다고 생각했다. 그는 때로 전쟁, 대학살, 처형 등으로 겪게 된 '심리적 외상'에 대한 글을 쓰기도 했지만, 따로 '혁명 정신병'revolutionary psychosis이라는 의학적 범주로 분류하는 데까지는 나아가지 못했다.[37] 세르프스키는 이런 식으로 자신의 세대가 겪은 가장 두려운 불안 중 일부를 의미심장하게 표현하였다. 그는 또한 정신분석학의 발전을 촉진하는 중요한 역할을 맡았다.

37 Walter Reich, "Serbsky and Czarist Dissidents", *Archives of General Psychiatry*, 40, June, 1983, pp.697~698. Serbskii, *Psikhiatriia*[『정신의학』] 1912년판에서 인용.

# 2장

# 러시아 정신의학의 시작

> 감각은 순화될 수 있고, 지성은 타락할 수 있다. 어디서 관능적인 충
> 동이 멈추는지, 어디서 육체적인 충동이 시작되는지를 누가 말할 수
> 있을까? 덜떨어진 심리학자들의 자의적인 해석은 얼마나 천박한지!
> 그러면서도 잡다한 학파의 주장들 사이에서 결정을 내리는 것은 얼
> 마나 어려운지! 영혼은 죄악의 집에 자리 잡은 그림자란 말인가?
> ── 오스카 와일드, 『도리언 그레이의 초상』[1]

## 정신분석 이전의 무의식 개념

역사적으로 볼 때, 러시아, 유럽, 혹은 미국, 그 어디에서든 정신분석과
정신의학의 관계, 그리고 정신분석과 일반 의학의 각 분야 간의 관계는
양가성으로 가득 차 있다. 투쟁의 시대 이후, 19세기 후반 내내 정신의
학은 광범위한 의학계에서 점차적으로 준₩전문 분야로 받아들여지게
되었다. 하지만 정신의학 의사들이 인정받으려면 오직 입증된 과학적
체계 안에서 작업하고 있다는 것을 증명할 수 있어야 했다. 이를 위해
정신의학자들은 정신장애를 실증적으로 입증 가능한 뇌 질환 유형으로
취급하는 기본 학설을 수용하는 고된 과정을 거쳐야 했다. 19세기 이전
에는 우울증과 광증을 주제로 한 학위논문 및 논문이 의학 분야의 선행

---

1 오스카 와일드, 『도리언 그레이의 초상』, 윤희기 옮김, 열린책들, 2010, 95쪽. ─ 옮긴이

연구보다는 인간의 영혼을 오랜 시간 성찰한 신학자, 철학자, 시인들에게 더 많은 빚을 졌다. 하지만 18세기 말엽에, '정신을 치료하는 의사들'은 스스로를 과학 전문직으로 조직화함으로써 이와 같은 논의 및 분야와 관계를 끊었다.

19세기의 정신의학자들은 불멸하는 영혼의 신성함, 인간의 관념적 인식, 그리고 개인의 주관적인 열정과 같은 개념을 포기했지만, 그 대신 환자들을 괴롭히는 질병을 설명하기 위해 뇌 생리학과 그것의 기능에 주목하였다. 타당성이라는 기준을 성취하는 데 주의를 기울이면서 실험실에서 '마음'에 대한 연구를 수행한 실증 심리학 분야의 출현과, 뇌의 구조와 기능을 다루는 신경학적 연구 양자를 통해 그들의 작업이 탄탄해졌다. 그럼에도 불구하고 새로운 전공 안에서는 항상 경쟁적인 긴장이 있었다.

정신의학이 스스로를 정통 의학 분과로 내세움으로써 영혼이라는 개념에 대항했던 것과 마찬가지로, 정신분석은 정신질환을 설명하는 주된 이론으로 제시된 병든 뇌라는 생물학적 모델에 반발함으로써 확립되었다. 이러한 반발은 치료 과정에서 해결되지 않는 의학적 문제로 인해 촉발되었다. 주류 정신의학은 전통적으로 규명된 세 가지 주요 장애들——즉 우울증, 광증, 간질의 원인을 밝히지도, 그것들을 치료할 수도 없는 것처럼 보였다. 그 외에도 기능 장애를 유발하거나 설명할 수 없는 심리적인 두려움으로 표출되어 개인에게 타격을 입히는 소모적인 공포증과 같이, 현재의 진단 범주에 들어맞지 않는 다른 만성적인 증상들이 정신의학자들의 관심을 끌었다. 그런 환자들은 보통 오랜 기간 동안 입원했고, 어떤 경우에는 결코 회복되지 않았다.[2]

정신장애의 원인에 대한 전통적인 설명과 지배적인 치료 방식에 대해 회의하게 되면서, 러시아뿐만 아니라 유럽의 많은 정신의학자들은 새로운 의학적인 대안을 찾아 나서는 길을 택했다. 이들 연구자 중 몇몇은 정신분석이 명시적으로 드러나지 않았던 시기에 어떻게 그리고 언제 프로이트의 사상이 러시아에 처음 출현했는지 보다 분명하게 이해할 수 있도록 해준다.

새로운 경향은 분열된 자아라는 개념적 문제에 집중했다. 17세기의 데카르트 철학, 더 이전에 과학에서의 코페르니쿠스적 혁명, 그리고 18세기의 프랑스 계몽주의 시대 등을 거치면서 공식화된 국가와 사회에 대한 세속 비평의 출현 이래로, 서구 사회는 집단적으로 자아 정체성에 엄청난 변화를 경험하게 되었다. 사회 구성원들은 세속적인 존재로서 고통과 유혹을 견뎌 내는 죄 많은 창조물로 인식되는 대신에 열정적인 믿음보다는 논리적인 계산의 힘에 지배되는 개인으로 개념화되었다. 무엇보다도 사람들은 합리적이고 도덕적으로 판단한다고 여겨졌고, 타인들에 대해서는 책임감 있게 행동해야 했다. 그렇다면 정치적·경제적·사회적 문제에 이성을 이용함으로써 아마도 지상에서의 삶이 개선되고 무한한 가능성이 열릴 수도 있을 터였다. 그러나 이것이 '정상적인' 행동으로 규정되었다면, 그 반대편에는 비정상적이거나 정신병적인 행동이 놓였다. 이러한 행동에 붙여진 이름들은 아주 다양했지만, '이성을 잃었다'거나 '미쳤다'와 같은 관용구에서 알 수 있듯이 비이성이라는 개념에 근거하였다.

이렇게 꼬리표를 붙이는 과정은, '비이성'에 대립하여 세워진 이성이라는 대타항의 이면에 질서와 혼돈, 나아가 선 대 악 사이에서 만들어

2 Marc Micale, *Approaching Hysteria*, Princeton: Princeton University Press, 1995 참조.

지는 맹목적인 차별이 있다는 점에서 치명적이었다. 이러한 사실에 주목해야 하는 이유는 러시아 정신의학자의 상담실을 찾아오는, 점점 늘어나고 있던 새로운 신경증 환자들이 마음의 전문가를 필요로 하는 고통스러운 증상뿐만이 아니라 그 증상과 관련된 수치스러운 사회적 낙인으로 인해 고통받고 있었기 때문이다. 그런데도 실증주의 이론은 궁극적으로 이 심리학적 문제를 가지고 있는 개인은 자신의 정서와 감정을 제어할 수 없다는 생각을 고수하였다. 게다가 그렇게 비이성적이고 때로는 파괴적인 정념이 과도한 분노라든지 '허약한 체질', 심지어는 해부학적인 '퇴화'에서 비롯되었다고 가정하는 것만으로는 더 이상 충분치가 않았다. 그리하여 가능한 실체로서 최근 개념화된 마음의 일부, 즉 무의식을 추적하는 것이 [새로운] 임무가 되었다. 동물적인 본능과 충동이라는 무시무시한 힘이 이 '어두운 왕국' 안에 존재한다고 간주되었다. 특정 사람들에게서, 그리고 특정 상황 아래에서, 이 힘은 이성의 일상적이고 정상적인 기능을 부수고 인격 전체를 대신하여 등장했다.[3]

러시아에서 무의식을 주제로 한 최초의 저작은 1875년 출판된 것으로 보인다. 하지만 그것은 정신의학자가 쓴 것은 아니었으며, 임상적 사례라기보다는 차라리 종교적이고 철학적인 주제와 관련되었다.[4] 프로이트에 의한 혹은 프로이트에 대한 어떤 것도 아직 러시아에 등장하기 전이었던 1895년에, 교육·과학·문화 관련 문제를 다루는 정부의 공식 간행물에 게재된 한 편의 긴 논문에서 무의식 문제가 속속들이 연구

---

3 종합적인 논의에 대해서는 Henri Ellenberger, *The Discovery of the Unconscious*, New York: Basic Books, 1970. 특히 pp.254~321 참조.
4 A. I. Smirnov, *O soznanii i bezsoznatel'nykh dukhovnykh iavleniiakh*, Kazan, 1875[『의식과 무의식적 정신 현상에 관하여』].

되었다. 저자의 의도는 표제에서 그가 "무의식적 정신 현상으로서의 최면"이라고 부른 것을 확인하는 데 있었다. '정신'psychic이라는 용어는, 영어에서 만족할 만한 동의어를 찾을 수는 없었지만, 보다 문학적인 표현으로 '영혼'spiritual, dushevnyi이라고 번역될 수도 있었다. 이 논문의 목적은 무의식적 동인에 근거한 행동과 인격을 다루는 서구의 주요 연구를 모두 논평하는 것이었다. 연구의 범위는 물리학자와 사회과학자(허버트 스펜서Herbert Spencer, 프란츠 브렌타노Franz Brentano, 헤르만 헬름홀츠Hermann Helmholtz 같은 사람들)뿐만 아니라 유럽(빌헬름 분트Wilhelm Wundt)과 미국(윌리엄 제임스William James)에서의 주요 심리학자와 정신의학자(헨리 모즐리Henry Maudsley)들의 작업을 망라했다. 이 논문은 비정상적인 '마음의 상태'를 연구하는 병리학뿐만 아니라 정상적인 정신 지각과 관련된 통상적인 연구를 하는 러시아 독자들에게도 널리 퍼졌다. 저자는 종교적 황홀경이든, 히스테리적 변덕 혹은 졸도든 간에 비이성적인 현상을 가장 잘 설명하는 것은 여전히 생리학적이거나 신경학적 원인이라고 결론을 내렸다. 그는 무엇보다도 특정 개인이 "자기 인식이 없는 의식"이나 "자기의식을 결여한 심리 반응"을 경험할지도 모른다는 점이 인정된다고 덧붙였다.[5]

1903년, 러시아의 가장 뛰어난 정신의학자 중 한 명인 N. N. 바제노프N. N. Bazhenov는 문학에서의 정신의학적 테마를 다룬 '정신적 무의식'에 관한 논의를 자신의 저서에 실었다.[6] 무의식에 대한 토론은 계속되었

5 Leonid Rutkovskii, "Gipoteza bezsoznztel'nykh dushevnykh iiavleniiakh", *Zhurnal ministerstva narodnago prosveshcheniia*, 1895, pp.323~371[「무의식적 정신 현상에 대한 가정」, 『국민교육부 저널』].

6 N. N. Bazhenov, *Psikhiatricheskiia besedy na literaturnyia i obshchestvennyia temy*, Moscow, 1903, p.88[『문학과 사회적 테마에 대한 정신의학적 대담』].

고 심지어는 새로운 영역으로 확장되기까지 했다. 예를 들어, 1912년의 한 논문은 '내면의 어두운 왕국'에서 온 두려운 힘이라는 무의식 개념을 버리고, 대신에 개인적 행동에 잠재적으로 긍정적인 영향을 가지는 것으로서 무의식의 역할을 강조했다. 그 예로, 아우구스티누스가 『고백록』에서 말한 무의식적 충동을 언급했는데, 그것은 신 존재에 대한 고뇌에 가득 찬 의심을 극복하려 애썼던 그에게 도움이 되었다는 것이다. 또 이러한 충동이 아이작 뉴턴Isaac Newton의 과학적 발견과 이반 투르게네프Ivan Turgenev의 문학작품에서 드러난 창조적인 재능을 자극했다는 것이었다.[7]

러시아 정신의학자들은 정신분석의 수용에 호의적인 다른 문제들에 대해서도 연구하였다. 1880년대에, A. U. 프레체A. U. Freze에게서 수학했고, 20세기 이전 최초의 국가 정신의학자 중 한 명이었던 I. G. 오르샨스키I. G. Orshanskii가 인간 행동에서 감정의 병리학적 역할을 연구했다. 그는 심한 경우 정서가 빈번하게 "인간의 정신적 실체의 전 영역을 떠맡는다"고 확신하였다. 그리고 모든 감정은 "무엇보다도 우리의 '야'Ia의 반응"이라고 덧붙였다. (문자 그대로 '나'를 뜻하는) 이 단어는 '자기'나 '인격' 정도를 의미하는데, 이후에 프로이트주의자들이 '에고'ego를 뜻하는 말로 사용하게 된다. 오르샨스키는 또한 감정이 우리의 연상 작용이나 사고에 큰 영향을 미친다는 것, 그리고 종종 우리의 기분과 이성 사이에는 거의 통제하기 어려운 갈등이 있다는 것에 대해서도 이야기했다. 신경 체계와 신체의 생물학이 인간 정서의 영역을 이해하는 기본

---

7 A. Pokrovskii, "Sushchestvuiut–li bezsoznatel'nye psikhicheskie protsessy, i esli sushchestvuiut, to kakova ikh deistvitel'naia priroda?", *Vera i zazum*, 11, Kharkov, 1912, pp.640~655[「무의식적 정신 과정이 존재하는가, 그리고 존재한다면 그것의 실제 본성은 어떤 것인가?」, 『믿음과 이성』].

원칙임을 강조했음에도 불구하고, 그는 마음에 '무의식의 영역'이 존재한다는 점을 인정하지 않을 수 없었다. 환자와의 상담에서, 그는 '정신적 에너지'라는 용어를 사용했으며, '수동적인 상상력'과 '발달이 지연되는 유치증幼稚症, infantilism', 그리고 '이상성 스트레스' 상태와 같은 주제로 글을 썼다.

분명히 알 수 있듯이, 이렇게 공식화된 모든 어구에는 정신분석이 차후에 재공식화하게 될 용어들이 담겨 있다. 오르샨스키는 프로이트가 그랬듯이 '에고'라는 단어를 사용했으며, 심리적 욕망이 이성적 관념에 대립하는 내면적 갈등을 이론화하였다. 게다가 그가 사용한 '정신적 에너지'라는 용어는 프로이트가 이후에 사용한 '리비도 에너지'에 가깝다. 아울러, 그는 잔존해 있는 초기 아동기적 특징의 양상들이 신경증에 걸린 성인에게서 발견될 수 있다는 점에 주목했으며, 고도의 스트레스를 받는 순간이 개인의 삶에 영향을 미친다는 점을 알게 되었는데, 이는 이후에 프로이트가 발전시킨 외상적 국면이라는 개념과 유사했다.[8]

러시아 정신분석의 선행 사례를 검토하면서, 마지막으로 빅토르 칸딘스키Viktor Kandinskii, 1849~1889와 세르게이 코르사코프의 작업이 언급되어야 할 것이다. 칸딘스키는 수십 년간 서유럽의 정신의학 관련 출판물에서 논의된 정신병적 증상인 망상의 특징에 관심을 가졌다. 하지만 칸딘

---

8 오르샨스키의 주요 저작과 개념은 V. F. Kruglianskii, *Psikhiatriia: Istoriia, Problemy, Perspektivy*, Minsk: Vysheishaia shkola, 1979, pp.122~142, 특히 pp.135~140[『정신의학: 역사, 문제, 전망』]에 논의되어 있다. 유럽의 상황에서 프로이트 이전의 무의식 개념에 대한 논의는(러시아는 제외) 다음을 참조. Edward L. Margetts, "The Concept of the Unconscious in the History of Medical Psychology", *Psychiatric Quarterly*, 27, 1953, pp.116~138; Lancelot Law White, *The Unconscious Before Freud*, New York: Basic Books, 1960; Henri Ellenberger, *The Discovery of the Unconscious*, New York: Basic Books, 1970, 특히 pp.311~321; Léon Chertok and Raymond de Saussure, *The Therapeutic Revolution*, New York: Brunner-Mazel, 1979, pp.153~184.

스키는 외부 현실에 대한 특정한 감각상의 왜곡인 '유사망상'에 대해 연구하였는데, 그것은 그를 꿈, 환상, 그리고 환영이라는 미지의 영역으로 이끌었다.[9] 1889년 칸딘스키가 사망했을 당시, 코르사코프는 전적으로 생리학적이고 신경학적인 틀에 기초하고 있긴 했지만, "인격의 토대"에 있는 "관념이 형성되는 정신적 삶의 영역, 무의식 개념의 분야"를 연구하고 있었다.[10]

## 운동으로서의 정신분석

당대 심리학 이론의 변화를 모색하던 러시아 정신의학자들에게, 정신분석은 이미 정착되어 있었던 환자 치료 방식에 대한 도전으로 출현했다. 정신분석으로 방향을 돌린 선구적인 이 러시아 의사들은 얼마간의 위험을 무릅쓰고 있었다. 그들은 아직 전문 분야로 정립되는 과정에 놓여 있는 실험적이면서도 논란의 여지가 컸던 지식 분야에 과감히 나선 것이었다.

정신분석의 기원은 당연히 1880년대에 시작된 지크문트 프로이트의 작업과 밀접하게 관련되었다. 프로이트의 중요성은 한편으로는 본

---

9 V. Kh. Kandinskii, *O psevdogalliutsinatsiiakh*[『유사망상에 관하여』]는 원래 1890년에 출판되었다. 1952년 모스크바의 국영출판사에서 A. V. 스네즈네프스키(A. V. Snezhnevskii)가 쓴 소전(小傳)을 추가하여 재판을 발행했다. 또한 L. L. Rokhlin, "Filosofskie i psikhologicheskie vozzreniia V. Kh. Kandinskogo", *Zhurnal nevropatologii i psikhiatrii*, 69(5), 1969, pp.755~761[「V. Kh. 칸딘스키의 철학적·심리학적 관점」, 『신경병리학과 정신의학 저널』]과 Rokhlin, "Les conceptions psychopathologiques de Kandinsky", *L'évolution psychiatrique*, 36(3), July~September, 1971, pp.475~488 참조.

10 S. Korsakov, "Etude medico-psychologique sur une forme des maladies de la mémoire", *Revue philosophique de la France et de l'étranger*, 28(2), 1889, pp.501~530, 특히 p.530.

질적으로 다른 다양한 지적 전통을 통합하고 다른 한편으로는 이러한 통합으로부터 온전히 새로운 임상적 분야를 구축했던 그의 재능에 근거한다. 하지만 우리의 목적을 위해 가장 중요한 것은 프로이트 자신이 '정신분석 운동'이라고 말했던 것을 국제적으로 전개해 나가는 의학 기관과 의학 단체의 제도적인 네트워크였을 것이다. 새로운 신경증 이론과 인격 형성에서의 무의식의 역할을 설명하는 프로이트의 논문과 저서가 등장하면서, 특히 1899년 『꿈의 해석』 출간 이후는 소수이지만 헌신적인 일단의 추종자들을 매료시켰다.[11]

프로이트의 신경증 이론은 방대한 적용 가능성을 가지고 있었다. 그것은 정신의학뿐만 아니라 예술, 종교, 문화, 그리고 사회과학을 모두 망라하였다. 1901년 『일상생활의 정신병리학』*Zur Psychopathologie des Alltagslebens*의 출판과 함께 프로이트는 일상사의 영역으로 이론을 확장하였다. 꿈의 상징만큼이나 다채로운 현상들, 성욕의 역할, 자기 파괴적인 행동, 부모와 아이의 관계 등은 유럽 대륙과 그 너머를 가로지르며 다양한 사회에서 공감의 정서를 불러일으키면서 그 중요성을 새롭게 환기시켰다.[12]

러시아인들이 프로이트의 작업에 익숙해지기 시작하면서 프로이트의 이론과 치료법은 이후 10년 동안 더욱 확장되었다. 정신분석에 대

---

11 평전 관련 문헌은 인용하기에 너무 방대한데, 최근에 나온 두 권의 훌륭한 입문서로는 Mark S. Micale ed., *Beyond the Unconscious: Essays of Henri F. Ellenberger in the History of Psychiatry*, Princeton: Princeton University Press, 1993, pp.379~413의 참고문헌 목록과 John Kerr, *A Most Dangerous Method: Jung, Freud, Spielrein*, New York: Knopf, 1993, pp.571~592 참조.

12 Hannah Decker, *Freud in Germany: Revolution and Reaction in Science, 1893-1907*, New York: International University Press, 1977과 Nathan Hale, *The Beginnings of Psychoanalysis in America*, New York: Oxford University Press, 1971 참조. 또한 *Social Research*, Winter, 1991 특별호에는 정신분석의 국제적인 수용에 대한 내용이 실려 있다.

한 조직적인 논의는 1902년 가을에 매주 한 번씩 프로이트의 자택에서 있었던 수요심리학회Psychologische Mittwochs-Gesellschaft라는 작은 그룹에서부터 시작되었다. 그러다가 구성원이 늘어남에 따라 1908년에 빈정신분석학회로 이름을 바꾸었다. 이 모임에서는 회의록이 상세하게 작성되었다. 1910년에 시작된 이 '과학적 모임'의 참가자들 중에는 러시아인의 이름이 여럿 포함되어 있었다. ── 레오니트 드로스네스Leonid Drosnes, 타티아나 로젠탈Tatiana Rosenthal, 사비나 슈필라인Sabina Spielrein, 그리고 모세 불프Moshe Wulff.[13]

또한 이 시기에는 카를 아브라함이 있는 베를린과 카를 융이 있는 취리히, 그리고 산도르 페렌치Sandor Ferenczi가 있는 부다페스트에서 정신분석의 존재가 확고해졌다. 1909년, 잘츠부르크에서는 제1차 정신분석 국제학술대회가 열렸다. 2차 대회는 1910년 뉘른베르크에서 국제적인 수준으로 열렸는데, 이때 정신분석 관련 논문만을 싣는 두 권의 학술지와 함께 국제정신분석협회International Psychoanalytic Association가 공식적으로 창설되었다.

## 니콜라이 오시포프와 러시아 정신분석의 기원

1904년, 프로이트의 『꿈의 해석』 러시아어판 번역이 출간되었는데, 이 책이 다른 언어로 번역·출판된 것으로는 최초였다.[14] 이 번역 이외에는

---

13 Herman Nunberg and Ernst Federn eds., *Minutes of the Vienna Psychoanalytic Society*, 4 vols., New York: International University Press, 1962~1975 참조. '운동'에 대한 흥미롭고 비판적인 논의는 Ernest Gellner, *The Psychoanalytic Movement, or The Coming of Unreason*, London: Paladin-Granada Publishing, 1985 참조.

14 번역본은 *Vestnik psikhologii, kriminal'noi antropologii i gipnotizma*, St. Petersburg: Brokhaus-

1908년까지 러시아 정신의학 관련 문헌에서 정신분석적인 주제를 골자로 한 것은 없었다. 그해 초, 국가에서 발행하는 주요 정신의학 저널에서 정신분석에 대한 진지한 비평 논문이 최초로 게재되었다. 저자는 모스크바 정신의학 클리닉 병원Moskovskaia psikhiatricheskaia klinicheskaia bol'nitsa의 니콜라이 오시포프Nikolai Osipov, 1877~1934 박사였다. 열정을 간신히 가라앉히고서 오시포프는 프로이트가 추진하고 있는 새로운 치료 경향을 극찬했으며, 이 방법이 러시아 정신의학계에서 즉각적으로 주목받을 만큼 중요한 것이라 생각했다.

오시포프는 자신의 논의에서 몇 가지 주제를 강조하였다. 그는 프로이트가 독일의 전통에서 신경학자로서 훈련을 받았음에도 불구하고, 뛰어난 프랑스 정신의학자들, 특히 이폴리트 베른하임Hippolyte Bernheim, 1840~1919, 장-마르탱 샤르코Jean-Martin Charcot, 1825~1893, 그리고 (오시포프가 어느 정도 과장하긴 했지만) 피에르 자네Pierre Janet, 1859~1947의 작업에 영향을 받았다는 점을 특별히 강조했다. 오시포프는 심각한 히스테리 증상으로 고통받는 환자를 치료하는 '카타르시스 요법'에 대해서도 논의했는데, 그것은 프로이트와 그의 동료인 요제프 브로이어Josef Breuer가 발전시킨 방법이었다. 오시포프는 프로이트가 '정신적 외상'의 현상이 의미하는 바에 관심을 기울였다는 점과, 프로이트의 새로운 방법이 환자의 꿈과 환상, 어린 시절의 기억, 그리고 부모와 형세자매와의 관계를 분석함으로써 환자의 무의식을 복합적으로 진찰하는 것과 관련된다는 사실을 강조하였다. 이러한 갈등의 대부분은 직접 대면하기에는 너무나 위

---

Efron, 5, 1904[『예기(豫期) 심리학, 인류학, 그리고 형사 최면술』] 증보판에 실렸다. 이 출처와 관련해서, 파리에 있는 이고르 막시모프(Igor Maximov)의 도움을 받았다. 그의 "La psychanalyse russe", L'Ane, 10, 1983, p.3 참조.

협적이기 때문에 환자의 의식적인 지각 깊숙이 묻혀 있으며 억압되어 있다. 오시포프의 결론에 따르면, 이 새로운 정신분석적 치료가 할 일은 이렇게 묻혀 있는 갈등을 드러내고 일상생활에서 야기되는 근원적인 고통과 불행으로부터 환자를 자유롭게 하는 것이었다.[15]

새로운 의학 전문 영역에서 성공한 의사라는 점에서 니콜라이 오시포프는 그의 아버지인 E. A. 오시포프 박사로부터 시작된 가풍을 따르고 있었다. 아버지 오시포프는 1895년에 은퇴하기까지 20년 이상 모스크바 지역의 공공 보건 기관인 젬스트보의 수장이었으며 러시아에서 가장 존경받는 의료 개혁가이자 행정관 중 한 명으로 명성을 다졌다.[16] 게다가 아들 니콜라이가 헌신적인 공공 의료 서비스의 한 사례를 제시하자, 아버지는 그 분야의 가장 중요한 대변자였던 파벨 야코비Pavel Iakobii 와 블라디미르 야코벤코Vladimir Iakovenko를 포함한 러시아의 중요한 정신의학자들 몇몇에게 니콜라이를 소개하기도 했다. 이외에도, 정신의학에

---

15 N. E. Osipov, "Psikhologicheskie i psikhopatologicheskie vzgliady Sigm. Freud'a v nemetskoi literature 1907 goda", *Zhurnal nevropatologii i psikhiatrii im. S. S. Korsakova*, nos.1~2, 1908, pp.564~584[「1907년 독일 문학에 대한 지크문트 프로이트의 심리학 및 정신병리학적 견해」, 『신경병리학과 정신의학 저널』]. 이 논문에 있는 오시포프의 참고문헌은 신경증, 히스테리, 조발성 치매, 정신외상적 증상, 조울증적 정신병뿐 아니라 프로이트의 작업에 대한 찬성과 반대 양편을 아우르는 독일 문헌에 관한 그의 폭넓은 이해를 반영하고 있다. 오시포프의 논문에 대한 논평은 프로이트의 저널에 실려 있다. J. Neiditsch, "Über den gegenwärtigen Stand der Freudschen Psychologie in Russland", *Jahrbuch für Psychoanalyse*, 2, 1910, pp.347~348 참조. 오시포프는 N. 크레스트니고프(N. Krestnikov) 박사도 마찬가지로 "카타르시스 요법"을 실행했다는 것을 알지 못했던 듯하다. 크레스트니고프 박사와 프로이트의 관계는 알려지지 않았다. A. Atanasov, "Problema Katarsisa nauchnom nasledii N. Krestnikova", *Zhurnal nevropatalogii i psikhiatrii*, 86, 1986, pp.758~760[「N. 크레스트니코프의 과학적 유산에서의 카타르시스 문제」, 『신경병리학과 정신의학 저널』] 참조.

16 E. A. 오시포프의 경력에 대한 정보는 Peter F. Krug, "Russian Public Physicians and Revolution: The Pirogov Society, 1917-1920", Ph.D. diss., University of Wisconsin, 1979, pp.19~23, 35~36; Nancy M. Frieden, *Russian Physicians in an Era of Reform and Revolution, 1865-1905*, Princeton: Princeton University Press, 1981, pp.92~96 참조.

대한 니콜라이 오시포프의 관심은 히스테리 진단을 받은 병으로 평생을 고통에 시달렸던 그의 어머니로부터 강한 영향을 받았다. 그는 1903년 바젤대학에서 의학 학위를 받았고, 아버지를 여읜 그다음 해에 "뇌의 생리학, 병리학, 그리고 심리학의 문제들에 대해 깊이 연구하기로" 마음을 먹고 모스크바로 돌아왔다.[17] 그는 먼저 N. N. 바제노프의 지도 아래 모스크바에 있는 프레오브라젠스키 정신병원에서 일하다가, 1906년에 블라디미르 세르프스키가 원장으로 있던 모스크바 정신의학 클리닉에 의사보조인력PA으로 채용되었다. 바제노프와 세르프스키 모두 오시포프의 재능을 인정하였으며, 유럽 정신요법의 최근 발전상에서 찾아낸 새로운 관심사들을 밀고 나가도록 그를 격려한 듯하다.

프로이트의 작업은 유럽에서 가장 대중적인 흐름으로부터 한참 떨어져 있었다. 당시 오시포프와 많은 동료들에게 영향을 주었고 또 가장 많이 인용되었던 사람 중 한 명은 지금은 잊혀진 스위스의 정신의학자 폴 뒤부아Paul Dubois, 1848~1918였다. 베른에서 정신의학을 공부하고 가르쳤던 뒤부아는 '이성적 정신요법'rational psychotherapy 혹은 '설득-암시 치료'persuasive-suggestive therapy라는 이름의 새로운 치료법을 개발하였다. 뒤부아의 방법은 도덕적인 원칙, 격려의 분위기, 분명한 내용을 가진 정신요법 틀로 '정신신경증'을 치료할 수 있다는 개념에 근거했다. 그럼에도 불구하고, 한 권위 있는 자료에 따르면, 오늘날 "치료 허무주의"therapeutic nihilism처럼 보이는 이들의 도전, 그러니까 "의'학'에 있어서 과거의 위대

17 M. P. Polosin, "Dr. Med. N. E. Osipov", eds. A. L. Bem, F. N. Dosuzhkov, and N. O. Losskii, Zhizn' i smert': Sbornik pamiati D-ra N. E. Osipova, Prague, 1935, p.10「「의학박사 N. E. 오시포프」, 『삶과 죽음. N. E. 오시포프 박사에 대한 회상』]. 우시포프에 대한 이 가치 있는 전집 자료를 알려 준 알렉스 코줄린(Alex Kozulin) 박사에게 감사를 표한다.

한 사람들"과 생물학에 매몰되어 있던 병인학에 도전하려 했던 "러시아인들의 관심을 생각하면, 오늘날 뒤부아가 프로이트의 가장 위협적인 경쟁자였다고 생각하기는 어렵다".[18] 스위스에서 뒤부아의 최고의 라이벌은 프로이트의 제자였으며 취리히의 부르크홀츨라이 클리닉Burgholzli hospital의 정신의학자였던 카를 융이었다. 1908년, 오시포프는 프로이트와의 연구를 위해 빈으로 가기 전에 뒤부아와 융을 방문했다.

바젤에서 돌아온 뒤 오시포프는 새로운 정신분석적 방법에 깊이 전념하게 되었다. 프로이트에 대한 논평 에세이의 출판에 뒤이어, 오시포프는 정신분석에 대해 읽고 토론하기 위해 자신의 클리닉에서 소규모의 '작은 금요모임'을 조직했다. 게다가 "나의 주도하에 신경증 환자를 위한 외래환자 특별 기구를 클리닉에 마련하였다"라고 했는데,[19] 이곳에서 프로이트의 치료 방법을 활용하였다. 그의 동료 중 한 명이 언급한 바에 따르면, 오시포프는 정신분석에서 중요한 세 가지 차원을 발견했다. ── "신경증의 심리적 기원을 이해하는 방식, 정신요법의 방법, 그리고 과학적인 세계관."[20]

모스크바대학 클리닉의 원장이었던 세르프스키는 이후 수년간 금

---

18 Hans Lobner and Vladimir Levitin, "Short Account of Freudism: Notes on the History of Psychoanalysis in the USSR", *Sigmund Freud House Bulletin*, 2(1), 1978, p.7. 뒤부아의 가장 영향력 있는 저작은 『정신신경증과 그것의 도덕적 치료』(*Les psychoneuroses et leur traitement moral*, 1905)인데, 이 책은 1907년 영어로, 1912년 러시아어로 번역되었다.

19 F. N. Dosuzhkov, "Nikolai Evgrafovich Osipov kak psikhiatr", eds. A. L. Bem, F. N. Dosuzhkov, and N. O. Losskii, *Zhizn' i smert'. Sbornik pamiati D-ra N. E. Osipova*, p.33[「정신의학자 니콜라이 예브그라포비치 오시포프」, 『삶과 죽음. N.E. 오시포프 박사에 대한 회상』]. 또한 Rene and Eugenie Fischer, "Psychoanalyse in Russland", *Die Psychologie des 20 Jahrhunderts*, 3, 1977, p.122 참조. '금요모임'은 프로이트의 수요심리학회에 대한 오시포프의 오마주였다. 게다가 그는 정신의학학회의 '대규모의 금요일' 모임과 자신의 모임을 차별화하기 위해 노력했다.

20 Dosuzhkov, "Nikolai Evgrafovich Osipov", p.34[정신의학자 니콜라이 예브그라포비치 오시포프].

요일 저녁에 있었던 오시포프의 사적인 모임을 몸소 관장하였다. 오시포프는 국가의 주요 정신의학 간행물에 게재하기에 앞서 정신분석에 대한 최초의 논문을 이 모임에서 발표했다. 이 논문의 사본을 프로이트에게 보냈는데, 그는 융에게 보낸 편지에서 오시포프에 대해 열광적으로 이야기했다.

> 모스크바 정신의학 클리닉에서 조수로 있는 오시포프 박사가 나에게 편지를 썼네. 두 권의 두꺼운 발췌 인쇄본이 그의 추천장인 셈이었지. 키릴 문자가 마구 뒤섞여 있는 첫 번째 것은 유럽 활자로 쓰여진 프로이트라는 이름이 매 2행마다 끼어들어 있었고, 나머지 것에서는 마찬가지로 융이라는 이름이 그랬다네. 이 사람은 다른 두 편의 원본이 인쇄소에 있다고 하는데, 정신분석 분야 저서에 독자적으로 제정된 모스크바 학술상에서 경쟁할 계획이라고 하더군. 3월에 심사위원을 만난다고 하네. 5월에 그가 빈에 오면, 그를 취리히로 데려가겠네.[21]

러시아어를 몰랐기 때문에, 프로이트는 (아마 빈의 정신분석 모임에 자주 참석했던 슈필라인이나 드로스네스가) 제공한 요약본을 통해서만 오시포프의 논문 내용을 익혔다. 하지만 오시포프의 실제 청중이 있었던 러시아에서는 이 논문들은 정신분석의 발전을 위한 보다 깊은 지식을 제공하였다. 먼저, 「취리히 클리닉의 작업에 따른 콤플렉스와 연상 실험의 심리학」Psikhologiia kompleksov i assotsiativnyi eksperiment po rabotam tsiurikhskoi kliniki

---

21 The Freud-Jung Letters, pp.282~283. 융에게 보낸 이 1910년 1월 2일자 편지에서, 프로이트는 1910년 3월 30~31일에 뉘른베르크에서 열리는 제2차 정신분석 국제학술대회에 오시포프를 초청하라고 융에게 부탁했다.

은, 부르크휠츨라이 클리닉에 있었던 융과 그의 동료들이 최근에 진행했던 작업에 대한 긴 분석이었다. 오시포프는 결론에서 "콤플렉스의 심리학은 정신생활의 무의식 영역이 인정되는 그러한 경우들에서만 가장 충만한 의미를 얻는다"라고 말했다. 오시포프에 따르면, 취리히 실험의 결과는, 환자의 무의식에서 발생하는 갈등의 생리학적·심리학적 증상들이 이제는 이전에 할 수 있었던 것보다 더 정확하게 진단되고 치료될 수 있을 것이라는 점에서 "프로이트의 정신분석이 가지고 있는 엄청난 효용성이 판명된 듯하다".[22] 오시포프는 비록 취리히 학파의 작업이 '순수하게 심리학적'인 것으로 보일 수도 있겠지만, 정신의학자들에게는 "해부학적이고 임상–질병 분류학적clinical-nosological 연구 조사를 보완하는 데 필수적인 것으로서" 이를 활용하는 것이 중요하고 말했다.[23]

오시포프가 프로이트에게 보낸 두 번째 발췌 인쇄본인 「프로이트 학파의 최근 저술」Poslednie raboty freidovskoi shkoly은 국제 정신분석 운동 창시자들 가운데서 프로이트, 융, 오토 랑크Otto Rank, 빌헬름 슈테켈Wilhelm Stekel, 아브라함이 독일에서 출판한 서른세 편의 저서와 논문을 총망라한 논평이었다.[24] 하지만 언급된 취지를 살펴보면 이 글은 단순한 에세이 논평을 넘어선다. 그는 분명 프로이트와 그의 제자들이 수행한 최신 연구 내용을 가능한 한 종합적인 방식으로 자신의 독자들에게 널리 알리고, 심화된 연구와 실천적인 적용을 목표로 하여 "난해한 전문 용어를

22 N. E. Osipov, "Psikhologiia kompleksov i assotsiativnyi eksperiment po rabotam tsiurikhskoi kliniki", *Zhurnal nevropatologii i psikhiatrii im. S. S. Korsakova*, 8(1), 1908. p.1044[「취리히 학파의 작업에 따른 콤플렉스의 심리학과 연상 실험」, 『신경병리학과 정신의학 저널』].

23 Ibid., p.1073.

24 "Poslednie raboty freidovskoi shkoly", *Zhurnal nevropatologii i psikhiatrii im. S. S. Korsakova*, 9, 1909, pp.526~586[「프로이트 학파의 최근 저술」, 『신경병리학과 정신의학 저널』].

충분히 설명"하고자 했다. 오시포프에 따르면, 여기에는 또한 "정신의 무의식, 억압, 그리고 환상의 가공을 포함한 모든 정신 활동을 결정하는 힘의 중요성"을 증명하기 위한 근거를 찾으려는 의도를 가지며, 의학으로서의 정신요법의 영역에서부터 예술, 문학, 문화사, 그리고 종교에 이르기까지, 정신분석 이론을 확장시키려는 논의도 포함되어 있었다.[25]

## 오시포프의 첫 번째 정신분석 임상 사례

프로이트가 융에게 보낸 편지에서 언급한 "인쇄소에 있는 다른 두 편의 원본" 중 첫 번째 것은 러시아 정신분석 역사상 최초의 상세한 임상 사례연구였던 오시포프의 1909년 논문 「불안신경증에 대하여」O nevroze boiazni였다.[26] 이 논문에서 오시포프는 프로이트의 진단 범주 중 하나인

25 Ibid., p.534.

26 N. E. Osipov, "O nevroze boiazni(Angstneurose)", *Zhurnal nevropatologii i psikhiatrii im. S. S. Korsakova*, 9, nos.1~2, 1909, pp.783~805[「불안신경증에 대하여」, 『신경병리학과 정신의학 저널』]. 러시아 정신분석 역사상 최초의 임상 출판물에 대해서는 몇 가지 다른 의견이 있다. M. 불프 박사에 따르면, 러시아 '최초의 정신분석 출판물'은 『정신의학 리뷰』(*Obozrenie psikhiatrii*) 4호(1909)에 게재된 「브로이어와 프로이트의 정신분석적 방법으로 본 강박 상태」(Naviazchivye sostoianiia, lechennye po psikhoanaliticheskomu metodu Breiera-Freida)이다. 군의관이었으며, 1908년 상트페테르부르크의 강의에서 최초로 선보인 이 논문의 저자 A. A. 페브니츠키(A. A. Pevnitskii)는 브로이어-프로이트의 방법에 기반한 정신요법인 최면과 암시로 유아기 외상을 성공적으로 치료한 여러 사례를 논의하였다. 레비틴(Levitin)이라는 필명으로 앞에서 인용했던 러시아 정신분석의 역사를 쓴 저자는 러시아에서의 정신분석의 역사가 페브니츠키의 이 강의에서 시작되었다고 주장한다. M. Wulff, "Die russische psychoanalytische Literatur bis zum Jahre 1911", *Zentralblatt für Psychoanalyse*, 7~8, April-May, 1911, p.365; Lobner and Levitin, "Short Account of Freudism", p.7을 참조. 불프가 인용하고 레비틴이 재인용한 구문이 부정확한 탓에 나는 이 논문의 소재를 파악할 수 없었다. 그런 이유로 페브니츠키에게 환자가 있었는지, 얼마간 치료를 했는지, 임상적 중요성과 관련된 다른 문제들이 있는지에 대해 언급하는 것이 불가능하다. 더 중요한 것은, 페브니츠키가 임상 정신분석에 대해 최소한 한 편의 심도 있는 논문("Neskol'ko sluchaev psikhoanaliza", *Psikhoterapiia*, 2, 1910, pp.51~62[「정신분석주의의 몇 가지 경우들」, 『정신요법』])을 게재했다 해도, 그가 정신분석 수련을 받은 적이 있는지는 불투명하다는 점이다. 게다가 그가 어떤 영향력을 미쳤든 간에, 이 시기 오시포프의 작업으로 인해 상당 부분 무색해졌다. 그러므로 오시포프의 논문

불안신경증Angstneurosis을 입증하고자 하였다. 오랜 기간 앓고 있는 종잡을 수 없는 병력을 연구한 이 논문은 환자의 신경증 증상의 기원과 적절한 치료법을 찾는 과정에서 분석가가 겪는 모든 곤경에 실마리를 주고자 했다. 그것은 지금까지 주로 소설과 학술 에세이에서는 등장했지만 의학 문헌에서는 그렇지 못했던 이 시대의 성적인 공포를 넌지시 드러냈다.

오시포프는 이와 같은 장애의 임상적 특징에 다음의 증상이 포함되어 있다고 정리하였다. (1) 일반적인 자제력의 손상과 심각한 초조감. (2) 극심한 염려증, 혹은 가족 구성원이 위험에 처해 있다고 생각하면서 끔찍한 사건이나 파국에 대한 끊임없는 예기豫期(초인종이 울리는 것은 끔찍한 소식의 조짐으로서 격렬한 불안의 원인이 될 수 있으며, 여기서 건강 염려증과 회의주의는 견디기 힘든 공포증이 된다). (3) 실질적인 근거를 알 수가 없고 어떤 자극이나 계기가 되는 현상도 없이 발생하는 엄청난 불안으로 인한 경련 혹은 발작pripadki. (4) 빨라진 맥박이나 심장박동수, 가빠진 호흡, 설사, 그리고 과도한 발한과 같은 다양한 생리학적 증상.[27]

N. P.라고 불렸던 오시포프의 환자는 알코올중독이었던 아버지와, 하인이나 가족들이 없을 때면 자신의 옷장 속으로 들어가 버리는 무기력증과 다수의 심각한 공포증으로 삶 전반에 걸쳐 고통받았던 어머니

에 대한 나의 언급은, 페브니츠키의 논문과 관련된 정당한 근거가 나온다면 차후에 수정하고자 한다.

27 Osipov, "O nevroze boiazni", pp.783~785[「불안신경증에 대하여」]. 오시포프는 이 논의에서 『신경학 전문지』(Neurologische Zentralblatt) 2집에 실린 '불안신경증'에 대한 프로이트의 1985년 논문(1906년에 『신경학 강의에 대한 소고』Sammlung Kleiner Schriften zur Neurosenlehre에 다시 실렸다) 뿐만 아니라 이후에 나온 Wilhelm Stekel, Nervöse Angstzustände und ihre Behandlung, Berlin: Urban und Schwarzenberg, 1908도 인용했다.

로 인해 '유전 신경증적 경향'을 가지고 있었다. 게다가 환자의 형은 '진행성 마비와 심각한 편집증'을 앓고 있는 것으로 진단되었다. 환자가 형의 병에 대해 알게 된 것과 거의 동시에, 그는 자신과 가장 친했던 한 친구의 죽음을 알게 되었다. 환자는 이러한 '외상적 경험'으로 인해 무너졌으며, 통제할 수 없는 공포와 압도적인 우울증뿐만 아니라 호흡이 가빠지고 심장박동이 빨라지는 등의 증상들도 생겼다. 일상적인 활동을 수행할 수 없게 되고, 정신적인 고통과 신체적인 증상 사이의 구별이 불가능해지면서 환자는 모스크바 정신의학 클리닉에 입원하였고, 그곳에서 오시포프는 그를 치료했다.

오시포프의 추가 기록에 의하면, 병원에서의 초기 치료 기간 동안 공포증 발작이 환자를 계속해서 괴롭혔고, '거대한 공포에 대한 예기'가 그를 지배하였다. 환자는 누군가가 자신을 건드리지 못하게 했으며, 그의 얼굴은 기이한 공포로 뒤덮여 있었다. 그는 스치는 듯한 통증에도 강렬하게 반응했으며, 간신히 호흡을 했고, 맥박이 지나치게 높았으며, 실내 온도가 정상일 때조차 땀을 흥건히 흘렸다.

이후 3개월간 오시포프는 환자를 매일 만났으며, 환자의 증상을 관찰하여 자신의 일기에 기록했다. 오시포프가 기록한 바에 따르면, 환자는 자주 통제할 수 없는 발작적인 흐느낌으로 퇴행했으며, 그럴 때마다 그는 너무 쇠약해져서 방 안을 걷는 데도 두 다리가 휘청거렸다. 그는 또한 자기 방에서 나가기를 거부했다. 자신감은 모두 사라져 버렸고, 소스라치는 꿈으로 갑작스럽게 깨는 통에 이제는 밤새 잠을 잘 수 없게 되었다.

프로이트의 자유연상기법에 기초한 정신요법으로 치료한 지 몇 달이 지나서, 오시포프는 비록 점진적이지만 제한적으로나마 환자의 증상이 개선되고 있음을 발견했다. 환자는 오시포프를 신뢰할 수 있게 되었고, 자신의 공포증의 본질을 대면하기 시작했다. 오시포프는 환자의 병인病因이 어디에 있는지 파악하기 위해서 프로이트의 방법론을 따라 성욕의 영역으로 뛰어들었다.[28] 오시포프에 따르면, 환자의 성생활은 '비정상적'이었다. 수년간의 결혼생활에도 불구하고, 또 '강한 성적 자극을 받았음에도 불구하고', 환자는 오랜 기간 삽입을 자제하는 쪽을 택했다. 분석 기간 중에 환자는 발기부전이 될까 봐 두려웠기 때문에 그랬다고 오시포프에게 말했다. 오시포프는 환자가 경험했던 '정신적 외상' 때문에, 발기부전에 대한 그의 공포가 성욕의 절제에 이르게 되었다고 결론을 내렸다. 이 사건들 중에 가장 중요한 것은 어른으로서 그가 겪어내야 했던 것들(형의 정신병의 악화와 친구의 죽음)이 아니라 오히려 그가 어렸을 때 겪었던 아버지의 알코올중독과 어머니의 히스테리에 대한 그의 대응이었다. 오시포프는 분석 기간 동안 가장 해방적인 순간 중 하나로, 환자가 꿈 해석을 통해 자신이 어떻게 무의식적인 공포에 사로잡혔는지, 그리고 아버지가 술에 취해 격하게 화를 낼 때마다 공포에서 벗어나기 위해 아버지의 죽음을 바랐던 '은폐된 소망'으로 인해 얼마나 죄책감에 시달렸는지를 깨달은 그 순간을 꼽았다.

이 사례는 오시포프에게 정신분석적 치료의 중요한 메시지를 알려주었다. 임상의는 '카타르시스 과정'을 통해 환자가 고통스러운 증상을 극복하도록 용기를 주어야만 했다. 이런 방식으로, 환자는 정신의학자의 세심한 안내를 받음으로써 자신의 가장 깊은 곳에 있는 두려움과 대

---

28 사례 분석 중 이 부분은 Osipov, "O nevroze boiazni", pp.791~794[「불안신경증에 대하여」]에서 이 논문과 관련된 프로이트의 성욕 이론을 논의하다가 잠시 중단한 후 p.794에서 다시 시작한다.

면하게 되었다. 의사는 환자가 자신의 내면에 있는 '환상의 세계' 깊숙이 도달해서 자신의 공포와 악몽의 의미를 이해하도록 격려해야 하기 때문에, 이 과정에서는 의사에 대한 환자의 신뢰를 확립하는 것이 중요했다.

러시아에 등장한 이 최초의 정신분석 임상 논문은, 정신분석의 유효성과 무의식 개념에 대해 일부에서는 회의적인 태도가 지속되었음에도 불구하고, 곧 보게 될 사건에서처럼, 이 새로운 분야에 대한 관심이 성장하리라는 신호탄이 되었다. 무엇이 앞에 놓여 있는지 프로이트는 상상할 수 없었을 것이다.

# 3장

# 정신분석 운동의 발전

거의 예외 없이, 철학자들은 마음의 본질을 사유와 의식 쪽에 두어
왔다. 그런데 이런 낡고 일반적이며 철저한 오류는 파기되어야 한
다. 의식은 지구의 표면과 같이 단지 마음의 표면일 뿐이며, 우리는
내부에 대해서는 알지 못한 채 오직 외피만을 알고 있을 뿐이다. 의
식적인 이성 속에는 싸움, 고집, 치명적인 힘, 자동적인 행동, 회피할
수 없는 욕망의 의지 등 의식적 내지는 무의식적인 소망이 자리하고
있다. ─ 아르투어 쇼펜하우어(1851)

매슈 아널드Matthew Arnold의 표현대로 하자면, 혁명 이전의 러시아 정신
분석의 발흥은 "우리의 감추어져 있는 삶의 지식"에 관해 교육된 사회
에 대한 커다란 관심과 "내면의 분투와 요구에 더 이상 고통받지 않을"
방법의 탐색으로 나타났다. 하지만 호기심만으로는 정신분석에 대한
관심을 유지하기에는 충분치 않았을 것이다. 즉 그것은 프로이트의 이
론을 러시아의 임상 진료에 적용하는 데 있어 그 기초를 마련함으로써
'영혼의 보이지 않는 심연'에서 떠오른 갈등의 '당혹스러운 힘'으로부터
안도감을 얻기 위한 탐구였다.

정신의학이라는 전문 영역의 맥락에서, 정신분석은 적어도 [기존
방식에] 불만을 느끼면서 연구하고 있었던 소수의 임상의학자들에게 치
료되지 않거나 좋은 성과를 내지 못한 채 남겨진 많은 환자들의 고통을
덜어 줄 치료 과정에 대한 가능성을 제공했다. 현대 의학의 전반적인 발

전에도 불구하고, 정신의학자들은 중증 환자들의 경우를 우선적으로 치료하게끔 되어 있었다. 보다 가벼운 종류의 증상 — 이미 '신경증'이라고 언급된 증상 — 은 기존의 진단 범주에는 잘 들어맞지 않았다. 그들의 증상은 종종 엄청난 당혹감을 동반한 극심한 고통을 야기했으며, 잦은 기능 장애를 유발했다. 하지만 그들은 입원을 필요로 하는 것도 아니었고, 일반의나 신경학자들에게 문의해 볼 수도 없었다. 진정 그들은 의사도 없고 급변하는 세상의 혜택도 받지 못한 채, 의학적인 관심에서 비켜난 정서적인 질병을 앓고 있었다.

그러나 이런 상황을 다른 방식으로 보는 사람들이 있었다. 프로이트에 대한 열광으로 방향을 돌리고 있던 정신의학자들이 환자의 의미를 재정의하고 있었던 것이다. 이전 시기라면 자신들의 증상에 대해 의학적인 치료를 받지 못했을 사람들이 이제는 새롭게 등장한 정신분석가의 진료소와 민간 진료실로 모여들게 되었다. 지금 우리가 외래환자 치료라고 부르는 것이 만들어진 게 바로 이 시기였다. 신체 기관에서 기인하지 않은 것으로 보이는 증상으로 고통에 시달리던 사람들은 진찰과 요양 치료를 할 수 있는 정신의학자에게 보내졌다. 여기서 자연스럽게 질문이 떠오른다. 오시포프와 다른 러시아 분석가들이 묘사한 질병의 대부분이 사실상 병리학에서 실증적인 입증의 대상이었는가? 만일 그렇다면, 정신분석 치료를 제안하는 것이 환자들의 증상을 완화시키는 가장 유용한 방법이었다는 말인가?

분석가들은 이러한 질문에 대해 진심으로 거의 의심하지 않았다. 그들은 정신의학이라는 전문 분야의 발전에 있어 새로운 단계로서 프로이트적 기획의 필요성과 유효성에 대해 확신하였다. 오시포프가 논문에서 여러 차례 지적했던 것처럼, 그들에게 그것은 앞뒤가 맞지 않는 무의식의 언어가 의식의 언어로 번역되는, 의사와 환자 사이의 치료적인 대화의 시작이었다. 의학적 차원에서의 정신분석의 도입은 또한 환자들의 내면적 갈등을 이해하고 통제하는 수단으로서 감금이나 약물보다는 언어를 사용하는 전문적인 하위 전공 분야의 창출을 수반하였다. 일단 그것이 문화 전반에 널리 보급되자, 타인들과의 관계에서 일어나는 곤경을 설명할 수 있도록 해주는 개념적인 지도와 사회적 담론을 제공하였다. 그것은 프로이트가 언급했듯이, "세속적인 영혼 치료"였다.[1]

## 1909년, 프로이트의 첫 러시아 제자들

빈에서 프로이트와 그의 작은 모임이 생긴 것과 유사하게 러시아에서 정신분석의 발전이 운동으로서 본격화되기 시작한 것은 1909년이었다. 정신분석에 대한 관심이 정신의학자들 사이에서 더욱 널리 확산되면서 프로이트와 융에 대한 오시포프의 논문은 많은 사람들을 모았다. 모스크바대학 의학부 교수였던 N. A. 비루보프N. A. Vyrubov는, 그해에 정신분석을 주제로 한 세 편의 논문을 발표했다. 첫 번째는 신경증적 장애의 형성을 다룬 프로이트 이론의 심리학적 기초에 대한 논평이었고, 두 번째는 「프로이트의 정신분석적 방법과 그 치료법적 의미」Psikhoanaliticheskii metod Freida i ego lechebnoe znachenie였으며, 세 번째는 '불안신경증의 기원과 복합 최면분석요법을 통한 치료'에 관한 논의로, 이것은 오시포프도 관

---

1 Freud, "Concluding Remarks on Lay Analysis", International Journal of Psychoanalysis, 8, 1927, p.394.

심을 기울였던 문제였다.[2]

같은 해 모셰 불프도 첫 번째 프로이트주의 논문인 「정신분석적 치료 방법에 관하여」O psikhoanaliticheskom metode lecheniia를 발표했다.[3] 불프는 베를린에서 의학을 공부했으며, 그 후 그곳에 새로 생긴 대학 병원에서 실습 훈련을 마쳤다. 1907년, 그는 브로이어와 프로이트가 쓴 『히스테리 연구』를 읽었는데, 전기 작가의 표현을 따르면, 그것은 "그에게 하나의 계시였다".[4] 정신의학자였으며 베를린정신분석학회Berliner Psychoanalytischen Vereinigung의 창립 멤버였던 오토 율리우스부르거Otto Juliusburger 밑에서 일하기 위해 불프는 베를린-랑크비츠Berlin-Lankwitz 요양소에 지원했다. 신청은 받아들여졌고, 그는 율리우스부르거의 임상 조교가 되었다. 이듬해 프로이트의 가장 가까운 동료 중 한 명이었던 카를 아브라함이 취리히에서 돌아와 베를린-랑크비츠 요양소에서 일했으며, 곧 불프의 스승이자 분석가가 되었다. 하지만 이 훈련은 직장 내부의 갈등으로 인해 방해받았다. 1909년, 아브라함은 요양소 내에 있었던 정신분석에 대한 편견 때문에 불프가 직장을 잃었으며, 실습을 위해 러시아로 되돌아가게 될 것이라는 내용의 편지를 프로이트에게 썼다.

〔불프〕, 그는 잠시 동안 한 민간정신병원에서 율리우스부르거의 조교 일을 했는데, 이제는 오데사에 정착할 예정입니다. 그는 정신분석에 대단한

---

2 이 논문의 인용과 이에 대한 논의는 Wulff, "Die russische psychoanalytische Literatur bis zum Jahre 1911", *Zentralblatt für Psychoanalyse*, 7~8, April-May, 1911, pp.365~367 참조.

3 Ibid., p.365.

4 Ruth Jaffe, "Moshe Woolf: Pioneering in Russia and Israel", ed. F. Alexander, *Psychoanalytic Pioneers*, New York: Basic Books, 1966, p.200. 나는 1985년 6월, 텔아비브에 있는 자신의 집에서 불프를 회고하는 인터뷰를 수락해 주었던 R. 야페(R. Jaffe) 박사에게 감사드린다.

관심을 보였고, 그 때문에 베를린에서 직장을 잃었지요. …… 나는 그가 부지런하고 믿을 만한 사람이라고 생각합니다만, 불행히도 그는 경제적으로 매우 어려운 상황에 처해 있습니다. 아마도 당신이나 빈에 있는 당신의 동료들 중 한 명이 그에게 환자 몇 명을 보낼 수도 있을 것입니다. 그가 당신의 주소를 나에게 물어본 것을 보면, 개인적으로 당신에게 편지를 쓸 것 같습니다. 율리우스부르거도 불프가 〔당신의 저작을〕 러시아어로 번역하고 싶어 한다고 나에게 말하더군요.[5]

급성장하는 정신분석 운동에 회의주의자와 비판자가 없지 않았다. 알프레트 아들러와 융 그리고 프로이트의 다른 유럽 제자들이 이론적 측면에서 스승에 대해 이의를 제기하는 동안, 러시아에서도 프로이트를 따랐던 사람들 중 몇몇은 실제로 환자를 대할 때 정신분석을 적용하는 것에 대해 의심을 표하였다. O. B. 펠츠만O. B. Fel'tsman이 1909년에 쓴 글은 러시아 정신분석학계의 구성원이 제기한 최초의 비판 중 하나였다. 펠츠만의 논문은 프로이트의 지향점과 폴 뒤부아의 '이성적 치료 이론'의 대립 성향을 가장 명확하게 그려 냈다. 펠츠만이 논하길, 후자에 따르면 대부분의 공포와 두려움은 궁극적으로 이성의 힘의 통제 아래 있다. 몇몇 환자들에게는 무의식적 동기에 대한 탐색을 피하는 대신에, 그 자신에 대해, 그리고 그가 활동해야 하는 세계와의 관계를 "환자에게

---

5 Hilda C. Abraham and Ernst L. Freud, eds., *A Psychoanalytic Dialogue: The Letters of Sigmund Freud and Karl Abraham, 1907-1926*, New York: Basic Books, 1965, p.82. 이 편지는 1909년 10월 11일자 편지이다. 존스는 일단 오데사로 돌아간 뒤에 불프가 프로이트와 페렌치와 서신을 교환했다고 했지만(Ernest Jones, *Life and Work of Sigmund Freud*, vol.2, p.76), 불프의 전기 작가이자 옛 동료인 야페 박사도 이스라엘 정신분석협회도 이 편지에 대한 어떤 증거도 가지고 있지 않다. Lobner and Levitin, *Short History of Freudism*, p.8에 따르면, 불프는 아브라함과 분석 훈련을 마쳤으며, "온전히 교육을 받은 최초의 합법적인 러시아 분석가"가 되었다.

재교육시키는 것이 필요하며 건강한 이성으로 그를 새롭게 순응시키는 것"을 강조하는 것이 더 합리적으로 보였다. 이를 위해서는 "이성의 세례, 도덕적 힘의 마사지"가 요구되었다.[6]

환자들을 진찰하면서 펠츠만이 발견했던 것 중 가장 흥미로운 것은 성적인 문제가 증상의 원인이라기보다는 사실상 특정 증상을 유발하는 심층적인 문제를 은폐한다는 점이었다. 프로이트의 방법이 가진 결점을 밝히기 위해, 펠츠만은 격렬한 발작으로 고통받던 한 여성 환자에 대해 기술했다. 그녀의 경련은 쉰 목소리를 내고, 거품을 물었고, 소변의 배출을 통제할 수 없었으며 스스로를 때리려고 시도하는 동시에 자신의 옷을 잡아 찢어 성기를 노출하기도 하는 일련의 증상들을 수반했다. 수차례의 분석 세션을 진행한 뒤, 펠츠만은 비록 "환자의 성생활이 병의 원인으로서 적지 않은 역할을 하고 있을지라도", 정신분석적 치료 방법은 고통스런 증상을 경감시키는 데 도움이 되지 않았노라고 결론을 내렸다. 뒤부아의 제안처럼 환자의 주의를 다른 곳으로, 그러니까 그녀의 고통을 성적이지 않은 측면으로 이끌어 그녀의 이성에 호소하는 것이 더 효과적이라고 증명했다. 펠츠만은 "환자의 삶에서 가장 내밀한 부분을 상세히 다룬 것"을 출판하는 일이 불쾌했다고 고백하기도 했지만, 정신분석이 적합한 치료 방법일 경우에는 그러한 결정이 불가피하다고 해명했다. 이점에 관해서, 그는 정신의학자들은 환자에 대한 책임 너머에 더 중요한 과학에의 의무가 있다는 것을 깨달아야 한다고 했던 프로이트의 진술을 언급했다.[7]

---

6 O. B. Fel'tsman, "K voprosu o psikhoanalize i psikhoterapii", *Sovremennaia psikhiatriia*, 3, 1909, pp.215~216[「정신분석과 정신요법에 대한 문제」, 『현대 정신의학』].

1909년에는 정신분석에서 또 다른 진전이 있었다. 전해에 융과 같이 연구를 했던 러시아의 정신의학자 F. 베르크F. Berg가 모스크바로 돌아왔으며, 「취리히 정신의학 인상기」Tsiurikhskie psikhiatricheskie vpechatleniia라는 보고서를 출간했다. 그는 그곳에서 보았던 작업에 열렬한 찬사를 보냈으며 "정신분석은 이미 신경증과 정신병과의 투쟁에서 강력한 치료 수단이 되었고, 심지어는 앞으로 더 넓고 위대한 의학적 성과를 달성할 것"이라고 확신했다.[8] 또한, M. M. 아사탸니M. M. Asatiani는 모스크바의 정신의학 클리닉 의사 학회konferentsiia vrachei Psikhiatricheskaia klinika 강연에서 '융의 정신분석 이론과 실천'을 다루었다. 게다가 모스크바 신경병리학자 및 정신의학자 협회Moskovskoe obshchestvo nevropatologov i psikhiatrov가 매년 수여한 유명한 코제브니코프 상the Kozhevnikov prize의 1909년 경쟁에서는 러시아 의학의 통로로 파고든 프로이트의 사상을 한층 분명하게 보여 주는 "(프로이트와 다른 사람들의) 정신분석과 신경 체계에 작용하는 질병"이라는 주제를 강조했다.[9]

하지만 이러한 진전에서 그 어떤 것보다도 훨씬 중요했던 것은, 프로이트의 저작에 대한 관심과 영향력을 널리 전파하는 데 일익을 담

7 Ibid., pp.260~262. 또한 펠츠만의 논문에 대한 비판적인 개관은 M. Wulff, "Die russische psychoanalytische Literatur", pp.369~371 참조. 불프는 펠츠만이 프로이트의 저작에 대해 분명하고 정확한 이해가 부족했기 때문에 그의 반대가 심각하게 받아들여지지 않았다고 생각했다. 그럼에도 불구하고, 펠츠만의 논문은 사려 깊고 폭넓은 비판이었는데, 결국 여기서 아주 명시적으로 뒤부아 학파를 지지하게 된다.

8 Wulff, "Die russische psychoanalytische Literatur", p.368. 베르크의 보고서는 Sovremennaia psikhiatriia, January, 1909[『현대 정신의학』]에 발표되었다.

9 Lobner and Levitin, "Short Account of Freudism", p.8. 그러나 이 수상 날짜를 두고 두 명의 권위자가 의견을 달리한다. 로브너와 레비틴이 '1909년 말'이라고 하는 데 반해, 막시모프는 1908년 10월에 일어난 일이라고 주장한다. Igor Maximov, "La psychanalyse russe", L'Ane, 10, 1983, p.3과 Lobner and Levitin, p.8 참조.

당한 러시아 최초의 정신분석 학술지의 창간이었다. 이 잡지가 프로이트의 『정신분석과 정신병리학 연구 연감』*Jahrbuch für psychoanalytische und psychopathologische Forschungen*과 동시에 창간된 것임을 생각하면 이것은 어떤 기준으로 보아도 빠른 것이었다.

러시아 학술지 『정신요법』*Psikhoterapiia*은 대부분 비루보프와 오시포프의 노고의 결과였다. 최초의 발상은 이 학술지가 정신요법 분야의 모든 동시대적인 경향들을 위한 토론의 장을 제공하리라는 것이었다. 게다가 정신요법에 대한 관심이 커지면서 출판할 만한 논문 편수가 증가한 탓에, 기존의 정신요법 학술지들로는 초과분을 감당할 수가 없었다. 어쨌든, 창간호를 선보인 지 1년 만에, 이 새로운 학술지는 정신분석적 접근법으로 온통 도배되었다.[10] 이 학술지의 최초의 편집위원은 비루보프와 오시포프뿐만 아니라 아사탸니, A. N. 베른슈테인A. N. Bernshtein, 유리 V. 칸나비흐Iurri V. Kannabikh로 구성되었다. 1912년 V. N. 리흐니츠키V. N. Likhnitskii와 펠츠만이 위원회에 추가되었고, 1913년에는 학술지의 발행인란에 나열된 열일곱 명의 구성원 중 빈의 알프레트 아들러와 빌헬름 슈테켈, 제네바의 F. 아스나로프F. Asnaurov, 피렌체의 R. 아사지올리R. Assagioli, 그리고 취리히의 베라 에펠바움Vera Eppelbaum을 추가하면서 위원회는 국제적인 그룹으로 확대되었다.

학술지에는 풍부하고 다양한 자료들이 게재되었다. 초기 논문에는 러시아의 정신분석학계에서 발표된 최고의 이론과 임상 연구 사례들이

---

10 1910년 학술지에 실린 열두 편의 논문 중 다섯 편(42퍼센트)은 정신분석과 관련이 있었다. 이듬해에는 게재된 열세 편의 논문 중 여덟 편(62퍼센트)이 정신분석적이었다. 1912년에는 71퍼센트, 1913년에는 87퍼센트의 논문이 정신분석적인 주제를 다루었다. Maximov, "La psychanalyse russe", p.4 참조.

들어 있었다. 게다가『정신요법』의 각 권은 프로이트와 융의 최신 논문에 대해 자세한 정보를 제공하는 논평과 유럽의 정신의학과 정신분석 관련 주요 학회지에 실린 연구 논문들에 대한 논의, 그리고 정신요법 관련 주제를 다루는 러시아와 해외의 학회 및 모임에서 발표된 보고서 등을 담고 있었다.

1909년의 마지막 프로이트 관련 프로젝트 —— 바로 프로이트 저작의 러시아어판 번역인 정신요법총서Psikhoterapivcheskaia biblioteka가 출간되었다. 이것은 오시포프의 주도로 시작되었으며 불프와 비루보프의 도움을 받았다. 1권『꿈에 대하여』는 그해에 출판되었고, 최근 미국 방문시 강연했던『정신분석에 대한 다섯 개의 강의』O psikhoanalize와『일상생활의 정신병리학』,『성욕에 관한 세 편의 에세이』Tri stat'i o teorii polovogo vlecheniia 등의 저서들이 연속으로 뒤를 이었다. 다른 어떤 나라에서도 프로이트 전집의 번역이 출판되지 않았을 때였다.[11]

## 오시포프의 초창기 정신분석 사례연구

이 시기 러시아에서의 정신분석 관련 작업은 프로이트뿐만 아니라 국제 정신분석학계의 주의를 끌었다. 프로이트의『연감』이 창간된 지 불과 1년 만인 1910년에 러시아에서의 정신분석의 출현을 다룬 최초의 보고서가『연감』에 실렸다.[12] 이듬해에는 불프의 논문이 게재되었는데,

---

11 S. Spielrein, "Russische Literatur", *Bericht über die Fortschritte der Psychoanalyse in den Jahren 1914-1919*, Leipzig: Internationaler Psychoanalytischer Verlag, 1921, p.357. [본문에 오류가 있는 것으로 보인다. '정신요법총서'의 첫 권은 1911년 출간된『정신분석에 대한 다섯 개의 강의』이고,『꿈에 대하여』와『일상생활의 정신병리학』은 이 총서로 출간되지 않았다.『성욕에 관한 세 편의 에세이』는 이 총서의 3권으로 출판되었다. — 옮긴이]

이것은 러시아에서 진행되었던 임상 연구에 대해 러시아 정신분석가가 발표한 최초의 논평이었다.[13]

이처럼 학계가 성장하고 있는 가운데, 러시아 정신분석의 괄목할 만한 발전 뒤에는 니콜라이 오시포프라는 인물이 있었다. 1910년 1월 초, 오시포프는 프로이트에게 5월에 빈에 가겠다는 편지를 보냈다.[14] 오시포프는 프로이트를 방문했고, 긍정적인 인상을 남겼다. 오시포프가 떠난 후, 프로이트는 오시포프의 동료인 불프를 분석했던 카를 아브라함에게 편지를 썼다. "어제 …… 러시아에서 온 반가운 방문객인 오시포프와 점심을 먹었는데, 그는 선한 기질의 소유자이자 돈독한 지지자였다네. 그가 러시아에 있는 자신의 학회지에 우스터(매사추세츠) 강연을 싣고 싶다고 부탁하길래 허락했지."[15]

1911년, 그가 돌아온 직후에 오시포프의 스승인 세르프스키는 대

---

12 J. Neiditsch, "Über den gegenwärtigen Stand der Freudschen Psychologie in Russland", *Jahrbuch für psychoanalytische und psychopathologische Forschungen*, 2, 1910, pp.347~348.

13 Wulff, "Die russische psychoanalytische Literature", pp.364~371. 이 시기에 프로이트가 만났거나 알고 있었던 러시아인들에 대한 추가적인 언급은 다음을 참조. James Rice, "Russian Stereotypes in the Freud-Jung Correspondence", *Slavic Review*, 41(1), Spring, 1982, pp.19~21, 25; Igor Maximov, "La psychanalyse russe", p.4; Rene and Eugenie Fischer, "Psychoanalyse in Russland", *Die Psychologie des 20 Jahrhunderts*, 3, 1977, p.122; Lobner and Levitin, "Short Account of Freudism", pp.9~10.

14 *Freud-Jung Letters*, p.283.

15 *Letters of Sigmund Freud and Karl Abraham*, p.89. 프로이트의 1910년 5월 6일자 편지. 프로이트의 '우스터 강연'은 그가 미국을 방문했던 1909년에 클라크대학에서 했던 강연으로, 앞서 언급했던 정신요법 총서 시리즈의 1권으로 오시포프에 의해 러시아어로 출판되었다. 또한 이 시기에 프로이트는 페렌치에게 오시포프가 "훌륭한 친구이며, 명민한 머리를 가졌고, 진실된 신념을 가진 지지자로, 그와 함께하는 것은 좋은 일이 될 것이다"라고 편지를 했다. Eva Brabant, Ernst Falzeder, and Parizia Giampieri-Deutsch eds., *The Correspondence of Sigmund Freud and Sandor Ferenczi*, vol.1, 1908~1914, Cambridge, Mass.: Belknap Press of Harvard University Press, 1993, p.177(1910년 6월 5일자 편지) 참조. 오시포프에 대한 프로이트의 존경은 시간이 지날수록 깊어졌다. 오시포프기 러시아로부터 이민을 결심했을 때 프로이트는 오시포프가 1921년 프라하에 도착할 수 있도록 개인적으로 미리 준비해 두었다. 이 에피소드는 다음 장에서 논의될 것이다.

학의 자율성을 주제로 정부와 논쟁한 뒤 모스크바대학의 교수 자리를 사임했다. 마찬가지로 대학에서 정신의학을 가르치고 있던 오시포프도 세르프스키를 지지하면서 직장을 떠났다. 사직은 이들의 생활 패턴을 바꾸었다. 그들은 가르치는 일 대신 정신분석 연구를 위해 더 많은 시간을 할애하게 되었다. 그 결과로 오시포프는 매주 세르프스키가 회장을 맡은 일련의 정신분석 연구 모임을 조직했다. 정신과 클리닉에 있는 오시포프의 동료들 다수가 이 모임에 합류했다. 동시에, 오시포프는 자신이 복귀한 클리닉에 프로이트가 논한 새로운 방식으로 신경증을 치료하도록 특별히 계획된 외래환자 시설을 만드는 데 중요한 역할을 했다.[16]

오시포프의 정신분석 저작은 뒤부아의 '이성적 치료법'에 대한 오시포프의 명민한 관심과 함께 나란히 전개되면서 원숙해졌는데, 이는 이후 몇 년간 그의 연구에 분명하게 반영되었다. 러시아 정신분석 학술지 『정신요법』 1권에 오시포프는 다른 어떤 단독 기고자보다 많은 편수인 세 편의 논문을 기고했다. 두 파트로 구성된 첫 번째 논문은 프로이트 이론의 핵심적인 측면에 대한 것으로, 러시아에 등장한 정신분석을 가장 체계적으로 설명한 글이었다.[17]

16 F. N. Dosuzhkov, "Osipov kak psikhiatr", eds. Bem and Dosuzhkov, Zhizn'i Smert', p.33. 때때로 이 새로운 정신분석 연구에 대한 세르프스키의 지지가 분명하게 인식된다. 예를 들면, 다음을 참조. M. M. Asatiani, "Psikhoanaliz odnago sluchaia istericheskogo psikhoza", Psikhoterapiia, 1, 1910, p.172[「어느 히스테리 정신병자에 대한 정신분석」, 『정신요법』]; Asatiani, "Sovremennoe sostoianie voprosateorii i praktiki psikhoanaliza po vzgliadam Jung'a", Psikhoterapiia, 1910, p.117[「융의 관점에서 본 정신분석적 이론과 실천 문제에 관한 현대적 상황」, 『정신요법』]. 이 시기 세르프스키의 다른 측면에 대해서는 Julie Brown, "Heroes and Non-Heroes: Recurring Themes in the Historiography of Russian-Soviet Psychiatry", eds. Mark S. Micale and Roy Porter, Discovering the History of Psychiatry, New York: Oxford University Press, 1994, pp.304~315 참조.
17 N. E. Osipov, "O psikhoanalize", Psikhoterapiia, 1, 1910, pp.11~28, 106~116[「정신분석에 관하여」, 『정신요법』].

두 번째 논문은, 1909년 프로이트의 미국 강연을 토대로 이와 관련된 내용을 담고 있는데, 융과 슈테켈의 최근 저서에 대한 논의도 포함되어 있었다. 오시포프는 "이 강연으로 프로이트는 병리학과 신경증 치료에 대한 밑그림을 우리에게 제공하였으며", 질병 분류학과 "신경증의 심리학"의 윤곽에 접근해 가고 있다고 열광적인 어조로 결론 내렸다.[18]

1910년 『정신요법』에 실린 오시포프의 세 번째 논문인 「이상주의적 분위기와 정신요법. 야로츠키 교수의 책에 관하여」Idealisticheskie nastroeniia i psikhoterapiia. O knige professora Iarotskogo는 원래 1910년 10월 1일 세르프스키의 정신의학 모임인 '작은 금요모임'의 과학 세션에서 발표되었다. 이 논문은 명백히 의학 교수인 A. I. 야로츠키A. I. Iarotskii의 최근 저서 『생리학적 요인으로서의 이상주의』Idealizm kak fiziologicheskii faktor를 프로이트적 관점에서 비판한 것이었다. 야로츠키는 한편으로 최근 10년간 과학과 의학 기술이 엄청난 발전을 이루었지만, 반면에 정신적으로 병든 사람들을 위한 정신요법 이론은 빈곤하고 상당히 원시적이며 분열되어 있다고 하면서 여기에 커다란 불균형이 있다고 주장했다. 오시포프는 최근 과학의 성과에 대한 지적과 꽤 최근에 이르기까지 인간의 심리적 차원을 치료하는 데 충분한 주의를 기울이지 않아 왔던 의학계에 대한 비판에 있어서는 야로츠키가 옳다고 말했다. 하지만 오시포프는 야로츠키가 "동시대의 정신요법의 중요한 대표자들", 특히 프로이트에 대해 능통해 있지 않았으므로, 정신요법이라는 현대적 방법에 대한 야로츠키의 비판이 대개는 잘못된 것이라고 생각했다.

---

18 N. E. Osipov, "Eshche o psikhoanalize", Psikhoterapiia, 1, 1910, pp.153~172[「정신분석 재고」, 『정신요법』]. 인용된 구절은 pp.170~171에 있다.

오시포프는 나아가 의학의 이상주의라는 야로츠키의 개념을 공격했다. 의사들은 질병과 싸우거나 문명을 구하기 위해 싸우는 중세 기사가 아니었다. 게다가 "인간의 생리학적인 생존 주기 전체를 조절하는 힘"의 역할을 한다고 가정된 성직자에게 고해함으로써 대부분의 "정신적 문제"를 해결할 수 있다고 보았다는 점에서, 정신의학에 관한 야로츠키의 논의는 오류를 범했다.[19] 오시포프는 마음과 몸, 즉 인간의 심리적인 구성요소와 물질적인 구성요소가 기능적으로 상호 의존하여 활동한다고 확신했다. 치료에 있어서 어느 하나가 개별적으로 강조되기보다는 양자가 모두 고려되어야만 했다. 당대의 의학이 대부분 생리학적 결정론에 기대고 있을 때, 야로츠키는 영적인 해결을 제안하는 또 다른 극단으로 향했다. 야로츠키는 순진하게도 종교적 만족과 정신 건강을 동일한 것으로 생각했으며, "정신생활 특유의 복잡성, …… 모든 개인에게서 벌어지고 있는 내면의 생존을 위한 투쟁"의 본질을 무시했다.[20]

이즈음, 오시포프는 정신분석 이론을 전적으로 새로운 영역인 문학에 적용하는 작업을 시작했다. 이것은 이후에 러시아 프로이트주의자들 사이에서 많은 지지자를 얻게 된다. 전년도에 사망한 레프 톨스토이에게 집중되었던 국제적인 관심에 일정 정도 힘입어, 오시포프는 작가의 삶과 작품에 대한 일련의 논문들 가운데 첫 번째 것을 발표하였다. 「L. N. 톨스토이 문학작품에서의 정신요법」Psikhoterapiia v literaturnykh proizvedeniiakh L. N. Tolstogo은, 존경받는 질병 치료사로서뿐만 아니라 "실증적 리얼리즘의 토양"에 굳게 뿌리박고 있는 과학적인 의사로서 그려진

---

19 N. E. Osipov, "Idealisticheskiia nastroeniia i psikhoterapiia", Psikhoterapiia, 1, 1910, pp.248~249[「관념론적 구조와 정신요법」, 『정신요법』].
20 Ibid., p.252.

톨스토이 소설의 의사들에 대한 논의로 시작되었다.[21] 하지만 톨스토이의 의사들은 완고하고 제한된 직업적 성향에 사로잡혀 있었다. 이러한 성향은 특별히 정신요법가들의 관심을 끌었던 다양한 증상들을 진지하게 받아들이는 데 방해가 되었다. "실증주의자-의사와 철학자-의사" 사이의 대립을 설정한 다음, "톨스토이는 철학자-의사를 맹렬히 반대하였다".[22]

이 사례를 집필하면서, 오시포프는 톨스토이의 기억할 만한 두 여성 캐릭터 ──『전쟁과 평화』의 나타샤 로스토바Natasha Rostova와 『안나 카레니나』의 키티 셰르바츠카야Kitty Shcherbatskaia ── 의 심리적 고통을 간략하게 설명한 뒤 의사들이 이들의 증상에 어떻게 대응하는지 보여 주었다. 오시포프가 보기에 두 여성은 공포증, 복잡한 꿈, 자살 충동으로 몹시 고통받고 있었다. 각 소설 속 의사들은 이 증상들에서 스스로를 위협하거나 죽으려고 하는 개인의 "심각한 정신적 외상"의 가능성을 인식하기보다는 귀족계급 여성의 과도한 낭만성으로 이들 증상을 간단하게 처리해 버렸다. 오시포프는 나타샤에게서 보이는 증상을 책임감 있는 의사의 "정밀한 진찰을 필요로 하는" 히스테리와 유사한 증상으로 진단했다. 톨스토이는 나타샤의 병의 심각성에 대해 아주 분명하게 표현했지만, 소설에서는 이러한 의학적인 조사가 이루어지지 않았다.[23] 오시포

---

21 N. E. Osipov, "Psikhoterapiia v literaturnykh proizvedeniiakh L. N. Tolstogo", *Psikhoterapiia*, 2, 1910, p.5[「L. N. 톨스토이 문학작품에서의 정신요법」, 『정신요법』]. 이 논문은 오시포프가 '톨스토이와 의학'이라고 불렀던 더 큰 연구의 일부였다. 이 원고의 초기 판본은 1911년 1월 세르프스키의 정신분석 세미나에서 발표되었다.

22 Ibid., p.6.

23 Ibid., pp.9~11. 오시포프는 니티샤의 병이 위중했음을 의심의 여지없이 보여 주는 소설 구절을 인용했다. p.11 참조.

프는 의도했든 의도하지 않든 간에 톨스토이가 자신의 허구적 인물들을 통해 사실적인 정서적·심리학적 위기를 표현한 동시에, 정신요법적 치료가 가장 필요한 곳에 그것이 부재하고 있음을 보여 주었다고 결론을 내렸다. 하지만 오시포프는 자신이 여성 히스테리라는 논란이 많은 모델을 비판 없이 수용하고 있다는 것을 인식하지 못한 듯하다.

　1912년 여름, 오시포프는 러시아 정신분석의 형성에서 가장 중요한 의학적 공헌임이 분명한 한 편의 사례연구를 발표했다. 그는 자신의 사례와 러시아의 신경학자 블라디미르 베흐테레프가 발표했던 사례에서 확연히 눈에 띄는 유사성에 관심을 보였다. 오시포프는 두 사례를 비교하여 1912년 10월 11일 모스크바 신경병리학자 및 정신의학자 협회 학술대회에서 자신의 발견을 보고서로 제출했다. 그 보고서는 이후에 '강박적 웃음에 관하여' o naviazchivoi ulybke라는 수수께끼 같은 제목으로 출판되었다.[24] 이 논문은 형식적으로 프로이트의 몇몇 고전적인 논문과 강한 유사성을 지닌 것이었다. 독자를 혼란과 속임수의 미궁으로 끌어들이도록 극적으로 고안된 논의라는 점에서 말이다. 아울러 우리는 프로이트가 그랬던 것과 마찬가지로, 오시포프가 정신분석 치료의 적용 폭을 확장하는 데 있어 중요한 복합적인 사례를 분석하고 있을 뿐만

---

24 N. E. Osipov, "O naviazchivoi ulybke", Zhurnal nevropatologii i psikhiatrii, 12, 1912, pp.570~578[「강박적 웃음에 관하여」, 『신경병리학과 정신의학 저널』]. 여기서 러시아어로 'naviazchivaia'는 '강박적' 혹은 '느닷없는'을 의미할 수 있다. V. M. 베흐테레프(1857~1926)의 저작은 방대하다. 예를 들면, David Joravsky, Russian Psychology, Oxford: Blackwell, 1989, 특히 pp.83~88, 271~281에 있는 그의 작업에 대한 최근의 논의를 참조. 아들러가 1909년 2월 3일 빈의 프로이트의 모임에서 '강박적 홍조 사례'(A Case of Compulsive Blushing)라는 제목으로 발표한 사례를 지적해 둘 만하다. Minutes of the Vienna Psychoanalytic Society, eds. Herman Nunberg and Ernst Federn, New York: International University Press, 1962~75, 4 vols., vol. 2, pp.125~144 참조. 오시포프가 비슷한 제목의 사례연구를 집필하기 전에 이 사례를 읽었는지의 여부는 알려지지 않았다.

아니라, 동시에 대립하고 있었던 의학적 해석과 논쟁을 펴고 있었다는 점을 명심해야 한다. 프로이트가 자신의 동료인 융과 아들러의 대안적인 이론에 도전하고 있는 것과 마찬가지로, 오시포프는 자신의 나라에서 정신의학과 신경학 분야의 뛰어난 연구자에게 이의를 제기하고 있던 것이었다.

단숨에 읽어 내려갈 만큼 흥미로운 이 사례는 결과적으로 그것이 해결한 것보다 더 많은 과제를 부여하였다. 환자는 스물일곱 살의 미혼 남학생으로, 왼쪽 눈이 실명했다는 사실을 제외하면 그의 "신체적 조건은 어떤 면에서도" 건강한 사회 영역의 "규범으로부터 벗어나지 않은 것처럼 보였다". 그는 두 살 때 자신의 눈을 가위로 찌른 사고로 시력을 잃었다. 열세 살 연상인 환자의 누나는 직계가족 중 유일하게 정신병 병력을 가지고 있었는데, 남편의 사망 이후 그녀는 환자가 "종교적 광기"라고 부른 것 때문에 고통받고 있었다. 환자는 드문 경우에만 술을 마셨고, 과하지 않게 적당히 잘 마셨다. 그에게 유년 시절 "충분히 예민했다"고 여겼던 시기에 대해 설명해 달라고 요청하자, 그는 열세 살 이후로 "여러 번 자위를 했다"고 고백했다. 그는 여성들과 부정기적으로 성관계를 가졌지만 그것이 만족스럽지 않음을 알게 되었다. 치료에 앞서 2년 동안, 그는 성적인 삽입을 완전히 자제했다.

중학교 시절의 어느 순간에, 그가 대학 시절에는 통제할 수 없게 되어 버린 불편한 증상이 나타났다. 그는 그것을 "멍청하고, 독선적인 웃음"라고 불렀다. 그 미소는 "전혀 어울리지 않는 것"이었을 뿐만 아니라, 혼란스럽고 신경쇠약을 유발하는 것이었다. 한 친구는 그의 웃음이 너무 산만해서 시험이 끝날 무렵에는 방해가 되었노라고 환자에게 말했다. 환자가 누군가를 쳐다봐야 했을 때, 웃음은 상황과 관계없이 터져 나왔다. 그가 그 웃음을 살펴보기 위해 거울 앞으로 달려갈 때에, 그는 종종 그것을 보는 것이 견딜 수 없었다. 환자는 항상 얼마간의 수치심을 느꼈고, '느닷없는 웃음'이 잦아지면서 찾아오는 고통과 당혹스러움을 피하기 위해 자신을 고립시켰다. 생산적인 일에 참여하는 능력이 감소됨에 따라, 그는 19세기 러시아 문학에서 나오는 쓸모없고 고뇌에 가득 찬 주인공풍의 '잉여 인간'과 스스로를 동일시하기 시작했다. 게다가 그는 점점 더 자신의 의식 일부로 자리 잡게 된 자살에 대한 끔찍한 생각을 지울 수 없음을 발견하였다. 그는 "나는 정신적으로 죽어 가고 있음을 느낀다"고 말했다. 그는 일련의 육체노동을 떠맡았으며, 혼자 힘으로 '소작농의 노동'을 하는 동안에는 일시적으로 안정되었다. 하지만 누군가를 대면해야 할 때나 누군가가 자신을 보고 있다는 것을 깨닫는 때에는 언제나 그 웃음이 다시 나타났다. 그는 이전의 학업으로 복귀했고, 또다시 강박적인 웃음으로 안도와 고통이 번갈아 일어나는 시기를 보냈다. 환자에게는 일상적인 대화 도중에 특정 단어를 발음하는 데 어려움을 느끼는 심각한 증상 하나가 생겼다. 주변에 있는 사람들이 낯설수록, 그는 스스로를 정확하게 표현하기가 어려워짐을 발견했다.

오시포프는 주된 증상이었던 강박적 웃음으로 고통받았던 자신의 환자가 베흐테레프의 환자와 많은 특징을 공유하고 있다는 점에 주목하였다. 두 환자 모두 자기 비하적인 태도로 자신들의 상태를 '백치'라고 정의했다. 이들은 느닷없는 웃음의 성격과 원인에 대해 상세하게 설명하지 못했다. 그들은 거울로 자신들의 웃음을 보는 것을 견딜 수 없어했다. 두 환자에게는 신체적 기형이 있었고(오시포프의 환자는 한쪽 눈만 보였고, 베흐테레프의 환자는 영구적으로 굽어 있는 자세 때문에 고통받고 있었다), 둘 다 사교적인 만남이 이루어지는 상황에서 말하는 데 어려움을 겪었다. 오시포프에 의하면, 아마도 이 모든 것들 중에서 가장 인상적인 것은 두 환자 모두 현재의 문제들을 이전의 '자위 경험' 탓으로 돌리고 있다는 점이었다.

증상의 많은 부분이 유사했음에도, 오시포프는 장애의 성격에 대한 베흐테레프의 해석에는 동의하지 않았다. 베흐테레프에게 강박적 웃음의 출현과 그로 인한 신경쇠약은 생리학적 기제가 정상적으로 작동하지 않는 데에 근거했다. 그러므로 그 웃음은 특정 상태에서 발생하는 불수의근의 경련에서 오는 신경 경련에 필적한 것이었다. 오시포프는 생리학적 설명을 받아들이면서도 이 문제의 진정한 특성을 이해하기 위해 증상의 이면을 철저히 규명해야 한다고 생각했다. 그는 생리적인 반응 자체가 환자 편에서 발기부전으로 인한 곤혹스러움을 덮기 위한 복합적인 방어기제의 일부라고 주장했다. 그 웃음은 분명 그가 자신의 죄와 두려움을 감추지 못하도록 방해하는 배신자의 역할을 맡고 있었다.

오시포프는 (톨스토이, 윌리엄 제임스, 프랑스 정신의학자 피에르 자네로부터 도움받았음을 인정하면서) 자신의 환자가 신체적 증상을 동반하는 **정신적** 질병으로 고통받고 있다고 설명했다. 게다가 그 원인이 모든 사교적인 만남에서마다 일깨워지는 환자의 성적 수치심의 감정에 놓여 있는 까닭에 그렇게 구석구석 영향을 미치게 된 것이었다. 혼자일 때는 스스로에 대해 만족감을 느끼면서도 외부 세계에 대해서는 괴로워하면서 갈등을 느끼는 환자의 상반된 감정을 오시포프는 불안감, 무력감, 절망감과 싸우고 있는 '열정, 힘, 성공'에 대한 소망-환상 사이의 내적인 이항 대립으로 해석했다. 힘과 지배력에 대한 환상과 현실을 일치시킬 힘이 없었기 때문에, 공포는 '질병으로의 도피'로 환자를 이끌었던 것이다.

이 사례는 미완으로 남겨졌다. 오시포프는 자신이 논문을 쓰던 당시 환자의 상태가 나아졌다고 말했지만, 어떻게 그렇게 되었는지는 설명하지 않았다. 그의 결론은 정신분석적 치료의 효용을 분명하게 설명하는 데 있다기보다는 오히려 그런 사례들을 치료하고 있는 정신의학자들을 향한 호소였음이 분명했다. 여하간에 치료에 있어서 강박적 웃음이 다른 유사한 사례에도 적용할 수 있는 진단 장애인지조차도 분명치가 않았다.

오시포프가 말한 대로, 이 사례는 "도덕적인 요구로부터의 해방" 과정에 대한 것이었다. 환자가 생각하기에 범죄 행위와 다름없는 수치스러운 행동을 저질렀다는 죄의식이 정서적인 구속을 유발했다. 그리고 이 사례는 이러한 구속으로부터 환자를 자유롭게 하는 과정을 그린 것이었다. 오시포프는 이 사례에서 '가련한 발기불능'으로 인한 인간의 수치심이 정신요법을 통해 최소한 완화될 수 있었다는 정도로 말하는 데 그칠 수밖에 없었다. 오시포프는 분명 자신의 치료 능력과 치료된 환자의 역량이 제한적임을 이해하고 있었다. 치료사는 "환자의 한계와 가능성을 탐색하는 가운데, 환자 스스로 맑은 정신과 정직함을 끌어내어 자기 인식을 각성하도록 하는 데" 노력을 기울여야 한다는 것이 오시포프의 결론이었다.[25]

## 러시아 정신분석의 확장

1910년 내내 프로이트의 빈정신분석학회를 모델로 하는 전문가 그룹이 구상되고 있었다. 이는 1년 후에 오시포프와 그의 동료들의 노력으로

---

25 Osipov, "O naviazchivoi ulybke", p.578「강박적 웃음에 관하여」.

현실화되었다. 1911년 5월 2일, 정신분석을 공부한 오데사 출신의 정신 의학자 레오니트 드로스네스가 프로이트를 방문했다. 그는 모스크바의 오시포프 그룹이 러시아 정신분석학회를 공식 설립했음을 전했다.[26]

작은 규모였지만 점차 확장되고 있던 모스크바의 정신분석학계는 학술지 『정신요법』을 내놓게 되면서 이제 학계의 저작을 완전히 소화해 낼 매체를 가지게 되었다. 러시아의 프로이트 지지자들은 자신들의 임상 연구에 차별성을 만들고자 노력하면서 이러한 기회를 충분히 활용 하였다.

학술지가 창간된 첫 해인 1910년에 N. A. 비루보프는 정신분석적 인 맥락에서 최면의 활용을 강조하는 '최면-분석 방법'을 제안한 신경 증 치료 논문을 발표했다. 그의 설명에 의하면, 최면 치료를 활용함으로 써 환자는 두려워하는 증상의 현상과 원인에 대해 합리적인 설명을 연 결시키게 되었고 이로써 비이성적인 것을 이성적인 것으로 바꾸어 냈 다. 그는 이를 "무의식을 의식으로 번역하는 과정"이라고 불렀다.[27]

거의 같은 시기에 새로운 정신분석학계의 구성원으로 합류한 러시 아의 정신의학자 타티아나 로젠탈은 인간 행동에서 무의식의 역할의 다른 측면을 검토하고 있었다. 로젠탈은 러시아의 야당 정치활동을 직 접적으로 경험했던 몇 안 되는 분석가 중 한 명이었다. 정신분석과 관련 을 맺기 전에 그녀는 1905년의 혁명적 사건이 일어났을 때 자신의 출신 지인 상트페테르부르크에서 비합법적이었던 마르크스주의 사회민주

---

26 *Correspondence of Sigmund Freud and Sandor Ferenczi* vol.1, p.272 참조. 편지에 비루보프, 드로 스네스, 오시포프의 이름이 모스크바학회의 창시자로 언급되어 있다.

27 N. A. Vyrubov, "K voprosu o geneze i lechenii nevroza trevogi kombinirovannym gipnoanaliticheskim metodom", *Psikhoterapiia*, 1910, pp 29~41[「복합 최면-분석 방법에 따른 근 심신경증의 발생과 치료에 관한 문제」, 『정신요법』].

당에 가입하였다. 그녀는 취리히에서 의대를 다니면서 프로이트를 읽기 시작했고 정신분석가가 되기로 결심했다. 교육을 마친 뒤 그녀는 빈 정신분석학회에 가입했다. 그 후 그녀는 상트페테르부르크로 돌아가 병원을 개업했지만, 빈 학회의 모임에 참여하기 위해 수차례 빈을 방문하였다. 그녀는 1912년 1월과 2월에 있었던 세 차례의 모임에 자신의 동료인 사비나 슈필라인과 함께 참석했다. 그리고 이들의 방문 날짜는 프로이트의 집무실에서 러시아인들이 언급된, 몇 안 되는 경우 중 하나로 기록되었다. 로젠탈은 종종 프로이트의 모임에서 구성원들과 강한 의견을 피력하며 충돌하기도 했지만, 자신이 참석했던 그 모임에 대해 자주 이야기했다.[28]

1911년 로젠탈은 중요한 첫 번째 연구 논문을 발표했는데, 그것은 정신분석과 문학 사이의 관계를 개척한 연구로 남아 있다. 「정신분석적으로 조명한 카린 미하엘리스의 『위험한 나이』」*"Opasnyi vozrast" Karin Mikhaelis v svete psikhoanaliza*에서 로젠탈은 프로이트와 융의 개념을 해석 도구로 사용하여 세기 변환기의 한 덴마크 작가를 연구하였다. 로젠탈의 관점에서 미하엘리스의 소설과 이야기들은 주인공을 통해 드러나는 무의식적 갈등의 예로 가득 차 있었다. 이런 방식으로 미하엘리스의 주인공을 해석함으로써 로젠탈은 등장인물들의 분투가 더욱 명확하게 이해되고, 이야기와 일상적 갈등의 직접적인 반영으로 드러나는 사실주의가 한층 예리하게 포착된다고 주장했다.

특히 소설 『위험한 나이』*Den farlige Alder*에 나오는 미하엘리스의 등장인물들 중 한 명인 엘시 린트너*Elsie Lindtner*는 이 해석에 생생한 예시를 제

---

28 *Minutes of the Vienna Psychoanalytic Society*, vol.2, 1912년, 1월 24일, 31일, 2월 14일 모임.

공하였다. 린트너는 자신의 내면세계와 그녀가 마주하고 있던 위기를 풍부하게 그려 낸 일기장을 지니고 있었다. 정략적인 결혼은 공허해졌고, 그녀는 우울증으로 침잠했다. 로젠탈은 린트너의 문제가 어린 시절 어머니를 일찍 여의고 아버지와 비정상적인 관계를 형성했던 그 시기로 어떻게 거슬러 올라가는지를 보여 주었다. 어린아이가 가장 크게 상처받기 쉬운 바로 지금, 부모의 강력한 영향으로 인해 개인의 인격이 형성되는 그때가 바로 카린 미하엘리스가 묘사하고 있는 진정 "위험한 나이"였다.

로젠탈이 보기에, 미하엘리스의 허구적 인물들은 풍부한 환상, 고집스럽고 관습에 어긋나는 행동, 그리고 강한 신경증적인 삶을 부여받았다. 로젠탈은 작가가 특히 아버지의 사랑을 얻기 위해 어머니와 경쟁해야 하는 어린 딸들의 투쟁을 섬세하게 그려 냈다고 보았다. 몇몇의 예로 살펴보건대, 어머니가 죽거나 '패배'했을 때마다, 딸들은 자신들의 '승리'의 대가를 치러야만 했을 것이다. 무의식적인 근친상간적 욕망의 대상 — 그들의 아버지 — 과 대면하면서 미하엘리스의 여성들은 깊은 우울증에 빠지거나 자살로써 괴로운 죄의식을 끝내고자 애를 썼다. 여성들은 자신과의 의미 있고 만족스러운 관계 형성을 방해하는 "자가성애 혹은 나르시시즘"과 함께 점차 억압되면서 몇몇에게는 그 고통이 분명하게 확인되지 않은 채로 지속되었다.

로젠탈은 미하엘리스가 결혼 문제와 그 이전의 "위험한 나이"에 해소되지 않은 채로 잠재되어 있는 갈등 사이의 관계를 강렬하게 묘사했다고 보았다. 엘시 린트너는 더 이상 아버지를 차지하기 위한 무의식적인 경쟁에 관여할 수 없었기 때문에 남편과 결혼으로부터 도망치고 있었다. 그녀의 결혼은, 그들의 관계로서는 도저히 충족시킬 수 없을 비정상적인 요구를 하면서 아버지에게서 남편으로, "리비도를 다른 사람에게로 옮기는 것"으로서 표현되었다.

로젠탈은 엘시 린트너의 인격에서 한층 심화된 측면을 다루었다. 그녀가 아버지와 복잡하고 갈등적인 관계를 맺은 것은 죽은 어머니가 자신을 버렸다고 느끼면서 생긴 분노 때문이었다. 어머니의 부재는 아버지에 대한 과도한 의존으로 그녀를 몰고 갔을 뿐만 아니라 일생 동안 아이를 갖는 것에 대해 양가감정을 가지게 하였다. 그녀는 어머니가 되면 자신의 아이가 어머니처럼 죽어 버린다든지, 아니면 그녀 자신이 그랬던 것처럼 그 아이도 근친상간적인 감정에 압도될지도 모른다는 불안에 빠질까 봐 두려움을 느꼈던 것이다.

린트너의 "성적 위기"는 성적 환상과 욕망을 숨김없이 기록한 그녀의 일기에 노골적으로 표현되어 있었다. 로젠탈에 따르면, 카린 미하엘리스의 소설이 등장하는 여러 여성 인물들에게서 투쟁은 진정 해소되지 않았다. 그 대신에 무의식적인 꿈과 환상에서뿐만 아니라 의식적인 행동에서 경험되는 갈등의 형식들이 신경증적 증상으로 드러나고 있었다. 자신의 삶을 결정하는 것은 의식적인 생각과 의지가 아니라 "신경증적 삶에 대한 무의식의 일람표"였다. 그리고 이것은 어린 시절의 "가족성좌"family constellation에 나타난 그녀의 유년기의 갈등에 의해 차례대로 형성된 것이었다.

로젠탈이 보기에, 소설 속 엘시 린트너가 가진 딜레마의 가장 중요한 측면은 그 시기 많은 여성들이 직면하고 있던 문제를 그토록 강력하게 표현하고 있다는 점이었다. 논문의 결론에서, 로젠탈은 빈정신분석학회의 구성원인 빌헬름 슈테켈이 최근에 발표한 두 편의 사례연구에서 자신의 해석에 대한 근거를 찾았다. 슈테켈의 사례는 엘시 린트너라는 등장인물과 나이와 증상이 유사한 여성들을 다루고 있었다. 이들은 강렬하지만 충족되지 않았던 성적 충동을 가진 40대 초반의 여성들이었다. 그들의 성적 강박증과 고통스러운 상황은 슈테켈의 분석에서 심도 있게 묘사되었다. 한 명은 치료 후에 상당히 나아졌지만, 다른 한 명은 자살을 했다. 로젠탈의 결론에 따르면, 자살과 심각한 우울증은 카린 미하엘리스의 여러 허구적 인물들이 짊어진 불행한 운명이기도 했다. 이리하여 문학과 정신분석은 이 문제들의 심각함을 밝히는 데 함께했다. 그녀는 그런 비극적인 파국을 막기 위해 이 문제들이 더 많은 주목을 받아야 한다고 주장했다.[29]

『정신요법』은 앞선 유럽 정신분석가들의 최신 의학 저술을 개관하는, 보다 교육적인 방향의 논문들을 실었다. 예를 들어, A. A. 페브니츠키는 1910년 논문에서 프로이트, 융, 아들러의 최근 사례들 중 일부에 대해 논의했다. 이 논문의 목적은 러시아 정신분석가들에 의해 의학적으로 활용되어 온 정신분석적 방법의 실제적인 사례를 제시하는 것뿐만 아니라, 정신분석에 흥미를 가지고 있긴 하지만 회의적이기도 했던 사람들에게 정보를 제공하는 것이었다. 덧붙여 페브니츠키는 비록 정신분석이 일부 환자들의 치료에 효과적인 수단으로 보일지라도, 프로이트의 동료들이 수행한 새로운 작업에서 입증되었듯이 계속해서 수정되고 발견되어야 한다는 점을 지적했다.[30]

---

29 Tatiana Rosenthal(Rozental), "'Opasnyi vozrast' Karin Mikhaelis v svete psikhoanaliza", *Psikhoterapiia*, 1911, pp.189~194, 273~289[「정신분석적으로 조명한 카린 미하엘리스의 위험한 나이」, 『정신요법』]. 이 소설은 자주적인 삶을 찾는 여성에 대한 강한 묘사 때문에라도 다시 간행될 가치가 있다. Karen Michaelis, *The Dangerous Age*, New York: John Lane Co., 1911 참조.
30 A. A. Pevnitskii, "Neskol'ko sluchaev psikhoanaliza", *Psikhoterapiia*, 1910, pp.51~62[「정신분석주의의 몇 가지 경우들」, 『정신요법』].

유럽에서 다수의 유명한 비非정신분석 치료사들의 작업이 많았던
만큼, 비정신분석적이었던 치료가의 유명한 작업도 『정신요법』의 페이
지에 등장하였다. 여기에는 '이성적 정신요법' 학파로 분류되는 뒤부아
와 그의 지지자들이 있었다. 정신분석의 경쟁자들은 객관적이고 정중
하게 논의되었지만, 그들이 환자의 의식 세계를 강조했던 만큼, 무의식
에 집중했던 프로이트주의자들과는 분명 대립각을 세웠다.[31] 그럼에도
불구하고, 이 학술지를 읽는 누군가는 러시아의 정신요법은 물론, 유럽
으로부터의 최신 임상 및 이론 작업을 익혔을 것이다.

오시포프는 1912년 『정신요법』에 유럽 정신의학에서 유전적 퇴행
개념에 대한 최근의 논쟁에서 정신분석의 역할을 설명하는 총 2부로 구
성된 긴 논문을 발표했다. 「'퇴행성 정신병' 사례에 관한 고찰과 의심」
Mysli i somneniia po povodu odnogo sluchaia 'degenerativnoi psikhopatii'에서 오시포프는
여타의 의학과는 달리 해부학과 생리학에서 인류학과 사회학에 이르는
다른 지식 분야를 활용하는 '문화과학'으로서의 정신의학이라는 논지
를 포함시켰다. 정신병적인 증상으로 고통받고 있는 환자들을 치료하
는 정신의학의 동맹자인 정신분석은, 어떤 생물학적인 퇴행 상태와 상
관없이 환자의 상태에서 심리적인 요소를 밝혀내야 할 책임을 지고 있
었다. 오시포프에게 있어 가장 중요한 것은 환자와 의사의 관계였다. 이
러한 점에서 그는 자신의 스승이었던 세르프스키를 다음과 같이 인용
했다. "의사는 병과 관련을 맺는 것이 아니라 각각 자신만의 방식으로
병을 앓고 있는 환자들과 관련을 맺어야 한다."[32]

---

31 예컨대, V. N. Likhnitskii, "Osnovnyia napravleniia sovremennoi ratsionalisticheskoi
psikhoterapii", Psikhoterapiia, 1912, pp.1~11, 103~120[「현대 합리주의 정신요법의 근본 방향」, 『정
신요법』] 참조. 이 논문은 논의 중인 정신요법가들의 원어로 쓴 유익한 참고문헌으로 끝맺는다.

제1차 세계대전 이전에 오시포프가 마지막으로 쓴 중요한 논문은 1913년 10월 27일 모스크바에서 열린 러시아 신경병리학자 및 정신의학자 협회의 공개 강연에서 처음 발표되었다. 이 논문에서 오시포프는 이론적인 개념과 '병든 영혼'의 임상적 실제를 논했다. 프로이트와 그의 지지자들의 발견이 이러한 문제들을 의학적 범주로 판명하고, 이들을 도울 수 있는 치료 방법을 고안해 낼 때까지 '정신신경증적 질병'을 앓고 있는 사람들 중 대다수는 치료받지 못해 왔다는 것이 그의 주요 논점이었다. 오시포프는 그가 '정신신경증'이라고 불렀던 이 환자들과 광인이 서로 다른 범주에 속해 있다는 점을 인식했다. 그는 심각한 장애를 가진 사람들은 이성을 사용할 능력이 없고, 현실과의 접점을 상실했으며, "자신들의 병에 대해 비판적으로 관여하지 않는다"고 말했다. 결론적으로 이들에게는 정신요법의 효과가 떨어진다. 하지만 왜곡되고 이해하기 어려운 소망, 욕망, 감정의 희생자인 '병든 영혼'들을 위해서는 적절한 정신요법을 활용함으로써 호전될 가능성이 열려 있었다. 인간 전체를 정신적인 존재로 이해했던 오시포프는 영혼이 실증적인 기반 위에서 의학적 개입의 정당한 대상으로 받아들여져야 한다는 것을 주요 논점으로 제시했다.[33]

32 N. E. Osipov, "Mysli i somneniia po povodu odnogo sluchaia 'degenerativnoi psikhopatii'", Psikhoterapiia, 1912, pp.189~215, 299~306[「'퇴행성 정신병' 사례에 관한 고찰과 의심」, 『정신요법』].
33 N. E. Osipov, "O bol'noi dushe", Zhurnal nevropatologii i psikhiatrii, 13, 1913, pp.657~673[「병든 영혼에 관하여」, 『신경병리학과 정신의학 저널』].

## 제1차 세계대전 전야

제1차 세계대전이 발발하기 이전에, 『정신요법』의 연혁에는 러시아의 선구적인 프로이트주의자 두 명의 이름이 노골적으로 빠져 있다. 바로 모셰 불프와 사비나 슈필라인이다. 불프는 베를린에서 러시아로 돌아온 1911년에 자신의 출신지인 오데사에서 처음 병원 문을 열었고, 그 후 1914년에는 모스크바에서 개원했다. 그렇지만 그의 성향은 주로 유럽적인 데 머물러 있었다. 빈정신분석학회의 일원으로서, 그는 중요한 연구 논문을 전부 독일어로 작성했다. 게다가 혁명 전에 그의 작업이 프로이트의 정신분석학회지에 발표됨으로써, 그는 러시아보다는 해외에서 더 큰 명성을 얻게 되었다.

불프가 러시아인들 중에서 성 충동에 관한 프로이트의 이론을 가장 호의적으로 받아들였다는 사실은 그의 논문을 통해 확인할 수 있다. 그는 환자의 성적인 갈등과 환상을 사례를 통해 굉장히 자세하게 서술하였다. 불프는 성인 여성 환자의 '임신 신경증'에서부터 직접 치료했던 아동의 기능 장애성 자폐증을 아우르는 사례들에 이르기까지, 이 환자들이 억압하려고 했던 외상적 장면을 털어놓았노라고 주장했다. 이러한 외상 중에는 부모의 성관계를 목격하고, 동시에 부모에게 자위행위를 금지당함으로써 그들과 심각한 감정적인 갈등을 겪게 된 아이의 경우가 포함되어 있었다.[34] 불프는 형식과 내용 양 측면에서 프로이트적인

---

34 M. Wulff, "Beiträge zur infantilen Sexualität", *Zentralblatt für psychoanalyse*, 1912, 2, pp.6~17. 더 이전에 언급된 것으로, 러시아 정신분석 관련 문헌을 다룬 불프의 1911년 서평 에세이(Ibid. 1911, 7~8, pp.364~371)와 더불어 다음의 논문들 참조. "Kleine Beiträge aus der psychoanalytischen Praxis", Ibid. 1911, 1, pp.337~341, 그리고 "Eine interessanter Zusammenhang von Traum Symbolhandlung und Krankheitssymptom", *Internationale*

서술에 정통한 사람이었다.

한편, 슈필라인은 국제적인 정신분석학계에서 독창적이라는 평가를 받으면서 유럽에 머물고 있었다. 그녀는 감당하기 힘든 히스테리와 우울증 발작으로 수년간 시달리고 있었다. 슈필라인의 부모는 1904년에 그녀를 취리히로 보냈다. 그녀가 의과 대학에 들어가서 정신질환을 치료할 방법을 찾도록 하기 위해서였다. 이와 관련해서 1906년 10월, 융이 프로이트에게 보낸 편지가 있다. "지금 당신의 방식대로 히스테리 환자를 치료하고 있습니다. 어려운 사례입니다. 스무 살의 러시아인 여학생인데 6년 동안 병을 앓았습니다." 사실, 이 사례는 너무나 복잡했기 때문에 융은 상담 중에 슈필라인이 보여 주었던 고통스러운 성적인 문제들에 대해 프로이트에게 털어놓으면서 그에게 치료를 위한 조언을 구하였다. 프로이트는 환자의 병에 대한 긴 해석으로 융에게 답했다.[35]

융은 이 사례에 점점 깊이 빠져들게 되었다. 1907년, 그는 슈필라인에 관한 임상 논문을 출판하였다. 그리고 그녀와 사랑에 빠졌다. 융은 처음에는 숨기려고 했지만 결국에는 이 사실을 프로이트에게 고백하였다.[36] 이런 와중에도 슈필라인은 융의 도움을 받아서 1911년에 「정신분

---

*Zeitschrift für arztlich psychoanalyse*, 1, 1913, pp.559~560. 막스 아이팅곤(Max Eitingon)은 정신분석 형성기에 해외에서 그 역할을 수행했던 또 다른 러시아아이이다. 하지만 그는 1917년 혁명 전후 러시아 정신분석에는 괄목할 만한 영향을 주지는 못했다.

35 *Freud-Jung Letters*, p.7. 슈필라인이 치료를 위해 취리히의 부르크휠츨라이 클리닉에 도착한 날짜는 Aldo Carotenuto, *A Secret Symmetry: Sabina Spielrein between Jung and Freud*, New York: Pantheon, 1982, p.140에서 밝히고 있다. 프로이트는 1906년 10월 27일자 편지에서 슈필라인에 대해 언급하고 있는데, *Freud-Jung Letters*, pp.8~9에 있다. 슈필라인의 히스테리 증상에 대한 융의 설명은 *The Collected Works of C. G. Jung*, ed. Sir Herbert Read et al., Princeton: Princeton University Press, 1953~80, IV, pp.20~21 참조.

36 Carl Jung, "The Freudian Theory of Hysteria"(1907), *Collected Works*, 4, pars.53~58 참조. 융이 프로이트에게 한 '고백', 그리고 이와 관련된 좀 더 자세한 사항은 Carotenuto, *A Secret Symmetry*, pp.159~160 et seq. 참조. 슈필라인-융의 관계에 대한 가장 자세한 연구는 John Kerr,

열증 사례에서의 심리학적 내용」The Psychological Content of a Case of Schizophrenia 이라는 논문으로 학위를 받았다. 이 연구는 그녀의 정신분열증 환자 중 한 명의 언어 장애와 사고 패턴에 대한 분석으로, 그해에 프로이트의 『연감』에 게재되었다. 이것은 프로이트의 학술지에서 러시아인 기고자가 쓴 최초의 연구 논문이기도 했다.[37]

　　슈필라인은 1911년에서 1912년의 겨울과 봄을 지나 거의 1년간을 빈에 머물렀다. 그리고 이 시기에 프로이트의 측근들과 어울리면서 가장 창의적인 정신분석 논문들을 여러 편 썼다. 가장 잘 알려진 논문으로는 단연 그녀의 1912년 연구인 「존재 출현의 기원으로서의 파괴」Die Destruktion als Ursache des Werdens를 꼽을 수 있다. 이 논문은 보존 본능과 생존 본능의 대척점에 있는 '죽음 충동' 혹은 파괴 충동에 대한 프로이트의 공식보다 먼저 출현한 것으로서 자주 인용되어 왔다. 프로이트의 원고 중 그녀의 논문에 대해 관심을 보인 글이 있는 것을 보면, 프로이트 스스로도 이러한 인상을 받을 만하게 행동했다. 비록 의문점들이 조금 있긴 하지만, 자신의 학위 논문뿐만 아니라 프로이트, 융, 오토 랑크의 작업에 단단하게 기반을 두고 있는 슈필라인의 논문은 유럽의 정신분석 학계에서 독창적이고도 내공 있는 것으로 인정받았다. 이와 같은 평가는 1911년 11월 29일 빈정신분석학회 모임에서 그녀의 발표를 들은 사람들이 내린 것이었다.[38]

---

*A Most Dangerous Method: The Story of Jung, Freud and Sabina Spielrein*, New York: Knopf, 1993 에 상술되어 있다.

37 "Uber den psychologischen Inhalt eines Falles von Schizophrenie", *Jahrbuch*, 3, 1911, pp.329~400. *A Secret Symmetry*, p.141에 있는 카로테누토의 논의 참조.

38 "Die Destruktion als Ursache des Werdens", *Jahrbuch*, 4, 1912, pp.465~503. 그 반응에 대해서는 Carotenuto, *A Secret Symmetry*, pp.141~152 참조. 이 당시 슈필라인이 쓴 다른 중요한 논문으로

1912년 3월 빈을 떠난 슈필라인은 베를린과 뮌헨으로, 또 로잔과 제네바(그녀의 환자 중 한 명인 장 피아제가 분석 훈련을 하고 있었다)로 거처를 옮겼다. 제1차 세계대전이 발발하자 그녀는 융과 프로이트와 의논하여 러시아로 돌아갈 계획을 세웠다.[39]

이 전쟁은 러시아에서 발전하고 있던 정신분석 운동의 기세에 찬물을 끼얹었다. 『정신요법』은 전시라는 긴급한 상황에서 살아남을 수 없었다. 그런데 흥미롭게도, 『정신요법』은 이 잡지가 마지막으로 출판되었던 1913년에 중요한 변화를 겪게 되었다. 편집자들이 당대 정신요법의 스펙트럼 전체를 수용하고자 다방면의 원고에 대해 개방적인 입장을 취했음에도 불구하고, 강조점은 분명하게 정신분석으로 옮겨지게 되었다. 프로이트의 작업은 다른 이론가들과 비교할 수 없을 만큼 잦은 빈도로 학술지에 게재되었다.

프로이트의 지배적인 영향에서 비롯된 이러한 변화는 이미 1912년에 뚜렷하게 나타났다. 알프레트 아들러가 쓴 두 편의 중요한 에세이

---

는 "Beiträge zur Kenntnis der kindliche Seele", *Zentralblatt für psychoanalyse*, 3, 1912, pp.57~72 참조. 이 논문에서는 융의 영향이 분명하게 드러난다. 슈필라인의 재능에 대한 이러한 초기의 비평은 더 최근의 평가에서 뒷받침되고 있다. 브루노 베텔하임(Bruno Bettelheim)은 슈필라인이 "정신분석의 위대한 개척자 중 한 사람"이라고 썼다. 그는 또한 그녀가 "명민하고 지극히 섬세할 뿐만 아니라 비상한 심리학적 직관력을 가지고 있다"라고 말했다. 그는 파괴 충동에 대한 그녀의 작업을 두고 정신분석의 연보에 있어서 "한 획을 긋는 논문"이라고 생각했다. Bruno Bettelheim, "Scandal in the Family", *New York Review of Books*, June 30, 1983, p.44 참조. 슈필라인 이론의 수정에 관해서는 John Kerr, *A Most Dangerous Method: The Story of Jung, Freud and Sabina Spielrein*, pp.500~502 참조. 슈필라인의 출판물 목록은 Carotenuto, pp.238~239 참조.

39 Carotenuto, *A Secret Symmetry*, pp.74~75, 127. 이 시절의 슈필라인에 대한 추가적인 정보는 Rice, "Russian Stereotypes in the Freud-Jung Correspondence"; Adeline Van Waning, "The Works of Pioneering Psychoanalyst, Sabina Spielrein", *International Review of Psychoanalysis*, 19, 1992, pp.399~414 참조. 슈필라인과 함께 했던 분석에 대한 피아제의 회상은 Howard Gruber and J. Jacques Voneche eds., *The Essential Piaget*, Northvale, N.J., and London: Jason Aronson, 1995, p.864 참조.

가 그해 호차에 러시아어로 번역되어 실렸던 것이다. 게다가 학술지의 1913년 4호에는 아들러의 러시아인 추종자 중 으뜸인 A. A. 요페A. A. loffe 가 쓴 에세이 한 편이 실렸다. 요페의 논문은, 연달아 발생한 개인적인 비극으로 고통받고 있던 동성애자 환자의 무의식적 동기를 아들러의 방법으로 분석한 것이었다.[40] 아울러 그해에 5호이자 마지막으로 발행된 호차에서는 새롭게 확장된 편집위원회가 프로이트의 논문 세 편을 번역·게재하였다.[41] 여기에는 서로 충돌하는 경향을 가진 프로이트, 융, 아들러를 한 지붕 아래로 불러들이려고 했던 러시아 편집위원들의 의도가 반영되어 있었다.[42]

오시포프와 펠츠만은 당시 번역·출판된 프로이트의 저작 대부분에 대한 책임을 지고 있었는데, 이들이 편집한 정신요법 총서 시리즈 역시 전시 상황에서는 지속적으로 운영할 수 없게 되었다. 전쟁 발발 전인 1913년에 모스크바에서 마지막으로 개최되었던 정신의학 및 신경학 학회의 연간 학술대회에서 프로이트의 러시아인 추종자들 중 한 명인 오시포프가 '프로이트 이론의 범성욕주의'라는 제목으로 강연을 함으로써 그의 스승을 옹호하였다.[43]

---

40 A. A. Ioffe, "Po povodu 'bezsoznatel'nogo' v zhizni individuuma", *Psikhoterapiia*, 1914, pp.234~238[「개인의 삶에서의 무의식에 관하여」, 『정신요법』]. 이 당시에 요페는 트로츠키와 가까운 정치적 동료였다. 혁명 이후 정신분석 운동과 트로츠키와의 관련성은 다음 장에서 논의된다.

41 1913년 말 편집위원은 다음과 같이 구성되었다. 학술지의 표제 페이지에 나온 대로 여기에 정리하였다. A. 아들러(빈), M. M. 아사타니(모스크바), F. 아스나로프(제네바), R. 아사지올리(피렌체), A. N. 베른슈테인(모스크바), I. A. 비르슈테인(오데사), E. 벡스베르크(빈), 베라 에펠바움(취리히), Iurri. V. 칸나비흐(모스크바), O. 카우스(빈), V. N. 리흐니츠키(오데사), N. E. 오시포프(모스크바), 슈테인(부다페스트), W. 슈테켈(빈), Ch. 슈트라세(취리히), O. B. 펠츠만(모스크바), 프리샤우프(빈), N. A. 비루보프(모스크바, 편집자).

42 이 시기에 프로이트의 제자들 사이의 갈등에 대해서는, 엘랑베르제의 책 8장과 9장을 참조.

43 Lobner and Levitin, "Short Account of Freudism", p.10. 더 이른 시기에, 오시포프는 이 주제에 대한 논문을 출판했는데, 이 강연은 분명히 이 논문에 기반을 두고 있다. "O 'panseksualizme'

한편 프로이트 스스로도 러시아의 정신분석 발달에 대해 어느 정도 알고 있었다. 전쟁 직전에 프로이트는 이러한 상황에 감사하면서도 신중하게 자신의 평가를 다음과 같이 요약했다. "러시아에서 정신분석이 일반적으로 알려지게 되었으며, 넓게 확산되고 있다. 그리고 분석에 대한 다른 지지자들의 글뿐만 아니라 내가 쓴 글이 대부분 러시아어로 번역되고 있다. 그러나 분석 이론에 대한 진정으로 깊이 있는 이해는 아직은 러시아에서 나타나지 않았다."[44] 그렇지만 러시아어를 몰랐던 탓에 프로이트에게는 러시아의 정신분석학계의 작업에 대한 직접적인 지식이 지극히 제한되었다. 만약 프로이트가 문학에 임상 분석을 적용한 로젠탈과 오시포프의 저작을 읽었더라면, 생각을 달리했을 것이다.

자신에게로 와서 훈련을 받았던 정신의학자들 이외에도 프로이트와 러시아 간의 인연은 좀 더 깊었다. 그는 때때로 러시아로부터 전문가로서의 위탁 의뢰를 받았다. 1909년, 프로이트가 융에게 보낸 편지에는, "모스크바의 바제노프가 전보를 쳤네. 심각한 고통에 시달리고 있는, 분석이 필요한 어떤 여성을 나에게 보냈다고 하더군"이라고 쓰여 있다.[45] 또한 1914년 봄에는 모스크바 출신 철학자인 이반 일린Ivan Il'in, 1883~1954이 치료를 위해 프로이트를 찾아오기도 했다. 러시아로 돌아간 뒤에 그는 "어린 시절 우리 모두에게 가해지고 삶의 나머지 기간 동안에도 치

Freud'a", *Zhurnal nevropatologii i psikhiatrii*, 11(1), 1911, pp.749~760 참조[「프로이트의 범성애주의에 관하여」, 『신경병리학과 정신의학 저널』].

44 S. Freud, *On the History of the Psychoanalytic Movement*, New York: Norton, 1967, p.33. 이 에세이는 1914년에 처음 출판되었다[「정신분석 운동의 역사」, 『정신분석학 개요』, 박성수 옮김, 열린책들, 2003, 83쪽 — 옮긴이].

45 Freud to Jung, August 9, 1909, *Freud-Jung Letters*, pp.244~245. 니콜라이 바제노프는 그 당시 모스크바에 있는 프레오브라젠스키 정신병원의 원장이었다.

료되지 않은 채로 우리의 영혼을 좀먹으면서 존재하는, 그리하여 대다수의 사람들을 신경쇠약과 모든 종류의 병적인 일탈 행위로 몰아넣는 정신적 외상"을 해결하는 일이 얼마나 중요한지를 프로이트로부터 배웠다고 기록하였다.[46]

그렇지만 프로이트에게 위탁된 러시아인 환자 중에서도 가장 중요한 인물은 임상 논문에서 늑대인간으로 알려진 환자이다. 늑대인간 분석은 프로이트 자신의 발전에서도, 그리고 여러 가지 이유로 정신분석 운동의 역사에서도 중요하다. 프로이트는 1914년에서 1915년 겨울까지의 분석 치료 기간에 실제로 작성했던 노트를 기반으로 하여 이 사례연구를 집필했다. 이 연구를 통해서 프로이트는 [정신분석에서] 가장 근본적인 개념 중 많은 것을 정교하게 다듬었을 뿐만 아니라 그가 말한 바, "융과 알프레트 아들러가 정신분석의 발견에 가하려고 했던 비틀린 재-해석"[47]에 대항하여 자신의 방법론을 필사적으로 지켜 내고 있었다. 프로이트는 「정신분석 운동의 역사」Zur Geschichte der psychoanalytischen Bewegung, 1914라는 에세이를 통해 보다 넓은 층위에서 운동을 바라보면서 이들의 변절에 대해 신랄하게 비판하면서, 늑대인간 사례가 보여 준 치료 방향이 자신의 논리를 예증하고 입증할 수 있으리라고 생각했다. 사실, 그 사례에서 엄청나게 중요한 결론이 도출되었기 때문에 프로이트의 가장 가까운 동료들은 이를 거의 전설적인 것으로 여겼다. 프로이트 전집의 표준판 편집자인 제임스 스트레이치James Strachey는 이 사례연구

---

46 Magnus Ljunggren, "The Psychoanalytic Breakthrough in Russia on the Eve of the First World War", ed. Daniel Rancour-Laferriere, *Russian Literature and Psychoanalysis*, Amsterdam: John Benjamins, 1989, p.180에서 인용.

47 Muriel Gardiner ed., *The Wolf Man, by the Wolf Man*, New York: Basic Books, 1971, p.153 각주.

를 "가장 정교하며, 의심의 여지없이 프로이트의 모든 사례연구 중 가장 중요한 것"이라고 평했다. 또한 프로이트의 공식 전기 작가인 어니스트 존스 역시 프로이트가 늑대인간을 치료하면서 수행했던 "놀랄 만큼 복잡한 재료에 대한 해석과 종합"에 경의를 표했다.[48]

아마도 이 사례에서 극찬할 만한 부분은, 철저하게 낯선 문화권에서 온 심각한 장애를 가진 환자와 지극히 심층적인 차원에서 고군분투하였던 프로이트의 시도였다. 늑대인간의 본명은 세르게이 콘스탄티노비치 판케예프Sergei Konstantinovich Pankeev, 1886~1979로, 러시아 상류계급 태생으로 호사와 특권을 누리며 성장했다. 그의 아버지는 부유한 지주이자, 항구 도시 오데사의 남쪽 지역에서 개업을 한 변호사였다. 1908년 초 상트페테르부르크에서 학창 시절을 보내면서 판케예프는 우울증을 경험하기 시작했다. 그즈음 있었던 누나의 자살로 인해, 그의 부모는 오데사에 신경 질환 병원의 설립을 위한 기금을 내놓기로 결심했다. 유명한 정신의학자 블라디미르 베흐테레프는 병원 설립에 대한 제안을 듣자 상트페테르부르크에 치료와 연구-중심의 신경병리학연구소 설립을 위한 기금을 확보하기 위해 판케예프의 아버지와 접촉하여 그를 설득했다.

이 만남을 이용하여 판케예프의 아버지는 베흐테레프에게 그의 아들을 검진해 달라고 요청했다. 베흐테레프는 판케예프를 신경쇠약증 환자로, 세기 전환기에 흔한 우울증이라는 정신의학적 유형으로 진단하였다. 베흐테레프는 그의 환자에게 최면을 사용했으나 판케예프도,

---

48 *Ibid.*, p.vii. 더 최근에는, 프로이트의 늑대인간 분석이 '전 세계적으로 읽힌 원초적 장면'에 대한 증거를 제공하고 있는, '전설적인 환자'와 함께한 '불멸의 임상 병력 사례'로 일컬어지기도 했다. 이리한 괴장된 주장에 대해서는, Patrick Mahony, *Cries of the Wolf Man*, New York: International University Press, 1984, pp.xi, 4 참고.

그의 아버지도 최면요법의 신봉자가 아니었다. 그래서 판케예프는 오데사의 정신의학자로 정신분석을 경험한 바 있는 레오니트 드로스네스를 상담차 방문하게 되었다. 그는 더 발전된 치료를 위해서는 외국으로 가야 한다고 판케예프를 설득했다.[49] 드로스네스의 첫 번째 선택은 독일의 요양소(판케예프의 아버지가 조증躁症 기간에 치료를 위해 방문했던 곳)였다. 유럽에서 가장 잘 알려진 두 명의 정신의학자 에밀 크레펠린Emil Kraepelin, 1856~1926과 테오도어 치헨Theodor Ziehen, 1862~1950에게 치료를 받도록 하기 위해서였다.

크레펠린과 치헨은 판케예프의 사례에서 흥미를 느끼지 못했거나 도움을 줄 수 없었던 것 같다. 상담을 마치고 판케예프가 러시아로 돌아오자 드로스네스는 그를 프로이트나 뒤부아와 만나게 해야겠다고 생각했다. 드로스네스는 개인적으로 판케예프를 빈까지 수행했다. 프로이트를 만난 후, 판케예프는 뒤부아와의 상담을 그만두기로 결정했다. 이와 관련하여 판케예프는 다음과 같이 썼다. "1910년 1월 빈에 도착해서 프로이트를 만났을 때, D 의사에게 말했던 대로 그의 인격에 감동했고 영감을 받았다. 나는 프로이트에게 분석을 받기로 확실하게 결정했다. 그래서 뒤부아를 만나기 위해 제네바로 여행을 떠날 필요가 없어졌다."[50]

프로이트는 판케예프와의 첫 대면을 좀처럼 심각하게 받아들이지

---

49 늑대인간은 회고록에서 이 정신의학자를 'Dr. D'로 언급하였다. 하지만 그의 정체는 전문 문헌에서는 다년간 알려진 상태였다. 예를 들어 Ernest Jones, *Life and Work of Sigmund Freud*, vol.2, pp.96, 273과 William McGuire ed., *The Freud-Jung Letters*, p.495, 각주 2 참조. 드로스네스의 초기 정신분석 논문 두 편에 관해서는 S. Spielrein, "Russische Literatur", *Bericht über die Fortschritte der Psychoanalyse in den Jahren 1914-1919*, Leipzig: Internationaler Psychoanalytischer Verlag, 1921, p.362에서 다루어지고 있다. 또한 James Rice, *Freud's Russia: National Identity in the Evolution of Psychoanalysis*, New Brunswick, N.J.: Transaction, 1993, pp.93~121 참조.
50 *The Wolf Man*, p.83.

않았다. 그는 지나는 길에 분명 냉소적으로 산도르 페렌치에게 말했다. "스스로에게 얼마간의 휴식을 허락하라는 당신의 인상적인 충고를 받아들여서, 나는 —— 오데사에서 온 매우 부유한 러시아인 환자를 새로 맡았습니다. 그는 강박증적인 인상을 풍기고 있지만, 나는 그 어느 때보다도 성공할 자신이 있습니다."[51] 그렇지만 판케예프에게는 프로이트와의 첫 만남이 정말로 오랫동안 기억에 남을 만한 것이었다. 심지어 수년이 지난 후, 프로이트와 치료를 시작했던 때를 회상하면서 판케예프는 다음과 같이 썼다. "프로이트 교수와 분석을 시작한 처음 몇 달 동안, 그 무렵 오직 소수의 사람들에게만 알려진 완전히 새로운 세계가 내게 열렸다. 한때 어둠 속에 숨겨졌던 관계들이 현재의 내 의식으로 떠오르게 되면서 그 전에는 내 인생에서 이해할 수 없었던 많은 것들이 이해되기 시작했다."[52]

판케예프 분석은 프로이트와 환자 모두에게 중요한 사건이었음이 분명하다. 판케예프에게는, 그것이 정신분석과 평생 동안 인연을 맺게 된 계기였다. 비록 훗날 그 결과에 대해 의심하게 되었지만, 정신분석은 그의 증상이 심각했음에도 불구하고 그가 일상생활에서 제대로 된 역할을 하고, 그가 겪고 있던 곤경의 성격에 대해 얼마간의 이해를 가지며, 그가 전력을 다하고 인간관계를 유지하는 데 있어 만족할 만한 수단

---

51 *The Correspondence of Sigmund Freud and Sandor Ferenczi*, vol.1, p.33.
52 *Ibid*. 늑대인간은 프로이트의 환자 중 유일하게 자신을 분석한 글이 있다는 사실을 알고 있었다. Gardiner ed., *The Wolf Man, by the Wolf Man*에 실린 회고 이외에도, 옛 환자가 괴팍한 노인이 된 후 진행된 인터뷰에서 했던 비판적 재평가에 대해서는 Karin Obholzer, *The Wolf Man Sixty Years Later*, New York: Continuum, 1982 참조. 판케예프가 1926년 프로이트에게 보낸 편지 중 하나와 1959년 프로이트 아카이브에 보낸 그의 분석에 대한 편지는 "Letters Pertaining to Freud's 'History of an Infantile Neurosis'", *The Psychoanalytic Quarterly*, October, 1957, pp.449~460에 수록.

을 찾을 수 있게 해주었다. 프로이트에게 있어서는 그 치료 과정이 억압된 기억과 성적 환상을 결합시키는 것의 중요성을 증명하도록 해주었다. 프로이트의 사례 분석은 부모의 성관계를 목격했던 판케예프의 최초의 기억을 되살리는 것에 중점을 두었다. 이 기억이 실증될 수 있는가 없는가라는 결정적인 질문에 대해서 프로이트는 그 기억이 실제의 사건에 기반하고 있는지 아닌지를 증명하는 것보다 그 사건에 대해 환자가 가지고 있는 환상이 훨씬 더 중요하다고 주장했다. 나아가 판케예프 사례에 대한 이와 같은 해석을 통해 프로이트는 정신분석 운동에서의 주요 라이벌인 융과 아들러에 대항하여 무의식적 충동의 파괴적인 의미에 대한 보편적인 이론을 주장하는 데 더 강화된 논지로 활용했다.

1914년에 이르러 러시아인들은 훈련에 필수적인 부문들을 발전시켰다. 치료가 필요한 환자들이 이전에 슈필라인과 판케예프가 그랬던 것처럼 더 이상 외국으로 나갈 필요가 없을 정도로, 정신분석 이론과 임상 실습이 확장되었다. 그러나 다음 단계 ── 임상, 지식, 문학작품에의 적용이라는 새로운 영역을 포함한 문화 전반에 걸친 정신분석 개념의 전파 ── 가 필연적으로 전개되려는 그 역사적인 순간에 전쟁이 발발했다. 국가가 자국 보호를 위해 전시체제로 돌입하면서 의학 전문가들도 이에 협력하지 않을 수 없게 되었다. 병원은 점차적으로 사상자를 치료하는 데 열중하게 되었고, 의사들은 엄청난 수의 병사들로 자신들의 일감이 꽉 차 있음을 발견했으며, 의학 대학은 '군의학' 교육을 커리큘럼에 넣기 시작했다. 종이가 부족했고 편집위원들이 전쟁터로 징병되었기 때문에 학술지 논문의 출판은 이전보다 더 어려워졌다.

정신의학자에게 치료와 연구는 전시 중 부상의 신경학적 차원과 정신적 외상의 차원에 더욱 밀접한 관련을 맺게 되었다. 한편으로는 '신경 체계 손상', '정신착란'을 겪는 일선의 병사들에게서 관찰되는 '뇌손상', 그리고 군대에서의 독가스가 미친 신경학적 영향에 대거 관심이 몰렸다. 다른 한편으로 그 당시 문헌은 '전쟁 정신병'과 '심각한 외상성 전쟁 신경증' 같은 구절로 가득 차게 되었다. 전시 상황의 연구에서는 최면과 정신요법을 포함해서 치료 활동의 양상이 이렇게 다양하게 서술되었다. 비록 프로이트를 명시적으로 언급하지는 않았지만, 수많은 연구에서 정신분석의 영향이 분명하게 보였다. 예를 들어, 정신의학 연구자들이, 전쟁이라는 극단적 조건에서 비롯된 '명백한 정신적 외상' 혹은 '병인학적 요인으로서 정서상의 충격'에서 비롯된 심각한 상태와 같은 정신분석학에서 파생된 전문 용어로 말하는 것은 평범한 일이 되었다.[53]

러시아 정신의학 학술지는 다른 전시 연구 테마 역시 중요하게 다루었다. 여기에는 열악하게 운영되고 있는 병원의 실태와 다수의 인원을 돌보기에는 불충분한 인력, 그리고 군대에서 정신적인 부상을 입은 환자들의 심각한 상태와 "겉으로 증상이 드러난 신경병 환자들 때문에 소외되었던" 정신적으로 병을 앓고 있던 수많은 병사들이 포함되었다.[54] 수년간 있어 왔던 일이지만, 병원 운영 예산은 여전히 주 장관들이 통제하고 있었기 때문에, 이에 대한 비판의 목소리가 통치 당국에 맞서 계속해서 크게 쏟아졌다. 전쟁에서 혁명까지, 국가가 비틀거리며 발걸음을 옮기게 되면서, 이러한 목소리는 1917년 이후 완전히 바뀐 정치체세에서 뜻하지 않은 도전에 직면하게 되었다.

---

53 전쟁 당시 러시아 신경병리학 연구의 초록 발췌 요약은 Mabel W. Brown and Frankwood E. Williams eds., *Neuropsychiatry and the War: A Bibliography with Abstracts*, New York: National Committee for Mental Hygiene, 1918, pp.189~208 참조.
54 *Ibid.*, p.189.

# 2부

# 소비에트연방에서의 정신분석

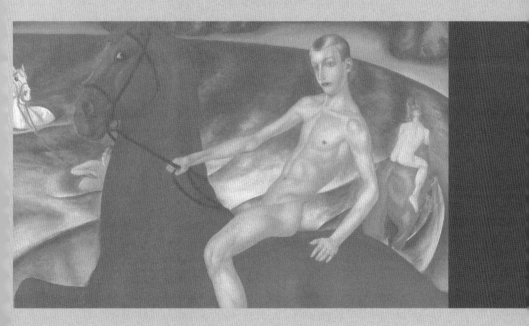

# 4장

# 레닌의 나라와 프로이트의 성공

바야흐로, 새롭고 독창적인 정신분석의 경향이 러시아에서 형성되
고 있다. ── 프로이트, 『쾌락 원칙을 넘어서』에 실린 L. 비고츠키와
A. 루리아의 러시아판 서문(1925)

1917년, 러시아는 두 가지 면에서 정치적인 변화를 맞는다. 2월에 니콜
라이 2세가 퇴위하면서 전제정치가 임시정부로 교체되었다. 이로부터 8
개월 후 볼셰비키당이 권력을 잡아 사회주의 정부를 세웠다. 이후 몇 년
간, 새로운 정권은 자신의 권력을 공고히 하고 권위를 정당화하는 데 많
은 시간을 쏟았다. 그 기간 동안, 특이하고 모순되는 힘들이 뒤섞였다.
한편에서는 경쟁하고 있던 상대편 정당을 숙청하고 점점 확대되는 독
재적인 당 중앙위원회의 결정을 집행하는 등 권력의 중앙집권화가 완
수되었다. 또 다른 한편에서는, 사회의 여러 영역의 경계가 여전히 유
동적이었던 탓에, 혁명에 도움이 된다고 인정되는 한에서 특정 종류의
실험이 허용될 수 있었다. 이렇게 볼셰비키의 합법성에 대한 정의가 완
성될 때까지 협력할 것인가의 문제, 심지어 생존할 것인가의 문제는 많
은 전문가 집단과 전문가 개인에게 가장 중요한 문제로 남았다. 이것은
특히 정치적인 참여를 요구받지 않았다고 생각한 사람들에게 해당되
는 것이었다. 새로운 질서를 합법화하는 이러한 과정에서 볼셰비키 지

도자들은 그들에 관해서는 대립적인 참여의 형식들에 분명한 가능성을 열어 두었다.

1922년쯤, 집권당이었던 볼셰비키는 이미 공산당이라는 이름을 써 왔으며, 국가의 공식 명칭을 소비에트사회주의연방공화국(소련, USSR) 으로 바꾸었다. 전년도에 개최된 10차 당대회를 통해 정권의 독점적 지배를 공표하게 되면서, 지도부는 사회의 다른 영역에도 더욱 주의 깊은 태도로 관심을 쏟았다. 다시 모순된 힘들이 동시에 움직이기 시작했다. 레닌의 신경제정책Novaya Ekonomicheskaya Politika이 자본주의적 사업을 제한된 형식으로 재도입할 것을 허용하는 사이, 사회 전반을 이데올로기화하려는 광범위한 노력 또한 계속되었다.

이러한 새로운 조건들로 인해 정신분석학계는 엄청난 도전에 직면하게 되었다. 당의 승인과 허용 없이 생존은 가능하지 않았다. 이들이 대면하게 된 가장 긴급한 사항은 어떻게 승인받을 것인가, 그리고 어떤 양보가 필요한가 등의 문제였다. 한 가지는 분명했다. ── 프로이트의 지지자들은 집권자들이 최우선으로 여기는 일상적 삶의 문제에 기꺼이 몰두해야 했다. 다른 말로 하면, 그들의 과제는 전적으로 더 이상 자신들의 것이 아니었다.

동시에, 소비에트 러시아의 정신분석가들이 직면하게 된 수많은 어려움들은 혁명의 시대를 살아왔던 모든 사람들이 직면한 어려움과 유사했다. 러시아의 상황은 1921년 프로이트의 『국제정신분석저널』 International Journal of Psychoanalysis에 발표된 빈정신분석학회의 보고서를 통해 국제 정신분석학계에 알려졌다. 그 보고서는 의료 사절단으로 빈에서 러시아를 방문했다가 막 돌아온 빈정신분석학회의 회원인 마르틴 파펜 하임Martin Pappenheim에게서 직접 들은 여타의 정보뿐만 아니라, 프라하로

이민 온 니콜라이 오시포프의 정보를 기초로 하고 있었다.

러시아의 정치적 상황 때문에 사실을 수집하거나 정신분석 그룹의 진행
사항을 기록하기가 여느 때보다도 어렵습니다. 러시아는 혁명과 잇달아
발생한 내전으로 인해 뿔뿔이 흩어졌고, 분열된 부문들 간에 의사소통이
없기 때문에 모임의 진행에 대해서나 읽고 토론한 논문에 대한 평가를 수
집해서 발표하는 것이 불가능합니다. 최근 3년간 학술 잡지는 모두 정간
되었습니다. 그리고 프로이트적인 개념을 다루는 유일한 잡지인『정신요
법』은 1917년〔원문 그대로〕 재정적 어려움으로 인해 정간되었습니다.
상황이 이렇게 되면서, 너무도 제한된 학술 집단에서 나온 개인적인 지식
을 가지고 이야기하거나 쓰는 것만이 가능할 뿐이지요. 이렇게 정신분석
적인 고찰이 러시아의 이런저런 부분에서 진행되고 있을지도 모른다고
해도, 지금까지 들려오는 소식은 없습니다.[1]

그럼에도 불구하고, 중대한 작업이 진행 중에 있었다. 그 보고서는
페트로그라드(1914년 이전에는 상트페테르부르크라고 불렸고, 레닌이 죽
은 뒤인 1924년에 레닌그라드로 명칭이 변경되었다)에서 정신분석의 토
대를 세우는 데 가장 큰 몫을 했던 타티아나 로젠탈의 노고를 상세하게
기술하였다. 보고서는 "정신분석적 고찰이 최근 몇 년간 페트로그라드

---

1 Sara Neiditsch, N. Osipov, and M. Pappenheim, "Psychoanalysis in Russia", *International Journal of Psychoanalysis*, December, 1922, pp.513~514. 이것은 독일에서 출판된 원문 보고서인 "Die Psychoanalyse in Russland während der letzten Jahre", *International Zeitschrift für arztliche psychoanalyse*, 7, 1921. pp.381~388을 약간 축약해서 번역한 것이다. 독일어 원서는 페트로그라드 에서의 발전에 있어 나이디치(S. Neiditsch)의 공로와 모스크바에서의 오시포프와 파펜하임의 공로 를 분리해서 더 명확하게 제시하였다. 『정신요법』이 폐간된 정확한 연도는 1914년이다.

에서 성취한 그 어떤 진보도" "로젠탈 박사의 성실한 연구에 크게 빚지지 않은 것은 없다"고 언급하였다. 그녀는 1919년에 블라디미르 베흐테레프가 이끌고 있었던 뇌와 심리활동에 관한 국립연구소Gosudarstvennyi institut po izucheniiu mozga i psikhicheskoi deiatel'nosti [통상 '뇌연구소'Institut mozga로 불린다]의 임상 부서의 대표이자 주임 의사로 임명되었다. 베흐테레프 자신은 프로이트 이론에 특별히 관심을 가진 듯 보이지는 않았지만, 그는 뇌와 신경 체계를 연구하는 국가 시설인 이 연구소에서 정신분석을 수련할 수 있게 해달라는 그녀의 요청에 설득되었다.

1919년에서 1920년 겨울, 로젠탈은 혁명 이후 최초의 정신분석 강좌 코스를 이 연구소에 개설했다. 그녀는 처음에는 프로이트의 이론을 강조하였지만, 나중에는 페트로그라드의 다양한 학술 모임에서 발표된 아들러의 개인 심리학 관련 작업을 포함시키고자 강좌를 재조정했다. 1920년 가을, 그녀는 신경증적 장애와 학습 장애를 가지고 있는 아이들의 전용 학교를 설립했다. 이 학교는 연구소 산하에 있었으며, 치료의 제1원칙으로 정신분석적인 정신요법을 채택하였다. 그녀는 1920년 8월에 모스크바에서 개최된 지체아동 치료를 위한 러시아 전국회의 Vserossiiskii s"ezd po ukhodu za otstalymi det'mi의 첫 번째 대회에서 발표한 「아동 교육에서 프로이트적 개념의 가치」를 통해 이와 같은 노력을 더 널리 알리게 되었다. 게다가 그녀는 연구소 클리닉에서 정신분석으로 환자를 치료했으며 프로이트적인 원리와 기술을 여러 동료에게 가르쳤다.

로젠탈은 자신의 연구도 계속해서 진행했다. 혁명 전부터 문학에 대한 정신분석적인 통찰을 제공했던 그녀는 자신이 해왔던 독창적인 작업을 지속하는 가운데 1920년에는 도스토예프스키의 중편소설을 대상으로 탁월한 프로이트적인 연구를 발표했다. 그녀는 창의력과 정신병리학 사이의 관계에 대해 특별한 흥미를 가졌다. 그 관계를 증명하기 위해 그녀는 허구적 인물들의 망상, 환각, 환상, 공포증에 관한 도스토예프스키의 몇 가지 묘사를 살피고, 이것들을 작가의 고통 및 창작 동기와 관련짓고자 했다. 몇몇의 예시를 통해서 그녀는 소설에서 묘사된 인물들을 도스토예프스키의 삶에서 벌어졌던 일과 그의 심리 상태에 곧바로 연결시켰다. 가장 두드러진 것은, 그녀가 "내면의 무의식에 자리하고 있는 창조적 표현의 근본 원리"를, 특히 의식적이고 계획된 태도로 합리적으로 계산된 대상과 목표 대신에 비합리적으로 집중된 대상과 목표를 찾으려는 충동에 내재해 있는 근본 원리를 증명하려고 애썼다는 점이다. 로젠탈은 도스토예프스키의 주요 소설들을 연구함으로써 자신의 탐구를 계속하려 했지만, 1921년 서른여섯 살의 나이에 지금까지도 알려지지 않은 이유로 자살을 했다.[2]

오시포프가 러시아를 떠난 지 채 1년이 되지 않은 시점이었기 때문

2 Tatiana Rosenthal, "Stradanie i tvorchestvo Dostoevskogo: Psikhologicheskoe issledovanie", *Voprosy izucheniia i vospitaniia lichnosti*, 1, 1919, pp.88~107[「도스토예프스키의 고통과 창작. 심리학적 연구」, 『인성의 함양과 연구에 대한 문제들』] 참조. 나이디치에 따르면, 로젠탈의 논문은 분명 학술지의 1920년 2월판에 실렸다(Neiditsch, p.382, 독일어판 참조). 로젠탈의 삶에 대해 우리가 알고 있는 것의 대부분은 나이디치의 사망 기사를 통해서이다("Die psychoanalyse", pp.384~385). 여기서 언급된 그녀의 활동에 덧붙이면, 로젠탈은 정치적으로 활동적이었고(그녀는 1917년 4월 레닌이 러시아로 돌아왔을 때 레닌 환영단에 속해 있었고, 최소한 1905년 혁명 이래로는 마르크스주의자였다), 페트로그라드에서 1917년 문집에 시를 발표했으며, 그녀의 죽음으로 미완성이 되었지만 전쟁 관련 신경증에 대한 연구에 착수했었다. 정신의학자들이 도스토예프스키의 소설에 있는 심리학적 차원에 매력을 느꼈던 건 그녀의 작업이 처음은 아니었다. V. F. 치즈(V. F. Chizh)도 로젠탈이 수행한 것보다 더 빨리 일반 주제에 대해 발표했다(James Rice, *Dostoevsky and the Healing Art*, Ann Arbor: Ardis, 1985, pp.200~210; N. N. Bazhenov, *Psikhiatricheskiia besedy na literaturnyia i obshchestevennyia temy*, Moscow: Tipografiia A. I. Mamontova, 1903, ch.2, 3[『문학과 사회적 테마에 대한 정신의학적 대담』] 참조). 하지만 로젠탈이 최초로 정신분석적 해석을 보여 주었다. 잘 알려진 대로, 프로이트 자신도 도스토예프스키가 만들어 낸 인물에 매료되었다. 그의 논문 「도스토예프스키와 부친 살해」(Dostoevsky and Parricide)는 로젠탈의 에세이가 나온 지 7년 후인 1927년에 발표되었다. 도스토예프스키에 대한 프로이트의 관심에 대해서는 James Rice, *Freud's Russia* 참조.

에 로젠탈의 죽음은 러시아 정신분석학계를 더욱 곤경에 처하게 했다. 혁명을 열정적으로 환영한 사회민주당원이었던 로젠탈과 달리, 오시포프는 혁명의 여파 속에서 볼셰비키의 권력 강탈과 그들의 정책에 대해 매우 비판적이었다. 그는 1917년 그의 스승인 세르프스키의 죽음에도 깊은 영향을 받았다. 빈정신분석학회의 1921년 보고서에서 오시포프는 하필 위태로운 시기에 세르프스키의 죽음으로 인해 모스크바정신분석학회가 유력한 보호자를 잃은 채로 남겨졌다는 점을 명확히 밝혔다. 레닌의 측근들이 프로이트의 사상에 대해 가지고 있는 반감을 두려워했기 때문에 오시포프는 이민을 결심했다. 프로이트는 오시포프가 다시 정착하고 싶어 했던 프라하로 올 수 있도록 자신의 러시아인 동료인 그에게 개인적인 도움을 주었다. 오시포프가 프라하에 도착한 이후, 프로이트가 오시포프에게 쓴 편지가 몇 장 남아 있다. 아직 출판된 적이 없는 이 편지들에는 프로이트의 진심과 우정이 그대로 드러나 있다. 본 저서의 부록에 이 편지들을 최초로 소개한다.

로젠탈과 오시포프를 모두 잃었음에도, 정신분석학계는 이 시기에 의미 있는 수확을 얻게 되었다. 1921년 3월, 모스크바에서 예술적인 창의성 연구를 전문으로 하는 정신분석 모임이 결성된 것이다. 그해 10월 초에 러시아에서 빈으로 돌아온 마르틴 파펜하임은 "모스크바에서 정신분석에 대해 상당한 관심"이 있었다고 말했다. 그는 새로운 모임이 여덟 명의 창립 멤버로 구성되어 있다고 전했는데, 이들 중 세 명(이반 예르마코프Ivan Ermakov, 니콜라이 베른슈타인Nikolai Bernstein, 모셰 불프)은 프로이트의 학술지에 자신들의 작업을 발표한 적이 있어 유럽의 정신분석가들에게도 친숙했다. 계속해서 그는 A. A. 시데로프A. A. Siderov 교수(미학), A. G. 가브리체프스키A. G. Gabrichevsky 교수(미학), 이반 일린 교수(철학)와 이름이 밝혀지지 않은 수학 교수 한 명에 대해서도 언급했는데, 사실 그의 이름은 오토 슈미트Otto Schmidt였다. 여덟 번째 사람은 물리학 교수인 N. E. 우스펜스키N. E. Uspensky였다. 덧붙여서, 파펜하임은 그 학회의 첫 모임에서 읽고 토론했던 논문들의 제목을 목록화했는데, 대부분이 예르마코프가 쓴 것들이었다. 주제는 통상적인 정신분석에서부터 기묘하면서도 심지어는 혁신적인 주제들까지를 아우르고 있었는데, 강물의 신 동상과 그리스 꽃병에 나타난 상징주의, 알브레히트 뒤러Albrecht Dürer의 그림에서의 우울증, 소년소녀들의 그림을 통해 증명된 성차의 특징, 장식의 구성에서 관찰된 심리적 표현의 형식으로서 "카펫 장식과 촉각적 에로티시즘의 관계" 등이었다. 모스크바 정신신경학연구소Psikhonevrologicheskii institut 강좌에는 정신분석의 기초에 대한 예르마코프의 수업이 개설되었다. 예르마코프는 네 살 이하 장애 아동을 위한 센터를 설립할 계획을 세우기도 했는데, 이곳의 훈련 프로그램에는 "아이들의 콤플렉스가 가진 잠재적으로 해로운 충격을 중화시키기 위해" 아동들의 치료를 담당하는 분석이 포함되었다. 1919년 모스크바대학의 교수직을 수락한 불프는 이 모임을 지휘한 예르마코프의 동료로서 명단에 이름을 올렸다.[3] 페트로그라드에 로젠탈의 학교가 설립된 이후, 그와 같은 아동 정신분석 기관으로는 이것이 두 번째였다.

　1922년 초반의 러시아 정신분석학회는 원래 여덟 명의 회원으로 구성되었는데, 곧 새로운 구성원들이 합류했다. 학회는 세 개의 부문으

---

3 더 완전한 독일 판본으로는 Neiditsch, Osipov and Pappenheim, "Die Psychoanalyse in Russland", pp.387~388 참조. 축약된 영역본으로는 "Psychoanalysis in Russia", pp.519~520 참조. 이런 맥락에서 자신의 감정을 살펴보길 요구하는 아동 관리인 훈련은, 당시 러시아에서는 쓰이지 않았던 용어지만 역전이(countertransference)라고 불리는 정신분석 훈련의 중요한 부분으로 남아 있다.

로 구별되었다. 첫 번째는 예르마코프의 책임하에, 기본적으로 예술과 문학의 창의성과 정신분석적 문제들의 관계를 다루었던 초창기 모임과 연결된 것이었다. 두 번째는 불프의 지도 아래 임상 분석에 헌신하였다. 세 번째 부문은 특히 집권하고 있던 공산당의 흥미를 끈 것으로, 교육학 문제와 관련되어 있었다. 정신분석학회는 정신분석의 적용이 교육 시스템에 유익한 결과를 가져온다는 점을 증명하기 위해 노력했다. 만약 이것이 성공한다면, 보다 광범위한 사회질서 속으로 그들의 작업을 끌어올 수 있을 터였다. 오토 슈미트가 맡았던 이 세 번째 부문은 파벨 블론스키Pavel Blonskii, 스타니슬라프 샤츠키Stanislav Shatskii, 레프 비고츠키Lev Vygotsky, 1896~1934 같이 교육 심리학의 문제를 연구하고 있던 몇몇 연구자들의 관심을 끌었다.

한편, 두 번째 정신분석학회가 볼가 강이 있는 카잔의 시골 마을에서 형성되었다. 1922년 여름, 카잔사회과학협회Kazanskaia assotsiatsia sotsial'noi nauki 회장이었던 젊은 심리학자 알렉산드르 로마노비치 루리아Alexander Romanovich Luria, 1920~1977의 주도하에 열네 명의 회원이 정식으로 단체의 창립을 선언하였다. 루리아의 말에 따르면, 이 시기에 그는 "개인의 정신적 삶의 구체적인 사실을 설명하고 동시에 일반적인 설명을 위한 규칙을 만들어 낼" 심리학을 발견하려는 욕망에 사로잡혀 있었다. 이러한 탐색을 하는 동안, 그는 융과 아들러의 저작뿐 아니라 혁명 전에 번역된 프로이트의 초기 저작들을 발견했다. "나는 자연과학의 견지에서 복잡한 인간의 욕구의 기원을 설명하고 개인의 행동에 대한 강력하고 견고한 결정론적 해석을 결합시킨 과학적 접근이 여기 있다고 생각했다." 루리아는 이후에 이 시기 자신의 열정을 다음과 같이 회상했다.

우선, 정신분석 소모임을 만들었다. 편지지 윗머리에 '카잔정신분석협회' Kazanskaia psikhoanaliticheskaia assotsiatsiia가 러시아어와 독일어로 인쇄되어 주문되기도 했다. 그러고 나서 나는 이 모임이 만들어졌다는 소식을 프로이트에게 전했는데, '친애하는 회장님께'라고 적힌 답신이 나에게 배달되었을 때 놀라고 기뻤다. 프로이트는, 러시아 동쪽의 이런 외딴 마을에 정신분석 모임이 결성되었다는 것을 알게 되어 얼마나 기쁜지 모르겠다고 썼다. 독일어 고딕체로 쓰여진 이 편지는 그의 짧은 저작 중 한 권에 대한 러시아어 번역을 허락하는 다른 편지와 함께 여전히 나의 서류철에 있다.[4]

카잔의 프로이트주의자들의 모임에서 창립 회원들의 목록은 그 범위와, 의학 전문가들이 과반수가 안 된다는 점에서 눈여겨볼 만하다. 열네 명 중 절반이 의학 학위를 가졌고, 두 명은 심리학자, 세 명은 심리학을 공부하는 학생이었고, 다른 한 명은 교사였으며 예술과 역사를 전공한 작가가 한 명 있었다.

루리아는 분명 동기부여에 큰 힘이 되었다. 그는 공식적인 인지도를 얻고 빈과 베를린의 유럽 정신분석의 중심부와 연합하기 위해 주도적으로 프로이트에게 편지를 썼다. 또한 루리아가 학회의 활동에 대해 빈에 제출한 보고서를 보면 그가 정신분석과 심리학의 현행 연구 문헌을 포괄적으로 조사하고, (다른 어떤 회원들보다) 다양한 주제들에 대해 격월로 연구 논문을 발표했다는 점을 알 수 있다. 하지만 나르시시즘이라는 프로이트적 개념에 대한 논의, 꿈 내용의 분석, 사회에서 성욕의

---

4 A. R. Luria, *The Making of Mind: A Personal Account of Soviet Psychology*, eds. Michael and Sheila Cole, Cambridge, Mass.: Harvard University Press, 1979, pp.23~24.

역할 등을 포함한 보다 의학적인 성격의 논문은 정신의학자 B. D. 프리드만B. D. Fridman과 R. A. 아베르부흐R. A. Averbukh에 의해 발표되었다.

자신의 활동을 폭넓게 확장하려던 참이었던 1923년 봄, 카잔 그룹은 모스크바에 초청을 받아 모스크바정신분석학회에 합류하게 되었다. 카잔학회의 마지막 활동 중 하나는 일곱 명의 회원을 추가 선출한 것이었다. 이것은 독점적인 의학 그룹이었으며, 분명 정신의학자와 사회과학자들 사이에 있었던 이전의 대등한 균형을 바꾸어 버리게 된다. 좌우간, 선두적인 회원 —— 루리아, 아베르부흐, 프리드만 —— 이 모스크바로 이주하여 그곳에서 정신분석학회의 이후의 발전에 참여하게 됨으로써 카잔학회는 막을 내리게 되었다.[5]

루리아와 그의 동료들은 다른 심리학 분야에 대해서도 조사하고 있었다. 예컨대, 1922년 루리아는 로젠탈이 일했던 페트로그라드의 베흐테레프 뇌 연구소를 방문해 보기도 했지만, 결국 모스크바심리학연구소에 합류하여 신임 소장이자 실험심리학의 대가였던 K. N. 코르닐로프 K. N. Kornilov 밑에서 일해 보라는 제안을 받아들이게 되었다. 정부로부터 월급을 받는 심리학연구소의 직원으로 임명됨으로써 루리아는 재정적으로 모스크바에 정착할 수 있게 되었다. 그는 거기서 정신분석학회에 가입하기도 했다. 이 시기에 적어도 여덟 명의 사람들이 양쪽[모스크바정신분석학회와 모스크바심리학연구소]에 모두 속해 있었다는 데에서도 알 수 있듯이, 사실 두 기관 사이에는 상당 부분 일치점이 있었다.[6]

---

5 카잔정신분석협회의 회원 명단과 그것의 활동 개요에 대해서는 *International Journal of Psychoanalysis*, 4, 1923, pp.397~399에 있는 루리아의 보고서를 참조.

6 Rene Van der Veer and Jaan Valsiner eds., *Understanding Vygotsky*, Birghton, Eng.: Harvester Press, 1988, pp.85~86 참조.

1922년 가을, 불프와 예르마코프는 모스크바에 러시아 최초 정신분석연구소의 창립을 선언했다. 학회에서 연구소로의 전환은 모스크바 그룹이 그 분야에서 최고 지위로 오르는 중요한 도약이었고, 이는 모스크바 그룹이 이제 정신분석 훈련 프로그램을 제공할 수 있다는 사실을 의미하는 것이었다. 같은 시기에 유럽에는 그와 같은 훈련 기관이 단 두 곳 —— 빈과 베를린 —— 에 있었다. 공산주의 정권하의 모스크바는 세 번째가 되었다.

훈련 기관으로서의 소임을 다하기 위해서는 프로이트의 연구소의 승인이 필요했다. 새로운 연구기관을 위한 주된 요구 조건 가운데는 분석 훈련, 정신분석의 이론과 실천을 가르치는 강좌의 커리큘럼, 그리고 클리닉 등이 있었다. 그리고 조건은 맞아떨어졌다. 1923년 초에 로잔에서 러시아로 돌아온 불프와 사비나 슈필라인은, 명실공히 임상 프로그램을 지도할 능력이 있는 훈련된 분석가였다. 슈필라인은 유럽에 있는 동안 빈정신분석연구소의 충실한 회원이기도 했다. 그렇지만 슈필라인이 귀국 전에 러시아의 정신분석 저술의 역사를 그 기원에서부터 논의한 논문을 발표했다는 사실이 눈에 띈다.[7] 이 논문은 여전히 참조할 만한 가치가 있는 유용한 연구라는 점에서, 아울러 슈필라인이 귀국 여부에 대해 생각이 많았음을 보여 주고 있다는 점에서 중요하다. 이곳에 합류하는 것을 두고 심각하게 고민하지 않았다면, 그녀가 자신의 임상 연구를 내버려 둔 채 러시아 정신분석학계에 공헌하기 위해 그렇게 많은 시간을 쏟지는 않았을 것이다.

---

7 Sabina Spielrein, "Russische Literatur", pp.356~365. 그녀의 논문은 1909년에서 1914년을 다루고 있다.

슈필라인의 귀국 계획을 더 잘 보여 주는 자료로 프로이트와 그녀가 주고받은 편지가 있다. 슈필라인이 스위스를 떠나기 전에 프로이트는 애초에 그녀가 유럽에 남기를 권고했지만, 1923년 2월 9일자 편지에서는 그녀의 의사를 다음과 같이 응원해 주었다. "자네의 편지를 잘 받았네. 그리고 진심으로 자네가 옳다고 믿네. 러시아로 가려는 계획이 베를린에 머물라는 나의 충고보다 훨씬 더 나은 것처럼 보이네. 모스크바에서 자네는 불프와 예르마코프 곁에서 중요한 작업을 완수할 수 있을 것일세. 마침내 자네는 고향 땅에 머물게 되겠구먼. 우리 모두에게 힘든 시기라네."[8]

프로이트가 짐작했던 대로 수업 이수 과정은 슈필라인과 예르마코프, 그리고 불프가 계획했다. 슈필라인은 잠재의식적인 사고의 심리학과 아동 정신분석에 관한 수업을 맡았다. 서른 명의 인원이 참가한 아동 정신분석 수업은 새로운 연구소에서 규모가 가장 컸으며, 슈필라인의 전공이 되었다. 예르마코프는 정신분석의 기초에 대한 일반 수업, 정신요법 임상 수업, 그리고 자신의 특기인 예술적 창의성의 심리학을 맡았다. 여기서 그는 니콜라이 고골Nikolai Gogol과 알렉산드르 그리보예도프Aleksandr Griboedov에 대한 정신분석적 해석에 집중하였다. 불프는 정신분석 입문, 그리고 의학과 정신분석에 대한 기타 수업을 맡았다. 오이디푸스적 갈등을 다룬 루리아의 수업과, 정신분석과 종교를 다룬 아베르부흐의 수업은 다음 학기를 위해 '준비 중인' 수업으로 공고되었다.

---

8 1923년 2월 9일 프로이트가 슈필라인에게 보낸 편지. Aldo Carotenuto, *A Secret Symmetry*, p.127에서 재인용. 새로운 러시아 정신분석연구소의 회원으로 승인받은 그 시기에 슈필라인은 이미 빈과 스위스의 정신분석학회의 회원이었다. '힘든 시기'라는 구절은 아마도 프로이트가 최근에 턱과 입천장의 암 진단을 받아 종양을 제거하는 생애 첫 수술이 필요했던 것을 언급한 듯하다.

게다가 연구소는 불프의 지도 아래 정신분석적인 치료를 전문으로 하는 정신요법 외래환자 클리닉을 열었다. 이것은 지원자나 장애의 치료를 문의한 사람이라면 누구든지 정신분석을 받아 볼 수 있도록 보장했을 뿐만 아니라, 훈련 중인 분석가들에게 연구소 세미나 회원들의 엄밀한 감독하에 환자를 진찰할 수 있는 기회를 허락했기 때문에 중요했다. 카잔학회에서 온 아베르부흐와 프리드만은 예르마코프, 불프, 슈필라인 밑에서 작업한 이 클리닉의 첫 훈련생들이었다.

가장 중요한 것은, 정신분석적 원리를 치료에 독점적으로 활용하는 장애아동임상연구소 설립을 목표로 하여 1921년에 예르마코프와 불프가 시작한 프로젝트를 새로운 연구소가 인수했다는 것이다. 이것은, 공산주의 원칙에 헌신하는 사회의 집단주의적 풍조라는 한 축과, 프로이트의 정신분석 원리에 내재한 급진적인 '부르주아적' 개인주의라는 다른 축 사이의 연관 고리를 찾는 중요한 문제를 의학적 맥락에서 다루기 위해 노력했던 연구소의 많은 전문적 활동 가운데 많은 점에서 가장 독창적이고 실험적인 것이었다.

마침내, 연구소는 거대한 출판 프로젝트의 진행 계획을 발표했다. 그것은 가장 영향력 있는 프로이트의 저작 전부를 러시아어로 번역·출판하고, 뒤이어 융, 산도르 페렌치, 멜라니 클라인Melanie Klein 및 기타 뛰어난 유럽 정신분석가들의 주요 논문을 실은 책을 출판할 예정이었다. 심리학과 정신분석 총서Psikhologicheskaia i psikhanaliticheskaia biblioteka 시리즈를 발간하는 이 프로젝트에서 예르마코프가 편집장을 맡았고, 대부분의 번역은 불프가 했다. 1922년, 첫 출판에 어울리는 책으로 불프가 번역한 프로이트의 『정신분석 입문』이 두 권으로 나왔다.[9]

## 두 아버지를 만족시키기

빈에 있던 프로이트는 자신에게 보고된 모스크바연구소의 활동과 계획에 분명 감동받았다. 1922년 9월 25일에서 27일까지 베를린에서 열렸던 국제정신분석협회IPA 학술대회에서 프로이트는 "모스크바 그룹을 회원으로 받아들일 것"을 제안했다. 그러나 국제협회의 지도부 내부에 반대가 있었다. 이 학술대회의 의장이었던 어니스트 존스는 '행정상의 이유'를 들어 러시아인들에 대한 결정을 미루려고 했다.

IPA가 고민했던 주요 쟁점은 두 가지였다. 하나는 러시아 정신분석 그룹에 의사와 정신과 의사들의 대표성이 비교적 낮다는 점이었다. 카잔에서 의학 구성원 수는 절반이었지만, 모스크바에서는 그 수가 훨씬 적었다. IPA의 일반 회원 사이에서 이 문제를 놓고 심각한 불일치가 있었다. 프로이트가 정신분석 지원자들에게 의학적인 훈련을 요구하는 것에 반대했음에도 불구하고, IPA의 많은 유럽 정신분석가들은 심리학자들과 의학을 전공하지 않고 정신분석을 훈련한 사회과학 및 인문학 출신의 사람들에 대한 불신감을 가지고 있었다. 모스크바연구소의 부회장이 수학자(오토 슈미트)라는 발상은 의학 전공자들에게는 이해할 수 없는 것이었다. 또한 이 시기의 IPA는 이미 러시아인들이 공을 세우고 있던 분야, 즉 사회심리학, 철학, 미학, 역사학 연구자들의 응용 정신분석 연구에 대해서는 그리 강조하지 않았다.

두 번째 문제는 러시아 분석가들이 활동해야만 했던 정치 세계와

---

9 연구소에 대한 정보는 *International Journal of Psychoanalysis*, 5, 1924, pp.258~260에서 찾을 수 있다. [러시아어판 제목은 '정신분석의 근본 심리학적 이론'(Osnovnye psikhologicheskie teorii v psikhoanalize)이며, 두 번째 권은 첫 번째 권이 출간된 이듬해인 1923년에 출간되었다. ― 옮긴이]

관련되었다. 러시아에 대해 거의 이해하지 못했으며, 새로운 소비에트 국가와 그것의 공산주의 이데올로기에 대해 극도의 두려움을 가지고 있을 뿐이었다. 분명 유럽에서도 사회주의에 관심을 가졌던 분석가들이 있었지만(특히 오토 페니헬Otto Fenichel, 빌헬름 라이히Wilhelm Reich, 지크프리트 베른펠트Siegfried Bernfeld), 대부분은 정치적으로 보수적이었고 반마르크스주의자였다.

주로 프로이트의 영향력에 힘입어, 베를린 대회에서 타협이 성사됐다. "필수적인 조건들이 갖추어질 때"라는 구절이 추가되면서 러시아인들을 IPA로 받아들이는 내용의 발안은 수용되었다.[10] IPA의 강력한 주장에 따라, 의학 교육을 받은 비마르크스주의자 예르마코프를 회장으로 하여 페트로그라드, 카잔, 오데사, 키예프, 로스토프의 회원들을 포함시킨 러시아 정신분석협회Russkoe analiticheskoe obshchestvo가 창립되었다. 이로써 예르마코프와 불프의 '정통' 정신요법의 지도하에 모스크바로 권위를 집중시켰다. 예르마코프와 불프는 IPA가 정치적으로 받아들일 수 있었던 사람들이었다.[11] 그럼에도 불구하고 존스가 말한, 이 '러시아 문제'는 쟁점을 남겼다. 1924년 잘츠부르크 대회에서는 "IPA에 새로 연합한 그룹"을 위한 환영사가 있었지만, 러시아인들은 국제정신분석협회에서 소외된 채 남겨지게 된다. 1922~23년 회원 수가 대략 서른 명에 달했던 러시아연구소가 정신분석연합의 전체 활동층의 8분의 1을 대표하고 있었다는 사실에도 불구하고 말이다.[12]

---

10 Int. *Zeitschrift für Psychoanalyse*, 8, 1923, p.504.

11 Jean Marti, "La psychanalyse en Russie et en Union soviétique de 1909 à 1930", *Critique*, 32(346), March, 1976, pp.219~220; Roudinesco, *Jacques Lacan and Co.: A History of Psychoanalysis in France, 1925-1985*, Chicago: University of Chicago Press, 1990, p.40.

12 Marti, "La psychanalyse", p.221.

해외에서 IPA의 요구를 만족시키기 위해 일했던 러시아 프로이트주의자들은, 러시아에서는 훨씬 더 위험한 임무에 직면하게 되었다. ──바로 모스크바에서 집권하고 있는 공산당 문화 관계자들에게 자신들의 사업이 이데올로기적으로 정당성을 가지고 있다는 점을 납득시키는 일 말이다. 정확히 말해서, 프로이트가 그들의 편이라고 설득하기 위해서는 이제 레닌의 승인이 필요하게 된 것이다. 모스크바정신분석연구소는 암묵적이건 노골적이건 당의 지지 없이는 눈에 띄는 활동을 할 수 없었다. 이 시기가 상대적으로 개방적이었고, 예술에서 싹트고 있던 실험적 경향이 (장려까지는 아니더라도) 받아들여지고 있었긴 했지만, 잠시 동안이었다 하더라도, 정신분석가들이 국립 출판사의 인쇄소에서 프로이트의 저작들을 출판했고, 또한 대부분의 교육 활동이 이미 당의 통제 아래 들어갔던 그 시기에 수도에서 아동 학교를 운영하기도 했다는 사실은 단순한 관용 이상이 개입되어 있었음을 시사한다. 당의 몇몇 주요 지도자들이 정신분석에 호의를 가지게 되었다는 점도 다양한 출판 문건에 암시되었다. 트로츠키Leon Trotsky(이후 살펴볼 것이다)의 경우에는 이와 관련해서 정확하게 명시되어 있고, 니콜라이 부하린Nikolai Bukharin, 카를 라데크Karl Radek, 아돌프 요페Adolf Ioffe의 경우에는 증거는 없지만 이러한 사실이 암시되어 있었다.[13] 하지만 최근 이용 가능해진 모스크바의 기록 보관서 자료는 보다 이전 시기에, 예상했던 것보다 훨씬

---

13 Lobner and Levitin, "Short Account of Freudism", pp.13~14; Joravsky, *Russian Psychology*, p.236. 아돌프 A. 요페(1883~1927)는 혁명 전에 빈에서 알프레트 아들러에게 분석을 받았으며, 그때 이후로 트로츠키를 알게 되었다. 1917년 이후, 요페는 자살 전 병에 걸리기 전까지 중요한 소비에트의 외교관이었다. 요페는 혁명 전 트로츠키에게 정신분석에 대한 중요한 정보를 제공했지만, 그가 1920년대에 정신분석을 지지했다는 직접적인 증거는 거의 없다. Alexander Etkind, *Eros nevozmozhnogo*, St. Petersburg: Meduza, 1993, pp.276~282[『불가능의 에로스』] 참조.

더 광범위하게 당이 개입하고 있었다는 사실을 분명히 보여 준다.

1922년 여름, 모스크바 정신분석 그룹과 국가과학평의회Gosudar-stvennyi uchenyi sovet 과학-교육학 부서의 최고 회의 간부presidium 사이에 협상이 잘 진행되었다. 이 평의회 부서는 계몽 및 교육 인민위원이자, 레닌과 매우 가까운 사이였던 아나톨리 루나차르스키Anatoly Lunacharsky에게 직접 보고했다. 각자 상대편에게서 어느 정도 구체적인 것을 찾고 있었다. 프로이트주의자들은 공산주의 권력으로부터 재정적인 지원을 원했을 뿐만 아니라 활동에 실질적으로 불가능함이 없도록 공식적인 승인이 내려지길 바랐다. 정부는 일반 심리학 분야에 관해서 그것의 이데올로기적 지위를 공식화하는 과정에 있었으며, 거기다 내전의 폭력에 희생된 노숙자와 고아들의 광범위한 문제에 대응하는 실천적인 길잡이를 필요로 했다. 정신분석가들은 장애 아동을 위한 실험적인 학교를 진즉부터 운영해 왔고, 그런 이유로 당 간부들은 연구소의 전반적인 활동의 일부였던 그 보호시설에 관한 것이 포함된 제안을 듣고 싶어 했다.

1922년 9월 16일, 신중을 기해 단어를 골라 쓴 보고서에서 정신분석가들은 직접적으로 정부에 자신들의 의도를 전하였다. 보고서는 다음의 언급으로 시작되었다. 해외에 있는 정신분석학회들의 활동으로 증명되고 있듯이, '이론과학과 응용과학 분야 양쪽에서' 정신분석 운동의 국제적인 성공이 확산되고 있었다. 그와 대조적으로, 러시아에서는 정신분석에 관해 필요한 지식이 흡수되고 이해되기까지 그런 학계를 형성할 수 없었다. 이러한 지식의 부재로 인해 정신분석 이론에서의 오류와 의문의 여지가 있는 해석이 확산되는 것을 막는 일이 불가능했다.

보고서는 다음과 같이 계속되었다. 정신분석은 "사회적 환경milieu에서 인간성을 연구하고 교육하기 위한 방법 중 하나"이며, 이를 통해 개인은 장애에 맞서 매일매일을 살아가는 데 도움을 받을 수 있다. 그리고 정신분석의 응용은 "예술의 창의성, 노사관계, 종교, 철학적 공식화의 문제들을 포함해서 의학에서 교육학으로, 심리학에서 사회학으로 확장된다. 그리고 정신의학에 있어서는, 정신분석이 응용되면서 새롭고 유익한 가능성들을 제공받는다".

보고서의 결론은 다음과 같았다. 이러한 업무를 수행하기 위해 예르마코프의 지휘 아래 러시아 정신분석연구소가 만들어지고 있다. 비록 더 많은 직원이 필요하긴 하지만, "운 좋게도 러시아에는 자격을 갖춘 과학자들이 부족하지 않다. 이들은 정신분석과 결합된 다양한 과학분야에서 업적을 쌓아서 우리에게 추천된 사람들이다". 보고서의 저자들은, 그들의 의도가 "지금까지 이 분야에서 일해 온 러시아의 임상의와 연구자에게는 거의 알려지지 않았던 유럽 정신분석의 진보적인 발전에 참여"하는 데 있다고 말했다. 또 그들은 "저들의 전문성과 그 문헌을 이용하는 것이 불가능한, 고립된 상태에서 연구하는 것"은 전문가의 견지에서 볼 때 해롭다는 사실에 동의했다. 이러한 흐름에 대응하고 정신분석에 대한 정보를 보급하기 위해, 국립 출판사는 '정신분석학 심리학 총서'라고 인쇄된 프로이트의 저작 시리즈를 후원하기로 합의했다. 끝으로 정신분석학회는 정부가 요구한 규정을 수용할 것이라는 내용을 담은 가장 중요한 문구가 이 문서의 서명인들과 함께 나왔다. 뒤를 이은 열네 개의 서명에는 예르마코프와 불프의 것도 있었다.[14]

---

14 Tsentral'nyi gosudarstvennyi arkhiv soveta ministrov RSFSR, fond 2307, opis 2, delo 412, listy 1~3[『러시아공화국 국립중앙문서고』]. 예르마코프와 불프를 제외하고 다음의 서명이 기재되어 있다. "I. I. 그리벤코(I. I. Grivenko), 문학 교수; G. P. 베이스베르크(G. P. Weisberg(Veisberg)), 계몽핵심평의회(Main Soviet of Enlightenment, Glavsopros), 회장; O. Iu. 슈미트(O. Iu. Schmidt), 수학교수; 유리 칸나비흐, 심리학 교수; 파벨 블론스키(Pavel Blonskii), 심리학 교수; A. A. 시도로프(A.

약 일주일 후, 예르마코프는 자신의 동료들을 대신해서 '정신분석 학회 선언'을 정부에 제출했다. 이 긴 문서에서 예르마코프는 새로운 조직의 규제와 의무에 관해 설명했다. 학회 활동에 대한 조항에는 다음의 주제들이 포함되어 있다. 국립정신분석연구소의 조직, 다른 도시에서 열리는 학술 집회 참가를 위한 출장 계획, 외래환자 클리닉 설치, 정신분석을 주제로 한 도서 시리즈의 출판, 유럽의 국제 정신분석 기관과 연계된 발표, 그리고 수업, 강좌 및 정신분석 연구에 관한 학술대회. 덧붙여서 예르마코프는 학회가 과학분야국가행정국Gosudarstvennoe upravlenie v oblasti nauki에 연간 보고서를 제출할 의무가 있음을 명시했다. 마지막 조항은, 이후에 큰 의미를 가진 것으로 밝혀진다. 즉 이것은 "학회를 폐지시켜야 할 사건"이 발생했을 때, 정부가 학회 활동을 통제할 권리를 가진다는 것을 의미했다.[15] 이런 식으로, 유일한 국립 정신분석 기관이 탄생했다.

## 연구의 심화

빈에서 전문 지도부의 승인을 얻고 모스크바에서 정권의 승인을 얻게 되자, 러시아 정신분석가들은 자신들이 일하는 양쪽 세계에서 명성을 견고하게 하고 드높이게 되리라 희망했던 몇 가지 기획으로 주의를 돌

---

A. Sidorov), 미학 교수; A. G. 가브리체프스키(A. G. Gabrichevskii), 미학 교수; V. A. 네프스키(V. A. Nevskii), 계몽중앙의회(Central House of Enlightenment) 회장; N. E. 우스펜스키(N. E. Uspenskii), 물리학 교수; S. 라프키(S. Lapkii), 교육자; A. 보론스키(A. Voronskii), 문학 평론가; V. A. 벨로우소프(V. A. Belousov), 의사." 샤츠키와 보론스키가 동봉한 기록은 각각 1922년 9월 16일과 18일로 기입되어 있다.

15 *Tsen. gosudar. arkhiv, RSFSR*, fond 2307, opis 8, delo 294, listy 4~7. 1922년 9월 29일자 문서.

렸다. 그들의 지속적인 활동 중 하나는 정치가들뿐만 아니라 의사들도 흥미를 가지고 지켜봤던 아동 학교 프로젝트였다. 1921년 이후 예르마코프와 불프는 모스크바에 위치한 정신분석연구소에 부속된 장애 아동을 위한 실험적인 쉼터의 책임자 명단에 올라 있었다. 하지만 이 학교의 진짜 책임자는 베라 슈미트Vera Schmidt였다. 단지 의학 학위가 없었다는 이유로 그녀는 책임자의 직함을 가질 수 없었던 것이다. 그녀는 여러 일상적인 활동을 관리했을 뿐만 아니라 학교의 이론적 방향을 결정하는 일도 맡았다. 슈미트는, 빈의 아우구스트 아이히호른August Aichhorn과 지크프리트 베른펠트가 조직한 빈 소재의 실험적인 정신요법 유치원의 영향을 받았지만, 그러한 기관으로서는 원조인 그 유치원과 그녀의 학교가 완전히 동떨어져 있다는 점을 인정했다. 그럼에도 불구하고 그것은 혁명 이후 소비에트 러시아의 불투명한 정치적 분위기 속에서 정신적인 장애를 얻고 집도 잃은 혁명 후 시대의 어린 희생자들을 치료하는 의무를 떠맡은 용감한 시도였다.

이 학교는 루나차르스키의 계몽인민위원회로부터 재정적 지원을 받았으며, 공식적으로 모스크바 정신신경학연구소에 소속되었다. 그것은 다양한 사회적 배경을 지닌 한 살에서 다섯 살 사이의 아동 서른 명과 함께 1921년 문을 열었다. 아이들의 부모는 노동자와 소작인이었으며, 지식인도 있었다. 학교는 공공연하게 정신분석적 원리를 따라 운영되었다. 학교의 활동을 기록한 베라 슈미트의 보고서에는 유아와 청소년의 정신분석적 갈등에 대한 프로이트의 개념을 적용하기 위해 노력했다는 점이 분명하게 나타났다. 이들은 아동의 성생활에 많은 주의를 기울였다. 이들 행동이 대부분 성적 만족을 위한 무의식적 요청으로 동기화된다는 점이 받아들여진 이래로, 아동들은 물리적으로 해롭다는 것이 증명되지 않는 한 스스로를 표현하고 다른 사람들과 자유롭게 소통할 수 있었다. 면밀한 감독하에, "아주 풍부한 성생활"을 경험한 유아는 이후에 어른이 되어서 성적이거나 성적인 것으로부터 발생한 심각한 문제들의 유무를 주로 결정하게 될 것이라는 식의 믿음을 가진 교직원들이 아이들을 따뜻하게 보살폈다.[16] 슈미트는 "학교에서는 처벌이 존재하지 않았다"라고 적었다. 교직원과 학생들 사이에 친밀한 관계가 형성되어서, 심지어 아이들에게 엄격한 어조로 말할 필요가 없을 정도였다. 다정하게 대하고 설명을 해줌으로써 아이들에게 도움을 주는 사례들이 선호되면서, 아이들의 행동을 탓하고, 죄의식을 심어 주며, 가혹한 벌을 내리는 경향은 사라졌다. 어떤 식으로든 간에 아이들을 성적으로 자극하고, 자존감을 확립하도록 조직된 신뢰와 사랑을 파괴하는 행위는 교직원들에게 엄격하게 금지되었다. 비슷한 방식으로, 야뇨증과 배설은 "심각한 외상적 경험"을 피하기 위한 것으로서, 대개는 체벌하는 부모로 인해 발생하는 행동으로서 다루어졌다.[17]

출발에서부터, 학교는 교직원들이 이른바 성적 과잉을 부추기고 있다는 소문으로 골머리를 앓고 있었다. 하지만 인민위원회에서 파견된 조사위원회는 이러한 혐의를 입증하는 증거를 찾지 못했을 뿐만 아니라 오히려 자신들이 본 결과들에 찬사를 보냈다. 그러나 1923년 봄, 고위 정부관계 기관에서 학교를 강하게 의심하기 시작했다. 4월 26일 학

---

16 Vera Schmidt, "Education psychanalytique en Russie soviétique", *Les Temps Modernes*, 273, March, 1969, p.1631. 이 판본은 원래 보고서인 *Psychoanalytische Erziehung in Sowjetrussland: Bericht über das Kinderheim-Laboratorium in Moskau*, Leipzig, Vienna, Zurich: Internationaler Psychoanalytischer Verlag, 1924의 번역이다. 이 보고서는 정신분석적인 유치원에 대해 행해진 최초의 보고서였음에도, 러시아에서 출판되지 않았으며 영어로 번역된 적도 없다.
17 Schmidt, "Education psychanalytique", pp.1634, 1640~1641.

교 기능 평가 이후, 과학기관과 교육기관을 담당하고 있던 당 간부들은 학교를 계속해서 지원할 어떤 근거도 없다고 결론 내렸다. 이 문제에 대한 당의 의도와 프로이트주의자들의 의도 사이의 거리는 학교의 명칭에서도 손쉽게 확인할 수 있다. 당 간부들은 그것을 종종 "국제 연대" International Solidarity로 지칭되는 정신분석 실험실이라고 말했다. 반면 베라 슈미트는 "어린이들의 집"이라는 말을 사용했다.[18]

[지원 중단에 대해] 정부위원회에서 만장일치가 되지는 못했다. 한 명의 회원, 유명한 교육심리학자인 스타니슬라프 샤츠키는 학교의 해산에 반대표를 던졌을 뿐만 아니라 학교의 사명을 훌륭하게 변호하는 반대 의견서를 공식 문서에 포함시켜 제출했다. 그는 다음과 같이 말했다. 교육학적 관점에서, 학교에서 학생들과 관계가 "세심하고 주의 깊고, 애정이 있다"는 점을 부인할 수 없다. 교육기관들은 소비에트 사회에 이런 기술들의 보급을 더 널리 육성하기 위해 이것을 본보기로 삼아야 할 것이다. 지금으로서는 "정신분석 학교가 러시아에서" 이 기술들의 실제 적용을 확인할 수 있는 "유일한 곳"이라는 점이 샤츠키의 결론이었다.[19]

정부위원회 회의의 토론은 1923년 가을까지 계속되었다. 학교의 기능을 감독하고 활동을 조사하여 최종 권고를 하기 위해 특별히 조사위원회가 조직되었다. 그중에서 심리학자인 파벨 블론스키와, 두 명의 뛰어난 프로이트주의자 사비나 슈필라인, 알렉산드르 루리아는 위원회에 자문해 주고 학교의 운명에 대한 자신들의 견해를 제시하기 위해 파

---

18 *Tsen. gosudar. arkhiv RSFSR*, fond 298, opis 1, delo 1, list 54. 위원회의 견해에 대한 참조는 베라 슈미트의 보고서, "Education psychanalytique", p.1629에 언급되어 있다.
19 *Tsen. gosudar. arkhiv RSFSR*, fond 298, opis 1, delo 45, list 49.

견되었다.[20] 이들 전문가의 지원에 힘입어, 그리고 다섯 명의 위원 중 확실하게 학교에 호의를 가지고 있었던 적어도 한 명의 회원(오토 슈미트)의 도움으로, 9월 17일 위원회는 "진보적이고 비범하며 가치 있는 작업을 한 어린이들의 집을 유지할 필요성"이 인정된다고 결론을 내렸다.

그러나 위원회는 중대한 정치적 타협 몇 가지를 제안했다. 위원회로서는 "사회적 계급 문제"가 당의 이데올로기에 있어 매우 중요한 의미였으므로 학교가 "아동 발달의 사회적 기원의 연구"에 전념할 것을 요청했다. "마르크스주의 노동자에게 중요한 영향을 주는 기능을 하게 될 정신분석연구소의 과학적 통제 아래 어린이들의 집을 위치시키라는" 제안은 한층 불길했다. 게다가 위원회는 "아동 학교에서의 프롤레타리아적 기반 강화"를 확실하게 하고 "아이들 각각의 관리 비용을 줄이기 위해" 감사를 실시할 것을 제안했다.[21] 몇 주 후에, 인민위원장인 루나차르스키가 직접 참석한 회의에서 교육정책 제정의 최상위 기관인 계몽인민위원회와 당 중앙위원회는 이들 권고 사항을 비준했다.[22]

베라 슈미트가 이 조건을 받아들일 수 없었음은 분명했다. 학교를 향한 정부의 분노가 커지게 되자, 1923년 10월 그녀와 그의 남편 오토 슈미트는 상담과 지원을 위해 유럽에 가야만 했다. 그들은 빈에서 프로이트, 아브라함, 오토 랑크, 그리고 오스트리아와 독일에서 온 다른 우수한 정신분석가들을 만났다. 그들은 실험학교의 발전상뿐만 아니라 러

---

20 *Ibid.*, fond 298, opis 1, delo 58, list 109.

21 *Ibid.*, fond 298, opis 1, delo 58, list 110. 1923년 9월 17일 회의. 이 위원회의 구성원은 O. L. 벰 (O. L. Bem), F. N. 페트로프(F. N. Petrov), O. Iu. 슈미트(O. Iu. Schmidt), K. N. 코르닐로프(K. N. Kornilov), E. B. 좀베(E. B. Zombe)였다.

22 루나차르스키의 위원회와 관련해서는 *Ibid.*, fond 2306, opis 1, delo 2168, list 75. 공산당의 확인을 거친 중앙위원회와 관련해서는 fond 2306, opis 1, delo 2208, list 3 참조.

시아 정신분석연구소의 최근 활동에 대해 보고했다. 프로이트의 학술지에 실린 공식 보고서에 따르면, 정신분석가들은 "모스크바의 어린이들의 집과 실험실에 대단한 관심을 보였으며", "실험실 운영에 참고할 만한 귀중한 요령을 많이 알려 주었다. 특히, 집단 교육과 정신분석에 대한 질문(집단적 교육 조건하에서의 오이디푸스 콤플렉스의 운명)이 오고 갔다".[23] 이것은 중요한 주제로 인식되었으며, 공산주의 정권의 지속적인 강화가 기정사실화되면서 러시아인들이야말로 이를 관찰하기에 특히 적절한 위치에 있는 사람들임이 인정되었다. 그러나 겉으로 보이는 우려와 동정에도 불구하고, 슈미트 부부는 유럽의 분석가들이 자신들의 작업을 위해 할 수 있는 일은 거의 없다는 사실을 깨달았다. 프로이트는 학교에 대한 베라 슈미트의 보고서를 게재하는 데 동의했고, 슈미트 부부는 고향으로 돌아갔다. 거기서 그들은 어린이들의 집을 폐쇄하려는 정부의 계획을 알게 되었다.

그러는 동안에도, 모스크바연구소의 임상 활동은 계속되었다. 모스크바에서 온 보고서는 정기적으로 『국제정신분석저널』에 실렸지만, 이미 작동하고 있던 정치적 개입은 거의 드러나지 않았다. 1923년 불프는 리비도의 발달 및 유아기 정신분석에 대한 '최근의 생물학적 연구'와 리비도의 발달과의 관계에 대해 강의하였고, 슈필라인은 '실어증과 유치증의 사고'에 대한 세미나를 진행했으며, 예르마코프는 '예술에서의 자기표현의 문제'에 대해 강연했다. 연구소의 회원들은 또한 초청 연사들의 강연을 들었는데, 1924년 12월 14일에는 소비에트 심리학의 신예 중

---

23 Alexander Luria, "Report of Meetings for the Fourth Quarter, 1923", *International Journal of Psychoanalysis*, 5, 1924, p.260. 슈미트와 프로이트, 아브라함, 랑크가 만난 정확한 날짜는 1923년 10월 18일로 제시되어 있다.

한 명인 레프 비고츠키의 강연이, 1925년 3월 21일에는 '정신분석에 비추어 본 푸시킨의 작품'에 대한 문학가 G. A. 차라소프G. A. Charasov의 강연이 포함되어 있었다. 정신분석의 다양한 측면을 다루는 강좌가 연구소에서 매년 지속적으로 제공되었다.

연구소의 또 다른 중요한 역할은 프로이트와 그의 제자들이 쓴 가장 영향력 있는 저서와 논문의 일부를 러시아어로 번역해서 출판하는 것이었다. 이 출판 프로젝트는 1921년에 다수의 정신분석 관련 저서 시리즈를 기획했고, 1922년에 시리즈가 나오기 시작하면서 이 총서들을 관리했던 예르마코프의 지휘하에 있었다. 예르마코프는 총 서른두 권을 기획했지만, 실제로는 기획된 총서 중 열다섯 권만 출판되었으며, 모두 국립 출판사의 지원과 출자를 받아 발행되었다.[24] 주요 번역자였던 볼프는, 1922년에서 1923년까지 정신분석에 대한 전대미문의 관심이 쏠리고, 그중에서도 "공산당 이외에도 과학자, 교육자, 변호사, 의사 같은 인텔리겐치아의 넓은 영역"으로 정신분석이 열광적으로 전파된 주된 이유로 예르마코프의 시리즈를 꼽았다. 그는 이 이례적인 인기에 대

24 이 시리즈의 가장 최근에 완성된 목록은 실제로 나온 책들과 그렇지 않은 것들로 나뉘는데, 이것은 *Sovetskaia bibliografiia*, 3, 1989, p.64[『소비에트 서지학』]에서 찾을 수 있다. 또한 러시아의 프로이트 저작에 대한 서지 목록은 I. T. Kurtsin, *Kritika Freidizma v meditsine i fiziologii*, Moscow: Nauka, 1965, pp.279~280[『의학 및 생리학에서의 프로이트주의 비판』] 참조. 예르마코프는 자신의 책 두 권을 시리즈로 출판했다. 하나는 푸시킨에 대한 것이고 다른 하나는 고골에 대한 것으로, 정신분석을 문학에 적용한 흥미로운 책이다. 이에 대해서는 Donald Young, "Ermakov and Psychoanalytic Criticism in Russia", *Slavic and East European Journal*, 23(1), Spring, 1979, pp.72~86 참조. 예르마코프에 대한 자료는 예르마코프의 미출판 논문 몇 편을 포함해서 그의 딸이 출판했다. M. I. Davydova, "Ivan Dmitrievich Ermakov(1875~1942)", *Psikhologicheskii Zhurnal*, 10(2), 1989, pp.156~159[「이반 드미트리예비치 예르마코프(1875~1942)」, 『심리학 저널』] 와 "Nezavershennyi zamysel: K istorii izdaniia trudov Z. Freida v SSSR", *Sovetskaia bibliografiia*, 3, 1989, pp.61~64[「완결되지 않은 기획: 소련에서 프로이트 저작의 출판사」, 『소비에트 서지학』] 참조. 예르마코프는 1941년 정치적인 혐의로 체포되었으며, 이듬해 부티르스크(Butyrsk) 감옥에서 사망했다.

한 가장 인상적인 증거의 하나로 모든 권호가 "빠르게 팔려 나갔다"는 사실을 덧붙였다.[25]

분명 1921년에서 1923년 동안 러시아에서는 정신분석 운동이 고조되었다. 한 가지 중대한 참사 —— 장애 아동 학교의 폐교 —— 를 제외하면, 정신분석은 이 시기에 화려한 승리를 거두었다. 완전히 인정받은 훈련 프로그램으로 연구소가 시작되었고, 전적으로 정신분석의 원리에 따라 수행된 외래환자 클리닉과 어린이들의 집이 함께 설립되었다. 정신분석 관련 저서와 논문의 광범위한 출판은 몇 년 전까지만 해도 상상하기 어려운 수준으로 추진되었다. 이 모든 활동은 어느 정도 국가의 지원을 받았다. 사실상 (차후에 도래할 것들을 생각하면 아이러니하지만) 이전이나 이후로도 지금까지 정신분석이 그렇게 확산될 수 있도록 지원을 책임진 정부는 없었다고 말해도 무방할 것이다.

신경제정책 기간 동안에 일어났던 이 모든 것들에 우연은 없었다. 제한된 기반에서 공산주의적 실험에 민간 기업의 재도입을 허용했던 레닌의 기획은 정신분석에 큰 도움이 되었다. 그것은 프로이트의 이론에 그렇게 자리 잡고 있던 급진적인 개인주의에 대해 적어도 당분간은 어느 정도 관용적인 대책을 보증했던 것이다.

25 M. Wulff, "Zur Stellung der Psychoanalyse in der Sowjetunion", *Die Psychoanalytische Bewegung*, 2, 1929, pp.70~75 참조. 프로이트 사상의 확산에 대한 증거와 모스크바와 페트로그라드를 제외한 이 시기, 그에 대한 관심은 나데즈다 만델슈탐(Nadezhda Mandelstam)의 회고록에서 찾아볼 수 있다. 1920년대 하르코프에서 자신의 삶을 이야기하면서, 그녀는 다음과 같이 썼다. "상대성 이론과 프로이트의 이론에 대한 소식은 전쟁으로 지연되어서 이제야 러시아에 도착했다. 모든 사람들이 그것들에 대해 이야기했지만, 실제 정보는 모호하고 일정하지 않았다." *Hope Abandoned*, New York: Atheneum, 1974, p.74 참조.

5장

# 소비에트 정신분석의 쇠퇴와 몰락

러시아 볼셰비즘을 통해 현실화된 것처럼, 이론적인 마르크스주의
는 에너지를, 그리고 자기 충족적이며 배타적인 특징을 가진 세계관
을 얻었지만, 동시에 자신이 맞서 싸우고 있는 것과 기묘하게 닮아
갔다. 본래 과학의 일부로서 자신의 성과가 과학과 기술을 기반으로
달성된 것임에도 불구하고, 그것은 과거에 종교가 바로 그러했던 것
만큼 무자비하게 사상을 금지시켰다. 마르크스주의 이론에 대한 그
어떤 비판적인 검토도 용납되지 않았고, 그것의 정확성에 대한 의심
은 한때 가톨릭교회가 이단을 처단한 것과 같은 방식으로 처벌받았
다. 마르크스의 저작들은 계시의 원천으로서 성서와 코란의 지위를
차지하게 되었다. 그것들이 더 오래된 신성한 책들보다도 모순과 불
명료함으로부터 더 이상 자유롭지 않은 것처럼 보이게 될지라도 말
이다. ── 프로이트, 「세계관에 대하여」(1933)


## 대토론: 정신분석과 이데올로기

1920년대 중반까지, 러시아 정신분석연구소는 빈, 베를린, 부다페스트,
런던, 뉴욕의 학계와 나란히 국제정신분석협회에 자리하고 있었다. 러
시아인들은 협회가 제정한 기준에 부합했음에도 불구하고 다음과 같은
한 가지 특징으로 인해 다른 조직들과는 구분되었다. 즉 자신의 합법성
이 이데올로기적인 정책 집행에 있는 국가 정부의 지원을 받는 정신분
석 연구기관은 그 어디에도 없었던 것이다. 이러한 독특한 계약관계로

인해 러시아의 정신분석은 어렵고도 복잡한 상황에 놓이게 되었다. 한편으로 그들은 국가로부터 재정적인 지원을 받았다. 그리고 이는 그들이 그토록 짧은 기간에 이룬 급격한 발전에 대해 어느 정도 설명을 제공한다. 다른 한편으로, 그 지원 탓에 이들의 전문적인 문제에 대해서 서유럽에서는 잘 알지 못하는 국가 수준의 개입이 이루어졌다. 실험적인 아동 학교가 권력에 의해 문을 닫게 됨으로써 이러한 개입은 러시아인들에게 추상적인 문제 이상의 것이 되었다. 이론적인 목표와 공산주의의 기관 통제가 더욱 뚜렷이 윤곽을 드러내면서, 사회의 모든 층위에서 많은 사람들은 점차 자신들이 심화된 정치적 요구의 그물망 속으로 말려들었음을 발견했다. 하지만 당분간은 혁명 이후 새로운 질서를 만들어 가는 데 있어 정신분석이 중요한 역할을 할 수 있을 것처럼 보였다. 이러한 희망은 1920년대 초반에 공산당이 요청했던 기획 중 하나인 마르크스주의 심리학의 창조에 어느 정도 만족스럽게 기여할 수 있는가의 여부에 달려 있었다.

소비에트의 정신의학자들과 심리학자들은 과학적 관점에서 수용 가능한 실험적 토대와 마르크스주의적 틀에 입각한 이데올로기적 근거 위에 세워진 '정신의 분석'을 개발하고자 했다. 동시에 진행된 이와 같은 노력들은 생물학 및 신경학과 마르크스의 역사유물론을 통합하려 했다. 이반 파블로프Ivan Pavlov와 블라디미르 베흐테레프의 학술 논문은, 이론적인 문제에 있어 서로 의견이 충돌되었지만, 그럼에도 다른 이들이 본받아서 깊이 발전시켜야 할 일종의 모범적 예시로서 다루어졌다.[1]

---

1 파블로프의 연구는 실험의학연구소(Institut eksperimental'noy meditsiny)에서 이루어졌다. 베흐테레프는 타티아나 로젠탈이 정신분석 연구를 했던 페트로그라드의 뇌 연구소 소장이었다.

여타의 지역에서처럼 이 지역에서는 지휘권을 가진 사람들이 자신들의 전문적인 훈련과 과학적 방향을 지도했던 (이제는 점차적으로 반혁명적이고 타락한 것으로서 간주되고 있는) 서구의 영향력에서 벗어나 그들만의 전문가적 정체성을 뚜렷이 해야 함을 깨달았다. 문제는 유럽 기반의 마르크스의 계급이론을 특수한 러시아적 상황에 맞게 해석하여 내놓은 '혁명적 문화'의 발전적 강화를 통해 한층 더 복잡해졌다. 이 새로운 문화는 부르주아와 개인주의로 설명되는 '전前 혁명적인' 문화적 영향과 제도들에 대한 명백한 거부에 근거한 것이기도 했다. 그러한 체계들은 결국 집단주의와 평등주의라는 새로운 프롤레타리아적 가치들을 지지하는 다른 것들로 교체되었다. 사실상, 이 떠오르는 새로운 혁명 문화의 조직화는 주로 누가 혹은 무엇이 포함되고 제외되는가를 뚜렷이 정의함으로써 달성되었다.

이 문제들은 임상 실습과 더욱 긴밀하게 결합되어 있던 정신의학자들에게 즉각적인 충격을 주지는 않았지만, 심리학자들에게는 영향을 미쳤다. 이는 심리학이 새로운 마르크스주의 행동이론의 이론적 문제들을 다루는 어려움을 맨 처음 경험하는 곳에 있었기 때문이다. 그리하여 1920년대 초반 모스크바심리학연구소에서는 (인간의 가치, 성격과 동기부여, 믿음의 체계, 그리고 개인적 도덕의 발전을 포함한) 심리학적이고 철학적인 문제를 연구해 확고한 명성을 얻은 많은 연구자와 지식인들이 자리에서 밀려났다. 더군다나 1923년에는 모스크바연구소 소장이 자신이 설립한 연구소에서 해고되었다.[2]

---

2 면직된 심리학자들과 심리학적 성향을 가진 철학자들 중에는 니콜라이 베르댜예프(Nikolai Berdyaev), 세르게이 불가코프(Sergei Bulgakov), 니콜라이 로스키(Nikolay Lossky), 세묜 프랑크(Semen Frank)가 포함되어 있었다. G. V. 첼파노프(G. V. Chelpanov)는 심리학연구소 소장에서

이데올로기 투쟁은 난폭했고, 결과는 심각했으며 멀리에까지 미쳤다. 볼셰비키의 기본적인 관심은 대중 행동의 이해라는 주제를 중심으로 한 이론적 논쟁에 있었다 ─ 통제 욕망과 그 통제를 정당화할 수 있는 포괄적인 이론 구축의 필요성 말이다. 열린 과학에 대한 관심과 정치에서의 이데올로기적 요구 사이에서 생긴 갈등의 반향이 이 시기 정신분석학계에서도 나타나기 시작했다. 학계가 전문적인 정신의학자와 심리학자 위주로 구성되어 있었던 탓에, 이들은 통합되지 못하고 분열된 태도로 대응하는 경향을 보였다.

이데올로기적인 정치의 주 무대로 정신분석가들이 등장하게 된 것은 1922년 알렉산드르 루리아가 카잔정신분석협회에서 했던 발표로까지 거슬러 올라간다. 9월 7일 루리아는 "새로운 심리학자들" 사이에서 최근 정치적인 문제에 대한 관심이 갑작스럽게 높아지고 있다고 말했다. 학회의 12월 10일 회의에서, 그는 시대에 뒤떨어진 철학적 동향과 근래의 반사요법 및 뇌 생리학을 주장하는 공산주의 학파 간의 대립을 포함한 러시아 심리학의 주도적 경향들에 대해 논평했다. 그는 1923년 2월 4일 회의에서 정신분석학과 실험심리학에서 나타난 최신의 소비에트적 경향을 비교한 발표에서 이 분석을 확대시켰다. 이것은 이후에 그가 더욱 상세하게 발전시킨 주제였다.[3]

강제로 퇴임당했다. 그의 후임은 콘스탄틴 코르닐로프(Konstantin Kornilov)였는데, 그는 루리아가 정신분석의 적극적인 지지자였던 때, 루리아를 카잔에서 모스크바로 불러들였다. A. Kozulin, *Psychology in Utopia*, Cambridge: MIT Press, 1984, pp.11~13 참조. 전반적으로 이 시기에 심리학자들 사이에서 벌어진 싸움은 소비에트 사회에서 공산당의 권위 확립 형성기에 중요한 부분이다. 다음의 논의들도 참조. Joravsky, *Russian Psychology*, 특히 pp.220~231; Rene Van der Veer and Jaan Valsiner, "Konstantin Kornilov and His Reactology", *Understanding Vygotsky: A Quest for Synthesis*, Oxford: Blackwell, 1991, pp.112~140.
3 루리아의 발표는 *International Journal of Psychoanalysis*, 4, 1923, pp.397~399에 게재된 카잔정신분

한편, 다른 전문가들은 새로운 마르크스주의 사회의 발전에 있어 심리학 이론의 지위를 직접적으로 표명하기 위해 전문 분야를 넘어선 논의를 개진하고자 노력했다. 시작점은 프로이트적 방법론에 기반한 베르나르트 비호프스키Bernard Bykhovskii가 발표한 논문이었다. 그것은 정신분석 이론을 문학, 의학, 학술 그룹에서 정치 및 볼셰비키당이 관심을 갖는 영역으로 이동시켰다. 변증법적 유물론을 전공한 젊은 볼셰비키 철학자 비호프스키는 「프로이트 정신분석 이론의 방법론적 기초에 관하여」O metodologicheskikh osnovaniiakh psikhoanaliticheskogo ucheniia Freida를 썼다. 그것은 1923년 말 여당 기관지인 『마르크스주의의 기치에서』Pod Znamenem Marksizma에 발표되었고, '프로이트주의적 마르크스주의'에 대한 이례적인 공개 토론이 시작되었다. 1923년에서 1930년 사이에, 대담하고 영리한 많은 이론가들이 마르크스주의의 이데올로기적 틀 안에 프로이트 심리학을 포함시킬 공통된 기준을 찾으려고 하였다. 이러한 노력과 함께, 그들은 프로이트의 이론을 당과 국가 차원에서 합법화하려는 시도 역시 하고 있었다. 가장 영향력 있는 당 기관지에서 논의되었던 프로이트-마르크스주의 이론에 관한 이 논쟁은, 혁명 이후 시기의 위태로운 시점에 등장했다. 레닌이 아직 생존해 있긴 했지만, 그는 병을 앓고 있었다. 당 지도부는 분명하게 표명된 이데올로기적 지침을 가지지 못한 채 여러 당파로 분열되었다. 다른 때였다면, 프로이트주의적 마르크스주의가 볼셰비키 잡지에 그렇게 자주 나타날 수 있을 것 같지 않다.

비호프스키는 프로이트적 개념이 베흐테레프와 파블로프의 신경

---

석협회의 보고서에 실려 있다. 레비틴은 루리아의 강연이 정신분석을 존중하면서도 "실험심리학의 이데올로기적 영향을 논의함에 있어 개방적이었다"라고 지적했다. Lobner and Levitin, "Short Account of Freudism", p.13.

학, 생리학에서 해왔던 작업과 일치한다는 것을 자신의 논문에서 증명하려고 했다. 게다가 그는 이론으로서의 정신분석이 사회주의의 미래라는 특정 맥락에서 인간과 사회를 더 깊이 이해하는 데 잠재적으로 공헌할 수 있다고 주장했다. 비호프스키는 그 증거로 프로이트 이론에 대한 체계적인 설명을 제시했는데, 그것은 지금까지 주요 볼셰비키 잡지에 등장한 해설 중 가장 충실한 것이었다. 모든 예시와 인용은 러시아에서 출판된 프로이트의 저작에서 직접 가져왔다. 비호프스키는 가장 중요하다고 생각했던 무의식 개념에 주목하면서, 프로이트적 개념과 마르크스주의 이론이 충분히 양립할 수 있다는 결론을 내렸다. 논문의 문장이 딱딱하고 불분명한 추상적인 술어로 가득 차 있었다 해도, 독자는 비호프스키가 프로이트에 대해 호의적인 태도를 가졌다는 사실을 놓칠 수 없었을 것이다.[4]

비호프스키의 논문이 발표된 후, M. A. 레이스네르M. A. Reisner, 1869~1929가 정신분석적 주제로 쓴 다른 논문이 뒤를 이었다. 「프로이트와 그의 학파의 종교론」Freid i ego shkola o religii이라는 제목의 긴 논문은 1924년 초에 또 다른 수준 높은 볼셰비키 잡지인 『언론과 혁명』Pechat' i revoliutsiia에 실렸다. 레이스네르는 헌법 전문가였으며, 1917년 혁명 이전에는 독일과 러시아의 사회민주당에서 활동했다. 혁명 후 그는 새로운 공산주의 정권 아래서 정교 분리에 관한 법률 초안 작성을 담당했고, 최초의 소비에트 헌법의 주요 저자 중 한 명이었으며, 톰스크와 페트로그라드의 대학에서 법철학을 가르친 법철학 전문가이기도 했다. 그가 볼

---

4 Bernard E. Bykhovskii, "O metodologicheskikh osnovaniiakh psikhoanaliticheskogo ucheniia Freida", *Pod Znamenem Marksizma*, 11~12, November~December, 1923, pp.158~177[「프로이트 정신분석 이론의 방법론적 기초에 관하여」, 『마르크스주의의 기치에서』].

세비키 권력을 가까이 했다는 점은 1920년대 초반 계몽인민위원회에서 루나차르스키와 함께했던 연구와 1924년 재편성된 심리학연구소의 사회심리학 분과에 책임자로 임명된 사실에서도 알 수 있다. 이것은 이 시기 프로이트주의자들과 관련해서 그를 국가권력의 관점에서 더욱 강력한 인물 중 하나로 만들었다.[5]

레이스네르의 논문은 러시아에 등장한 종교 연구에 최초로 정신분석을 응용한 것이었다. 그의 전반적인 의도는 종교의 해석에서 마르크스와 프로이트가 공유하는 집합점들을 보여 주는 것이었다. 레이스네르는 프로이트의 초기 저작들과 2년 전 빈에서 출판된 『토템과 터부』Totem und Tabu에서 발견된 현대 사회의 종교적 믿음의 역할을 탐구했다. 그는 또한 오토 랑크와 카를 융의 저작뿐만 아니라 테오도어 라이크 Theodor Reik의 『종교심리학의 문제』Probleme der Religionspsychologie를 언급하기도 했다. 레이스네르에게 있어 이들은 모두 '프로이트 학파'를 형성하고 있는 사람들이었다. 윌리엄 제임스의 영향력 있는 저서 『종교적 경험의 다양성』Varieties of Religious Experience은 주의 깊게 다루어졌다.[6]

레이스네르는 종교적 주제를 다룬 마르크스와 엥겔스의 저서에 대

---

5 Lobner and Levitin, "A Short History of Freudism", p.13. 또한 Jean Marti, "La psychanalyse en Russie et en Union soviétique de 1909 à 1930", Critique, 32(346), March, 1976, pp.216~217 참조. 덧붙여 레이스네르는 모스크바에 있는 러시아 정신분석학회 회원이었으며, 공산주의 아카데미(Communist Academy)의 창립 멤버 중 한 명이었다. 이 시기에 가장 유명한 그의 저작은 Gosudarstvo burzhuazii i RSFSR, Moscow, 1923이었다.
6 『토템과 터부』의 초판은 1922년에 나왔다. 비호프스키가 프로이트의 초기 저작의 러시아 번역본을 사용한 반면, 레이스네르의 정신분석 관련 출전은 독일어 원서였다. 라이크의 저서는 1919년 빈에서 출판되었다. 제임스의 책은 1910년 모스크바에서 '종교적 경험의 다양성'(Mnogoobrazie religioznogo opyta)이라는 제목으로 러시아어로 번역·출판되었다. 레이스네르는 제임스를 '종교를 변호하는 자'로 간주했지만, 그의 종교적 동기부여가 프로이트의 비평을 이해하는 시작점으로서 유용하다는 점을 발견했다.

한 비판적 독해로 자신의 발표를 시작했다. 전前 자본주의적 사회에서 뿐만 아니라 자본주의 사회에서의 종교에 대한 일반적인 지위를 논평한 후에, 레이스네르는 마르크스와 엥겔스가 현대 사회에서 체계를 갖춘 종교의 가장 중요한 몇 가지 측면을 해명하지 않았음을 인정했다. 레이스네르는, 그들이 제공한 것은 종교의 사회경제학적 비평이었고, '종교심리학'은 다루지 않았다고 말했다. 이를 통해 레이스네르가 의미하고자 한 바는, 마르크스주의적 관점으로는 여전히 종교적 열망과 상징의 의미 혹은 수세기에 걸쳐 인민 대중을 사로잡은 원인을 이해할 방법이 없다는 점이었다. 레이스네르는 이러한 정신적인 힘의 본질은 사실 다른 어딘가에 놓여 있다고, 다시 말해 마르크스주의자들의 주장처럼 오로지 사회의 계급 구조에 존재한다기보다는 개인적 층위에 특히 인간의 심리 영역에 놓여 있을 것이라고 제안했다. 아울러 이 문제에 대해 허버트 스펜서, 뤼시앵 레비-브륄Lucien Lévy-Bruhl(특히 '전前-이성적' 사고 과정에 대한 그의 개념), 윌리엄 제임스(그는 종교적인 몰입에서 잠재의식적 동기부여라는 개념을 논의했다) 등의 선행연구가 성취한 흥미로운 결과를 강조하면서, 가장 중요한 작업이 프로이트와 그의 제자들에 의해 수행되었음을 확신했다.

레이스네르에 따르면, '과학적인 종교 연구'에 있어 프로이트의 공헌은 두 가지 중요한 이유에서 분명하다. 첫째, 프로이트는 사회 발전의 숨겨진 원천을 분석하고, '성적 심성'myshlenie [러시아어로는 '사유·사상'이라는 뜻] 영역의 한가운데에 이 숨겨진 원천이 자리한다는 것을 발견하였다. 둘째, 그는 해결되지 않은 개인의 성적 갈등이 사회 문화적 환경으로 이동하거나 '전치된다'는 '전치'vytesneniia 개념을 상정함으로써 한 걸음 더 나아갔다. 이 부분에서 진정한 '프로이트 작업의 독창성'은 어린 시절의 무의식적인 성적 환상이 이후에 개인의 발전에 종교적 헌신의 형식으로 다시 출현할 수도 있음을 보여 주는 분석 과정에서 발견된다. 이러한 헌신은 종종 병리적인 형태를 띠는데, 여기서는 비현실적인 목표나 만족스러운 환상을 얻기 위해 노력하다가 과도하고 강압적인 기질이 사람의 성격을 지배하기도 한다.

레이스네르는 또한 (억압되고 내면화된 갈등이 사회적으로 인정된 행동 형식과 목적을 가진 노동으로 재경로화됨을 의미하는) '승화'라는 용어의 프로이트적 용법을 논의하면서, 종교적 경험 세계에서 작동하고 있는 유사한 과정에 대해서 인정했다. 관습적이고 체계화된 종교와 신앙은 사회적인 가치로서 널리 확인된 숭고함이라는 형태로 수용되었다. 기존의 분야에서는 종파 분립론자들, 반대자들, 믿음의 형식을 과도하게 지지하는 사람들을 비난해 왔다. 하지만 어떤 사회에서 이들이 사회적·종교적으로 승인된 조건 안에서 활동하든 밖에서 활동하든 간에, 핵심은 개인을 동기화하는 숨겨진 힘이 있다는 것이었다. 문제는 교회를 좇아 누가 '옳고' 정당한지를 분별하는 것이 아니라, 사회의 무의식적인 갈등이 어떻게 관리되고 있는가를 밝히는 것이었다.

레이스네르는 마르크스주의적 역사유물론의 철학에 더 명시적으로 결합하려는 이때, 이것이 사회에서 종교의 역할을 이해하는 데 있어 특히 생산적인 가능성을 가진 새로운 접근법이라고 생각했다. 그는 종교적 몰입이라는 현상 이면에는 정서적인 그물이 복잡하게 얽혀 있다고 말했다. 이 그물 속에는 의존성에 반하는 독립성과 가치 없음에 반하는 가치라는 감정이 갈등하고 있다. 이러한 감정은 사회에서뿐만 아니라 가정에서 개인의 발전에 내재한 권위적인 인물에 의해 구성된다. 개인은 종교에 귀의함으로써 양가감정의 무게와 참을 수 없는 개인적 갈등에서 벗어나 종종 위안을 찾고 있다. 사회와 역사에 대한 마르크스주의적 계급 분석과 나란히 위치시키면, 이러한 통찰은 교회가 어떻게 자유를 지배하고 질서를 유지하는 생명력으로서 작용해 왔는지를 알게 해준다. 그러므로 프로이트의 해석은 강력한 의례와 상징들로 전통적인 사회 계급의 위계질서를 지탱하는 '세계 질서로서의 종교'의 초상화를 완성하는 것을 가능하게 한다.

프로이트에 따르면, 종교는 "인간의 성적 본능과 그에 관련된 행동들의 사회적 조직화"로서 다시 정의될 수 있었다. 이 체계는 무의식적인 성적 갈등과 본능을 집단적인 것으로 '전치'하고, 그것을 상징적 의례와 의식을 통해 국가의 정치 경제적 구조를 지지하는 이성적인 체계로 변환하는 것과 관련되어 있다. 그것들은 제도화된 종교에 의해 암묵적으로 승인되어 출현하기 때문에 이것은 개인이 작업장에서 착취되는 위치를 받아들이도록 한다. 이렇게 하여 우리는 현실에서 체계화된 종교는 계급의 분열을 고착화하고 "계시의 힘을 통해 인간의 창조력의 승화"를 성취하는 "대규모의 신경증과 광증을 조직한다"는 설명을 얻게 된다. 레이스네르는 결론에서 프로이트에 대해 "역사적 과정에 대한 그의 관점에는 도식적이고 일면적인" 경향이 있다는 점을 인정했다. 그럼에도 불구하고 그는 프로이트의 종교 연구가 충분히 역사유물론적 이론과 일치점을 가지고 있음을 발견했다.[7]

레이스네르의 논문은 응용 정신분석과 공산당 사회 이론 양쪽에 모두 기여한 바 있었다. 그것은 섬세하고 사려 깊은 종교의 사회심리학적

---

7 M. A. Reisner, "Freid i ego shkola o religii", *Pechat' i revoliutsiia*, book 1, January–February, 1924, pp.40~60; book 3, May–June, 1924, pp.81~106[「프로이트와 그의 학파의 종교론」, 『언론과 혁명』].

연구였지만, 그럼에도 그것의 진정한 메시지는 사회가 믿음과 소신의 형식을 수용하도록 강요하는 방식과 관련되었다. 레이스네르는 아마도 개인을 종교적 관습으로 몰아넣는 무의식적인 동기를 논하면서 외관상 '부르주아적인' 서유럽을 다루고 있는 듯하지만, 그가 권위의 형상에 대한 복종과 질서를 위한 자유의 희생을 묘사하는 방식은 어떤 소비에트 독자들에게는 필시 경고로 들릴 수 있었다. 레이스네르는 마르크스와 프로이트 사상의 융합을 통해 종교적 믿음의 통제를 받든, 세속적인 믿음의 통제를 받든 간에 상관없이 어디에서든 개인은 권력의 매혹적인 힘을 경계해야 함을 말하고자 했던 것이다.

소비에트 러시아에서는 프로이트적 경향의 우세가 이어졌다. 1924년 1월 많은 정신의학자들과 심리학자들이 정신신경학 학술대회s"ezd po psikhonevrologii의 전국 모임을 위해 페트로그라드에 모였다. 국가적 차원에서 수용 가능한 마르크스주의 경향을 발견하려는 의도하에 다양한 심리학 학파들을 탐구하려는 것이 이 회의의 목적이었다. 주류 관념론 '학파들'에 반대했던 교육 심리학자 A. P. 네차예프A. P. Nechaev의 총회 연설처럼, 일부 연설에서는 "국내의 [사회] 계급 관계에 내재된 공격적인 상류 부르주아 정치"의 위험성을 증명하는 생소하고 거친 사회주의 담론이 울려 퍼졌다.[8] 공통의 이데올로기적 분모의 탐색이 격렬해짐에 따라 베흐테레프, 코르닐로프, 파블로프 사이에서 충돌이 발생했다. 레닌의 아내인 나데즈다 크루프스카야Nadezhda Krupskaya도 이 대회에서 연설

---

8 G. Daian, "Vtoroi psikhonevrologicheskii s'esd", *Krasnaia nov'*, 2(19), 1924, p.155[「제2차 정신신경학대회」, 『붉은 처녀지』]. 906명의 대의원 중 429명이 의학 전공자였다(p.163). 네차예프는 1920년대 내내 여러 지점에서 첼파노프와 유력한 심리학연구소의 전·현직 책임자였던 코르닐로프에 반대하고 있었기 때문에, 그의 연설에는 어느 정도 머뭇거림이 있었을지도 모른다.

을 했다. 그녀는 방치된 채로 있었던 사회적 혼돈의 희생자인 "엄청난 수의 고아가 된besprizornye 아이들"에 주목했다.[9] 이 대회가 진행되는 동안, 주로 A. B. 잘킨트A. B. Zalkind, 1888~1936가 제시한 수많은 사례에서 프로이트의 개념이 호출되었다. 잘킨트는 정신분석이 전쟁 기간에 퍼진 정신병적 장애에서부터 소비에트 사회의 수많은 아동에게 영향을 미치는 성적 외상에 이르기까지 다양한 장애로 고통받고 있는 개인을 치료하는 데 특히 유용하다고 주장했다.[10]

잘킨트는 의학 수련을 한 정신의학자이면서 당원이었는데, 정신신경학회에서 한 발표를 확장시켜 1924년 봄 「프로이트주의와 마르크스주의」Freidizm i Marksizm를 발표하기도 했다. 이 논문에서 잘킨트는 직접적이면서 공개적으로 중요한 공산당 지도자들과 정신분석을 최초로 연결하였고, 이로써 정신분석을 한층 더 이데올로기화했다. 잘킨트는 이 논문을 통해 스스로를 마르크스주의 심리학을 주창한 공로자로 분명하게 자리매김하면서, "인간의 정신은 인간의 사회적 존재가 생물학적으로 반영된 것"이고, 생물학은 "'영혼'에 대한 유물론의 공격"을 개시하는 마르크스주의 사회학의 원리와 만나게 될 것임이 분명하다고 주장했다. 이것은 혁명 이후의 새로운 제도하에서 과학자들이 심리 문제 연구에서 철학적이고 사변적인 낡은 형식('관념론')을 제거하고, 평등한 공산주의 사회 건설의 기틀을 세우는 "객관적이고 실험적인 연구"로 이를 대체해야 할 책임을 지닌다는 것을 의미했다.

이 목표를 성취하기 위해, 잘킨트는 이반 파블로프의 반사 생리학

9 Ibid., 3(20), 1924, pp.227~228.
10 Ibid., 2(19), pp.161~163. 또한 3(20), p.232에 있는 임상치료 관점에서 본 프로이트의 중요성에 대한 A. S. 그리보예도프(A. S. Griboedov)의 연설 참조.

과 지크문트 프로이트의 정신분석 작업을 "우리의 정신의 기능에 대한 모든 낡은 개념을 타파할 두 개의, 말 그대로 새롭고 지배적인 생물학 연구"로서 인용했다. 이 과학적 패러다임에 대한 공산당의 이데올로기적 승인의 표시로, 잘킨트는 당의 수뇌부가 최근 발표한 논문과 연설을 인용했다. 잘킨트는 파블로프와 관련해서는 니콜라이 부하린과 그레고리 지노비예프Gregory Zinoviev를 참조했고, 프로이트와 관련해서는 소비에트연방에서의 정신분석의 이점에 대해 우호적인 글을 썼던 레온 트로츠키와 카를 라데크를 언급했다.[11] 잘킨트의 논문은 대부분 각각의 개념이 마르크스 이론과 양립할 수 있는 정도를 평가하면서 프로이트의 주요 개념들을 조목조목 해설했다.

잘킨트의 논문은 정치적인 연관을 투명하게 드러내고 있다는 점에서도 주목할 만하다. 그는 개인의 "외부적 현실"과 "심리적 현실" 사이의 억압적이고 고통스러운 투쟁에 대해 이야기했다. "무의식의 심층"에서 벌어지는 그 투쟁은 보통 사람들에게 영원히 지속되는 불행을 야기하는 계급 갈등이라는, 그가 자주 참조했던 마르크스주의적 개념과 놀랄 만큼 유사했다. 더 중요한 것은 쾌락에 대한 요구와 그것과 싸울 것을 강요하는 사회적 윤리적 제약들 사이를 매개하는 프로이트의 검열 개념에 대한 잘킨트의 설명이었다. 그는 이것을 문자 그대로 "불법 지하조직"에 맞서는 일종의 치안 활동에 비유했다.[12]

---

11 A. Zalkind, "Freidizm i Marksizm", *Krasnaia nov'*, 4(21), 1924, pp.163~164[「프로이트주의와 마르크스주의」, 『붉은 처녀지』]. 이후 트로츠키에 관한 절에서 좀 더 다루게 될 트로츠키의 저서 『문학과 혁명』(*Literatura i revoliutiia*, 1923)과 라데크가 쓴 '1923년 『프라우다』에 실린 뛰어난 논문'에서 참고했다. 잘킨트는 라데크를 프로이트를 "가장 열정적으로 옹호한 마르크스주의자" 중 한 명이라고 보았다. 나는 이 논문의 소재를 파악할 수 없었다.

12 Ibid., pp.166~167, and 183~184.

잘킨트가 프로이트의 작업에 무비판적인 것은 아니었다. 그는 정신 분석의 '오류'와 '실수'에 대해, 특히 공동체에 반대되는 것으로서의 '개인'에게 지나친 주의를 기울였다는 점과, 프로이트가 인류의 고통의 원인으로 성적인 힘을 과장했다는 점, 잘킨트의 표현에 따르면 프로이트가 '형이상학적인'(혹은 무책임하게 사변적인) 측면을 가지고 있다는 점을 논문에서 수차례 언급했다.[13] 그럼에도 불구하고 그의 결론은, 적절한 재량권을 가지고 주의를 기울여 정신분석을 활용하는 일은 정신분석의 광범위한 이론적·실천적 응용 범위, 생물학과의 접점, 그리고 마르크스주의와의 본질적인 일치 때문에 의학계나 지식 사회에서뿐만 아니라 심리학자들의 주목을 받아야 마땅하다는 것이었다.

1924년에 발표한 논문의 제목에서 '프로이트주의'라는 용어를 만들어 냄으로써, 잘킨트는 소비에트연방에서 진화하고 있는 정신분석의 정치화에 또 다른 두드러진 특징을 추가했다. 가장 호의적이었던 것(마르크스주의와 레닌주의)에서부터 그보다는 덜한 것(예컨대, 레닌의 볼셰비즘에 필적했던 패배한 사회민주주의적 마르크스주의자인 멘셰비즘)에 이르기까지, 정치적인 '주의'가 지배하는 사회에서 정신분석이 동일한 추세로 제거되리라는 사실은 그리 놀라운 것이 아니었다. 프로이트의 사상이 프로이트주의라는 말을 통해 정치적 범주에서 승인된 것처럼, 반대자가 그것을 비방하기 위해 간단히 그 이름을 도용하는 것 역시 아주 쉬운 일이었다. 정치적 분위기가 팽배한 상황에서 머지않아 정치적 반격이 시작될 것이었다. 1924년 1월 레닌의 죽음과 함께 공산당의, 그러

---

13 Ibid., pp.177, 179, 185. 잘킨트는 1924년에 『혁명 시대의 문화 논고』(Ocherki kul'tury revoliutsionnogo vremeni)를 출판하기도 했는데, 그 일부가 이 논문에 언급되고 있다. Kozulin, Psychology in Utopia, pp.16~17의 논의를 참조.

니까 국가의 지배권을 두고 볼셰비키 지도자들의 사투가 격렬해지면서 국가는 혼란과 의문 속으로 던져졌다.

## 쟁점 대 쟁점

프로이트-마르크스주의자의 입장을 지지하는 사람들에 맞선 반격이 이들의 논문에 뒤이어 신속하게 따라 나왔다. 그것은 1924년 가을 공산당 이데올로기 연구자인 V. 유리네츠V. Iurinets가 쓴 「프로이트주의와 마르크스주의」Freidizm i Marksizm로 시작되었다.[14] 비호프스키, 레이스네르, 잘킨트의 이름을 대놓고 언급하지는 않았지만, 유리네츠의 적대적인 반反-프로이트주의적 비판이 이들을 겨냥하고 있었다는 데에는 의심할 여지가 없다. 유리네츠의 논문은 비호프스키의 논문과 같은 잡지에 실렸으며, 잘킨트의 것과 동일한 제목을 붙였는데, 논문의 구성뿐만 아니라 논의된 주제에서 그가 비호프스키와 잘킨트를 거의 하나씩 하나씩 논파하고 있음이 확인된다.

유리네츠의 글은 이전에 쓰여진 다른 어떤 논문들보다 훨씬 공공연하게 반론의 양식을 취하고 있었다. 어조는 독선과 의분으로 가득 차서 빈정대면서도 무시하는 투였다. 서문에서 유리네츠는 너무 많은 이들이 "현대 정신요법의 결정판"으로 생각하는 프로이트 이론의 새로운 유행에 맞서 자신이 마르크스주의 철학을 대변하는 임무를 수행하고 있음을 내비쳤다. 유리네츠의 글은 부조리한 은유를 뒤섞어 놓은 것에 불

---

14 V. Iurinets, "Freidizm i Marksizm", *Pod Znamenem Marksizma*, 8~9, 1924, pp.51~93 [「프로이트주의와 마르크스주의」, 『마르크스주의의 기치에서』].

과했다. 그는 프로이트를 읽으면서 "우리는 반쯤 인사불성이 된 채로 광란의 울부짖음과 광적인 춤이 있는 현대판 발푸르기스의 밤 Walpurgisnacht 으로 끌려간다. …… 프러시아적 논리라는 무의식의 윤곽을 타 넘으면서 말이다"라고 썼다.[15] 유리네츠에게 "프로이트주의는", 마르크스주의자 진영으로 아주 미미하게 이동하면서, "오늘날 그때그때 ad hoc 바그너적 기원의 발전과 결합되어 관념론의 부활에로 이어진다". 그는 또한 프로이트주의 이론이 퇴폐적인 전통과, 세계대전 직전 니체, 조르주 소렐 Georges Sorel, 앙리 베르그송 Henri Bergson 등이 예고한 서유럽의 비합리주의 사상에 연결되어 있다고 덧붙였다. 유리네츠는 진정한 음모가 작동하고 있다고 보았다. 조용하게, 매력적인 단순성으로, 프로이트의 제자들은 자신의(즉 '부르주아적') 맥락에서가 아니라 오히려 "마르크스의 역사유물론이라는 훌륭한 가면"을 쓰고서 합법성을 얻기 위해 애쓰면서 스승의 개념을 러시아에 소개하려고 한다고 언급했다.

유리네츠는 이러한 경향을 단호하게 거부했다. 그는 이것을 혁명 이후의 러시아를 위협하는 서유럽에서 퍼져 나오는 이데올로기적인 식민주의의 형성으로 보아 이를 경계했다. 그러므로 그는 프로이트주의 이론이 마르크스주의 철학과 철저하게 양립 불가능하다는 논문의 핵심을 증명하기 위해 전념했으며, 어느 정도 효과적인 지점을 만들어 냈다. 그는 프로이트가 (비호프스키와 잘킨트의 잘못된 서술에서처럼) 유물론자가 아니며, 그의 작업은 역설과 증명 불가능한 가정으로 점철된 수수께끼 같은 말을 하고 있을 뿐이라고 비판했다. 유리네츠는 앙리 베르그송의 철학 저술 몇 편을 논평하면서 프로이트의 저작과 상당히 유사한 점

15 Ibid., pp.51~52.

을 발견했다. 베르그송이 프로이트에 영향을 미쳤다는 증거가 있다고 주장하지는 않았지만, 유리네츠는 이들의 작업에서 영향력을 암시하는 일치점을 충분히 발견했다. 이들의 결합의 요점은 프로이트가 분명하게 '관념론'과 반-마르크스주의적 철학 학파의 사상과 관련된다는 점이었다. 마르크스주의자에게 관념은 그 자체로, 또한 스스로 힘을 가질 수 없고, 사회 계급의 구조에 근거해야만 했다. 유리네츠는 프로이트가 ── 베르그송이 물리학에 대해 그러했듯이 ── 근본적으로 비유물론적인 지위를 구축하기 위해 생물학적인 유비를 사용했다고 주장했다. 비슷한 맥락으로, 프로이트 자신은 생리학에 상당한 지식이 있었지만, 그의 이론은 단지 생리학적 은유에 그치고 말았다.

유리네츠는 프로이트의 몇 가지 기본 개념, 특히 무의식, 전의식, 의식 현상 간의 구분에 대해서도 상세하게 논의했다. 그는 무의식의 '비논리적인' 본성과 '반사회적 경향들'을 설명하고자 했던 프로이트의 노력이 새로운 지식도, 의미 있는 발견도 밝혀내지 못했다고 생각했다. 마지막으로, 유리네츠는 프로이트 작업의 방대한 사회적 관련성이 정신분석의 가장 큰 약점이라고 생각했다. 미심쩍은 개인 사례연구에서 도출된 해결되지 않는 성적 갈등을 일반화하려는 시도로 인해 프로이트는 대중의 동기에 대해 (실증적인 것과는 반대로) 고도로 사변적이면서도 환원주의적인 설명을 생산했을 뿐이었다. 결국, 프로이트나 그의 세 자들의 작업은 이들 갈등을 보편적으로 명시하는 증거를 갖추지 못했다. 그러므로 마르크스주의자들은 역사유물론과 프로이트주의 이론의 양립 불가능성 때문에 이를 거부해야 하며, 그것의 왜곡, 거짓, 두드러진 결점 때문에도 이에 반대해야 한다는 것이었다.[16]

레이스네르는 1925년 중반에 『언론과 혁명』에 3부로 구성된 또 다른 긴 논문을 발표하면서 논쟁에 응수했다. 이 시기에 그는 프로이트주의 이론과 사회심리학의 관계를 다루는 더 만만치 않은 일을 떠맡고 있었다. 그의 논문은 유리네츠의 논문이 제시한 비판적 방향에 대한 대답이었으며, 프로이트의 작업을 순수하게 심리학적인 문제로 보는 것이 아니라 사회문제의 맥락으로 판단함으로써 정신분석을 정당화하려는 시도였다.

레이스네르 논문의 핵심 부분은 특정한 정신분석적 과정의 사회적 기능에 대한 흥미로운 해설로 구성되었다. 그의 의도는 '현실 원칙'이라는 개념이, 건강하고 생산적이며 만족스러운 조건에서든 파괴적이고 병리적인 관습에서든, 종합적인 사회 활동 층위에서 어떻게 해석될 수 있는가를 보여 주는 것이었다. 마르크스의 『자본』*Das Kapital*과 프로이트의 『정신분석 강의』*Vorlesungen zur Einführung in die Psychoanalyse*를 모두 인용하면서 레이스네르는 의식적인 사회 계급의 갈등과 무의식적인 개인의 갈등 사이의 관계를 논하였다. 프롤레타리아 계급은 자본주의하에서는 경제적 감옥뿐만 아니라 심리적 감옥에도 깊숙이 갇혀 있다는 것이 그의 논점이었다. 이것을 충분히 이해하기 위해서, 레이스네르는 사회적 승화와 억압에 대한 프로이트의 설명이 노동계급의 억압에 대한 마르크스의 '탁월한' 설명에 추가될 필요가 있다고 주장했다. 노동자들은 임금노예라는 절망에 빠져 있을 뿐만 아니라, 무의식의 층위에서 광범위하게 작동하기 때문에 더욱 위협적인 환영과 자기기만의 심리 상태에

---

16 Ibid., pp.91~93. 유리네츠는, 다분히 유토피아적으로 프로이트의 개념을 미래의 공산주의 사회에 적용했던 G. Malis, *Psikhoanaliz kommunizma*, Kharkov, 1924[『공산주의의 정신분석』]에 대해 공격적인 비평을 출간하기도 했다. V. Iurinets, "Psikhoanaliz i Marksizm", *Pod Znamenem Marksizma*, 1, 1925, pp.90~133[「정신분석과 마르크스주의」, 『마르크스주의의 기치에서』].

놓여 있었다.

게다가 정부와 지배계급은 가족, 종교, 조국 등의 상징에 호소하여 이를 이용함으로써 기존 권력의 위계질서를 조종하는 데 능숙했다. 레이스네르는 혁명 이전에 전제군주정이 정권에 대한 충성심을 강화하기 위해 '가부장제 가족' 신화를 이용한 방식을 예리하게 지적했다. 공인된 신화에서 이상적인 아버지인 차르는 매혹적인 상징이 되었는데, 이는 인민들이 사회경제적 곤경과 무의식적인 유년기의 갈등에서 비롯된 자신들의 문제들이 이와 같은 상징적 동일시의 과정을 통해 어느 정도 경감될 수 있으리라는 환영적인 믿음을 지지했기 때문이었다. 이러한 정식화 속에서, 레이스네르는 『문명 속의 불만』Das Unbehagen in der Kultur에서의 프로이트의 후기 개념과, 마르크스와 프로이트 저술의 공통 기반 영역을 탐구했던 프랑크푸르트 학파를 여러모로 앞지르고 있었다.[17]

1925년까지 마르크스주의에 대한 정신분석 이론의 적용을 두고 지지자와 반대자 사이에 충돌의 경계선이 선명하게 그어져 있었다. 이 지점에서 계속된 토론의 성격에 있어 두 가지 점이 눈에 띄었다. 첫째, 프

---

17 M. A. Reisner, "Sotsial'naia psikhologiia i uchenie Freida", *Pechat' i revoliutsiia*, book 3, May, 1925. pp.54~69; book 4, June, 1925, pp.88~100; book 5~6, July~September, 1925, pp.133~150[「사회심리학과 프로이트의 학설」, 『언론과 혁명』]. 이에 관한 프랑크푸르트 학파의 활동에 대해서는 Martin Jay, *The Dialectical Imagination*, Boston: Little, Brown, 1973, pp.86~111 참조. 또한 관련된 문제에 대해서는 Paul Robinson, *The Freudian Left*, New York: Harper and Row, 1969 참조. 이들 두 학자 모두 레이스네르, 루리아, 비고츠키 및 제이가 "프로이트와 마르크스의 부자연스러운 혼인"(p.86)이라고 언급한 것을 입증하기 위해 노력했던 다른 사람들이 러시아에서 수행한 초기 작업들에 대해서는 몰랐던 것으로 보인다. 이번 장에서 논의한 러시아인들이 출판한 논문들과 에리히 프롬의 1932년 논문 「분석적 사회심리학의 방법과 과업에 대하여」(Über Methode und Aufgaben einer analytischen Sozialpsychologie)를 비교해 보면 러시아인들이 이 이론 분야에서 수행했던 획기적인 작업에 대한 인상적인 설명 하나를 발견할 수 있다. 프롬의 논문에 대해서는 Andrew Arato and Eike Gebhardt eds., *The Essential Frankfurt School Reader*, New York: Urizen Books, 1978, pp.477~496 참조.

로이트주의 마르크스주의자가 수적으로뿐만 아니라 영향력에 있어서도 증가하고 있는 듯 보였다.[18] 둘째, 의사와 임상의들은 아직 프로이트 관련 토론에 등장하지 않았다. 이때까지 그것은 학자, 작가, 당의 철학자들이 이끌고 있었다. 흔히 볼 수 있었던 소비에트 국립 출판사 소인이 찍힌 『심리학과 마르크스주의』*Psikhologiia i Marksizm*에 중요한 논문 한 편이 실리면서 상황은 변하였다. 「일원론적 심리학 체계로서의 정신분석」 Psikhoanaliz kak sistema monisticheskoi psikhologii이라는 제목이 붙은 이 논문은 이미 카잔과 모스크바의 정신분석의 발전에 관여하고 있었던 알렉산드르 루리아가 쓴 것이었다.

루리아는 마르크스주의에는 이원론이 없으며, 비유물론자 및 정지된 현상도 없는 "물질적 과정의 일원론적 체계"로 된 세계를 가정하고 있다는 설명으로 논문을 시작했다. 이것은 심리학적인 용어를 써서 "인간의 마음은 뇌의 산물이며, 최종적으로는 뇌와 개별 인류에게 영향을 미치는 사회적 환경과 계급 관계 및 그것의 기저를 이루는 생산 조건의 효과에서 비롯된 산물이다"라는 가설로 번역되었다.[19]

---

18 사실 이는 명백했으며, 심지어는 '프로이트주의'에 대해 회의적이고 양가적이거나 대립했던 사람들이 언급했던 것이다. 예컨대, A. Voronskii, "Freidizm i iskusstvo", *Krasnaia nov'*, no.7, 1925, p.241[「프로이트주의와 예술」, 『붉은 처녀지』]에서 보론스키가 바로 시작 부분에서 썼던 다음 부분을 참조. "프로이트의 정신분석 이론은 최근 몇 년간 우리 지식인과 평론가들로부터의 더욱더 큰 관심을 누리고 있다."

19 "Psychoanalysis as a System of Monistic Psychology", ed. Michael Cole, *The Selected Writings of A. R. Luria*, White Plains, N.Y.: Sharpe, 1978, pp.4~5. *Psikhologiia i Marksizm*, ed. K. N. Kornilov, Leningrad: Gosizdat, 1925, pp.47~80[『심리학과 마르크스주의』]을 번역한 것이다. 러시아 원서는 전문가들의 관심을 끄는 120개의 각주들을 포함하고 있는데, 영역판에서는 62개로 축소되었다. 루리아는 이 논문이 '정신분석과 현대 유물론의 원리'(Printsipy psikhoanalizma i sovremennyi materializm)라는 제목으로 준비 중인 책의 첫 장이라고 말했는데, 내가 알기로는 그것이 출판된 적은 없다. 그는 자신의 초기 논문인 *Psikhoanaliz v svete osnovnykh tendentsii sovremennoi psikhologii*, Kazan, 1923[『현대 심리학의 근본 경향으로 조명한 정신분석』]도 언급했다.

곧이어 그는 합리주의적이고 경험주의적인 분석 양식 모두 불충분하다는 평론을 내놓으면서, 현재에 이르기까지 심리학 분야의 주요 경향들을 조사했다. 기본적으로, 루리아는 초기 심리학을 이원론적이고, 주관적이고, 관념적이며, "단순하게 실증적"이라고 보았다. 그의 견해에 따르면 초기 연구는 영혼의 존재를 증명하고 마음과 몸의 영역을 분리하여 감각, 의지, 혹은 열정을 정의하는 정적이고 고립된 범주를 제공하는 잘못된 방향에 초점을 맞추었다. 루리아는 작용들을 발견하여 그것들을 사회적 맥락에서 인간 전체를 이해할 수 있게 해줄 구조적이고 기능적인 보다 큰 틀에 잘 들어맞도록 하는 역동적 접근을 놓치게 되었다고 주장했다.

루리아는 계속해서 정신분석 연구의 실질적인 공헌이 "개인의 행위 아래 놓여 있는 원동력과 이데올로기적 체계를 창조하도록 인민을 추동하는 호기심"의 문제를 직접적으로 대면했던 데에 있다고 말했다.[20] 이 문제에 답할 방법을 찾기 위해, 정신분석은 순전히 심리학적인 설명과 매우 유사한 객관적인 태도로 무의식적이고 정신적인 행동에 집중했다. 무의식적인 행동은 근본적으로 "신체적 과정에 기인한 원리와는 다른 에너지 과정으로" 보였다. 루리아에게 있어 "정신적 에너지"는 신체적 에너지와 유사했다. ─ 모든 물리적인 형식을 관장하는 것과 동일한 법칙이 적용된 "그것은 소멸될 수 없고, 다른 에너지로 변환되거나, 다른 형태들을 취하기도 하며, 다른 방향으로 우회할 수 있다".[21] 루리아는 정신분석 문헌에서 몇 가지 예를 가져오는데, 거기서 정신적 외상의

20 "Psychoanalysis as a System", p.11.
21 Ibid., p.16.

증상은 신체적 증상으로 변환되거나(히스테리), 개인적 경험의 내외적 영역에서 승화나 억압을 통해 재경로화되었다. 이 원리는 두 종류의 에너지의 본질적이고 조직적인 통일성을 증명하며, "일원론적 심리 체계를 구성하는 방법에 있어 중요한 한 걸음을 내딛었음"을 상징한다고 루리아는 단정했다.[22] 이것은 마음─몸이라는 이원론적 문제를 종결시키고 인간 행위에 대해 통일된 개념을 확립하는 위대한 이론적 발전이 될 것이었다.

결론에서 루리아는 이러한 과정에서 많은 부분이 이론적 공식화와 실증의 시작 단계에 머물러 있을 뿐이라는 점을 인정했다. 그럼에도 불구하고, 그는 프로이트의 이론이 단단한 기반에 놓여 있으며, "인격과 개인의 정신의 원동력 전반에 대한 유물론적 접근"을 제시하고 있음을 확신했다. 게다가 그것은 그 이상으로 발전하게 될 "전적으로 새로운 마음의 생물학을 가능하게 했다".[23]

레프 비고츠키가 토론에 참여하게 되면서 정신분석학계는, 개별적이고 비판적인 관점이긴 했지만, 기대 이상의 지지를 받았다. 비고츠키는 혁명이 일어나기 10년 전에, 러시아 문화의 풍성함과 복잡함, 실험적인 모더니즘이 절정에 달한 시기에 활동한 세대였다. 고멜Gomel'의 지방 도시에서 어린 시절을 보낸 뒤, 모스크바대학에서 교육을 받은 비고츠키는 게걸스럽고 호기심 많은 지적 능력을 지닌 재능 있는 학생이었다. 맨 처음 발표한 작업은 일차적으로 예술과 문학의 영역에 머무는 것이었지만, 베흐테레프 같은 뛰어난 러시아 연구자들과 윌리엄 제임스와

22 Ibid., pp.16~17.
23 Ibid., pp.30~31.

프로이트의 저작을 포함한 서구 심리학자들을 모두 독파한 결과, 그는 작은 형식적인 훈련을 거친 뒤 심리학 전문가로 인정받게 되었다. 1924년 페트로그라드에서 열린 정신신경학 학술대회에서 의식의 조건반사에 대한 강연으로 비고츠키는 전문적인 심리학계에 갑자기 튀어나온 것처럼 보였다. 루리아는 이 강연의 충격을 기록했는데, 그는 비고츠키에게 모스크바심리학연구소에 들어올 것을 권했다. 수년 후 루리아는 비고츠키가 '천재'라고 생각했으며, 50년간 전문적 과업을 수행하면서 학문적으로 자신을 감동시킨 유일한 사람이었다고 기록했다.[24]

1925년, 비고츠키는 「행동심리학적 문제로서의 의식」soznanie kak problema psikhologii povedeniia이라는 독창적인 논문을 발표하면서 소비에트 심리학의 이론적 방향을 재설정하고자 했다. 이 논문의 한 부분은 정신분석에 대한 논의를 포함해서 소비에트연방과 서유럽에서 진행된 이 분야의 연구 대부분에 대한 비평이었다. 그러나 그는 프로이트의 무의식 연구에서 아주 진지하게 다루어졌을 마음에 관한 연구를 새로운 방향으로 이론화하기 위해 노력했다는 점에서 그의 동료들과는 차별화되었다. 이와 관련해서 비고츠키가 소비에트 심리학에 대해 품고 있던 의혹은, 이들이 정신분석의 내성적 성향과 주관주의를 공격하면서 프로이트와 다른 의심스러운 사상 학파 사이에 관련성이 있다는 이유로 의심할 여지가 없는 마음의 근본적인 기능을 일축해 버린다는 것이었다.

---

24 Luria, *The Making of Mind*, pp.38~39. 초창기 비고츠키의 논의는 Lev Vygotsky, *Thought and Language*, Cambridge, Mass.: MIT Press, 1986, 특히 pp.xi~xvi에 수록된 Alex Kozulin, "Vygotsky in Context"를 참조. 비고츠키의 강연에 대해서는 Daian, "Vtoroi psikhonevrologicheskii s'ezd", pp.164~166, 234~237[「제2차 정신신경학대회」] 참조. 그 강연은 번역되어 있다. "The Methods of Reflexological and Psychological Investigation", eds. Rene Van der Veer and Jaan Valsiner, *The Vygotsky Reader*, Oxford: Blackwell, 1994, pp.27~45 참조.

그는 "의식의 문제들을 무시함으로써, 심리학은 오히려 인간 행위의 중요하고 복잡한 몇 가지 문제들을 연구하는 접근 통로를 스스로 박탈했다"고 적었다. 하지만 비고츠키는 제시할 만한 대안을 가지고 있었다. 그 가운데 하나는 개인적이라기보다는 오히려 사회적인 구조 안에서 언어와 행동으로 표현되는 의식과 무의식 사이의 상호관계를 개념화하는 것과 관련이 있었다. 비고츠키에게 개인의 의식은 더 큰 사회적 직물에 새겨져 있어서, 외부의 물질세계와의 직접적인 관계 속에서 작동되는 것이었다.[25] 이 모든 것은 당국이 받아들일 만한 것이면서 동시에 새로운 소비에트 연구의 패러다임에 대한 도전이 되게끔 하는 주의 깊은 문체로 집필되었다.

토론판이 커지면서 더 많은 사람들이 각각의 입장을 지지함에 따라 정신분석적인 주제를 다룬 논문은 계속해서 쏟아져 나왔다. 정신의학자이면서 카잔 정신분석 모임 출신으로 루리아의 동료였던 B. D. 프리드만은 프로이트의 개념과 마르크스의 역사유물론의 양립성을 상세하게 다룬 논문을 발표했다. 프리드만은 프로이트와 마르크스로부터 인용한 것을 무기 삼아, 결론에서 역사유물론과 정신분석이 서로 밀접하게 관련된 목표를 공유하고 있다고 주장함으로써 루리아보다 한 걸음 더 나아갔다. ── 후자가 개인의 요구를 해소하고 만족시키기 위해 분투

25 L. S. Vygotsky, "Consciousness as a Problem in the Psychology of Behavior", *Soviet Psychology*, 17(4), Summer, 1979, pp.3~35. 원서는 *Psikhologiia i Marksizm*, ed. K. N. Kornilov, Moscow-Leningrad: Gosizdat, 1925, pp.175~198[『심리학과 마르크스주의』] 참조. 또한 비고츠키의 활동에 관해서는 다음을 참조. James V. Wertsch, *Vygotsky and the Social Formation of Mind*, Cambridge, Mass.: Harvard University Press, 1986; Alex Kozulin, *Vygotsky's Psychology: A Biography of Ideas*, Cambridge, Mass.: Harvard University Press, 1990; 기존에 출판되지 않은 자료들이 실려 있는 G. L. Vygotskaia and T. M. Lifanova, *Lev Semenovich Vygotskii. Zhizn'. Deiatel'nost'. Shtrikhi k portretu*, Moscow: Smysl', 1996[『레프 세메노비치 비고츠키. 삶, 활동, 초상에 대한 스케치』].

하는 반면, 전자는 '사회적 요구'의 해소와 만족으로 사회를 이끌기 위해 노력한다.[26]

프로이트의 개념에 대한 비판이 점차 증가하면서 즉각적인 대응으로서 다른 논문들이 등장했다. 예술과 문학의 영역을 다룬 논문들처럼, 몇몇은 다른 전문 영역에 정신분석을 응용하였다.[27] 하지만 정치적 공격으로의 선회가 점점 노골화되면서, 이들 논문은 공산주의 사회에서 정신분석의 역할을 고무시키는 지적인 토론을 제압해 버리는 한층 불길한 변화를 보여 주었다. 이는 프로이트주의를 완전히 비합법화하기 위한 "프로이트주의"와의 이데올로기 전쟁으로 발전했다. 그런 전쟁은 혁명 이후의 기간에 공산당 권력 강화에 있어 매우 중요한 측면이었다. 정부가 (연구소든, 개인이든, 혹은 사상이든 간에) 잠재적인 경쟁력을 가진 영역을 공격하고, 그것을 불법화하고, 그러고 나서 스스로 그 영역을 병합해 버리는 것은 점차 흔한 일이 되어 버렸다. 정신분석은, 이후에 많은 다른 전문가들을 삼켜 버리게 될 맹렬한 공격의 파도의 초입에 들어서는 경험을 하고 있었던 것이다.

소비에트 정권이 당시 '프로이트주의'라고 경멸적으로 불렀던 것

---

26 B. D. Fridman, "Osnovnye psikhologicheskie vozzreniia Freida i teoriia istoricheskogo materializma", ed. K. Kornilov, *Psikhologlla I Marksizn*, 1925, pp.113~159[「프로이트와 역사유물론의 근본적인 심리학적 관점」, 『심리학과 마르크스주의』].

27 V. M. Friche, "Freidizm i iskusstvo", *Vestnik kommunisticheskoi akademii*, 12, 1925, pp.236~264[「프로이트주의와 예술」, 『공산주의 아카데미 통보』]는 정신분석이 예술에 대한 연구에서 '딜레탕티즘'을 드러냈다고 결론지었다. I. Grigor'ev, "Psikhoanaliz kak metod issledovaniia khudozhestvennoi literatury", *Krasnaia nov'*, 7, 1925, pp.223~240[「예술 문학 연구방법으로서 정신분석」, 『붉은 처녀지』]은 푸시킨과 고골에 대한 예르마코프의 정신분석적 연구를 대상으로 한 비판적 논의를 포함한다. 그리고 Iolan Neufeld, *Dostoevskii: Psikhoanaliticheskii ocherk*, Leningrad: Izdat. "Petrograd", 1925[『도스토예프스키: 정신분석적 논고』]는 최근에 프로이트의 서문이 실린 독일어본을 번역한 것이다. 또한 위에서 인용한 A. Voronskii, "Freidizm i iskusstvo", pp.241~262[「프로이트주의와 예술」]의 각주 20 참조.

을 겨냥한 수많은 위협적인 공격들 사이에서 1926년 말에 유명한 볼셰비키 잡지였던 『마르크스주의의 기치에서』에 한 편의 논문이 실렸다. 그것은 지금까지 마르크스주의적 관점에서 쓰여진 논문 중 프로이트주의 이론에 대한 가장 종합적이고 파괴적인 비평이었다. 유리네츠가 쓴 초기의 보다 격한 논쟁과는 대조적으로, I. D. 사피르I. D. Sapir, 1897-?의 「프로이트주의와 마르크스주의」Freidizm i Marksizm는 더 많은 객관성을 확보하고 정신분석 문헌을 직접적으로 참조하여 집필되었다. 모스크바 공산주의자 아카데미kommunisticheskaia akademiia의 구성원이었던 사피르는, 이 논문에서 사회적 차원과 관계된 프로이트의 작업과 심리학적 근거를 가진 프로이트의 이론을 구분했다. 그는 프로이트의 임상 연구가 정신분석의 가장 중요한 측면이고, 프로이트 학파가 발전시킨 사회에 대한 일반화의 출발점이라고 생각했기 때문에 전자[프로이트 작업]를 강조했다.

사피르의 논문은 그가 프로이트의 주요 개념에서 부족하고 모순적이라고 보았던 것, 특히 "무의식의 현실" 개념을 상세하게 분석하는 데 상당 부분을 할애했다. 그는 "정신적 메커니즘만으로는" 사회현상의 물질적 현실을 설명할 수 없다고 단언했다. 이러한 현상들은 "사회질서에 내재한 객관적인 요소"로부터 출현하며, 오직 그러한 문제틀 안에서만 설명될 수 있다. 사피르는 무의식의 개념을 "자연과 사회의 객관적 과정에 대한 지식이 없거나 불충분하거나 혹은 왜곡된" 결과라고 본 엥겔스와 레닌의 논의를 독자들에게 상기시켰다. 또한, 마르크스주의자는 집합적인 '무의식'을 오직 사회경제적 현실과 주어진 역사적 단계의 생산력에 의해 결정된 범위에서만 가정할 수 있었다. 사피르는 "그러므로 개인의 무의식은 개인적인 기능이 아니라 사회적 기능만을 할 것이다"라

고 썼다.[28]

정신분석 이론의 기층에 놓인 근거를 따르면, 한편으로 프로이트는 가정된 역사적 무시간성과 자신의 개념이 보편적이라는 근거를 제시하기 위해 고전적이고 문학적인 출처를 사용했다고 사피르는 주장했다. 사피르에 의하면, 이것은 20세기에 과학이라고 자임하는 그 어떤 지식 분야에서도 받아들여질 수 없는 것이다. 다른 한편으로 프로이트는 자신의 이론을 환자들의 병력을 규명하는 데 활용함으로써 이론을 합법화하려고 노력했지만, 이것은 두 가지 심층적인 문제를 야기하는 접근법이다. 첫째, 환자 자신은 집단 심리와 자신이 속한 사회의 사회 계급 구조의 산물로서 선택되었다. 그들의 증상은 자신의 문화의 반영이지만, 그들은 문화의 객관적인 관찰자가 아니다. 둘째, 프로이트의 환자들은 전체적으로 관습적인 사회의 표준, 동기, 행위자에 관한 어떤 결론도 이끌어 내기 어려운 병리학적 특징으로 고통받고 있었다. 사피르는 "계급사회는 정신에 외상적 영향을 주는 가장 풍부한 원천"이지만, 고통의 병인학을 연구하는 데 집중해야 할 것은 그 사회의 특징이지 희생당한 개인이 아니라고 말했다.[29]

마지막으로 사피르는 "성욕주의가 인간 정신의 보편적 원칙"으로 과장되었으며, 프로이트의 작업에서 이에 대한 실증적 근거는 없다고 주장했다.[30] 리비도 에너지가 물리학에서의 에너지와 동일한 법칙을 따른다는 것을 증명하려는 프로이트의 제자들(여기서 사피르는 분명 루리

---

28 I. D. Sapir, "Freidizm i Marksizm", *Pod Znamenem Marksizma*, 11, 1926, p.70[「프로이트주의와 마르크스주의」, 『마르크스주의의 기치에서』]. 사피르는 이데올로기적 근거를 위해 엥겔스가 1890년 10월 27일 콘라트 슈미트(Konrad Schmidt)에게 보낸 편지를 인용했다.

29 Ibid., p.76.

30 Ibid., p.79.

아를 염두에 두고 있었다)의 노력에도 불구하고, 인간의 행동과 병리성의 동력으로서 제시된 성적 충동과 오이디푸스적 갈등 같은 정신분석 개념은 과학적 토대 위에 서 있을 수 없다는 것이었다. 사피르는 프로이트의 이론이 전반적으로 주관주의와 사변적인 기반을 가졌기 때문에 그것은 소비에트의 과학과 변증법적 유물론이라는 두 개의 마르크스주의 철학과는 전적으로 양립할 수 없다고 결론지었다.[31]

## 정신분석과 레닌, 트로츠키

소비에트 정신분석가들은 아무 준비도 없이 아주 위험한 정치 투쟁으로 끌려들어 가고 있는 스스로를 발견하는 가운데 자신들의 전문적이고 임상적인 작업을 계속했다. (루리아와 베라 슈미트가 쓴) 이들의 모임과 연구에 관한 보고서는 1925년과 1927년 사이에 국제협회의 다른 나라 회원들의 모든 보고서와 나란히 『국제정신분석저널』에 매년 실렸다. 1925년, 러시아 정신분석학회는 아동의 거세 콤플렉스에서부터 프로이트와 파블로프의 비교를 아우르는 주제로 서른한 번째 학술 회의를 개최했다. 또 같은 해에, 불프는 프로이트의 『국제정신분석저널』의 편집

---

31 사피르의 비평은 소비에트연방에서 수십 년간 지속적으로 중요하게 취급되었다. 고르바초프 시대 이전 소비에트 심리학의 역사를 다룬 주요 자료는 혁명 이후의 기간 동안 이 시기의 프로이트의 영향력을 다루는 부분에서 사피르를 광범위하게 인용하고 있다. A. V. Petrovskii, *Istoriia sovetskoi psikhologii*, Moscow: Prosveshchenie, 1967, pp.91~92[『소비에트 심리학의 역사』] 참조. 흥미롭게도 사피르의 이름은 A. V. 페트로프스키(A. V. Petrovskii)가 인용한 자료의 출처를 적은 각주의 참고문헌에는 등장하지 않는다. 1920년대 소비에트 정신의학과 정신 건강에 대한 다방면에 걸친 논의에서 중요한 존재였던 사피르는, 1930년대 동안 사라졌으며, 아마도 숙청의 희생자가 되었을 것이다. 그의 저작 중에 I. D. Sapir, *Vysshaia nervnaia deiatel'nost' cheloveka*, Moscow, 1925[『인간의 최고의 신경 활동』] 참조.

위원으로 선출되었다. 1926년에는 모스크바의 다양한 교육기관과 의학기관이 개최한 많은 학회와 강좌 이외에도 학계에서 스무 차례 학술 회의가 열렸다. 심리학 정신분석학 총서 시리즈로 예르마코프가 편집한 프로이트 저작의 번역이 전보다는 적긴 해도 여전히 출간되고 있었다. 비록 위협적이지 않다는 식으로 이해되었음에도, 때때로 이 회의들 외부에서 불어닥친 정치적 폭풍이 보고서들에 스며들어 있었다. 불프는 "러시아에서 지금 나타나고 있는 프로이트에 적대적인 감정은 대개 오래전에 서유럽에서 종결되었던 논쟁의 단순한 반복에다 몇 가지 새로운 요소들을 추가한 것이다"라고 쓴 적이 있었다.[32]

불프가 암시했던 "새로운 요소들"이란 의심할 바 없이 러시아 정신분석학계 전체가 대면하고 있던 범상치 않은 정치적 위기를 언급한 것이었다. 프로이트주의자들은 자신의 작업이(예컨대 루리아가 한 것처럼)

32 "The Russian Psychoanalytic Society", *International Journal of Psychoanalysis*, 7, 1926, p.295. 또한 Marti, "La psychanalyse", p.232 참조. 이 시기에 등장했던 정신분석가들의 임상적 공헌들 가운데 A. S. Griboedov, "Trudnovospituemye deti i psikhoanaliz", *Voprosy izucheniia i vospitaniia lichnosti*, 1~2, 1926, pp.57~68[「다루기 힘든 아동과 정신분석」, 『인성의 함양과 연구에 대한 문제들』] 참조. 여기서는 '문제 아동'의 비행을 길고 흥미로운 병력을 통해 정신분석적으로 해석하였다. 저자는 이러한 비행 장애를 부적절한 승화 기능뿐만 아니라 오이디푸스 콤플렉스와 거세 콤플렉스와 연관지었다. 그는 여기서 제시한 임상 사례연구에 기반하여 정신분석이 청소년 범죄 연구의 필수적인 도구가 된다고 결론내렸다. 국립아동연구기관의 책임자였으며 레닌그라드의 국립의학연구소의 교수였던 그리보예도프는, 소비에트의 과학 및 의학 잡지에서 서유럽 자료의 인용이 점점 줄어들고 있던 시기에 독일·영국·미국 관련 문헌에 익숙했다. 또한 다음의 논문들을 참조. M. V. Wulff, "K psikhoanalizu koketstva", *Sovremennaia psikhonevrologiia*, 3~4, 1925, pp.33~43[「교태의 정신분석」, 『현대 정신신경학』]; I. A. Perepel, *Opyt primeneniia psikhoanaliza k izucheniiu detskoi defektivnosti*, Leningrad, 1925(저자의 개인 출판)[『아동 부적응 연구에 대한 정신분석 적용 논고』]; A. M. Khaletskii, "Psikhoanaliz lichnosti i tvorchestva Shevchenko", *Sovremennaia psikhonevrologiia*, 3, 1926, pp.345~354[「셰브첸코의 저작과 인성에 대한 정신분석」, 『현대 정신신경학』]; 그리고 건설적인 비판 논문인 V. M. Gakkebush, "K kritike sovremennogo primeneniia psikhoanaliticheskogo metoda lecheniia", *Sovremennaia psikhonevrologiia*, 8, 1925, pp.89~96[「정신분석적 치료 방법의 현대적 적용에 대한 비판」, 『현대 정신신경학』]. 이 참고문헌을 제공해 준 V. M. 레이빈 교수(모스크바)에게 감사드린다.

마르크스주의와 양립 가능하다고 주장하든, (불프가 계속해서 생각했던 대로) 그렇지 않든 간에, 더 이상 자리를 지킬 수 없게 되었다. 그러는 동안, 정신분석의 이데올로기적 '정당성'에 대한 논란은 당 지도부 상층에까지 이르러서야 그 여정을 마쳤다.

레닌 자신은 정신분석을 무엇이라 생각했는가? 그가 특히 이 주제에 관해서는 어떤 것도 명백하게 쓰지 않았지만, 그의 아내와, 사후에 출간된 한 독일 공산주의자 방문객과의 좌담으로부터 그의 입장에 대한 얼마간의 간접적인 단서가 나온다. 크루프스카야는 1923년 발표한 논문에서 다음과 같이 썼는데, 그녀는 혼자 힘으로 발표를 해왔던 것으로 보인다. "프로이트는 우리의 행동에서 성적인 힘이 가지는 역할을 그냥 고려해 본 것이 아니다. 그는 모든 잠재의식적인 행동을 성적인 힘으로 설명하면서 그 역할을 극단적으로 과장했다. 그의 설명 중 대부분은 인위적이고 왜곡되었으며, 거기다 여성에 대한 부르주아적인 속물적 태도로 가득 차 있다."[33]

레닌 자신의 관점에 대한 보다 중대한 단서는 클라라 체트킨Klara Zetkin이 쓴 레닌 회상기에서 그 소비에트 지도자의 말을 인용한 다음과 같은 곳에서 찾을 수 있다.

프로이트 이론은 현대의 유행이 되었습니다. 나는 논문, 학위논문, 소논문 등, 간단히 말해 부르주아 사회의 더러운 토양에서 무성하게 흘러넘치는 특정 종류의 문헌들이 말하는 성 이론을 신뢰하지 않습니다. 나는 자신의 배꼽을 숭배하는 인도 사람같이, 언제나 성적인 문제에 대해 고심하는 사

---

33 A. V. Petrovskii, *Psychology in the Soviet Union*, Moscow: Progress, 1990, p.160에서 인용.

람들을 믿지 않습니다. 나에게는, 주로 가설에 머물러 있고 흔히 매우 자의적인 전제에 불과한 성 이론의 범람은, 부르주아적 도덕에 부닥친 사람들이 성생활에서 자신의 비정상성이나 비대함을 정당화하려는 개인의 필요에서 발생한 것처럼 보입니다. …… 부르주아 도덕에 대한 존경심으로 위장된 이것은 나에게 성적인 문제들을 여기저기 쑤시고 다니는 것만큼이나 혐오스럽게 보입니다. 하지만 그 행위가 거칠고 혁명적일 수도 있겠지만, 그것은 여전히 진정으로 상당히 부르주아적입니다. 그것은 주로 지식인과 그와 가까운 계층의 취미일 뿐입니다. 당과, 계급의식과 투쟁하는 프롤레타리아에게는 그것을 위한 자리는 없습니다.[34]

이것은 프로이트의 사상에 대한 레닌의 유일한 진술로 보인다. 『프라우다』*Pravda*는 1925년에 레닌의 유고를 출판했다. 여기에서 레닌은 "[프로이트의] 강의나 저작에 대해 [언젠가] 말하게 될지도 모르지만, 지금 당장은 아니다"라고 말했다.[35] 하지만 레닌이 그와 관련된 논문을 쓰지 않았기 때문에, 소비에트의 프로이트주의 반대자들은 레닌이 정신분석에 반대했다는 전거로 레닌과의 대화를 기록한 체트킨의 회상을 종종 사용하였다.

그러나 체트킨의 대화가 그런 분명한 단서를 제공하는가? 문맥을 살펴보면, 실제로는 레닌이 "젊은 빈 출신 여성이 쓴 논설"(저자 미상)에 대해 말하고 있다는 점을 알 수 있다. 그것은 "그 주제에 대해 프롤레타리아 여성들을 계몽하기 위하여" "성 문제와 과거·현재·미래의 결혼

---

34 Klara Zetkin, *Reminiscences of Lenin*, London: Modern Books Limited, 1929, pp.52~53. 이 회고록은 원래 1925년 독일어로 출간되었다.
35 1925년 6월 14일자 『프라우다』. Petrovskii, *Psychology in the Soviet Union*, pp.160~161에서 재인용.

형식 문제를 논의하는" 여성 공산당원의 논문의 전형으로서 레닌이 이용한 것이었다. 레닌은 스치듯이 프로이트를 언급하고 있는데, 그 이유는 그 논설의 일부분이 이 지역에서의 "프로이트주의적 최면의 확대"를 다루었으며, 그에 대해 그가 어느 정도 불편함을 느꼈기 때문이었다. 하지만 그는 프로이트나 러시아에 대해 말하는 것이 아니었으며, 사람들이 이 문헌을 오용하는 방식에 대해 말하고 있었다. 게다가 레닌과의 대화를 담은 체트킨의 회상기는 레닌주의 성인전聖人傳의 명백한 사례라는 점에서 미심쩍다.

러시아에서는 프로이트적 개념에 레닌이 진짜 적대감을 가지고 있었을까라는 의심에 추가적인 질문들이 제기되어 왔다. 예컨대, 레닌은 프로이트의 작업에 대해 거의 알지 못했으며, 정신분석에 대한 그의 반대는 사실 무관심과 관련이 있다고 여겨졌다. 하지만 레닌의 개인 서가에는 예르마코프의 정신분석 시리즈로 출판된 프로이트의 번역본 세 권이 있었다. 이 중 한 권이 크루프스카야의 필적으로 여백에 메모가 되어 있는 『정신분석 입문』이었다. 또한 레닌과 프로이트 사이에는, 직접적이거나 결정적인 것은 아니지만, 몇 가지 가능한 개인적인 연관성이 있었다. 레닌의 가장 친밀한 협력자 중 한 명이었던 트로츠키는 (간략하게 훑어보게 될 텐데) 정신분석에 대해 잘 알고 있었는데, 어느 시점에서는 그들 사이에 이 주제가 떠올랐을지도 모른다. 프로이트와의 또 다른 관련성은 1880년대 파리와 빈에서 프로이트와 일한 적이 있는 모스크바국립대학의 신경학 교수로, 1922년에 발작으로 고통받고 있던 레닌을 치료한 의사 중 한 명인 L. O. 다르크셰비치L. O. Darkshevich, 1858~1925이다.

더 중요한 것은 정신분석에 공감하면서 레닌과 직접적인 관계를 맺었던 당 관리들이 많았다는 점이다. 이들의 우두머리는 탁월한 수학자였던 오토 슈미트였다. 그는 1920년대 초 예르마코프의 정신분석 총서 시리즈가 출간된 당시 국립 출판사의 이사였다. 동시에 모스크바정신분석학회의 간사이기도 했던 슈미트는 당연히 그 시리즈를 편집하고 직접 승인했다. 볼셰비키가 관장하는 국립 출판사의 인장이 찍힌 여러 권의 시리즈는 당 고위층의 승인 없이는 출판될 리가 없었다. 레닌은 정신분석 프로젝트에 슈미트가 관여하고 있음을 틀림없이 알고 있었을 터였고, 심지어 그 볼셰비키의 지도자[레닌]의 서재에 있던 그 프로이트의 책도 슈미트로부터 받은 것일지도 모른다. 게다가 슈미트의 부인 베라는, 계몽위원회에서 강도 높은 토론의 주제였던 정신분석 아동 학교의 실질적인 교장이었다. 레닌은 이 토론의 요약본을 정기적으로 받았다. 더욱이 레닌이 체트킨과의 대화에서 보이는 것처럼 정신분석에 반대했다면, 그는 공산주의의 이데올로기적 통제가 이루어졌던 시기에 이런 활동을 좀처럼 허가하지 않았을 것이고, 필수품을 위한 자금 지출도 제한했을 것이다.

아울러 정부교육부서의 지도자인 슈미트와 스타니슬라프 샤츠키는 비공식 정부 회의에서 정신분석 아동 학교의 존속을 옹호했다. 또한 공산당아카데미Academy for Communist Education(이후에 크루프스카야의 이름을 따온다)의 창설자일 뿐만 아니라 교육심리학자인 파벨 블론스키는 정신분석학회를 끌어들였다. 응용 심리학의 새로운 획을 긋는 여러 편의 논문을 썼으며 정신분석학회 회원이었던 M. A. 레이스네르는 동시에 정부의 고위 관리이기도 했다. 사실상 블론스키와 레이스네르는 이 기간 동안 당의 공산당아카데미에서 프로이트주의 강의와 세미나를 조직하였다. 마침내 정신분석과 마르크스주의 사이의 잠재적인 일치를 다룬 비호프스키의 논문이 1923년 당의 이론 기관지인 『마르크스주의의 기치에서』에 게재되었다.[36] 이들 모두 이 시기 소비에트의 정치 이데올로기적 소용돌이 속에서 자리를 보존하는 쪽으로 자신들의 의제를 설정했으리라는 사실에도 불구하고, 사실 그들은 정신분석과 관련되어 있었다.

트로츠키의 경우는 그의 글이 프로이트에 대해 많은 부분을 참고하고 있다는 점에서 한층 분명하다. 1923년(9월 27일), 트로츠키는 파블로프에게 사적인 편지를 썼다. "빈에 머무는 동안, 나는 프로이트주의자들과 다소 가까이 지내면서 그들의 저작을 읽었고, 심지어는 그들의 모임에도 참석했습니다." 그는 파블로프와 프로이트가 서로 반대 지점을 출발점으로 삼았지만 마음의 이론에 관해 유사한 작업을 하고 있다고 생각했으며, 이에 대해 이야기했다. 그는 프로이트주의자들이 인간 마음의 "고유성에 대해서 과학적으로 볼 때 임의적인 추정이긴 하지만 일련의 기발하고 흥미로운 것을" 창안했다고 말했다.[37] 그는 비록 파블로프에게 보낸 편지에서 정신분석을 지지하는 데까지 가지는 않았지만,『문

36 레닌과 정신분석의 관련성에 관한 이 논쟁의 근거는 Christfried Tögel, "Lenin und die Rezeption der Psychoanalyse in der Sowjetunion der Zwanzigerjahre", Sigmund Freud House Bulletin, 13(1), 1989, pp.16~27에 따른 것이다. 퇴겔(C. Tögel)이 (여기서 언급된 것 이상으로) 제시한 근거의 대부분은 정황적인 것들이지만, 종합적으로 볼 때 설득력이 있다. 갑작스럽게 부탁했음에도 이 논문을 번역해 준 릴리 파일러(Lily Feiler, 차펠 힐)에게 큰 빚을 졌다. 여기서 논의된 사람들 대다수에 대한 연구는 거의 없다. Kosulin, Psychology in Utopia, pp.121~136의 한 장에서 이루어진 파벨 블론스키에 관한 명쾌한 논의와 Marti, "La psychanalyse", pp.212~217, 225~226은 예외이다. 다르크셰비치에 대해서는 James Rice, Freud's Russia, pp.26~30, 36~37 참조. 공산당아카데미의 1925년 토론에 대한 논의는, Helen Gifford Scott(Guest Editor), "V. F. Pereverzev", Soviet Studies in Literature, 22~23, Spring~Summer, 1986, pp.19~24, 123~126 참조. 나에게 이 자료에 대한 주의를 환기시켜 준 잡지 편집자 진 레이브스 헬리(Jean Laves Hellie)에게 고마움을 전한다.

37 Lev Trotsky, Sochineniia, Moscow~Leningrad: Gosizdat, vol. 21, p.260, 1927[『저작집』]. 프로이트에 관한 트로츠키의 경험은 의심할 여지 없이 빈에 있는 그의 동료인 A. A. 요폐를 통한 것이다. 그는 『프라우다』 망명자판을 요폐와 함께 편집했다. 요폐는 1908년에서 1912년까지 알프레트 아들러와 함께 정신분석 치료를 했으며, 러시아에서 의사로 활동하는 동안 1913년에 잡지 『정신요법』 4호에 논문을 싣기도 했다. 그는 1927년에 자살했다.

학과 혁명』*Literatura i revoliutiia*에서 "프로이트의 정신분석 이론은 …… 유물론과 화해할 수 있다"는 자신의 생각을 주저 없이 말했다.[38] 1926년에 트로츠키는 다른 곳에서 이 주제에 관해 언급했는데, 그는 정신분석을 탄압하려는 당의 결정에 맞서 러시아의 정신분석 지지자들의 작업을 옹호했다.

정신분석을 마르크스주의와 양립할 수 없는 것으로서 선언하고 등을 돌려 버린다면, 이는 너무 단순하고 미숙한 일이다. 어떤 경우에도, 우리는 프로이트주의를 채택하라고 강요하는 것이 아니다. 그것은 실용적인 가설이다. 그것은 생산적일 수 있으며, 유물론적 심리학을 암시하는 추론과 추정을 생산한다. 머지않아 실험은 시험에 들 것이다. 그 사이에, 신뢰도가 떨어진다고 해도, 매우 느리게 진행되는 그 실험적 방법의 결과를 예측하려고 노력하는 이 방법을 금지할 이유도, 그럴 권리도 우리에게는 없다.[39]

마르크스주의 심리학을 수립하려는 지속된 논쟁의 일부로서 정신분석을 지지했던 트로츠키의 관심은 1920년대 중반 소비에트 프로이트주의자들에게 정치적으로 도움이 되었지만, 일단 트로츠키 자신이 정치적으로 소외되면서 그와 프로이트주의자들 간의 유대는(현실에서는

38 Leon Trotsky, *Literature and Revolution*, Ann Arbor: University of Michigan Press, 1960, p.220.
39 Isaac Deutscher, *The Prophet Unarmed: Trotsky, 1921-1929*, New York: Random House, 1959, p.180에서 인용. 원본은 L. Trotsky, *Sochineniia*, 21, Moscow–Leningrad: Gosizdat, 1927, pp.430~431 [『저작집』] 참조. 또한 Alexander Etkind, "Trotsky and Psychoanalysis", *Partisan Review*, 2, 1994, pp.303~308과 그의 저서 *Eros nevozmozhnogo*, pp.269~310 [『불가능한 에로스』] 참조.

간접적이었음에도) 곧 치명적인 장애가 되었다.

## 정신분석의 몰락

러시아 정신분석학회의 정기 회의록의 출간은 1920년대 후반에 감소하기 시작했다. 1927년 4월 7일에 있었던 사무국 회의에서 루리아는 간사에서 물러났다. 그리고 이것은 그가 일한 심리학연구소에서 정신분석을 반대하는 목소리가 고조되고 있었던 데 대한 반응으로서, 어느 정도 정치적인 결정이었다. 후임으로 베라 슈미트가 왔으며, 그녀는 『국제정신분석저널』에 학회의 활동을 계속해서 보고했다. 회원들의 정기적인 연구 발표 이외에도, 1927년 이들의 활동은 레프 비고츠키의 「프로이트의 작업에서 예술의 심리학」Psikhologiia iskusstva v trudakh Freida이 발표된 3월 10일 회의에서 정점을 찍었다.

가을에 베를린을 방문한 불프가 회장직을 사임할 뿐만 아니라, 일찍이 오시포프가 그랬듯이 해외에 남겠다고 결심했을 때, 학계는 한층 더 심각한 타격을 받았다. 불프는 학계 내에서 공산주의와의 이데올로기적 타협을 거부했던 사람들 편이었고, 조건이 악화됨에 따라 선택의 여지가 거의 없었다. 결국 불프는 팔레스타인에 정착했고, 거기서 이스라엘 정신분석학회를 창설했다. 모스크바 조직의 회장은 유리 칸나비흐로 교체되었지만, 정신분석학회에 제출한 마지막 보고서에서 베라 슈미트가 언급했듯이, 러시아 그룹에는 "다양한 의학 분야와 의학 기관에서 만만치 않은 작업을 맡길 만한 제대로 훈련받은 [정신]분석가들이 부족했다". 부분적으로 이는 1926년 프로이트주의자들의 기관으로 정신분석학회만을 남겨 둔 채, 정신분석연구소의 재정 지원을 중단한 정

부의 결정에 기인한 것이었다.[40]

이 시기에 가장 충격적이고 종합적인 소비에트 프로이트주의자에 대한 비평 중 하나는 1927년 총서로 출간된 『프로이트주의: 비판적 논고』Freidizm: Kriticheskii ocherk였다. 저자인 V. N. 볼로시노프V. N. Voloshinov, 1895~1936는 2년 전에 쓴 「사회적인 것을 넘어서」Po tu storonu sotsial'nogo에서 이미 비평을 시작했지만, 초기의 논쟁을 이 책에 포함시켰다. 전설적인 문학 비평가 미하일 바흐친Mikhail Bakhtin을 중심으로 한 모임의 구성원이 었던 볼로시노프는 프로이트의 개념을 상세하게 검토하고 난 다음, 정신분석의 약점과 오류를 총체적으로 제시하기 위해 노력했다.

볼로시노프는 프로이트 개념의 '주관적 특성'을 특히 문제 삼았다. 그는 정신분석이 객관적으로 관찰되고 증명된 일련의 법칙 혹은 절차가 아니라 개인의 지각의 총합일 뿐이라고 비판했다. 더욱이 이 지각들은 특정한 사회적 맥락에 놓여 있으며, 그러한 맥락과 개인의 의식 사이의 관계에 대한 이데올로기적인 반영과 관련되어 있었다. 이러한 점에서, 볼로시노프는 "말 그대로 계급의식의 표현으로서의 이데올로기"를 염두에 두고 있었다.[41] 볼로시노프는 의학의 소우주에서 '정신의 메커니즘'과 '무의식의 본능적 충동'에 대한 프로이트의 가설은 사실 '의사와

---

40 "The Russian Psychoanalytic Society", *International Journal of Psychoanalysis*, 9, 1928, p.399. 또한 M. W. Wulff, "A Phobia in a Child of 18 Months", *International Journal of Psychoanalysis*, 9, 1928, pp.354~359 참조. 이 연구는 그가 이민 가기 전 모스크바에서 행한 것이다.

41 V. N. Voloshinov, *Freudianism: A Critical Sketch*, Bloomington: Indiana University Press, 1987, p.77. 원본은 1927년 국립 출판사에서 발간되었다. 초기 논문은 V. Voloshinov, "Po tu storonu sotsial'nogo: o Freidizme", *Zvezda*, 5(11), Leningrad, 1925, pp.186~214[「사회적인 것을 넘어서: 프로이트주의에 대해」, 『별』] 참조. 이 책의 실제 저자가 바흐친 자신인지 아닌지를 두고 논쟁이 있었다. 볼로시노프가 저자라는 주장에 대해서는 I. R. 티투니크(I. R. Titunik)가 쓴 『프로이트주의』의 서문 pp.xv~xxv을, 바흐친이 썼다는 입장에 대해서는 Katerina Clark and Michael Holquist, *Mikhail Bakhtin*, Cambridge, Mass.: Harvard University Press, 1984 참조.

환자 간의 사회적 상호관계'의 본질이며, 각각은 계급, 의식, 이데올로기 면에서 '사회적 상황'의 중요한 측면을 표현한다고 설명했다.

볼로시노프는 바로 그 정신분석의 언어가 변수로 기능한다는 것을 이해하지 못했다는 점을 들어 프로이트를 비판하기도 했다. 볼로시노프는 "오이디푸스 콤플렉스의 구조는 단지 아동의 정신으로 투사된 순전히 이데올로기적인 공식화일 뿐이다"라고 말했다.[42] 사상과 욕망같이 말로 표현되는 담론은 그것이 출현한 객관적인 사회 환경의 맥락에서 형성된다. 그리고 이것은 정신분석적인 사유 중에서 볼로시노프가 반박한 일상생활에서의 "성적 요소에 대한 과대평가"를 설명하는 것이었다. 자본주의 시스템의 가치관과 그것을 이끄는 사회계층들의 갈등이 그런 개념들에 부득이하게 영향을 미쳤다.[43] 볼로시노프는 그 책의 말미에 실린 부록에 「프로이트주의의 마르크스주의적 옹호에 대한 비판」 Kritika marksistskikh apologii freidizma이라는 장을 실었는데, 여기에서 그는 비호프스키, 루리아, 프리드만, 잘킨트 등이 쓴 정신분석에 우호적인 논문들을 직접적으로, 아주 과격하게 비판했다. 볼로시노프는 회심의 일격으로 다음과 같이 끝맺었다. "정신분석은 부르주아의 부패한 이데올로기와 밀접한 관련을 가진다. …… 프로이트주의의 모든 측면을 차분하고 객관적으로 분석해 보면, 여기 제시된 학설에 대해 마르크스주의자가

---

42 *Freudianism*, p.82.

43 *Ibid.*, p.90. 이 책의 중요성에 대한 논의는 Clark and Holquist, *Bakhtin*, pp.171~185에 있는 「프로이트주의」 장을 참조. 다른 관점에 대해서는 James Rice, *Dostoevsky*, pp.221~222 참조. 프로이트와 바흐친 및 볼로시노프 사이의 교차점을 다룬 최근의 연구로는 Gerald Pirog, "The Bakhtin Circle's Freud: From Positivism to Hermeneutics", *Poetics Today*, 8, 3~4, 1987, pp.591~610과 같은 저자의 "Bakhtin and Freud on the Ego", ed. Daniel Rancour-Laferriere, *Russian Literature and Psychoanalysis*, Amsterdam: John Benjamins, 1988, pp.401~415 참조.

합법적이라고 평가했든 아니든 간에, [정신분석과 부르주아 이데올로기가 서로 긴밀하다는 점에는] 분명 의심의 여지가 없다."[44]

정신분석의 몰락의 또 다른 중요한 징후는 잡지와 책에 실리는 임상 연구의 수가 점점 줄어드는 데에서 관찰할 수 있다. 레닌그라드의 프로이트주의자인 I. A. 페레펠I. A. Perepel은 1927년 임상 정신분석에 대한 소비에트의 마지막 저서를 출간했다. 그 책은 표면상으로는 신경증적 장애 치료에 관한 연구였지만, 페레펠은 자신의 주요 안건을 아주 노골적으로 드러냈는데, 그것은 소비에트의 보건 제도를 비판하고 새로운 정책을 제안하는 비평으로, 전반적인 건강 상태 증진과 필요한 사회 개혁의 일환으로서 "소비에트 시민 대중을 위한 개인의 자유"와 "자본주의 사회의 의학"을 존중하는 새로운 정책을 제안하고 있었다.[45] 그를 둘러싼 세계가 다른 방향으로 움직이고 있었음은 말할 필요도 없다. 페레펠이 국립 출판사에서 출판 승인을 받을 수는 없었지만, 정부가 출판 산업에 법적인 독점권을 가졌던 그 시기에 그는 용케도 그 책을 자비출판했다.

그 책 이후로도, 1920년대 후반 내내 국가의 주요 정신요법 학술지에 정신분석적 연구에 대한 약간의 인용이 여전히 실렸다. 정신분석 용어를 발표의 중심에 놓았던 프리드만의 1928년 논문은 프로이트주의

44 이번 장과 관련해서 *Freudianism*, pp.117~132를 참조. p.132에서 인용했다.
45 I. A. Perepel, *Sovetskaia psikhonevrologiia i psikhoanaliz: K voprosu o lechenii i profilaktike nevtozov v SSSR*, Leningrad: Izdanie avtora, 1927, pp.15, 54(여기서 그는 보건인민위원 N. 세마시코N. Semashko 박사의 이름을 거론하며 이의를 제기하고 있다), 57~60[『소비에트 정신신경학과 정신분석: 소련의 신경증 예방과 치료에 관한 문제』]. 또한 Elias Perepel, "On the Physiology of Hysterical Aphonia and Mutism", *International Journal of Psychoanalysis*, 11, 1930, pp.185~192 참조.

자를 자처한 사람이 쓴 것으로는 의학지에 실린 최후의 논문으로 보인다. 그의 논문은 소비에트 정신요법 잡지에서 동성애와 양성애에 관련된 양가적인 성적 갈등을 다룬 최후의 논의들 중 하나이기도 했다.[46] 정신분석과 프로이트는 탄압을 받고 있었으며, 그뿐만 아니라 프로이트주의자들이 특별히 관여하고 있었던 중요한 연구 영역들도 폐지되었다. 성폭행과 성범죄는 존속했지만, 이것들은 더 이상 연구와 출판의 주제로 허락되지 않았다.[47] 프로이트라는 이름과의 연관성 때문에 "아동의 성적 발달에 관한 연구가 금지되었다".[48]

정신분석의 쇠퇴를 알리는 또 다른 신호가 가시화되었다. 국제정신

---

46 B. D. Fridman, "K dinamike tsikloidnykh zabolevanii", *Zhurnal nevropatologii i psikhiatrii im. Korsakova*, 4, 1928, pp.367~372[「사이클로이드적 발병의 역학에 관하여」, 『신경병리학과 정신의학 저널』]. 이것은 연감(Ezhegodnik knig), 즉 국가의 연간 출판 목록에서 심리학 항목에 독립된 표제로서 '정신분석'과 '프로이트주의' 범주가 포함된 마지막 해이기도 하다. 이 자료의 사진 복사를 제공해 준 일리노이대학 도서관 슬라브참고문헌서비스의 리처드 세이츠(Richard Seitz)에게 감사의 말을 전한다.

47 I. B. Galant, "Masturbatsiia i avtokastratsiia v kartine shizofrenicheski-paranoidnogo zabolevaniia: k psikhologii paranoidnoi formy dementia praecoks", *Ibid.*, 3, 1928, pp.307~315[「정신분열증 및 편집증적 발병 사례에 있어 자위행위와 자기거세: 조발성 치매의 편집증적 형성에 대한 심리학」 참조. pp.310~311에 프로이트의 이름이 언급되어 있지만, 논문에서 길게 논의된 자위와 자기거세 사이의 전반적인 관련성은 당연히 전형적인 프로이트적 테마이다. 프로이트에 대한 노골적인 참조가 N. N. Lavrent'ev, "Dushevnye bolezni i polovye prestupleniia", *Ibid.*, 1, 1928, pp.54~74[「영혼의 질병과 성범죄」]에 있다. 여기서 프로이트는 p.61에 언급되고 있다. 성범죄를 다룬 이 논문은 곧 출판 불가능하게 될 통계자료를 제시하고 있다는 점에서 주목할 만하다. D. S. Ozeretskovskii, "K kritike psikhoanaliza: o novykh putiakh v lechenii nevrotikov", *Sovremennaia psikhonevrologiia*, 8(1), Kiev, 1929, pp.311~319[「정신분석 비판: 신경증 치료의 새로운 방법에 관하여」, 『현대 정신신경학』]에서 선보인, 신경증 장애에 도움이 될 정신분석을 응용한 선구적인 작업에 대해 프로이트는 제한적이고 조심스러운 태도이긴 했지만 정중하게 감사를 표했다. 이 저자는 '정신분석적 방법'에의 지나친 의존과 오용에 대한 대안으로서 집단 정신요법을 제안했다. 1926년과 1928년 사이에 프로이트 저작의 번역이 오데사에서 여러 권 출간되었다. K. V. Mosketi et al., "Materialy po istorii organizatsii psikhiatricheskoi pomoshchi i razvitiia nauchno-psikhiatricheskoi mysli v Odesse(1833-1927)", *Zhurnal nevropatologii i psikhiatrii*, 87(3), 1987, p.447[「오데사에서의 정신의학적 구조 조직의 역사 및 과학적-정신의학적 사상의 발전에 관한 자료(1833-1927)」, 『신경병리학과 정신의학 저널』] 참조.

48 A. V. Petrovskii, *Psychology in the Soviet Union*, p.165.

분석협회의 열 번째 학술대회에 제출된 무기명 보고서에는 러시아 프로이트주의자의 곤경이 다음과 같은 비극적인 어투로 전달되었다. "그곳에서 매우 어려운 조건 아래 일하고 있는 동료들이 있음을 우리 모두 이해해야 할 것이다. 그리고 나는 우리 모두의 이름으로 그들에게 심심한 동정을 표하고 싶다."[49] 다른 증거는 예르마코프의 심리학 정신분석학 총서 시리즈의 각 권을 소개하는 머리말의 성격이 변한 데에서도 찾을 수 있다. 1920년대 초중반에 출판된 초기의 책들에는 주로 예르마코프가 작성한 열정적인 머리말을 실었는데, 그 분야에서의 엄청난 반대와 싸우면서 자신의 작업을 성공시켰던 혁명적인 과학자로서 프로이트에 대한 아낌 없는 찬사를 보냈다. 사실, 단 몇 년 전까지만 해도, 비고츠키와 루리아는 프로이트의 『쾌락 원칙을 넘어서』의 1925년도 러시아어판 서문에서 프로이트가 "우리 시대의 위대한 정신들 사이에서 가장 대담한 사람 중 한 명"이며, 소비에트 러시아에서 정신분석의 인기에 대한 반론들 대부분은 "비판적 사고가 살짝 건드리기만 해도 견디지 못할 것"이라고 썼다.[50] 그런 식의 평가는 더 이상 출판에 적합하지 않았다.

1930년에 이르기까지, 이 서문들은 러시아 정신분석학계가 대면하고 있는 정치적 압력을 반영했다. 예르마코프가 프로이트의 『환상의 미래』Die Zukunft einer Illusion, 1927의 러시아어 번역본의 서문으로 정신분석과 서구 자본주의 사회 중산층의 가치관 간의 관계에 대해 쓴 것이 그에 내한 적절한 예이다. 이 서문들에서 심리학이라는 과학으로부터 정치적 이데올로기로 내용상의 변화가 있었다는 점은 분명하다.[51]

---

49 International Journal of Psychoanalysis, 9, 1928, p.143.
50 Lev Vygotsky and Alexander Luria, "Introduction to the Russian Translation of Freud's Beyond the Pleasure Principle", eds. Van der Veer and Valsiner, The Vygotsky Reader, pp.9~18.

이러한 전개 속에, 1929년 빌헬름 라이히가 모스크바에 도착해 두 달 동안 체류하였다. 빈정신분석학회의 회원이자 마르크스주의 사회 민주당 당원이었던 라이히는 이론적이고 임상적인 주제에 관해서 프로 이트에 반대하는 입장이었지만 동시에 사회주의와 정신분석의 이론적 일치점을 찾고 있었다.[52] 이와 비슷한 관심을 가진 서유럽의 다른 프로 이트주의자들이 있었지만, 사회주의적 토양에서 자신의 연구를 발전시 키기 위해 모스크바로 온 빈 출신 정신분석가는 라이히밖에 없었다.

라이히는 공산당아카데미의 원조하에 발표했던 논문의 주제를 가 지고 몇 차례 강의했다.[53] 당과 모스크바의 정부 소식통이 라이히를 용 인한 것은, 그가 몇 가지 프로이트의 핵심 개념들을 명시적으로 포기했 으며, 마찬가지로 공산주의의 대의를 명시적으로 인정한 데서 직접적 으로 원인을 찾을 수 있었다. 공산당아카데미에서의 그의 강의는 정신 분석의 방향을 모색하는 투쟁을 지속하면서 정신분석에 대한 관용을 호소하였지만, 동시에 소비에트연방에서의 정신분석의 가능성에 대해 어느 정도 낙천적인 시각을 드러냈다. 이후의 논문에서 라이히는 아카 데미에서의 강의 이후에 벌어진 논쟁들을 통해 "심리학적 원리로서 정 신분석에 반대하는 러시아인들은 없으며, 다만 그들은 '정신분석적 세 계관'을 뜻하는 소위 '프로이트주의'에 대해 반대하는 것뿐이라는 점이 분명해졌다"고 말했다.[54]

51 Lobner and Levitin, "Short Account of Freudism", p.15.
52 특히 러시아와의 관련성에서 이러한 반대에 대해서는 Richard Sterba, "Discussions of Sigmund Freud", Psychoanalytic Quarterly, 47(2), 1978, pp.181~184 참조. 라이히는 Paul Robinson, The Freudian Left, New York: Harper and Row, 1969, pp.9~73에서 논의되고 있다.
53 "Psikhoanaliz kak estestvenno-nauchnaia distsiplina", Estestvoznanie i marksizm, 4, 1929, pp.99~108[「자연-과학적 분과로서 정신분석」, 『자연과학과 마르크스주의』].

구별은 중요한 것이었지만, 1929년 라이히는 그것의 의미를 과장하고 있었다. 정권은 공식적으로 정신분석 치료의 실천은 받아들이고 프로이트의 이론은 거부한다는 원칙하에 계속해서 이론과 실천을 분리시켰다. 사실상 1930년대에 집필되고 승인을 받은 『소비에트 대백과전서』Bol'shaia Sovetskaia Entsiklopediia와 『의학 백과사전』Meditsinskaia Entsiklopediia은 당의 지원을 받았으며 널리 읽혔는데, 여기에 실린 정신분석 관련 논문에서조차 여전히 이와 같은 구분이 이루어졌다. 하지만 프로이트의 작업에 대한 비난은 실제로 치료를 위한 실천으로서의 정신분석의 존속에 찬물을 끼얹는 결과를 초래하였다.

라이히는 소비에트 러시아에서 정신분석이 번창하는 학문 분야라고 서술했지만, 이는 오류였으며, 러시아 안팎에서 성난 반응을 불러일으켰다. 그중 소비에트연방에서 최근 이민하기까지 러시아 최고의 정신분석가였던 모셰 불프의 흥미로운 논문이 있다. 베를린이라는 좋은 위치에서, 그는 소비에트연방에서의 정신분석의 역할에 대한 자신의 감상과, 그것이 라이히의 발표와 얼마나 다른지를 전달할 수 있으리라 여겼다.

〔라이히의〕 논문에서 현재 상황이나 러시아에서의 정신분석의 역사적 발전에 대한 객관적 묘사를 기대한 독자는 이러한 전망에 상당히 실망할 것

---

54 Reich, "Psychoanalysis in the Soviet Union", ed. Lee Baxandall, *Sex-Pol: Essays, 1929-1934*, New York: Random House, 1966, p.81. 원본은, "Die Stellung der Psychoanalyse in der Sowjetunion: Notizen von einer Studienreise nach Russland", *Die Psychoanalytische Bewegung*, 1, 1929, p.358 참조. 또한 "Dialekticheskii materializm i psikhoanaliz", *Pod Znamenem Marksizma*, 7~8, 1929, pp.180~206[「변증법적 유물론과 정신분석」, 『마르크스주의의 기치에서』]에서 프로이트의 이론과 마르크스주의에 대한 라이히의 논의 참조. 이 논문은 *Sex-Pol: Essays*, pp.1~74에 약간 수정되어 실려 있다.

이다. 라이히의 책은 공산당 비평가들의 눈에 좀 더 만족스럽도록 하기 위해 그들의 바람과 요구에 맞춰 정신분석을 개조하려는 시도일 뿐이다. 하지만 그 시도 때문에 정신분석은 극심한 고통을 받고 있으며, 그런 시도들의 상당수는 희생당해 버리고 남은 것들은 정신분석이라는 이름에 좀처럼 걸맞지 않는 것들이다. …… 소비에트연방에서의 진짜 상황은 아주 단순하며, 결코 예외는 없다. [정신분석의] 운명은 예컨대 상대성 이론, 양자 이론, 현상학, 게슈탈트 이론, 현대 철학과 심리학, 그리고 생물학과도 함께한다. …… 각각의 새로운 사상, 각각의 아이디어, 각각의 새로운 이론적·과학적 발견은 극도의 의심과 불신을 받는다. …… 그리고 이처럼 엄격한 당의 재판장에서 재판을 받고 있는 정신분석이 모든 죄로부터 무죄를 선고받을 수 없다는 것은 놀라운 일이 아니다. …… 누군가는 권력의 강한 반대가 없었더라면, 강력하고 생산적인 정신분석 운동이 러시아에서 전개될 수 있었을 거라고 확신에 차서 말할 수 있다. 하지만 라이히가 서술한 것은 소비에트연방USSR을 통치하는 공산당의 견해이며, 이것이 그의 논문의 제목이 되어야 한다.[55]

하지만 라이히는 공산주의 러시아에 정신분석의 중요성을 과장하고 그것의 의미를 오독하고 있다고 생각했던 모스크바 공산당아카데미의 전문가들에게도 혹독한 비판을 받고 있었다.[56] 라이히의 체류는 결과

---

55 Lobner and Levitin, "Short Account of Freudism", pp.15~16에서 인용. 원 논문은 M. Wulff, "Zur Stellung der Psychoanalyse in der Sowjetunion", *Die Psychoanalytische Bewegung*, 2, 1929, pp.70~75 참조.

56 I. Sapir, "Freidizm, sotsiologiia, psikhologiia", *Pod Znamenem Marksizma*, 7~8, 1929, pp.207~236[「프로이트주의, 사회학, 심리학」, 『마르크스주의의 기치에서』]와 "Doklady v Komakademii", *Estestvoznanie i marksizm*, 4, 1929, pp.108~125[「공산당아카데미에서의 발표문」,

적으로 쇠퇴하는 모스크바의 정신분석학계에 미미한 영향을 주었을 뿐이었다. 소비에트 언론에서 라이히에 관한 심층적인 토론은 일어나지 않았다. 그의 방문에 대한 반응이 유럽에 전해졌지만, 그들은 소비에트 연방에서 정신분석 운동의 발전보다는 그곳에서의 갈등을 염려했다.[57]

라이히가 떠나고 나서 곧 소동이 가라앉자, 정신분석학계는 침묵했다. 1930년 베라 슈미트는 러시아 정신분석학회의 마지막 활동 보고서를 제출했다. 여기에는 2월 17일 모임에서, 프리드만이 모스크바에서 열린 1차 심리학자 연합 전체 학술대회에서의 '정신분석 비평'을 논의했다는 언급이 함께 있었다.[58] 이 시기에 심리학자들 사이에서 프로이트의 이름을 옹호하는 사람은 한 명도 없었다. 예르마코프의 시리즈로 출판된 프로이트 저서의 마지막 번역은 1930년에 출판되었다.[59] 사망 선고마저 있었다. 레닌그라드 출신의 한 전직 정신분석가는 몇 년 뒤 출판된 간략한 대화록에서 "정신분석학계" 내부로부터 임상 정신분석의 종말

---

『자연과학과 마르크스주의』] 참조. 라이히에 대한 아카데미의 비평은 사피르, 잘킨트, 프리드만, V. 로르(V. Ror), A. N. 잘만존(A. N. Zalmanzon) 등이 썼다. 라이히는 마지막에 답변할 기회를 얻었다(pp.124~125). 잘킨트와 프리드만은 정신분석 비평가로 선회한 예전의 프로이트주의자로 기억될 것이다.

57 Siegfried Bernfeld, "Die kommunistische Diskussion um die Psychoanalyse und Reichs 'Widerlegung der Todestriebhypothese'", *Internationale Zeitschrift für Psychoanalyse*, 18, 3, 1932, pp.352~385 참조. 베른펠트는 소비에트연방에 관한 라이히의 작업에 덧붙여 여기서 논의된 프로이트적 마르크스주의에 대한 몇 편의 논문을 논평하였다. 라이히는 1933년 공산당에서 제적당하고, 그로부터 1년 뒤에는 국제정신분석협회에서 퇴출되었다. 1920년대에 소비에트연방에서 펼쳐진 정신분석에 대한 토론은 Siegfried Katzel, *Marxismus und Psychoanalyse: eine ideologiegeschichtliche Studie zur Diskussion in Deutschland und der USSR*, Berlin: VEB Deutscher Verlag der Wissenschaften, 1987, pp.44~49, 108~165에 논의되어 있다. 이 책에 대해 일러 준 노만 엘로드(Norman Elrod) 박사(스위스)에게 감사드린다. 또한 R. A. Zachepitskii, "Kriticheskii analiz 'Freido-Marksizma'", *Zhurnal nevropatologii i psikhiatrii im. S. S. Korsakova*, 82, 1982, pp.142~148[「'프로이트-마르크스주의'에 대한 비판적 분석」, 『신경병리학과 정신의학 저널』] 참조.

58 "Russian Psychoanalytical Society", *International Journal of Psychoanalysis*, 11, 1930, p.521.

59 『환상의 미래』는 I. D. 예르마코프의 번역과 편집으로 1930년에 *Budushchnost' odnoi illiuzii*로 출판되었다.

을 선언했다. 그는 "정신분석 운동은 활기를 잃었으며, 1930년경에 멈추었다. 이를 기점으로 그것은 공식적으로 사라졌으며, 모든 정신분석 작업의 출판도 마찬가지로 중단되었다"라고 말했다.[60]

60 Elias Perepel, "The Psychoanalytic Movement in the U.S.S.R.", *Psychoanalytic Review*, 26, 1939, p.299.

# 6장

# 프로이트 죽이기

소비에트 심리학은 왜 프로이트의 가르침을 거부했는가? 우리는 무엇보다도, 과학적인 자료 산출을 위해 [정신분석이] 일반적으로 따르고 있는 방법론, 정신분석 정설의 자의적인 성격, 정신분석적 방법에 의한 치료 효과의 미미함, 약물치료와 예방의 진정한 기능을 무시함으로써 국민 건강에 미친 해악, 주요 사회원칙을 비판하고 퇴폐적인 문학과 예술의 최악의 형식을 장려하는, 특히 젊은 세대들에게 비도덕적인 정신분석의 영향력 등 전반적인 프로이트주의의 방법론과 양립할 수 없다. 우리가 정신분석을 거부하는 또 다른 이유는 소위 무의식이 정상적이고 병리적인 행동을 조종하는 역할을 한다는 비과학적인 해석 때문이다. 이는 정신분석이 사회학적 문제 제기와 혁명적 역할을 제공한다는 지독하게 생물학적인 설명으로, 이런 관점은 계급 착취와 자본주의 시스템의 여타의 부정적 측면에 맞선 투쟁의 과업에 집중하는 대신 사회적 재앙의 진짜 원인을 '전치'에 대한 논의로 은폐하는 역할을 한다. ── F. 바신(1962)

## 내부로부터의 위협과 프로이트의 평가

1920년대 후반 소비에트 프로이트주의자들의 침묵, 그들의 연구소의 침묵, 그들의 사상의 침묵은 국가 전체가 경험하던 광범위한 정치적 변동의 일부였다. 1920년대 프로이트와 정신분석에 관한 개방적인 토론은 그들의 목적에 도움이 되었다. 당 지도부 스스로 정통성이 필요하다고 생각했던 만큼, 지도부는 마르크스주의 심리학을 창안하기 위한 노력의 일환으로 정신분석을 받아들였다. 그러니까 소비에트 공산주의는 애초에 인간 행동을 설명하는 한 가지 가능한 양식으로서 프로이트 사상을 수용했던 것이다. 그러나 1925년에서 1930년 사이에, 정신분석은 제거되었다. 유럽 반사회주의자의 영향을 받은 여타의 용인 불가능한 심리학적 경향들과 함께 말이다. 게다가 정신분석학계만 공격받은 것이 아니었다. 그것은, 이론들이 서로 경쟁하는 창조적인 시기에서 어떤 개념 혹은 조직이 스탈린주의 교리 강화에 대한 위협으로 여겨질 수도 있는 시기로 이동하는, 의도적인 변화의 일부분이었던 것이다.

'일국 사회주의'가 기반을 잡게 되자, 사회적 관계의 모든 측면은 국가의 통치에 종속되어야만 했다. 1920년대 후반에는 사유재산 ── 은행, 사업, 학교 혹은 토지 ── 의 양식으로 남아 있던 것들이 '사회주의 건설'이라는 명목으로 국유화되거나 폐지되었다. 신경제정책과 관련된 정책들이 실패하고 1928년에 1차 5개년 계획이 수립되면서, 공적 영역과 사적 영역 사이의 구분은 공적 영역에 대한 일방적 우위 속에 지워졌다. 허가된 공적 영역의 바깥에 위치한 것은 '반혁명 세력'의 영역으로 내쫓겨났다. 더 중요한 것은, 자본주의 세계와 전쟁 중인 유일한 국가에서 사회주의라는 말이 의미하는 바는, 미국에서부터 유럽까지 연구기관이 분포되어 있는 정신분석 같은 국제주의자 운동을 대립적이고 위험한 것으로 여긴다는 뜻이었다.

또한 정신분석은 성욕을 중요시했기 때문에 볼셰비키의 공격에 노출되었다. 1920년대 후반 혁명 사회에서는 이데올로기적이고 제도적인 변혁의 일환으로 성욕의 문제가 주목을 받았다. 당의 관심사였던 이 문제를 두고 많은 활동 기류들이 있었다. 당의 활동가이자, 혁신적인 여성부Zhenotdel의 책임자였던 알렉산드라 콜론타이Alexandra Kollontai는 혁명 이

전부터 '성 문제'로 정서적 동요를 일으키기도 했지만, 1920년대 들어서는 대대적인 비판을 초래한 '새로운 도덕'과 관련된 일련의 논문들을 발표했다. 1923년 논문인 「날개 달린 에로스를 위한 길을 만들자」Dorogu krylatomu Eros는 이와 관련해서 특별히 도전장을 던진 것이었다. 이 논문은 계급 평등의 조건에서 살고 있는 동료들 사이에서는 성관계가 상호 존중을 반영할 것이라는 내용을 담고 있는데, 콜론타이는 이 논문의 제목에서 확인되듯이 새로운, 사회주의자의 형식으로 사랑을 개념화하기 위해 노력했다. 콜론타이에 의하면, 사회주의에 기반한 사랑은 소유, 경쟁, 적대에 의해 지배되는 사랑 — 즉 부르주아 사회 관계의 "날개 없는 에로스" — 이 아니라 다음과 같은 태도로 바뀌게 되리라는 것이었다. "타인의 인격에 대한 권리를 존중하는 것, 그리고 상호간에 감수성을 나누는 것을 배우게 될 것이다. 그리고 남성과 여성은 키스와 포옹에서뿐만 아니라 창작과 활동을 함께 하면서도 사랑을 표현하려고 노력할 것이다. 프롤레타리아 이데올로기의 과업은 사회적 삶에서 에로스를 배제하는 것이 아니라, 새로운 사회 형식에 따라 그것을 재정비하고 동지적 연대라는 위대하고 새로운 심리학적 영향력에 입각해 성관계를 가르치는 것이다."[1]

콜론타이의 성 이데올로기에 관해 당은 분명하게 반발했지만, 노동자반대파Rabochaia oppozitsiia 그룹과 그녀가 관련되어 있다는 사실을 전적으로 무시할 수 없었다. 노동자 자치권에 대한 노동자반대파의 지지가

---

1 A. Kollontai, "Make Way for Winged Eros: A Letter to Working Youth", ed. and trans. Alix Holt, *Selected Writings of Alexandra Kollontai*, Westport, Conn.: Lawrence Hill and Co., 1977, pp.291~292. 원본은 1923년 『청년 근위대』(*Molodaia gvardiia*)에 발표되었다. 또 Stites, *Women's Liberation*, pp.371~376 참조.

훨씬 더 위협적이었던 것이다. 그 후로도 여전히 콜론타이의 사상은 소설뿐만 아니라 신문을 통해 출간되었으며, 그녀의 비평은 사회 전체에 널리 퍼지게 되었다. 게다가 통제가 완화되었던 신경제정책NEP의 조건 하에서의 매춘의 재개, 특히 시인 세르게이 예세닌Sergei Esenin의 죽음처럼 영향력 있는 사람들의 자살률의 현저한 증가,[2] 학생 집단에서 일어난 당연시될 만한 성적 행동의 과잉 등은 모두 공산주의를 위한 사랑과 섹스의 잠재적 가치를 논한 콜론타이의 그 공개 토론으로 점화된 불길에 부채질을 했다. 여기에 덧붙여 1926년 12월 레닌그라드에서는 젊은 여성을 윤간하여 기소된 스물여섯 명의 피고인에 대한 재판이 있었다. 이 사건은 언론에서 공개적으로 다루어졌는데, 확산되는 성범죄에 대한 생생한 예시로서 이해되는 이 사건에 대해 당은 결단을 내려야만 했다.[3] 레닌그라드에서의 강간 사건은 가해자들이 콤소몰Komsomol(청년 공산주의자 조직) 회원이었다는 점에서 특히 충격적이었다. 유죄 선고를 받은 피고인들에 대한 처벌은 선례가 될 정도로 엄격했다. ─여섯 명은 사형 판결을 받았고, 다른 열아홉 명은 징역형을 받았다.

그동안 결혼, 이혼, 낙태 규제에 관한 법률과 매춘과의 전쟁을 담당하는 위원회가 만들어졌으며, 언론과 볼셰비키당 회의에서는 더욱 강화된 도덕적 경각심의 필요성을 두고 토론이 벌어졌다. 프로이트주의자들은 학계의 회원 중 한 명이 성폭력 방지 대책을 제안한 일련의 논문들을

---

2 *Upadochnoe nastroenie sredi molodezhi: Eseninshchina*, ed. A. V. Lunacharskii, Moscow: Komakademiia, 1927[『청년층의 퇴폐 풍조: 예세닌주의』] 참조.
3 Eric Naiman, "The Case of Chubarov Alley: Collective Rape, Utopian Desire and the Mentality of NEP", *Russian History*, 17(1), Spring, 1990, pp.1~30 참조. 성에 대한 조사는 Sheila Fitzpatrick, "Sex and Revolution", *The Cultural Front: Power and Culture in Revolutionary Russia*, Ithaca: Cornell University Press, 1992, pp.65~90 참조.

발표했을 때, 이러한 대응에 직접적으로 연루되었다. A. B. 잘킨트는, 성적 욕망은 각 개인에 내재해 있는 에너지의 총량으로 고정되어 있으며, 이것은 타락하고 과잉된 자기만족적인 성관계라는 행동으로 낭비되거나 노동계급과 당에 이익이 되는, 보다 건전한 '집단적 행동'으로 활용될 수도 있다는 가설을 제시하였다. 잘킨트는 정평이 난 공산주의자의 성적 행동을 실제로 설명함으로써 자신의 이데올로기적 도덕론을 심화시켰다. 악명 높은 '12계명'에서, 그는 스무 살 이전의 결혼에 대해 경고했고, 여성은(남성은 해당되지 않는다) 여전히 일부일처제를 원한다고 단언했으며, 다른 계급과의 섹스interclass sex는 '성적 도착'의 한 형태로 여겼다. 관심 있어 하는 독자들을 위해, 잘킨트는 심지어 통제할 필요가 있는 '성행위 후의 피로감'을 다룬 특정한 사례를 인용하기도 했다.[4]

또 이 기간에 연이어 입법부를 통과한 법안들이 갈 데까지 간 타락한 성욕의 예로서 동성애를 공격하였다. 1934년 소비에트연방의 사회주의 리얼리즘의 선구적인 창시자 막심 고리키Maksim Gor'kii는 "이 나라에서는 프롤레타리아가 용감하게 성공적으로 통치하며, 젊은이들에게 부정적 영향을 주는 동성애가 법으로 처벌받아 마땅한 사회적 범죄로 간주된다"라고 자랑스럽게 말했다. 그는 비꼬는 투로 이를 "동성애가 자

---

4 이 주제와 관련된 잘킨트의 저작은 다음과 같다. *Revoliutsiia i molodezh*, Moscow, 1925[『혁명과 청년』]; "Polovoi vopros s kommunisticheskoi tochki zreniia", ed. S. M. Kalmanson, *Polovoi vopros*, Moscow, 1924, pp.5~16[「공산주의적 관점에서 본 성 문제」, 『성 문제』]; 특히, *Ocherki kul'tury revoliutsionnogo vremeni*, Moscow, 1924[『혁명시대의 문화 논고』]. 잘킨트의 가르침 중 하나는 다음과 같다. "적대적이면서 도덕적으로 이질적인 다른 계급에 속한 사람에게 성적으로 끌리는 것은, 바로 악어나 오랑우탄에게 성적 매력을 느끼게 되는 도착증과 같다." Mikhail Stern, *Sex in the USSR*, New York: Times Books, 1980, p.35에서 인용. 이 시기의 잘킨트의 저작에 대한 최근의 분석은 Eric Naiman, *Sex in Public: The Incarnation of Early Soviet Ideology*, Princeton: Princeton University Press, 1997, pp.126~138, 147, 169~177, 203~204 참조.

유롭게 아무런 제재 없이 실천되고 있는" 서구와 대조하였다. 이와 유사하게 법무부 장관인 니콜라이 크릴렌코Nikolai Krylenko는 1936년 당 중앙집행위원회의 현행 형법 개정 관련 연설에서 동성애("더럽고 은밀한 소굴에서 벌어지는 비역질")를 '반혁명적 작업'과 동일시하면서 동성애에 근본적인 국가 반역 행위라는 꼬리표를 붙였다.[5] 한 동시대인 관찰자는 다음과 같이 말했다. "특히 계급투쟁이 첨예화되는 상황 속에서는 어떤 이론도 정치로부터 자유로울 수 없었다."[6] 성욕은 분명 당에 대한 특히 위협적인 도전이었다. 왜냐하면 그것은 개인의 자기표현을 대신했으며, 당의 통제를 벗어나 인간의 자유에 대한 도덕적인 주제에 인민 대중을 끌어들일 가능성을 가지고 있었기 때문이다.

이러한 분위기는 왜 정신분석이 그렇게 가열차게 맹공격을 받았는지를 설명하는 데 도움을 준다. [정신분석의 관념성] 이외의 것을 입증하려 했던 지지자들의 노력에도 불구하고, 정신분석의 핵심에는 마르크스주의의 틀이나 볼셰비키 정치체제에 포함될 수 없는, 인격 발달 및 특정 정신장애에 대한 의학적 접근에 관한 관념의 체계가 여전히 남아 있었다. 마르크스주의의 전제가 집단의 사회경제적 관계라는 외부 세계에서의 계급 갈등에 주목하고 있었던 반면, 정신분석의 이론적 기초는 개인의 무의식 안에서 작동하는 성적 갈등에 뿌리를 두고 있었다. 정신

---

5 Laura Engelstein, "Soviet Policy Toward Male Homosexuality: Its Origins and Historical Roots"에서 인용. 나는 이 논문의 미발표 원고 복사본을 사용했다. 이 원고를 사용하도록 허락해 준 저자에게 감사드린다.

6 "Za partiinost' v filosofii i estestvoznanii", *Estestvoznanie i marksizm*, 2~3, 1930, p.111[「철학과 자연과학의 당파성을 위하여」, 『자연과학과 마르크스주의』. V. V. Umrikhin, "'Nachalo kontsa' povedencheskoi psikhologii v USSR", ed. M. G. Iaroshevskii, *Repressirovannaia nauka*, Leningrad: Nauka, 1991, p.137[「소련에서 일상 행위의 심리학의 '끝의 시작'」, 『억압된 과학』]에서 인용.

분석과 마르크스주의는 각자의 갈등에 양쪽 모두를 서로 화해할 수 없게 만든 결정론이 내재되어 있음을 이해하고 있었다. 그들은 각각 사회의 고통을 경감하기 위한 처방전을 가지고 있었다. 하지만 프로이트가 만족감과 사회적 적응을 모두 취하려는 개인의 본능적인 욕구 사이에서 내면화된 갈등을 매개하기 위해 노력한 반면, 마르크스-레닌주의 이데올로기는 이론상 오직 노동 착취가 끝난 후에야 억압과 불평등의 원인이 사라질 것이라는 끊임없는 계급투쟁의 지형에서 움직였다. 게다가 마르크스주의가 하층계급에게 권리를 부여하게 될 혁명을 통해 갈등이 종결될 것이라고 예언했던 데 반해, 정신분석은 갈등이 인간 조건에 고유한 것이라는 가설을 토대로 하고 있었다. 정신분석 이론에서의 갈등은 사회 계급의 물질적 환경과는 상관없이 반복되는 것이었다. 왜냐하면 만족을 찾는 개인의 내적 충동은 사회의 요구와 반목하기 때문이었다.

비록 프로이트 자신이 볼셰비키 잡지에서 자신의 이론에 대한 토론을 지켜보는 것은 확실히 불가능했지만, 그럼에도 소비에트연방에서 정신분석의 의학적 위상이 몰락했다는 것은 잘 알고 있었다. 1927년 2월 23일에 쓴 미발표 편지에서 그는 이 상황에 관해 프라하에 있는 오시포프에게 다음과 같이 말했다. "그런데 소비에트 러시아에서 사태는 [정신]분석에 불리한 쪽으로 흘러가고 있다네. 언제부턴가 볼셰비키들은 정신분석이 자신들의 제도에 적대적임을 충분히 이해했지. 우리의 과학이 어떤 당이든 간에 그 편에 서서 일할 수는 없는 노릇이지만, 그렇다 해도 정신분석의 발전을 위해서는 결국 어느 정도의 자유로움 Freiheitlichkeit이 필요하다는 사실을 자네도 알 거야."[7]

1920년대 후반 동안 프로이트는 사회주의와 혁명에 관한 소비에트 실험의 결과라고 생각한 것을 추가적으로 이야기했다. 『환상의 미래』에서, 그리고 더 직접적으로는 『문명 속의 불만』에서 그는 사적 소유가 폐지되고 부르주아 계급이 공공의 적으로 승인되어 버린 공산주의 사회의 미래의 전망에 대해 심각한 의구심을 표했다. 그는 "〔공산주의〕 체제가 기대고 있는 심리학적 전제는" "지킬 수 없는 환상에 불과하다"라고 말했다. 이러한 과정에서 인간의 공격성은 근본적인 본성이라는 점에서 변하지 않아 왔고, 아마도 그저 사회 갈등의 새로운 영역으로 재경로화될 뿐일 것이다. 그는 "부르주아를 쓸어버린 뒤에는 소비에트인들이 무엇을 할지가" "다만 염려되고 걱정될 뿐"이라고 결론을 맺었다.[8]

1933년 논문 「세계관에 대하여」Über eine Weltanschauung에서 프로이트는 소비에트연방에 그가 발표한 그 어떤 글에서보다 더 깊은 관심을 보였다. 프로이트는 '세계관'에 해당하는 이 독일어 단어 'Weltanschauung'을 다음과 같이 정의했다. "우리 존재의 모든 문제를 하나의 지배적인 가설에 기반해서 획일적으로 풀어내는 지적 건축물이다. 따라서 그것은 답해지지 않은 질문을 남겨 두지 않는다. 그리고 그 세계관 안에서 우리의 관심을 끄는 모든 것이 자신의 고정된 장소를 발견한다. 인류의 이상적인 소망 가운데 이런 종류의 세계관의 소유가 있다는 것이 쉽사리 납득될 것이다. 그것이 있다고 믿음으로서, 인간은 삶에서 안정감을 느낄 수 있고, 무엇을 위해 싸워야 하는지를 알 수 있게 되며, 인간의 감정과 이해관계에 가장 편리하게 대처할 수 있다."[9]

---

7 Rene and Eugenie Fischer, "Psychoanalyse in Russland", *Die Psychologie des 20 Jahrhunderts*, 3, 1977, p.124에서 인용.

8 Sigmund Freud, *Civilization and its Discontents*, New York: Norton, 1961, pp.67, 69.

9 Sigmund Freud, "The Question of a Weltanschauung", ed. Peter Gay, *The Freud Reader*, New York: Norton, 1989, pp.783~784.

이런 방식으로 프로이트는 그가 보편적 소망이라 간주했던 것에 호소하는 어떤 믿음의 체계가 가진 유혹적인 힘에서 커다란 위험을 포착했다. 그에 반해서, 그는 강요된 그 어떤 '획일적인 설명'에도 구속되지 않으면서 실험하는 것을 과업으로 삼는 과학을 진실 찾기의 현대적 양식으로 보았다. 프로이트는 계속해서 "사실상 진실은 참을 수 없는 것이며, 타협이나 구속을 허용하지 않는다. 연구는 인간 행동의 모든 영역을 그것의 대상으로 간주하며, 만약 다른 어떤 권력이 그것의 일부를 취하고자 한다면 가차 없이 비판해야 한다"고 말했다.[10] 이것이 바로 오시포프에게 보낸 편지에 정신분석의 번영을 위한 필수적인 조건을 설명하기 위해 자유로움Freiheitlichkeit이라는 단어를 썼을 때 프로이트가 염두에 둔 것이었다. 프로이트에 있어 정신분석은 과학이었으며 그것의 공로는 "정확히 정신의 영역에 대한 확장된 (과학적) 연구에 있다". 더욱이 "그런 심리학을 제한한다면, 과학은 매우 불완전해질 것이다".

다른 한편으로, 프로이트는 과학과 구속되지 않는 진리 탐구 과정에 대한 위협은 주로 종교로부터 왔으며, 종교는 어떤 경험적인 연구를 통해서라기보다는 '계시, 직관, 예언'에서 그것의 개념을 끌어온다는 점을 계속해서 언급했다. 프로이트에 의하면 "생물학적이고 심리학적인 필요의 결과로서 우리는 우리 내부에 소망 세계를 발전시켜 왔으며, 이 소망 세계의 도움을 통해 우리는 감각 세계에 자리 잡게 된다". 그리고 '종교'는 "이 감각 세계를 지배하기 위한 시도를 한다". 현세에서 해결책을 찾을 필요성을 외면하고 초자연적인 도피의 환상을 약속함으로써 종교는 현대 사회에서 불화를 일으키는 힘으로 남는다. 인류를 더

10 Ibid., p.785.

욱 불행한 상태로 만들면서 말이다. 프로이트에게 가장 큰 희망은 인간이 끊임없이 "그런 역경에 논리적으로 대처하고, 그리하여 그것이 결코 인간을 지배할 수 없도록" 지성, 혹은 이성이 "인간에게 통합적인 영향력을 발휘"하리라는 것이었다. 그는 프롤레타리아 독재라는 마르크스의 개념과 나란히 다음과 같은 구절을 적었다. "미래를 위한 최고의 희망은 시간의 흐름 속에 인간의 정신적 삶에서 지성 — 과학의 정신, 이성 — 의 독재가 확립되는 것일 터이다. 이성의 본성은 나중에 인간의 정서적 충동을 놓치지 않을 것이며, 충동이 자신에게 합당한 지위를 결정할 것이라는 점을 보장한다."[11]

프로이트가 보기에 소비에트 러시아에서 마르크스주의 정치 이데올로기는 종교적 헌신의 역할을 하고 있었다. 프로이트는 근래 마르크스의 사상이 '부정할 수 없는 권위를 획득'했음을 인정하면서도, 사회가 "자연사自然史의 과정"으로서 여러 단계를 거쳐 발전한다는 견해와 법칙적인 일관성과 규칙성을 가지고 역사 속에서 작동하는 계급 갈등의 '변증법적 과정'의 개념에 대해서는 회의적이었다. 프로이트의 관점에서 "사회의 계급 구조는, 역사의 시작에서부터, 인간 무리 사이에서 서로 간에 단지 작은 차이를 만들기 위해 벌어진 싸움으로 거슬러 올라간다. 사회적 차별은 원래 씨족과 인종 사이에서 일어났던 차별이었다. 심리적 요인이 승리를 결정했다. …… 물질적 요인도 승리를 결정했지만", 마르크스가 논한 대로 물질적 요인에 의한 것만은 아니었다.

프로이트는 "마르크스주의의 힘은 그것이 기대고 있는 역사관이나 미래의 예언에 있는 게 아니라, 분명 인간의 지적·도덕적·예술적 태

11 Ibid., p.790.

도에 끼치는 경제적 환경의 결정적 영향에 대한 현명한 지적에 놓여 있음"을 알았다. 하지만 이 사상은 "역사 발전의 과정에 〔경제적 관계에서의〕 변화를 준 것이 아니라, 혁명적 행동을 실행하려는 유혹"에 넘어갔다. 프로이트에 따르면, 볼셰비즘은 이러한 유혹을 소비에트 러시아에 구현하기에 이르렀고, 그 결과 "활력과 세계관의 자기 충족적이고 배타적인 기질을 얻었다". 과학의 방법 대신 과학의 이름만을 이용하면서, 그것은 "과거에 종교가 그랬던 것만큼 그렇게 무자비하게 사상을 금지하였다. 마르크스주의 이론에 대해서는 어떤 비판적인 연구도 금지되고, 그것의 정확성에 대한 의심은 예전에 가톨릭교회가 이단을 처벌한 것과 같은 방식으로 처벌받았다. 마르크스의 저작은 계시의 원천으로서 성서와 코란의 자리를 차지하게 되었다". 이리하여 프로이트의 관점에서는, 러시아에서의 이러한 '실천적 마르크스주의'가 적을 숙청하는 과정에서 "예전의 것들 못지않게 의심스럽고 입증 불가능한" 환영을 스스로 만들어 버렸다. 공산주의하의 '새로운 사회질서'에서는 강제나 억압 없는 노동이 시작되리라고, 인간 본성은 근본적으로 변화될 것이라고 말이다.

프로이트는 그런 변화는 대부분 의심스러운 것이라고 말했다. 부자들에 맞서는 가난한 자들, 그리고 "과거의 통치자들에 맞서는 지금까지 힘이 없던 사람들"의 적대감을 불러일으키면서, "사회에 반드시 필요한 본능의 구속"을 어딘가에 있을 적에게로 이동시키는 것, 다시 말해 "인간 사회 전체를 위협하는 폭력적인 경향"을 어딘가에 있을 적에게로 돌리는 것이 훨씬 더 있을 법한 일이었다. 볼셰비즘은 그것을 믿고 따르는 사람들에게 온전히 만족스러운 눈부신 미래를 약속함으로써 현재의 고통에 대한 보상을 제공해야 했다. 그리고 그런 감동적인 천국은 존재할 수 없기에, 반드시 새로운 갈등이 출현하게 될 것이었다. 하지만 프로이트는 이 환영을 지속하기 위해서, "자신이 뜻하는 길 위에 서 있다면 타인의 고통에 흔들리지 않으면서 의심 없이 신념을 지키는 확고부동한" 사람들이 사상과 행동의 교육과 구속에 있어 교조적인 강제력을 취하는 것은 불가피하다고 주장했다.

이와 같은 우려에도 불구하고, 프로이트는 "이런 종류의 새로운 질서 창조라는 엄청난 실험"을 해내려는 노력에 대해 그 국가[소비에트]의 대담함과 용기를 인정하였다. 그것은 역사를 통틀어서, "기독교적 신앙심의 지속을 통해서만 구원을 바라는" 강대국 지도자들의 전통적인 정책에서 벗어나는 것이었다. 그렇지만 프로이트는 볼셰비키의 '더 나은 미래의 메시지'가 미성숙하게 수행된 탓에 실패하게 될 것이라는 우려를 표하였다. "새로운 발견이 자연의 힘에 대한 우리의 통제력을 강화하여 우리의 욕구를 더 쉽게 만족시킬 수 있도록 할 때까지는, 전면적인 사회질서 변혁이 성공할 가능성은 거의 없다. 그런 날이 오고 나서야 아마도 새로운 질서가 대중의 물질적 요구에 종지부를 찍고 개인의 문화적 요구를 경청하는 일이 가능하게 될 것이다. 그런 때조차도, 여전히 우리는 모든 종류의 사회 공동체에 출현하는 인간 본성의 설명할 수 없는 특징으로 인한 곤경을 겪으면서 헤아릴 수 없는 시간들과 투쟁해야 할 것임이 분명하다."[12]


## 정신분석과의 전쟁

프로이트가 말한 '전면적인 사회질서 변혁'은 그가 소비에트의 실험

12 Ibid., pp.792~796.

에 대한 생각을 공식화하고 있던 그 시기에 이미 최고조에 달하고 있었다. 레닌이 사망하자, 트로츠키가 소비에트에서 추방되었고, 신경제정책은 파경에 이르렀으며, 스탈린은 당의 명령에 저항하는 모든 잔존 세력에 대해 대대적인 문화적 공격을 시작할 준비가 되었음을 느꼈다. 스탈린주의하에서의 새로운 사회주의 질서의 구축을 설명하기 위해 1930년대 기간을 가리켜 **문화혁명**Cultural Revolution이라는 말을 통상적으로 사용했지만, 문화에서의 진짜 혁명은 이맘때쯤에 이미 끝나 있었다. 1920년대에는 혁명 이후의 질서를 창출하는 데 기여하는 바가 분명했기 때문에 여러 성향들이 경쟁하는 것이 허락되었지만 ─ 사실상 권장되었다 ─ 이어지는 10년은 인간과 사회의 본성에 대한 향후 연구 지침을 정할 권한을 부여받은 대회와 함께 불길하게 시작되었다. 새로운 경계를 정하는 기준은 과학적이거나 지적인 토대를 갖추고 있다기보다는 그 어느 때보다도 훨씬 정치적인 토대에 놓여 있는 것처럼 보였다.

과거의 비판과 미래의 지침이 제시되었던 1930년 인간행동연구소 학술대회는, 1920년대를 특징짓는 탐구 정신과 관점의 다원주의를 집약적으로 드러냈던 1923년 정신신경학 학술대회와는 전적으로 달랐다. 『프라우다』와 『이즈베스티야』Izvestiya의 기자들이 취재한 1923년 학술대회에서 내성주의 심리학과 프로이트주의 정신분석의 지지자들은 행동주의, 반사학, 생물학적 정신요법의 지지자들과 경쟁했다. 906명의 대의원들은 시급한 문제에 관심을 기울이면서 발표를 들었다.[13]

대의원들이 1930년 학술대회 참석을 위해 모스크바에 도착했을 때

---

13 G. Daian, "Vtoroi psikhonevrologicheskii s'ezd", *Krasnaia nov'*, 2(19), 1924, pp.155~166, 그리고 3(20), 1924, pp.223~238[「제2차 정신신경학대회」, 『붉은 처녀지』] 참조.

는 스탈린이 당 내부에 남아 있던 반대파의 싹을 제거하고 국가 전역에 자신의 집단주의 프로그램을 실시하여 소농민 계급에 대한 공격을 개시하던 시기였다. '인민의 적', '약탈자', '부르주아적 이탈자' 등과 같은 말은 당의 갖가지 성명서에서뿐만 아니라 일간 신문에서도 출현 빈도가 높아졌다. 16차 당대회 의사록에는 다음과 같은 말이 실려 있다. "5개년 계획의 모든 필수적인 원칙은 모든 노동자, 모든 소농민의 의식에 깊이 스며들어야 한다." 아울러 당은 "프티부르주아의 구성 분자이면서 우리의 행렬에 끼어드는 길을 찾고 있는 저런 경향들에 대해 …… 가장 사소한 부분에서도 양보해서는 안 된다".[14]

당 내부의 정쟁은 전문 조직의 현장으로 빠르게 퍼졌다. 1930년 인간행동연구소 학술대회 연설에서의 어감과 은유적 표현은 그러한 싸움을 짐작케 한다. 공산주의 과학 아카데미의 유물론적 정신신경학자협회가 소집한 학술대회의 목적은 서로 경쟁 중인 심리학 이론들 사이의 논쟁을 해소하고 권위 있는 마르크스주의 심리학을 확립하는 것이었다. 이러한 논의들은 심리학적 방법론, 심리학적 현상과 생리학적 현상 사이의 관계, 공산주의 사회에서의 사회적 환경의 역할, 그리고 무엇보다도 볼셰비키적인 의식 개념에 근거한 심리학의 중요성 등의 쟁점을 중심적으로 다루었다.[15]

---

14 Daniels, *Conscience of the Revolution*, p.367에 수록된 16차 당대회 결의안에서 인용.
15 심리학 분야에서 이들 논쟁에 대한 자세한 논의로, 중심적이지는 않지만 정신분석과 관련한 것으로는 다음을 참조. Kozulin, *Psychology in Utopia*; Jaan Valsiner, *Developmental Psychology in the Soviet Union*, Brighton, England: Harvester Press, 1988; Raymond Bauer, *The New Man in Soviet Psychology*, Cambridge, Mass.: Harvard University Press, 1952; Joravsky, "Construction of the Stalinist Psyche", ed. Sheila Fitzpatrick, *Cultural Revolution in Russia, 1928~1931*, Bloomington: Indiana University, 1978, pp.105~128; Petrovskii, *Istoriia sovetskoi psikhologii*[『소비에트 심리학의 역사』]; A. A. Smirnov, *Razvitie i sovremennoe sostoianie psikhologicheskoi nauki v SSSR*,

3000명의 대의원들이 이 대회에 참석했고, 170개의 연설이 있었다. 발표자들 중에는 학자와 연구자뿐만 아니라 볼셰비키당의 철학자도 있었다. 이 일정에서 서열이 가장 높은 당 관료는 전前 교육인민위원 Commissar of Education인 아나톨리 루나차르스키였다. 일주일간 계속된 회의에서는 지지해야 할 것보다 좀 더 효과적으로 폐기시켜야 할 것들을 규정할 수 있었다. 1920년대의 주요 심리학자들 중 많은 사람들이 온전히 마르크스주의 원리를 근거로 하여 서구 부르주아적 영향에서 완전히 자유로운 통일된 심리학 창출에 실패했다는 이유로 비판받았다. 1920년대 프로이트주의자들의 관심사였던 정신은 이제 생물학적 진화이론과 생리학이라는 과학의 맥락에서 '유물론적 토대'의 조건 속에서 연구되었다.[16]

이 논문들은 인간 행동에 대한 전문적인 학문이 이토록 논쟁적으로 치닫게 되었다는 점에서 놀랍다. 공격적인 문체와 초기 정치 투쟁의 적대적인 내용은 집권 전, 특히 혁명 기간의 볼셰비키당의 특징인데, 이제 그것이 과학, 연구, 문화의 영역으로 들어왔다. 이론은 비판만 받은 것이 아니었다. 그것은 비난을 받기까지 했는데, 이는 금지에 버금가는 것이

Moscow: Pedagogika, 1975, pp.179~212[『소련 심리과학의 발전과 현 상황』]; E. A. Budilova, *Filosofskie problemy v sovetskoi psikhologii*, Moscow: Nauka, 1972, pp.30~105[『소비에트 심리학의 철학적 문제들』]; A. L. Schniermann, "Bekhterev's Reflexological School"과 K. N. Kornilov, "Psychology on the Light of Dialectical Materialism." 이 두 편은 ed. Carl Murchison, *Psychologies of 1930*, Worcester, Mass.: Clark University Press, 1930, pp.221~278에 저자들이 직접 투고했다.

16 A. Zalkind, "I Vsesoiuznyi s'ezd po izucheniiu povedeniia cheloveka", *Zhurnal nevropatologii i psikhiatrii*, 6, 1930, pp.19~24[「인간 행동 연구에 관한 제1차 전연방대회」, 『신경병리학과 정신의학 저널』] 참조. 대회에서의 발표는 다음 장에서 논하게 될 V. N. 먀시셰프(V. N. Miasishchev)와 드미트리 우즈나드제(Dmitry Uznadze)뿐만 아니라 비고츠키와 루리아 같이 심리와 인간 행동 관련 연구에 가장 뛰어난 소비에트 인물을 다수 포함하고 있었다.

었다. 이론가나 연구자들이 당이 설정한 좁은 패러다임을 따르지 않는다고 공개적으로 지명당한다는 것은, 전문 영역으로부터의 퇴출을 의미했으며, 이는 훨씬 더 심각한 상황이 벌어질 가능성을 수반하는 것이었다.

　대회의 주최 측이면서 기조 연설가였던 A. B. 잘킨트의 경력은 이러한 곤경을 잘 보여 주고 있다. 잘킨트는 정신분석에 대한 비판이 돌이킬 수 없는 지경에 이르기까지 1920년대 내내 소비에트 프로이트주의자의 정체성을 가지고 있었다. 1920년대가 끝나면서 그는 완전히 180도 돌변하여 당의 공식적인 정신분석 비판가 중 한 명이 되었다. 잘킨트는 당 중앙위원회 산하 기관인 공산주의자 교육기관과 공산당아카데미를 포함한 다른 여러 기관에서 높은 지위를 차지하였다. 대회에서 잘킨트의 발표는 소비에트 프로이트주의자들에게 울리는 조종弔鐘이 되었다. 풍자와 조롱으로 가득 찬 그의 비판은 소비에트연방에서 정신분석이 생존하리라는 그 어떤 희망도 환영에 불과하며 오인된 것이라는 메시지를 알리고자 했다.

　　프로이트주의자로 구성된 연구소에서 아동 혹은 어른에 대한 연구 보고서를 받는다고 가정해 보라. 이 프로이트주의자 집단이 자신에게 할당된 직무를 어떻게 수행하겠는가? 자, **프로이트에 의하면**, 인간은 전적으로 과거에 존재한다. 이 과거는 현재와 전쟁 중이며 현재보다 훨씬 강력하다. **프로이트에 의하면**, 인격은 기본적으로 과거로 향해 있는 중력을 따르며, 현재의 위치에서 과거와 싸우려는 〔모든〕 시도들은 처참한 비극을 맞이하였다. **프로이트에 의하면**, 의식은 무의식에 종속되어 있다. 특별한 행동 전략을 세우는 사적이고 협소한 세계 속에서 인간은 사회적 요청으로부터 자신을 지킨다. **프로이트에 의하면**, 인간은 내면적이고 자연적인 힘에 저당잡혀 있다.

우리는 어떤 종류의 결과를 얻게 될 것인가? 사회주의 건설을 위해서 우리는 프로이트주의적인 인간 개념을 어떤 식으로 사용할 수 있는가? 우리는 잘 단결하고, 빠르고 깊게 자신의 행동을 변화시키는 사회적으로 '열린' 인간이 필요하다. ── 정치적으로나 이데올로기적으로나 잘 훈련된 끈기 있고 의식적이며 독립적일 수 있는 그런 인간 말이다. '프로이트적 인간'이 사회주의 건설의 과업을 위한 요청에 부응하는가? …… 프로이트주의자로 구성된 그런 연구기관으로부터, 우리는 그들의 인간 행동 연구에서 인간의 선택은 '무의식적이며', 과거가 인간 행동의 모든 것을 방향짓는다는 식의 아주 '중요한' 진술을 얻게 될 것이다.[17]

잘킨트는 승인한 영토에서 정신분석을 몰아내려는 의도를 가지고서 프로이트 퇴출에 역성을 들었다. 그는 사회주의 국가에서 발생하는 문제들과 싸우기 위해서 "통합적이고 도덕적이며 생산적인 종합"을 이

---

17 Bauer, *New Man*, pp.99~100에서 인용. 강조는 원문. 잘킨트의 대회 발표문 원본은 ed. A. B. Zalkind, *Psikho-nevrologicheskie nauki v SSSR*(Materialy I Vsesoiuznogo s'ezda po izucheniiu povedeniia cheloveka), Moscow: Gosmedizdat, 1930, pp.5~12[『소련의 정신-신경과학(인간 행동 연구에 대한 제1차 전연방대회 자료집)』] 참조. 1930년 대회에서 다른 발표자는 무의식이 더 이상 독자적인 분석 현상으로 인식되지 않는다는 의미에서 "상호(sootnositel'noi) 활동의 상위 형식으로서의 의식 활동은 하위의 정신, 즉 무의식의 형식을 포함한다"고 말했다. A. L. Shirman, "O predmete i metode refleksologii kak nauki o sootnositel'noi deiatel'nosti", ed. V. P. Osipov, *Voprosy izucheniia i vospitaniia lichnosti*, nos.1~2, Moscow: Gosmedizdat, 1930, p.9[「상호관계적 활동에 관한 학문으로서 반사학의 대상과 방법」, 『인성의 함양과 연구에 대한 문제들』]. 참가자가 쓴 대회에 대한 전반적인 평가에 대해서는 I. F. Kurazov, "Metodologicheskie itogi povedencheskogo s'ezda", *Ibid.*, pp.3~8[「일상행위 학술대회의 방법론적 결산」, 『인성의 함양과 연구에 대한 문제들』] 참조. 대회에서 프로이트 비판과 '관념론'에 관한 공격은 pp.4~5에서 찾을 수 있다. 이 자료의 출전을 제공해 준 얀 발시너(Jaan Valsiner)에게 감사를 표한다.

루어 내야 하므로, 정신 건강과 관련된 모든 학문 분야 ── 즉 정신의학, 신경학, 그리고 심리학 ── 가 필요하다는 점을 강조했다. 잘킨트에 따르면, 이 종합은 "변증법적 유물론의 방법론"에 뿌리를 두면서 사회주의 아래 성장하는 젊은 세대와 국가 전체의 "노동하는 대중들"의 물질적 조건을 끌어올리는 데에 헌신해야 했다. '정신 문제'와 '인간 행동의 역동성'은 '육아학'pedology이라고 불리는 새로운 정신병리학의 영역으로 전문가들의 관심을 돌릴 것이었다. 당시 유명했던 간접 표현된 어휘로 프로이트와 베르그송을 언급하면서, 잘킨트는 "삶의 과정에 대한 관념론적이고 생기론적인 해석"이 신경학과 정신의학 연구의 실증적인 방법으로 통합될 것이라고 주장했다. 게다가 마르크스와 레닌이 정립한 사회 계급의 해석적 구조 밖에서 작업을 시도하는 사람들의 '반反정치적인' 태도는 '청산될' 것이었다. 예전에는 개인에 초점을 맞춰 정의했던 문제들이 이제는 '프롤레타리아적 집단주의'의 틀로 재정의되고 있었다. 잘킨트는 엘리트주의와 인종주의를 조장하는 '서구의 부르주아적 가치'를 직접적으로 공격하기도 했다. 그리고 그는 소비에트의 '육아학 전문가'가 확립한 프롤레타리아 사회주의의 가치를 반영할 새로운 연구 기준을 요청하였다.[18]

정신의학에 있어서 당의 지도적인 활동가 중 한 명이었던 잘킨트는 '육아학' 연구에서 특별히 소비에트와 사회주의 개념을 공식화하는 데 도움을 줄 만한 유리한 위치에 있었다. 이 용어는 정신의학, 신경학, 심리학이 정부의 정치적 기획을 활성화할 사회 공통의 관심 과제들과도 결합해서 작동할 수 있도록 전문적인 경계를 가로지르는 하나의 범

---

18 Zalkind, *Psikho-nevrologicheskie nauki*, pp.5~9[『정신−신경과학』].

주로서 계획되었다. 육아학 기획에서 중요한 부분은 아동 심리학자들이 수행한 아동 실험에 있었다. 잘킨트가 편집자로 있었던 잡지 『육아학』Pedologiia은 이러한 연구를 출판하기 위해 만들어졌다. 그것은 어린아이들에게 영향을 미치는 가족 문제와 학창 시절에 두드러지는 청소년 비행 문제를 모두 다루는 것을 목적으로 하여, 아동 연구 분야에 초점을 맞추었다. 잘킨트의 기획에서 중요한 목표는 정신분석적 개념 전부를 분명히 거부하면서, 발달에 중요한 문제라고 프로이트주의자들이 명시한 문제들을 당 관리자가 잘 관리할 수 있도록 하는 것이었다.

이리하여, 국가는 새로운 소비에트 과학이라는 명목으로 많은 정신분석의 관심사를 전유하면서도, 정신분석을 반소비에트적이고 부르주아적인 것과 동일시하는 기초 작업을 다졌다. 널리 대중에게 그런 사상과 연관된 사람이라면 누구든지 반정부적이고 반혁명적인 활동에 관련되기 쉽다고 넌지시 내비친 이후로, 아주 많은 사람들이 모여들었다. 이러한 배타적인 식별 작업은 대회에서 다른 발표자들에 의해 반복되었는데, 대의원들이 본거지로 돌아간 후 다양한 영역에 걸쳐 시행되었다.

대회의 여파로 연구 허용 범위를 규정하는 정책이 발표되면서, 프로이트의 영향력과의 싸움은 더욱 거세졌다. 사실, 고조되고 있는 비판은 프로이트가 새로운 스탈린주의 심리학에 위협적이라는 것뿐만 아니라, 제거해 버리려는 그 모든 노력에도 불구하고 이 시기에 정신분석적 경향이 영향력을 발휘하고 있다는 것을 시사한다. 지각 있는 관찰자에게, 1930년 회의에서 정신분석에 대한 관심이 계속되고 있다는 사실은 명약관화한 것이었다. 발표자였던 B. N. 비르만B. N. Birman은 프로이트의 '범성욕주의'를 비판하면서도 이 부정적인 요소와는 별개로 정신분석이 여타의 정신의학적 방법과 결합되어 사용되는 한에서는 신경병리학적 행동 연구에 도움이 되었음을 시인했다. 유리 칸나비흐는 정신분석이 전반적으로 '상당히 부적절함'에도 불구하고 프로이트의 이론을 넘어서는 것으로서 아들러의 이론을 옹호했다. 정신분석에 대한 이러한 발언들에 내재한 양가성에서 정신분석이 공식적으로 폐기된 바로 그 순간에 비르만과 칸나비흐 둘 다 '제한적'이긴 하나 정신분석의 가치를 인정하는 데 상당한 용기를 발휘하여 행동하고 있었다는 사실을 간과해서는 안 될 것이다. 칸나비흐는 정신분석학회의 마지막 회장을 역임했으며, 자신의 저서에서 프로이트와 정신분석 운동을 — 정치적으로 억압적인 상황에서 — 객관적으로 기술했다. 그 책은 세계 정신의학 역사에 남을 권위 있는 교재이다.[19]

그럼에도 불구하고, 정신분석을 옹호하고자 하는, 혹은 옹호할 수 있는 어떤 공식적인 지지자도 없는 상태에서 프로이트와의 전쟁은 계속되었다. 그것은 더 이상 토론이 아니었으며, 정신분석의 평판을 떨어뜨릴 가장 효과적인 비판에 대한 탐색에 불과했다. 어떻게 해야 공격이 압도적일 것인가가 유일한 질문이었다. 신속한 응답이 뒤를 이었다. 일원화된 공격의 첫 번째 예는 1930년 인간행동연구소 학술대회의 토의 직후에 출현했다. A. 스톨랴로프A. Stoliarov의 저서 『변증법적 유물론과 기계론자들』Dialekticheskii materializm i mekhanisty은 단 몇 달 만에 5판을 발매했

---

19 프로이트의 '범성욕주의' 비판에 대해서는 Zalkind, Psikho-nevrologicheskie nauki, pp.321~322[『정신-신경과학』]에 수록된, B. N. Birman, "Psikhoterapiia, kak sotsiorefleksoterapiia nevropaticheskoi lichnosti"[『신경증 환자의 인격에 대한 사회반사요법으로서 정신요법』] 참조. 또한 Iu. V. Kannabikh, "Individual'naia psikhoterapiia Adlera, kak prakticheskii metod psikhoterapii i kak obshchaia teoriia povedeniia", Ibid., pp.319~321[『일상 행위의 일반이론과 정신요법의 실천적 방법으로서 아들러의 개인 정신요법』, 『정신-신경과학』]과 최고의 소비에트 정신의학사 저서 중 하나인 그의 Istoriia psikhiatrii, Leningrad: Gosmedizdat, 1929, pp.455~485[『정신의학사』] 참조.

다. 책의 한 장章인 「프로이트주의와 프로이트-마르크스주의」에서 저자는 정신분석 이론을 비판했을 뿐만 아니라, 그리고 이 점이 당의 입장에서는 더 중요한 내용인데, 소비에트연방에서 프로이트의 작업을 보급했던 사회주의자들을 고발했다. 이것은, 이런 출판물로 전문 분야에서 쌓은 명성을 하루아침에 무너뜨리는 전형적인 스탈린 시대의 마녀사냥이었다. 스톨랴로프의 책에서 레이스네르, A. 바리야슈A. Variash, 잘킨트 등이 공격을 받았다. 1920년대 중반 종교 및 사회 심리학 논문으로 정신분석 보급에 중대한 공헌을 했던 레이스네르는 프리츠 비텔스Fritz Wittels가 쓴 첫 번째 프로이트 전기의 러시아 번역판에 실은 그의 '동정적인' 서문 때문에 스톨랴로프의 비판을 받았다. 또한 스톨랴로프는 바리야슈가 높이 평가되고 있는 당 출판물에 실은 몇 편의 논문에서뿐만 아니라 공산당아카데미의 강연에서 '주관적으로' 프로이트를 해석하고 있다고 '폭로했다'. 하지만 스톨랴로프는 누구보다도 잘킨트를 주목하였다. 그는 잘킨트가 초반부터 프로이트주의가 마르크스주의와 공존할 수 있다는 식의 '오류'에 굴복했다는 이유를 들어 레이스네르와 바리야슈를 한데 묶어서 그를 비판했다.

　스톨랴로프에 따르면, "프로이트 심리학은 극단적인 개인주의적 특징 때문에 '반사회적'이다. 프로이트주의와 마르크스주의 및 유물론에는 공통점이 없다". 그는 주관적인 방법과 성적 충동의 만족으로 더럽혀진 "프로이트주의 이데올로기의 반프롤레타리아적 특징"에 대해 언급하기도 했다. 스톨랴로프는 마르크스주의자의 임무가 소비에트연방에서 이 "유물론에 반하는 부르주아적 반동의 물결"과 싸워서 프로이트 사상의 확산을 끝장내는 데에 있다고 결론을 내렸다.[20] 이처럼 스톨랴로프는 단순히 이전에 프로이트 사상에 동의했다는 이유로 자신의 동료 세 명을 반마르크스주의자적인 경향으로 확실하게 몰아갔다.

정치적인 결과를 정치 바깥에 놓인 이론적인 입장 탓으로 돌리는 기술은 아주 효과적인 것이었음이 증명되었다. 1932년, 여러 논문들을 실었던 잡지 『심리학』*Psikhologiia*에서는 이데올로기적인 정치와 과학적인 학문 사이의 경계가 완전히 제거되었다. 이 시점에서 정치로 급부상하기 시작한 공산당 산하 모스크바 심리학연구소의 젊은 심리학자 집단은 스탈린주의 이데올로기를 심리학의 전문 영역으로 계속해서 확장시키는 임무를 떠맡았다. F. 셰먀킨F. Shemiakin과 L. 게르쇼노비치L. Gershonovich는, 1932년에 처음 발행된 『심리학』의 머리기사에 "심리학의 문제에서 트로츠키와 카우츠키는 마르크스주의를 어떻게 수정했는가"를 주제로 공산주의 과학 아카데미의 유물론적 정신신경학자협회에서 자신들이 발표한 것을 실었다. 이는 정치적 권한을 공고히 하고 전문 영역에서의 무조건적인 복종을 보증하기 위해 스탈린 지지자들이 내놓은 이데올로기를 남용한 것에 대한 좋은 예시이다. 학설의 입지가 확립되는 듯 보일 때마다 지휘하던 선수들이 다른 사람들로 교체되면서 서서히 쇠퇴하는 양상이 반복적으로 출현했다. 마치 잘킨트가 프로이트주의를 포기하고 육아학을 옹호한 후 어느 정도 정치적인 안정감을 얻은 듯 보였지만, 육아학 역시 공격을 받았고 그도 지위를 잃고 시야에서 완전히 사라졌던 것처럼 말이다.[21]

---

20 레이스네르의 서문은 F. Vittels, *Freid*, Moscow: Gosizdat, 1925[『프로이트』]에 있다. 바리야슈는 당의 현대 철학 주 텍스트인 『새로운 철학의 역사』(*Istoriia novoi filosofii*)의 편집인이었으며, 서문과 한 장을 맡아 썼다. 잘킨트는 그의 초기 저작인 『혁명시대의 문화 논고』(*Ocherki kul'tury revoliutsionnogo vremeni*) 때문에 공격을 당했다. 또한 A. Stoliarov, *Dialekticheskii materializm i mekhanisty*, Leningrad: Priboi, 1930[『변증법적 유물론과 기계론자들』] 참조. 5판을 3만 부 찍어냈다는 사실은 이 책이 아주 광범위하게 유통되고 읽히기를 바랐던 정부의 심정을 보여 주는 지표라는 점에서 주목할 가치가 있다.

정신분석 이론에 대한 이러한 공식적인 공격에 있어서 가장 치명적인 동향은 프로이트와 소비에트연방에 대한 반혁명적인 정치적 경향을 직접적으로 연관시킨 것이었다. 셰먀킨과 게르쇼노비치는 논문에서 스탈린의 편지, 「볼셰비즘의 역사에 대한 몇 가지 질문에 관하여」를 언급했다. 이들이 보기에 그 편지는 트로츠키의 반혁명성에, 반마르크스주의자들에게, 그리고 부르주아적 영향에 '치명적인 일격'을 날렸을 뿐만 아니라, 심리학, 즉 "우리 과학의 골칫거리로부터 새로운 차원으로 활동을 고양"시켰기 때문에 "대단히 중요한" 것이었다. 과거에, 소비에트 신경학자와 정신의학자들은 "순수하게 부르주아 심리학 학파의 실증적이고 실험적인 토대"를 받아들여 왔다. 하지만 소비에트 심리학자들은 이들 학파의 비일관성과 부정확성을 '폭로'했으며, 그것들은 스탈린이 제안한 대로 '특별히 소비에트 이론'을 위해 거부되어야만 했다. 이 '소비에트 이론'이 계속 흘러가는 것이며, 당 지도부의 지위 이동에 따라 다소 빠르게 변한다는 사실은 언급되지 않았다.

저자들은 계속해서 트로츠키의 주된 곤경이 그의 생리학적 환원주의, 즉 모든 생리적 현상이 물리학과 생물학의 법칙으로 환원될 수 있다는 믿음에 있다고 보았다. 게다가 그들은 트로츠키가 정신 과정과 뇌 기능 사이의 경계, 즉 레닌의 '관념과 물질 사이의 상대적 경계' 개념을 제거해 버렸다고 비판했다. 이데올로기적인 의견에 대한 평가를 제쳐놓은

---

21 조라프스키는 잘킨트가 자살을 했으리라 여기지만(Russian Psychology, p.237), 에트킨트는 잘킨트가 1936년에 심장마비로 죽었다고 주장한다(Eros nevozmozhnogo, p.332[『불가능의 에로스』]). 육아학의 전 영역은 비판받았으며, 결국 1936년 7월 공산당 중앙위원회에 의해 폐지되었다. 결의안 원본은 1936년 7월 5일 『프라우다』를 참조. 그것은 Wortis, Soviet Psychiatry, pp.242~245에 번역되어 있다. 정신분석과 육아학의 연관에 대해서는 A. Etkind, "L'Essor et l'éshec du mouvement 'paidologique'", Cahiers du monde russe et soviétique, 33(4), October–December, 1992, pp.387~418 참조.

채로, 저자들은 트로츠키가 파블로프에게 쓴 편지를 증거 삼아 프로이트와 파블로프의 이론을 통합하려는 트로츠키의 시도와 혁명 전 빈 체류 시절 프로이트주의 그룹과의 친교를 인정한 부분을 집중적으로 비판했다. 프로이트의 이론을 '일시적 유행'이라고 했던 레닌의 언급을 기록한 클라라 체트킨의 메모를 인용하면서 저자들은 트로츠키가 "부르주아 심리학에 굴복했다"고 결론을 내렸다. 이러한 이유로 셰먀킨과 게르쇼노비치는 '정신신경학의 최전선'에서 프로이트의 작업과 트로츠키의 정치를 필사적으로 저지해야 한다고 제안하면서, "마르크스주의-레닌주의에 유해한 것"으로 이 둘을 묶었다.[22] 스탈린주의 학파로부터 벗어나 독립적인 수단을 획득할 가능성을 지니고 있는 이론이라면 그 어떤 것이라도 전부 의심해 버리는 잠재적인 충동이 눈에 띄게 분명해졌다.

동시에, 모스크바 심리학연구소에서 일하는 정치 지향적인 젊은 심리학자 집단의 또 다른 회원이었던 A. 탈란킨A. Talankin이 유사한 논문을 발표했다. 탈란킨의 목적 역시 스탈린을 찬양하고 프로이트를 비판하는 데에 있었다. 레닌의 정치적 반대파의 가장 오래된 원천 중 하나인 멘셰비키를 공격함으로써 이러한 목적을 달성하려 했다는 점을 제외하면 말이다. 멘셰비키들도 마르크스주의자이긴 했지만, 1903년의 2차 당대회에서 러시아 사회민주노동당 내부에서 최초의 분열이 발생한 이래로 멘셰비키들은 레닌의 볼셰비키 당파를 비판해 왔다. 1917년 혁명 이

---

22 F. Shemiakin and L. Gershonovich, "Kak Trotskii i Kautskii revizuiut Marksizm v voprosakh psikhologii", *Psikhologiia*, 1~2, 1932, pp.3~37, 특히 pp.3~9「어떻게 트로츠키와 카우츠키는 심리학의 문제들에 있어서 마르크스주의를 수정했는가」, 『심리학』]. 이 논문에서 카우츠키를 다룬 부분은 지금 우리의 논의와는 관련이 없다. 1931년 『프롤레타리아 혁명』(*Proletarskaia Revoliutsiia*)에 처음 실린 스탈린의 편지 「볼셰비즘의 역사에 대한 몇 가지 질문에 관하여」(O nekotorykh voprosakh istorii bolshevizma)는 I. V. Stalin, *Sochineniia*, 13, Moscow: Gosizdat, 1951, pp.84~102[『저작집』] 참조.

후 멘셰비키가 진압되었고 스탈린에게 더 이상 위협이 되지 못했지만 그러한 사실에도 불구하고 적들에게 '멘셰비키'라는 딱지를 붙이는 전략은 여전히 유용했다.

이 논문에서 스탈린이 다시 한 번 인용되었는데, 이번에는 '집단 심리학과 노동자와의 관계'의 중요성에 직접적으로 주목한 최근 16차 당 대회의 연설이었다. 부르주아 심리학의 난제를 뛰어넘는 진정한 마르크스주의 심리학을 성공적으로 공식화하기 위해, 탈란킨이 말한 '인민의 정신'이라는 이 집단적인 현상에 집중하기 위한 노력이 요구되었다. 하지만 이것은 소비에트 심리학에서 부르주아적 경향의 영향력이 완전히 제거될 때까지는 이루어질 수 없었다. 그 가운데 으뜸가는 것으로 '무의식 이론'이 남아 있었으며, 그것은 여전히 추종자들을 매료시켰다. 탈란킨에게 있어 정신분석은 심리학에서 반볼셰비키적인 장애물로, 정치에서 멘셰비키에 해당하는 것이었다.[23]

알렉산드르 루리아의 기고문이 실린 뒤 탈란킨의 논문이 뒤따랐다. 이는 1920년대 중반 동안 선도적인 소비에트 프로이트주의자 중 한 명이었으며, 이미 볼로시노프의 책에서 직접적인 공개 비판을 견뎌 낸 이래로, 루리아의 전문가적 삶에 닥친 위태로운 순간이었다. 게다가 그는 동료였던 비고츠키로부터 사적으로 조심하라는 경고를 받았다. 비고츠키는 그즈음 "비고츠키와 루리아의 문화-심리학적 개념에 맞서 진지하게 싸워야 한다"고 주장한 탈란킨의 강의에 참석했던 것이다. 탈란킨의

23 A. Talankin, "Protiv men'shevistvuiushchego idealizma v psikhologii", *Psikhologiia*, 1~2, 1932, pp.38~62, 특히 pp.38~43, 55~57, 60~62[「심리학에서 멘셰비키적 관념론에 반대하여」, 『심리학』]. 이 논문은 '러시아 마르크스주의의 아버지'로 알려져 있으며, 선구적인 멘셰비즘 이론가 중 한 명으로 취급당해 수년간 볼셰비키에 의해 경멸적인 대우를 받았던 G. V. 플레하노프(G. V. Plekhanov)의 심리학적 개념에 대한 비판을 포함하고 있다.

공격을 루리아에게 말하면서, 비고츠키는 당이 자신들을 "물어뜯지만, 죽이지는 않겠다"고 결정했다는 판단에 이르렀다.[24]

1932년에 쓴 논문에서 루리아는 셰먀킨과 탈란킨이 지지한 당의 노선을 받아들인 듯 보였다. 그렇지만 '부르주아 심리학의 위기'라는 제목이 붙은 이 논문을 주의 깊게 읽어 보면 그가 세심한 주의를 기울여 단어를 선택했음을 알 수 있다. 서구 심리학의 최근 작업들을 망라한 논평에서 루리아는 마르크스주의와 근본적으로 대척점에 서 있는 것들을 전부 찾아내었다. 그는, [마르크스주의와 부르주아 심리학이] 근본적으로 갈라지는 지점은, 마르크스주의가 "노동과 사회관계 발전의 결과로 출현한 발달의 산물로서, 복잡한 과정으로서 동시대인의 정신을 다룬다"는 데 있다고 주장했다. 부르주아 심리학은 반대로 정신을 "사회사社會史나 어떤 유기적인 관계에도 연결되지 않은 자연적 산물"로 생각했다. 마르크스는 인간의 정신이 사회·역사·노동과의 직접적이고 역동적인 관계맺음 없이 존재할 수 없다는 것을 알고 있었다. 하지만 부르주아 심리학자들은 생물학과 물리학에서 가져온 비유를 사용하여 마치 정신이 자신의 사회적 환경으로부터 독립될 수 있다는 듯이 "'인간의 자연적인 특징'에서 나온 심리학적 법칙"을 계속해서 이야기했다. 루리아는 계속해서 다음과 같이 말했다. 무엇보다도 서구 심리학적 사유의 변주는 전부 "절멸 직전의 자본주의 이데올로기"와 "부르주아적 세계관의 내적 붕괴의 반영이다. …… 부르주아 이데올로기와 부르주아 과학의 위기는 자본주의의 위기와 관련된다".

24 Rene Van der Veer and Jaan Valsiner, *Understanding Vygotsky: A Quest for Synthesis*, Oxford: Blackwell, 1991, pp.377~378에서 인용.

정신분석에 관한 논의에서 루리아의 문체는 비판적이었지만 덜 공격적이었고 보다 정중했다. 루리아의 말에 의하면, 무의식에 초점을 맞추면서 정신분석은 과학의 주류로부터 '경계의 바깥'에 서게 되었다. 이드와 에고라는 아주 독특한 힘에 중심을 둔 이 이론은 추상적이고 증명할 수 없는 무의식의 지형 속에 접근 불가능한 상태로 남았다. 정신분석은 개인의 정신과, 외부 세계의 사회적 조건과의 관계 대신에 "개인의 인격의 원초적이고 전前역사적이며 생물학적인 본질"에 집중하였다.

게다가 루리아에 의하면, 프로이트는 초기의 임상 기반 실험에서 '메타심리학'이라는 이론적 성찰로 이동했으며, 이를 통해 종교·전쟁 등과 같은 광범위한 현상과 공격성, 호전성, 억압 등 보편적인 원형을 지시하는 용어로 사회 조직을 설명하고자 노력했다. 루리아는 프로이트에게 이 가설을 증명할 병력病歷 사례가 없었고, 그가 동시대 과학의 생물학 및 신경생리학 분야에 내재된 실증적 방법을 너무 제거해 버렸기 때문에, 이 거시적인 해석이 아주 연약한 토대 위에 놓이게 되었다고 생각했다. 프로이트는 '사회적 염세주의' 철학자인 아르투어 쇼펜하우어Arthur Schopenhauer에서부터 니체와 베르그송에 이르는 사상가들의 '디오니소스적' 전통으로, 그리고 무의식의 어두운 힘으로 빨려들어 갔다. 루리아는 인간 행동의 비합리적 측면에 대한 프로이트의 강박적인 관심이 부르주아 심리학 이론 특유의 중대한 왜곡의 예라고 미무리했다.[25]

---

25 A. Luria, "Krizis burzhuaznoi psikhologii", *Psikhologiia*, 1~2, 1932, pp.63~88, 특히 pp.64~73, 84~88[「부르주아 심리학의 위기」, 『심리학』]. 루리아는 권위 있는 1940년판 『소비에트 대백과전서』에서 정신분석 항목을 집필하기도 했다. 여기서도 역시 대체로 온건하게 비판하면서, 그는 다소 긍정적인 논평을 집어넣었다. 그는 "정신적 삶의 구조에서 인간의 억압된 무의식적 충동과 그 역할을 조사하는 방법"에 "정신분석의 과학적 중요성"이 있다고 말했다. 하지만 이 자료의 일반화가 '잘못된 이론'의 창출로 이끌었다. 사회로부터 독립되어 있는 본능의 산물로서 인간을 강조하면서, 정신분석은 "마르크스주의에 적대적이고", "객관적 현실의 과학적 분석"이 결여된 "잘못된

루리아의 평가는, 프로이트에 대한 비판적 글쓰기를 할당받은 그의 동료들 대부분의 삐걱대는 발표를 생각하면 비교적 객관적이었다. 사실, 루리아가 부득이하게 조심해야 했던 이데올로기적 틀이 제거되면서 프로이트의 개념과 관련한 그의 몇 가지 이의 제기는 향후 수십 년 동안 서구의 정신분석 비평에 등장하곤 했다.

프로이트 이론에 대한 소비에트의 개입은 종종 스탈린주의 교리에 대한 도전에 부딪치기도 하면서 1930년대 내내 지속되었다. 대부분의 해외 평자들이 스탈린의 당 심리학자들로 인해 그 주제에 관한 모든 토론이 끝나 버렸다고 확신했을 그때, 1933년 소비에트 『의학 백과사전』에는 정신분석에 대해 화해적인 항목이 실렸다. 이 항목을 쓴 V. 브누코프V. Vnukov는 자신의 비평에서 "정신분석가들은 자신들의 방법에 입각해 정신병리학과 심리학의 한계를 능가하는 다양한 현상을 고찰할 권리를 요구하는 데 있어 매우 철저하다"는 사실에 초점을 맞췄다. 예컨대 이들은 원시 부족의 관습 문제에서부터, 종교 체계의 심리학과 현대 사회의 긴장에 내재하고 있는 동기들에까지 미치는 "방대한 문화적 역사적 한계 문제"를 연구하고, 이에 대한 견해를 밝히고 있다. 브누코프는 "신경증적인 인격과 건강한 인격 사이의 모든 경계"를 폐지했다는 점에서는 정신분석 이론을 비판하였다. 이는 임상적인 발견을 개인 환자에서부터 일반 사회에까지 적용했기에 그렇게 된 것이었다. 브누코프는 1917년 혁명 전후 러시아에 활발한 정신분석 운동이 존재했다고 말하

생물학적 해석"을 확립하였다. 정신분석이 계속 "신경증적 인격 치료의 형식에 중점"을 두면서, 역사적 발전의 산물로서의 인간과, 인간의 기본적 충동을 억압함으로써 일련의 힘들이 사회적으로 환원된다는 사실의 중요성을 부인했기 때문에, '진보적인 과학'의 바깥으로 밀려나게 되었다. A. Luria, "Psikhoanaliz", Bol'shaia Sovetskaia Entsiklopediia, 47, 1940, pp.507~510[『정신분석』, 『소비에트 대백과전서』] 참조.

면서도, "[정신분석을] 부르주아 민주주의의 파편으로서 간주하는 것이 유일하게 진실된 평가"라는 점과 정신분석 치료 방법이 "그 개념에서부터 결함이 있는 기본 원리에서 기인한다"는 점을 분명히 했다. 그럼에도 불구하고, 브누코프는 다음의 구절로 논문을 끝맺었다.

> 정신분석 이론 전체가 비판적으로 점검되어야 하지만, 반면에 그것의 활용을 통해 외상적인 정신 경험이 발견될 수 있었고, 그것의 병원학적 의미를 알아냈다는 점이 입증되었음을 간과해서는 안 된다.
> 예컨대 정신분석은 아동 전문가들에게 유아기 성욕과 발달의 특수성에 관한 중요한 자료를 제공했다. 이러한 유형의 자료를 보지 않고 넘어갈 수는 없다. 또한 정신병리학자들이 자유연상의 중요성을 무시할 수는 없다. 이론으로서의 정신분석은 자본주의 사회의 발전에 있어 특정 단계의 직접적인 산물이지만, 그럼에도 불구하고 여전히 정신분석이 발견한 모든 자료가 결함이 있는 것으로 여겨지지는 않는다. 이 자료는 철저한 검토와 조사를 요하는 것이며, 따라서 비판적으로 걸러진 것들은 전부 우리의 목록의 일부가 될 수 있다.[26]

이 논문이 발표된 후 얼마 되지 않아, 당의 전폭적인 지원을 받는 또 다른 권위 있는 출판물인 『소비에트 대백과전서』에 정신분석에 대한 길고 사려 깊은 항목이 실렸다. 두말할 것 없이 저자들의 논의가 비판의 맥락에 놓여 있음에도 불구하고, 이들은 프로이트의 작업의 특정한

---

26 V. Vnukov, "Psikhoanaliz", *Meditsinskaia Entsiklopediia*, 27, 1933, p.733[「정신분석」, 『의학 백과사전』].

측면에 대해서 확실한 존경의 표현을 감추지 않았다. 이들은 정신분석이 진실로 과학에 공헌했으며, 일반적으로 인간 행동의 동기를 설명했을 뿐만 아니라 특정한 정신장애의 원인에 대한 이해도 확장시켰다는 점에서 '중요한 의미'를 가진다는 사실을 인정했다. 긴 분량으로 쓰여진 항목의 대부분은, 저자들이 말한 바와 같이 인격에 동기부여를 하는 생물학적 자기 보존 본능과 성 충동에 기반한 프로이트 이론의 원리에 대한 논의에 할애되었다. 광범위한 인용에는 불프와 예르마코프가 번역한 프로이트의 『토템과 터부』, 『자아와 이드』*Das Ich und das Es*, 『집단 심리학과 자아 분석』*Massenpsychologie und Ich-Analyse*이 포함되었다. 아울러, 폄하하는 어조에 가깝긴 했지만, 빌헬름 라이히와 오토 랑크를 포함한 프로이트의 몇몇 제자들의 작업도 분석되었다.

이 항목의 저자들은 소비에트 프로이트주의자들이 마르크스의 작업과 이론적으로 화해할 수 있는 지점을 발견하기 위해 노력했던 지난 10년 동안의 생생한 논의를 독자들에게 소개하였다. 하지만 결론은 "프로이트주의와 마르크스주의에는 어떤 공통점도 없다"는 것이었다. 프로이트의 심리학은 지나치게 "초超개인주의적이고", "인간 행동의 사회적 조건"을 지나치게 무시하고 있으며, 원시 부족사회로부터 이어받은 "무의식적 성 충동"에 지나치게 의존적이었다. 게다가 프로이트의 분석은 "건강한 사람[의 행동]"을 "신경증적 질환을 앓는 개인의 행동으로부터" 연역하는 오류를 범했다.[27]

---

27 K. Veidemiuller and A. Shcheglov, "Freidizm", *Bol'shaia Sovetskaia Entsiklopediia*, 59, 1935, pp.187~193[「프로이트주의」, 『소비에트 대백과전서』]. 간략하지만 객관적인 프로이트에 관한 전기적인 글이 이 항목 앞에 있다. Ibid., pp.186~187 참조. 프로이트는 이것이 출판되었을 때도 여전히 빈에 머물고 있었다.

## 대안

숨은 존경심으로, 그리고 이론의 장점을 마지못해 인정할 수밖에 없었던 사정으로 인해 어느 정도 태도를 바꾸었음에도 불구하고, 프로이트와 정신분석을 향한 공격의 의도는 분명했다. 유물론자라기보다는 관념론자로, 객관주의라기보다는 주관주의로, 혹은 집단적이고 계급 지향적이라기보다는 내성적이고 개인주의적으로 분류될 수 있는 그 어떤 정신분석이나 정신의학 연구도 출입금지구역으로 선포되었다. 게다가 마르크스주의-스탈린주의 심리학을 공식화하려는 시도와 결합된 동요는 프로이트주의자들의 영역보다 더 넓은 영역으로 확산되었다. 베흐테레프와 코르닐로프 같은 1920년대의 탁월한 비非정신분석 연구자들이 가혹한 비판을 받았고, 심리학 관련 연구를 싣는 잡지들은 위축되었다. 연구소 대표와 직원들은 당의 정치적인 숙청 작업이 강화되면서 해임되거나 교체되었다.

사실상, 과학적 탐구와 정치적 교리 사이의 관련성이 어떠한 의심의 여지도 없이 확정되었다. 한 심리학자는 1932년에 쓴 글에서, "이론과 실천을 통일하고, 당이 과학을 감시해야 한다는 마르크스주의-레닌주의 교리로부터 도출된 불가피한 결론 중 하나는, 모든 이론적 오류, 방법론의 영역에서 발생한 모든 오류는 여지없이 정치적 오류로 전환된다"고 말했다. 게다가 그는 "그런 오류는 모두 사회주의 건설의 전선을 약화시킬 뿐만 아니라 우리의 적들을 무장시킨다"고 말했다.[28]

---

28 1932년 잡지 『육아학』에 쓴 M. P. 페오파노프(M. P. Feofanov)의 글. Bauer, *New Man*, p.106에서 인용.

1920년대의 의심스러운 이론을 교체할 젊은 심리학자들 중에 세르게이 루빈슈테인Sergei Rubinstein, 1889~1960이 있었다. 당 중앙의 정치적 경향이 바뀌고, 전문 영역의 광범위한 영향이 바뀜에 따라, 루빈슈테인의 경력도 요동을 쳤다. 루빈슈테인은 세상의 주목을 받았고, 소비에트연방에서 가장 중요한 이론 심리학자로서의 시간을 보낸 뒤에는, 수년간 공식적인 비난에 시달렸다.

루빈슈테인은 박사학위 논문을 쓴 독일에서 철학을 연구하며 5년의 시간을 보내기에 앞서 고향인 오데사에서 교육을 받았다. 소비에트연방으로 돌아온 뒤, 1921년 그는 공공교육연구소의 심리학 분과장으로 임명되었다. 1930년대에, 그는 레닌그라드 교육학연구소의 심리학 분과장이 되었으며, 명성을 얻었다. 1942년 스탈린상을 받은 뒤, 그는 모스크바대학의 심리학과를 창설하는 데 일조했으며, 거기서 1950년까지 다양한 보직을 맡아 학교를 지휘했다. 그가 쓴 교재인『일반심리학의 기초』Osnovy obshchei psikhologii, 1940는 찬사를 듣기도 하고 욕을 먹기도 하면서 그 시기를 통과했다.[29]

서구 과학과 소비에트 과학을 대립시키려는 노력이 고조됨과 동시에, 정신분석과 프로이트는 사람을 부적절한 인자로 낙인찍는 손쉬운 수단으로 점차 변모되었다. 루빈슈테인은 이러한 방식에 대한 [희생자로서] 좋은 사례를 제공한다. 루빈슈테인의 글에는 정신분석에 대한 직접적인 언급이 거의 없었지만, 그럼에도 비판가들은 어떤 식으로든 루

---

29 루빈슈테인의 경력에 관해서는 T. R. Payne, *S. L. Rubinstein and the Philosophical Foundations of Soviet Psychology*, Dordrecht, Holland: D. Reidel, 1968 참조. 두 개의 대표적인 소비에트 식 기사에 대해서는, Petrovskii, *Istoriia sovetskoi psikhologii*, 특히 pp.215~225, 219~223, 328~333[『소비에트 심리학의 역사』]과 E. A. Budilova, *Filosofskie problemy v sovetskoi psikhologii*, Moscow: Nauka, 1972, pp.151~176[『소비에트 심리학의 철학적 문제들』] 참조.

빈슈테인을 공격했다. 1934년 「카를 마르크스의 저작에서 심리학의 문제」Problemy psikhologii v trudakh Karla Marksa에서 루빈슈테인은 "프로이트가 '나'[에고]를 구성하는 사회적 요소 일부를 인식했지만, 의식과는 적대적이며 외부적으로 관련된 무의식에서 충동의 힘을 발견했다"고 언급하는 '실수'를 저질렀다.[30] 그는 또한 인민의 의식 변화는 "프로이트주의의 '심층심리학'의 전망"에 의해서가 아니라, 특히 마르크스가 말한 것처럼, 사회적 계급 관계와 노동의 분배와 관련된 사회적 조건의 변화로부터 결정된다고 말했다. 한 걸음 더 나아가서 루빈슈테인은 프로이트가 인간 행동의 원인과 동기의 복잡함을 "인간 행위의 동기를 보다 폭넓은 영역"에서 논의하길 거부하면서 성욕이라는 단일한 원천으로 축소시켰다고 보았다.[31]

　　이러한 주장들이 소비에트 반프로이트주의의 전형적인 예인 것처럼 보이겠지만, 이것들은 이후에 루빈슈테인을 공격하는 데 사용되었다. 그는 의식 개념을 깊이 연구했고, 계속해서 심리학의 일반 원리에 대한 영향력 있는 교재를 집필했다. 하지만 성공의 정점에 이르러서 그는 갑자기 그리고 가혹하게 스탈린주의의 새로운 간부위원회cadre로부터 공격을 당했다. 그는 "마르크스주의의 철학적 유물론에서 벗어났으며", "부르주아 과학으로의 변절에 굴복"하였다는 이유로, 그리고 그의 교재에 대해서는 전체적으로 더 구체적인 책임을 물어 고발당했다. 특히 눈에 띄는 공격으로는, E. T. 체르나코프E. T. Chernakov의 비판이 있었

---

30 Sergei L. Rubinstein, "Problems of Psychology in the Works of Karl Marx", *Studies in Soviet Thought*, 33, 1987, p.119. 원본은 *Sovetskaia psikhotekhnika*, 7(1), 1934, pp.3~20[『소비에트 정신기법』]에 수록되어 있다.
31 Rubinstein, "Problems of Psychology", pp.123, 126.

다. 그는 이른바 "심리학에서의 주지주의에 맞선 투쟁에 …… 프로이트주의적 입장으로" 참여한 것을 루빈슈테인이 저지른 가장 큰 오류로 여겼다.[32] 체르나코프는 비록 루빈슈테인이 프로이트와 다른 서구 심리학 이론의 저작을 비판적으로 분석했다고 주장하고 있지만, 그들에게 공감하고 있었다고 비판했다. 루빈슈테인의 의식 개념의 틀은 감정·느낌·충동·본능을 객관적 현실로 수용하고 있으며, 이것이 그의 책과 논문에 길게 논의되어 있다. 그리고 이것이 바로 "부르주아 관념론적 감정 이론에 대한 굴복"이라는 것이다. "충동을 인간의 의지가 발현되는 출발점"으로 인정함으로써 루빈슈테인은 "마르크스주의에서 출발하여 쇼펜하우어와 프로이트의 이론에 근접해 갔음을 드러냈다". 조작적이고 이데올로기적인 서술로 장황하게 표현하면서, 체르나코프는 "실제로 루빈슈테인 교수는 프로이트의 공식화와 차별되거나 반대된다고 여겨질 만한 어떤 충동 개념도 제시하지 않았다. 그것은 본질적으로 차이가 없으며, 단지 프로이트가 말했던 것을 다른 방식으로 말하고 있을 뿐이다"라는 점을 보여 주려 했고, 이를 위해 루빈슈테인과 프로이트로부터 인용해 온 문구를 나란히 제시했다.[33]

루빈슈테인에게 이러한 공격이 가해진 그때, 소비에트 심리학과 정신의학의 스탈린주의화가 정점에 달했다. 이제 모든 연구는 의식 개념

---

32 E. T. Chernakov, "Protiv idealizma i metafiziki v psikhologii", *Voprosy filosofii*, 3, 1948[「심리학에서 관념론과 형이상학에 반대하여」, 『철학의 문제들』]. 번역은 Wortis, *Soviet Psychiatry*, pp.261~285. 인용 부분은 Wortis, p.266에서 가져왔다.

33 Wortis, *Soviet Psychiatry*, p.275. 길게 병치시킨 인용문은 pp.272~275에 나와 있다. 루빈슈테인은 정신분석에 어느 정도 관심을 보였지만, 중요한 이론적인 공헌을 하지는 않았다. 프로이트에 대한 그의 논의는 B. F. Lomov ed., *Sergei Leonidovich Rubinshtein: Ocherki, Vospominaniia, Materialy*, Moscow: Nauka, 1989, pp.100, 399[『세르게이 레오니도비치 루빈슈테인: 논고, 회고, 자료』] 참조.

에 대한 '역사-유물론적 해석'의 견지에 입각해 평가되었다. 이 이론의 주요 공헌자였던 비고츠키와 루빈슈테인의 작업을 비판하면서, '유물론 심리학자들'이라고 불리는 새로운 세대는 아마도 그들의 초기 작업을 오염시킨 부르주아적 영향의 타락에서 자유로운, 독창적인 개념을 더 단순하게 변형시켰다. 이제는 교조적인 개념이 거침없이 제안되었고, 계속해서 전쟁으로 표현되었다. "소비에트 간부위원회의 의식적이고 목적의식 있는 행동으로 극복될 서구 과학의 제국주의적 정책"에 대한 요구는 학술지와 진지한 신문기사의 지면에 자주 등장하는 주제였다. 정신 관련 이론에 대한 공식 입장이 발표되면서, 관념론자들에게 책임을 물어 고발하였기 때문에, "의식 너머에 있는 본능적이고 무의식적인 영역, 다시 말해 이성적인 것 너머에 있는 비이성적인 것, 이데올로기적인 것 너머에 있는 생물학적인 것, 인간의 의식과 인간의 행동과 사회 발전에 있어서 사회적인 것 너머에 있는 개인적인 것을 증명하기 위해" 지속적으로 노력해 왔던 프로이트주의 정신분석은 적대자가 되었다.[34] 정신분석 이론이 야기한 위험은 당 소속의 심리학자들뿐만 아니라 당 지도부 자신에게도 근심거리였다. 다음 진술에서의 증언은 중앙위원회를 대표해 공개되었다.

소비에트 심리학과 부르주아 심리학은 이런 점에서 서로 대립한다. 부르주아 심리학은 '무의식'이 인간 심리학의 기본적인 결정 요소이며 인간 개성의 중핵이라는 듯이, 그것을 출발점으로 삼는다. 소비에트 심리학은 의식이 인간의 정신 발달 단계에 있어 최고도로 분화된 단계라는 이론을 명

---

34 Wortis, *Soviet Psychiatry*, p.285.

시적으로 발전시켜 왔으며, 무의식의 영향과 비교해 볼 때 의식의 영향이 주도적인 역할을 했다는 점을 지적해 왔다.[35]

이러한 프로이트 비판은 모두 루빈슈테인에 대항하는 논쟁과 함께 이데올로기적으로 수용 가능한 정신에 관한 소비에트 과학을 공식화하는 보다 큰 절차 속에 전개된 것이었다. 그럼에도 불구하고 불안감은 여전했다. 비난과 반박이 계속해서 퍼부어졌다. 수년 전 출판물에 실린 글 한 줄이 파헤쳐져서, 사회주의 학문을 위협하는 힘을 부여받은 일련의 부르주아 적들의 무리와 연결될 수 있었다. 1930년대의 이론 전쟁은, 지도부가 마주하고 있는 정치적 곤경에 대한 구체화의 요구에서, 그리고 통제된 공포를 장기화시킬 필요성에서 논의된 보다 폭넓은 논쟁을 통합함으로써 진정한 힘을 이끌어 냈다. 그리하여 소비에트는 프로이트의 사상을 부정적인 미신으로, 비이성주의와 혼돈의 위협적인 이미지가 가득 찬 것으로 과장하여 해석했다. 이와 같은 형상은 자연 상태에서의 느닷없고 혼란스러운 폭풍에 대한 고대 러시아인의 공포buria와, 폭력적이고 원시적이며 통제할 수 없는 소작인의 폭동bunt으로부터 은연중에 영향을 받은 것이었다. 그 위협은 소비에트연방을 둘러싸고 있는 호전적인 서구 자본주의 세계로 인식되었다. 일부 당 간부들은, 루빈슈테인에 대한 공격에서 분명해졌듯이, 정신분석이 모든 서구 심리학의 중추라고 생각했다. 덧붙여, 이러한 신화는 사회 전반에 걸친 통제 강화, 아마도 소비에트 국가 고유의 보호 정책에 대한 복종, 전문인들과 지식

---

35 A. P. Fomichev, "Concerning the Pedological Distortions in the System of the People's Commissariat of Education." Wortis, *Soviet Psychiatry*, pp.119~120에서 인용.

인들에 대한 당 지도부의 권위 등을 보다 정당화시키는 데 이용되었다.

레닌은 정해진 목표에 충실하게끔 자연과 인간의 자발적인 열정을 재조정하면서, 이 혼란에 대한 질서 부여에 근거한 정치 구조를 건설했다. 그의 지지자들은 마르크스주의적 의식으로 무장하고, 역사의 소용돌이를 극복할 것이며, 계급 모순을 해소하여 인류에게 가해진 억압을 끝장낼 새로운 볼셰비키적 인간이라는 신화를 구성했다. 이를 위해 소비에트 시민들은 계획하고, 목표를 설정하고, 경계를 늦추지 않으며 환경을 정복하여 모든 적들을 물리쳐야만 했다. 새로운 유형의 인간에게는 내적 갈등을 초월하고, 악령이 떠다니는 외부 사회 세계에서 제대로 살아가는, 그런 신화적인 과제가 주어졌다. 그런 세계에서, 무의식 내부 깊숙한 곳에서 파괴를 자행하는 프로이트 정신의 악령들에 대한 관용은 있을 수 없었다.

# 7장

# 스탈린 이후

인간은 영원히 어린이로 남아 있을 수 없다. 그들은 결국 '적대적인 삶'으로 뛰어들어야 한다. 이것을 우리는 '현실에 대한 가르침'이라고 부를 수도 있겠다. 이 책의 유일한 목적이 이렇게 한 걸음 앞으로 발을 내딛어야 함을 강조하는 것이라는 사실을 굳이 독자들에게 털어놓을 필요가 있을까? ─ 프로이트, 「환상의 미래」(1927)[1]

## 벽에 생긴 균열

1991년 소비에트연방의 붕괴 이후에, 역사가들은 스탈린 시대의 폐쇄적인 시절에는 이용할 수 없었던 이전의 기록 자료들에 접근할 수 있게 되었다. 새로운 연구가 발표되었고, 앞으로도 더 많은 연구들이 나오게 될 것이다. 1938년 강제수용소에서 사망한 시인 오시프 만델스탐Osip Mandelstam, 1941년 로스토프의 유대교 예배당에서 독일 침략군에 의해 살해당한 정신분석가 사비나 슈필라인 등의 경우와 같이 매우 의심되었지만 증명할 수는 없었던 몇 가지 의혹들이 이제는 풀리고 있다.[2] 정

---

1 지크문트 프로이트, 「환상의 미래」, 『문명속의 불만』, 김석희 옮김, 열린책들, 2003, 221~222쪽. ─ 옮긴이
2 슈필라인의 죽음에 대해서는 V. Ovcharenko, "Sud'ba Sabiny Shpil'rein", *Rossiiskii psikhoanalitichskii vestnik*, 2, 1992, pp.68~69[「사비나 슈필라인의 운명」, 『러시아 정신분석 통보』] 참조. 이 논문에는 수십 년 동안 이용 불가였던 보관 문서에 있는 새로운 단서가 포함되어 있다. 1983년 가족인 마그누스 룽그렌(Magnus Ljunggren)이 제공한 정보에서 얻은 슈필라인의 죽음에 관한

부 기록 보관소에서 이러한 정보들이 흘러나오고, 스탈린 시대에 실제로 얼마만큼의 희생자가 있었는가에 대한 토론이 진행되었지만, 이것들이 당 관료, 지식인, 유대인, 소작농, 그리고 '국가의 적'이라고 선고받은 다른 모든 사람들을 포함해서 체포되고, 강제수용소의 산 주검이 되거나, 곧바로 사형장으로 보내졌던 엄청난 수의 시민들에게 덧씌워진 최악의 혐의들을 거의 벗겨 내지는 못했다. 이전 시기의 고발은 가혹한 처벌로 이어졌다. 게다가 스탈린이 내부를 공격하고 있는 동안에, 밖에서는 1941년의 히틀러 군대의 침략으로 국가가 공격받고 있었다. 이 침략에 뒤따른 잔혹한 전시에 2000만 명이 넘는 사람들이 목숨을 잃었다.

프로이트는 전쟁이 막 시작되었던 1939년 9월 23일 런던에서 숨을 거두었다. 그는 하마터면 너무 늦을 뻔했을 때까지 빈에 남아 있었다. 1938년 독일 정권이 오스트리아를 지배하게 된 이후 독일 정권과의 협상이 정신없이 바쁘게 진행되었고, 이는 프로이트의 이민과 강제 추방으로 이어졌다.[3] 소비에트 언론에서는 이러한 사건들에 대해 언급된 바가 없다.

끔찍했던 전쟁 기간 동안 정신분석과 관련된 임상 활동의 흔적은 거의 없다. 심지어는 프로이트에 대한 공개적인 비판조차도 이 시기에는 자취를 감추었다. 그러나 정신분석은 숨죽이면서 자리를 보전했다. 이에 대한 단서는 스탈린 시절에 소비에트연방의 주요 아동 정신의학자 중 한 명인 G. E. 수하로바G. E. Sukharova 밑에 있었던 한 정신의학자의

---

과거의 단서는 Carotenuto, *A Secret Symmetry*, ed. William McGuire, 1984, pp.x~xi의 재판본에서 언급되었다.

3 프로이트의 생애 마지막 시기에 대해서는 *Peter Gay, Freud: A Life for Our Time*, New York: Norton, 1988, pp.611~651 참조.

감상을 통해 드러난다.

당연히 우리는 프로이트에 익숙했다. 나는 그의 책을 여러 권 가지고 있는데, 불행히도 (미국에 오면서) 그것들을 가져올 수는 없었다. 우리는 논문이나 임상 분석에서 공식적으로는 그의 이름을 언급하지 않았다. 프로이트의 역할에 대한 나의 이해를 여기에 적는 것은 불가능하지만, 특히 신경증과 관련해서 그의 이론은 분명 도움이 되었다. 나의 스승인 G. E. 수하로바 교수는 몇 가지 사례를 설명하면서 우리에게 종종 다음과 같이 말했다. "그 점에서 우리는 프로이트의 이론을 피해 갈 수 없습니다."[4]

1943년 늦여름, 소비에트 문학 잡지 『10월』Oktiabr은 프로이트적인 주제로 가득 차 있는 소설 『태양이 뜨기 전에』Pered voskhodom sol'ntsa의 1회 분을 실었다. 저자 미하일 조셴코Mikhail Zoshchenko는 유명한 작가로 특히 1920년대의 소비에트적 삶을 비판하는 풍자적이고 해학적인 단편소설들로 잘 알려져 있었다. 조셴코는 프로이트의 저작에 매우 친숙하였을 뿐만 아니라 소설을 발표하기 위해 공식적으로 승인된 파블로프 이론에 대한 지지를 가장함으로써 정신분석에 대해 가지고 있었던 자신의 긍정적인 생각을 조심스럽게 숨겼다.

『태양이 뜨기 전에』는 조셴코의 자기 분석의 결과이다. 이 작품에서 조셴코는 우울증의 고통스러운 증상을 진정시키기 위해 유아기와 어린 시절의 외상적 사건을 드러내고자 노력했다. 그의 말에 따르면, 그

---

4 1985년 11월 6일 이리나 딘킨(Irina Dynkin) 박사와 필자와의 사담에서. 인터뷰를 수락해 주고 모스크바에서의 의학 수업과 경험을 회상하는 긴 편지를 보내 준 딘킨 박사에게 감사의 뜻을 표한다.

의 목적은 "내 인생의 초반 2년을 뒤덮고 있던 짙은 안개"를 찢어 내고, 이렇게 의식적 기억의 "태양이 뜨기 전에" 발생했던 드라마를 보는 것이었다. 또한 조셴코는 "뇌 속에서 둘로 나뉘어 싸우고 있는 것들", 즉 의식과 무의식의 차원을 교전 중인 소비에트와 독일 군대들과 비교하면서, 전쟁 자체를 효과적으로 사용했다. 여기서 나치 침략자들이 폭력적인 본능이라는 정신의 '하부 층위'와 뚜렷이 동일시되었다.[5] 소설 연재는 중단되었고, 조셴코는 근거 없이 전쟁 캠페인을 지지하지 않는다는 지독한 혐의를 뒤집어쓴 채 공개적으로 혹독한 공격을 받게 되었다. 그는 침묵과 수치와 가난을 뒤집어쓰게 되었다.[6]

조셴코의 소설에서는, 화자가 마지못해 프로이트보다 파블로프를 지지하는 선택을 하는 것으로 묘사되었다. 현실에서는, 일단 전쟁이 끝나자마자 소비에트 정권은 프로이트에 대해 남아 있는 그 어떤 호의도 제거해 버릴 것이라는 점을 확실히 하려는 활동을 재개했다. 이에 따라 소비에트 정권은 1930년에 했던 것처럼, 다시 한 번 수용 가능한 담론의 경계를 명시하기 위해 회의를 소집했다. 1950년 소비에트 과학 아카데미와 의학 아카데미는 과학자 파블로프의 탄생 100주년을 기념하는 '파

---

5 조셴코 소설의 정신분석적 내용에 대한 상세한 연구는 Thomas P. Hodge, "Freudian Elements in Zoshchenko's Pered voskhodom sol'ntsa"(1943), Slavonic and East European Review, 67(1), January, 1989, pp.1~28 참조. 전쟁을 은유한 구절은 p.18. 또 이 주제에 대한 더 심층적인 연구는 Rachel May, "Superego as Literary Subtext: Story and Structure in Mikhail Zoshchenko's Before Sunrise", Slavic Review, 55(1), Spring, 1996, pp.104~124와 Vera von Wiren-Garczynski, "Zoshchenko's Psychological Interests", Slavic and East European Journal, 11(1), Spring, 1967, pp.3~22 참조. 소설 자체는 Mikhail Zoshchenko, Pered voskhodom sol'ntsa, Moscow: Sovetskaia Rossiia, 1976[『태양이 뜨기 전에』] 참조. 이 시기에 소비에트의 중요한 영화감독이었던 세르게이 예이젠시테인(Sergei Eisenstein)의 정신분석에 대한 관심, 그리고 그의 작품과의 연관성에 대한 몇몇 논의가 있지만, 예이젠시테인의 글에서 이것이 중요한 관심사였다는 것을 내비친 부분은 거의 없다. Etkind, Eros nevozmozhnogo, pp.381~388[『불가능한 에로스』] 참조.

6 Lobner and Levitin, "Short Account of Freudism", p.18.

블로프 학술회의'를 공동으로 주최했다. 그 회의가 열리기 전, 같은 해에 쏟아져 나온 신문과 잡지의 기사들이 파블로프의 업적을 평가하고 기념하였다. 파블로프에 대한 칭송에는 대개 프로이트 비판이 뒤따랐다. 여기서 프로이트의 작업은 직접적으로 파블로프의 연구에 적대적인 것으로 그려졌다.[7] 1950년 6월 28일부터 7월 4일까지 개최된 이 회의에서는 81개의 연설이 있었는데, 각각의 연설이 특정 과학 연구 분야에 파블로프의 작업과 '가르침'을 적용하는 문제를 다루고 있었다. 일반적으로 생리학, 신경학, 심리학, 의학 같이 파블로프가 직접적인 관심의 대상으로 삼았던 것들뿐만 아니라 '합리적 식이요법', '체육', '온천 치료'와 같이 관련성이 약한 분야에 이르기까지 전문 영역의 목록은 포괄적이었다.

그 회의의 정식 목적은 "소비에트연방에서 파블로프의 유산을 발전시키는 것과 관련해서 어떤 사안들이 유효한지를 비판적으로, 또 자기비판적으로 검토"하는 데 관여하도록 참가자들을 격려하는 것이었다. 이 회합에서 무엇보다 초현실적인 순간 중 하나는 기조연설자가 이 검토가 자유롭고 개방되어 있는 탐구 정신으로 이루어질 것이라고 공표한 것이었다. 이 주제를 강조하면서, 과학 아카데미의 학장인 S. I. 바빌로프S. I. Vavilov는 대회 연설에서 스탈린을 인용했다. "논쟁 없이, 비판의 자유 없이 과학의 발전과 번성이 불가능함은 널리 알려진 사실이다." 바빌로프는 대회가 "기존의 권위를 신경 쓰지 않고 과거의 전통에 구

---

7 예컨대 N. I. Grashchenkov, "K stoletiiu so dnia rozhdeniia Akademika I. P. Pavlova", *Nevropatologiia i psikhiatriia*, 18(1), 1949, pp.3~9「아카데믹 I. P. 파블로프의 탄생 100주년에 즈음하여」, 『신경병리학과 정신의학』] 참조. 프로이트 비판은 pp.8~9. 그라셴코프는 이 잡지의 편집장이었으며 보건부의 주요 자문 위원장이기도 했다.

애되지 않으며 사람들에 관계없이" 이런 논쟁을 위한 기회가 되어야만 한다고 덧붙였다.[8] 숙청 재판과 전쟁 기간 동안 스탈린은 파시즘을 물리친 성공적인 군대 지휘관으로서 자신의 권력을 강화하였다. 그 여파로 — '소비에트의 자유'는 스탈린의 무한한 권위에 복종적인 찬양을 요구했다. 이러한 정신으로, 회의는 스탈린에게 보내는 편지로 결의안을 통과시켰다. 이 편지에서 스탈린은 찬사를 받았고, "최고의 과학자이자 천재로서", 그리고 "영웅적인 볼셰비키당의 지도자이자 스승"으로서 기꺼이 인정되었다. 그 편지는 다음과 같이 끝났다. "친애하는 스탈린 동지, 우리는 파블로프의 과학을 발전시키는 작업에 있어 결점을 가능한 한 빨리 없애는 데에 모든 노력을 기울이겠다는 것을, 그리고 이 나라에 공산주의 건설을 앞당기기 위해 그것을 최대한도로 활용할 것을 약속합니다."[9]

사실, 대회는 "파블로프의 가르침들이 의학 체계 전반과 …… 과학의 전 영역에 기초를 만드는 것임에 틀림없음"을 증명하는 데 온전히 바쳐졌다. '논쟁'은 서구의 '관념론적' 생리학자와 심리학자의 "반동적인 비난에 맞서 충분히 열심히 싸우지 않고 파블로프의 유물론적 가르침을 수호하는 통일전선에서 앞으로 나서지 않는 파블로프의 제자들"을 '노출'시키기에 이르렀다. 이러한 이데올로기적 비판의 목적은 파블로프의 가르침이라는 명목으로 교조주의적인 태도를 확립하면서, 오류

---

8 S. I. Vavilov, "Inaugural Address", *Scientific Session on the Physiological Teachings of Academician I. P. Pavlov*, Moscow: Foreign Languages Publishing House, 1951, pp.9, 15. 원서는 *Nauchnaia sessiia posviashchennaia problemam fiziologicheskogo ucheniia akademika I. P. Pavlova. Stenograficheskii otchet*, Moscow, 1950[『아카데믹 I. P. 파블로프의 생리학설 문제에 바쳐진 과학 회담. 대화 녹음집』] 참조.

9 *Scientific Session*, pp.5, 7.

를 수정하여 모든 과학 작업을 '올바른 길로' 이끄는 데 있었다.[10]

　프로이트와 정신분석은 싸워야 할 '관념론적' 이론들 가운데 포함되었다. 하지만 프로이트 비판에는 새로운 차원이 추가되었다. 냉전이 시작된 결과, 정신분석적 개념들을 모조리 깎아내리려는 비평들에서, 그것들은 이제 미국 자본주의와 제국주의를 연상시켰다. K. M. 비코프K. M. Bykov에 따르면, "외국, 특히 독점자본의 팽창주의적인 경향이 가장 파렴치한 형식으로 뚜렷하게 드러나고 있는 미국에서 '심신의학' psychosomatic medicine은 지배계급의 이익을 보호하기 위해 가장 반동적인 이론으로 스스로를 무장하게 된다".[11]

　비코프는 한 걸음 더 나아가 (심신의학에 대한 정의를 내리지는 않았지만) 심신의학이 문명화된 사회에서 억압된 공격적인 본능이 인간을 지배한다는 프로이트적 개념에 근거한다고 주장했다. 이 억압은 결국 적대적인 본능을 강화시켰다. 그 결과, 문명화된 사회는 심신의학의 정신의학자들이 분석하고 가라앉히려 애썼던 과도한 '고혈압'을 앓게 되었다. 특히 프로이트의 영향력이 계속 커지고 있는 미국에서 이러한 경향에 대한 관심이 확산되고 있으므로, "우리는 잡지와 전공 논문을 통해, 해외 의학에 의해 쇄신되어 활용되고 있는 프로이트주의 학설의 기본 원리에 집중적인 비판의 포화를 날릴 의무가 있다". 비코프는 "파블로프의 조건반사 이론과 '프로이트주의'를 '반사학적 프로이트주의' reflexological Freudism라는 하나의 체계로 결합하려는 시도들이 여기 소비에트연방에서 이루어지고 있다"라고 경고했다. 이런 종류의 시도는 거

10 *Ibid*., pp.17, 20, 23.
11 K. M. Bykov, "Development of the Ideas of I. P. Pavlov", *Ibid*., p.67. 이 대회에서 친파블로프주의자와 반파블로프주의자 간의 갈등에 대해서는 Joravsky, *Russian Psychology*, pp.404~414 참조.

의 없었지만, 그럼에도 비코프는 "파블로프는 기회가 될 때마다 자신과 프로이트와의 관련성을 부인했다. …… 프로이트적인 개념의 비과학적 성격 때문에", 그리고 "부르주아 사회의 타락과 파시즘으로의 몰락을 반영하는 신비주의적인 개념들"을 토대로 하고 있기 때문에, "프로이트 적인 개념은 파블로프의 제자들과 지지자들에게는 용납되지 않는다"는 점을 청중들에게 상기시켰다.[12]

이런 언급들은 프로이트에 대한 파블로프 자신의 관점이라고 우리 가 알고 있는 것과는 거의 상관이 없었다. 몇 가지 증거들은 과학자로 서, 파블로프가 프로이트의 이론을 진지하게 받아들일 만큼 충분히 관 심을 가지고 있었으며 정신분석의 특정 측면에 대해서는 심지어 호의 적으로 반응했으리라는 점을 보여 준다. 예를 들어, 1930년대 초 모스 크바를 방문했던 한 서구의 정신의학자는 파블로프와 프로이트가 상 당 부분 일치한다는 것을 발견했을 뿐만 아니라, 대화 중에 파블로프가 "프로이트의 저작 일부를 읽고" 그 결과로 몇 가지 실험을 구성했노라 고 인정했음을 기록했다. 파블로프는 나아가 "자신의 사고와 실험을 자 극시켜 준 프로이트에게 빚이 있다"라고 말했으며, "조건반사와 정신분 석 개념을 융합시킴으로써 행동에 대해 더 깊이 이해할 수 있게 될 것" 이라고 덧붙였다. 이후에 이 이야기를 들었을 때, 프로이트는 다음과 같 이 말했다. "파블로프가 수십 년 전에 공개적으로 이렇게 말했더라면 노

---

12 *Scientific Session*, pp.66, 69, 72. 스탈린 이후의 소비에트의 관점에서 프로이트와 파블로프의 대립을 주장한 비코프의 입장을 설명하려는 시도 중에서 가장 방대한 것으로, Harry K. Wells, *Pavlov and Freud: Toward a Scientific Psychology and Psychiatry*, 2 vols, New York: International Publishers, 1956이 있다. 일찍이 정신분석 이론에 대해 어느 정도 긍정적인 관심을 표하고자 했 던 A. S. 치스토비치(A. S. Chistovich)는 그 대회에서 사죄하도록 강요당했다. Joravsky, *Russian Psychology*, p.529, 각주 21 참조. 말할 필요도 없이, '반사학적 프로이트주의'라는 것은 존재하지 않았다.

움이 되었을 텐데."[13]

하지만 대회의 요점은 프로이트에 대한 파블로프의 생각을 정확히 규정하는 데 있는 것이 아니라, 차라리 이데올로기 체계를 공고히 하고 과학 연구를 당의 권위주의적인 의견에 복종하도록 하는 데에 있었다. 스탈린이 살아 있는 한, 공포의 수단은 유지되었고 통제는 엄격해졌다. 조셴코의 소설의 경우처럼 정치적으로 방해가 되고 제재 조치가 필요한 미심쩍은 프로이트적 관점이 검열국의 감시를 빠져나간 예는 극히 소수였다.

일단 이런 이데올로기 체계가 구성되었지만, 그것은 머지않아 붕괴되기 시작했다. 1953년 스탈린이 사망했을 때, 흔히 말하길, 대중은 울었고, 인텔리겐치아는 기뻐했으며, 당은 달아났고, 사람들은 모두가 해방되었다. 그럼에도 불구하고 공포에 기반을 둔 수십 년간의 지배를 겪은 뒤였기에, 지도자가 사라진 후에도 쉽사리 혹은 빠르게 스탈린주의를 없었던 일로 돌릴 수도, 지워 버릴 수도 없었다. 스탈린이 죽은 이후 소비에트의 변화는 사회 곳곳에서 점진적으로 이루어졌다. 새로운 흐름 속에서, 니키타 흐루쇼프Nikita Khrushchyov가 20차 당대회의 비밀 연설에서 스탈린의 '범죄'라고 고발한 굴라크로부터 대다수의 '인민의 적들'이 귀환하고 복권되었으며, 일리야 에렌부르크Ilya Ehrenburg의 『해빙』Ottepel, 1954과 알렉산드르 솔제니친Aleksandr Solzhenitsyn의 『이반 데니소비치의 하루』Odin den' Ivana Denisovicha, 1962 같은 사회주의 리얼리즘풍에서 확연히 벗어나 있는 소설들이 출판되었다.

---

13 Laurence S. Kubie, "Pavlov, Freud and Soviet Psychiatry", *Behavioral Science*, 4, 1959, pp.29~34 참조. 프로이트에 대한 호의나 존경심을 보여 주는 파블로프의 언급의 또 다른 예는 Lobner and Levitin, "Short Account of Freudism", p.17 참조.

심리학 분야에서는, 1950년 과학 학술회의에서 선포되었던 파블로프주의자 단체에 대한 조심스러운 비판이 신문과 잡지 기사에 등장하기 시작했다.[14] 과거에 공격을 받았던 과학자들은 이제 이론적일 뿐만 아니라 실증적인 논문들을 전문 출판물로 발간하였다. 프로이트주의에 동조했을 뿐만 아니라 1948년 '세계주의자'cosmopolitan로 비난받았던 루빈슈테인은 모스크바대학의 심리학과 학장에 다시 임명되면서 과거에 잃었던 지위를 찾았다. 1955년에 루빈슈테인은 1930년대 초 이래로 전적으로 심리학 영역만을 다룬 최초의 전문 학술지 『심리학의 문제들』 Voprosy psikhologii의 최고 쟁점에 관한 권두 논문을 청탁받았다. 자극-반응 기제를 다룬 파블로프의 이론이 여전히 폭넓은 지지를 받고 있었지만, 「심리학적 이론의 문제들」Voprosy psikhologischeskoi teorii이라는 제목의 논문에서 루빈슈테인은 파블로프주의 심리학이 가지고 있는 교조적인 성격을 비판했다.[15] 심리학에서의 이러한 재검토는 10년 내내 계속되었으며, 1950년 파블로프 학술회의의 결의안이 지금은 스탈린의 '개인숭배'라고 언급하고 있는 것의 이름으로 자행했던 그들의 오류와 과도함을 비판할 수 있는 지점으로 이어졌다.

유사한 반전이 일어났다. 죽어서 매장당했으리라 생각했던 '프로이트주의'가 그렇지 않은 것으로 드러났다. 공식적으로 정신분석에 대한 비판은 아주 가혹하고 완고하게 남아 있었다. 사실, 이 시기에 소비에트 정신의학을 연구한 유명한 미국인 전공자는 루빈슈테인에 반대하는 운

---

14 R. Tucker, "Stalin and the Uses of Psychology", *The Soviet Political Mind: Studies in Stalinism and Post-Stalin Change*, New York: Praeger, 1963, pp.114~116에 있는 논의와 참고문헌 참조.

15 S. L. Rubinstein, "Voprosy psikhologischeskoi teorii", *Voprosy psikhologii*, 1, 1955, p.14「심리학적 이론의 문제들」, 『심리학의 문제들』]. 그의 주요 저서인 『일상과 의식』(*Bytie i soznanie*)은 1957년에 나왔다.

동, 그리고 프로이트와 그의 작업을 비판하는 지속적인 잡음을 보면서 "소비에트연방에서 정신분석은 결코 기반을 다지지 못했다"라고 진술 했다. 게다가 그는 "프로이트주의 학파가 소비에트연방에서 결코 부활 하지 못할 것"이며, "아들러, 라이히, 그리고 그 밖의 다른 프로이트주의 분파는 프로이트주의와 함께 전부 사라질 것이다. 나는 심지어 에리히 프롬, 카렌 호르나이Karen Horney, 해리 스택 설리번Harry Stack Sullivan 및 다른 현대 분석가들의 작업이 소비에트의 문헌에 언급된 경우를 발견할 수 조차 없었다"라고 덧붙였다.[16] 1955년이 되어서도, 스탈린의 사망 전에 출판 준비 중이었던 철학 사전의 정신분석 항목에는 통상적인 비난이 되풀이되어 있었다. "부르주아 심리학에 널리 퍼져 있는 반동적이고 관 념론적인 경향"인 정신분석은 의식의 이성적인 기능을 무의식의 성적 충동의 명령에 종속된 지위로 축소시켰다. 그 항목에서, 과학적 심리학 은 유아기의 갈등, 즉 "인간의 운명을 미리 결정하는 숙명론"에 대한 프 로이트의 개념과 "인간 정신에 있어 유일하고 기본적인 '법칙'"으로서 리비도의 개념을 거부한다고 강력하게 주장하였다. 이러한 개념들은 단지 인간의 "가장 비도덕적이고 가장 혐오스러운 본능적 경향"을 정당 화하고 있을 뿐이라는 것이었다.[17]

이 같은 강경하고도 신랄한 태도에도 불구하고, 이미 상반되는 경 향을 보여 주는 징후가 나타나고 있었다. 어떤 것들은 미묘하고 간접적 이었다. 예컨대, 1956년 초 주요 심리학 저널에 실린 「20차 공산당대회

---

16 Wortis, Soviet Psychiatry, pp.72, 102.
17 The Short Philosophical Dictionary, 4th ed., 1955, p.527. Walter Laqueur, "Psychoanalysis in Soviet Perspective", Soviet Survey, 7, 1956, p.2에서 인용. W. 라퀘르(W. Lacqueur)가 쓴 논문의 독 일어 번역은 Psyche, December, 1956, pp.588~596에서 찾아볼 수 있다. 번역본의 내용은 추가된 서문을 제외하면 원본과 동일하다.

와 과학적 심리학의 의무」XX C"ezd KPSS i zadacha nauchnoi psikhologii에서는 초기 유아기를 다루었다. 이 주제는 프로이트와의 연관성 때문에 오랜 시간 동안 무시되어 왔다. 그 결과 "아동의 삶에서 의미 있고 매우 중요한 기간이 심리학자와 교육자의 시야에서 전적으로 사라졌던 것이다". 논문의 저자는 특히 세 살이 될 때까지의 유아기의 발달에 주목해야 한다고 주장했다. 저자는 만약 심리학자들이 이것의 필요성을 이야기하지 않는다면, "이성적인 태도로 [아동을] 교육하도록 지도하는 것은 상당히 불가능해질" 것이라고 경고했다.[18]

## 프로이트 없는 프로이트: 먀시셰프와 우즈나드제

심리학에서 프로이트와 정신분석에 정통한, 경험 많고 존경받는 연구자 두 명의 작업이 점점 신망을 얻게 되었다는 점은 더욱 의미가 있다. V. N. 먀시셰프는 1920년대 이래로 정신신경학이라는 전문 분야에서 연구를 해왔지만, 스탈린이 사망한 뒤에야 레닌그라드의 베흐테레프정신신경학연구소 소장으로 임명되었으며 레닌그라드대학의 심리학과 학장으로 선출되었다. 또한 이 시기에, 그는 신경증적 장애라는 주제에 한층 더 몰두하기 시작했다. 트빌리시의 심리학자인 드미트리 우즈나드제1886~1950도 비슷한데, 그는 일찍이 모국어인 조지아어로 수많은 논

---

18 Laqueur, "Psychoanalysis in Soviet Perspective", *Voprosy psikhologii*, 2, 1956, p.4[『심리학의 문제들』]에서 인용. 라쿼의 보고서는 정신분석적 주제를 대하는 태도에서의 상반된 경향을 포착해낸 서구의 첫 보고서 중 하나였다. 그는 이러한 경향을 확인할 다른 소비에트 출판물들에 대해서도 언급했다. 덧붙여, 그는 동독 잡지인 『신독일문학』(Neue Deutsche Literatur)의 1956년 5월호에, 소비에트연방에서도 유명했던 소설가 아르놀트 츠바이크(Arnold Zweig)가 자신의 원고에서 프로이트를 긍정적으로 평가한 것과 함께 프로이트의 글을 발췌·수록한 것을 언급했다.

문을 발표했지만, 1950년대에 이제 그의 작업은 소비에트 독자들에게 더 널리 퍼졌다. 그의 실험과 발견에 대한 논의들 중 하나를 최초로 실은 러시아 잡지는 바로 1956년 새로 창간된 『심리학의 문제들』이었다. 이 잡지에서는 무의식 개념을 활용한 집중적인 치료법을 찾아볼 수 있었다.[19] 이 주제들 — 신경증과 무의식 — 은 이러한 테마와 관련된 정신분석적 연구가 허용될 수 없었던 1920년대 후반 이래로 사실상 폐기되었던 것들이었다.

먀시셰프는 정신신경학연구소의 창시자인 V. M. 베흐테레프의 가르침을 받아 1919년 정신신경학연구소 훈련 프로그램을 마쳤다. 길고 생산적인 연구 활동을 하면서, 먀시셰프는 250권 이상의 저서와 연구 논문을 발표했는데, 방대한 논문집인 『성격과 신경증』Lichnost' i nevrozy, 1960은 명백히 가장 영향력 있는 단독 저작이었다. 그는 레닌 훈장을 비롯해서 많은 국가에서 수여한 상을 받았으며, 수많은 위원회의 위원장과 과학 단체의 단체장을 역임했다.[20] 그러나 한 가지 영예는 보류되었다. 그는 소비에트 교육과학 아카데미Akademiia pedagogicheskikh nauk SSSR의 객원 멤버로 임명되었지만, 그럼에도 보다 명성 있는 의학 아카데미에서는 그와 비슷한 직위를 거절당했기 때문이다. 이는 의학 아카데미를 장악하고 있는 정통 파블로프주의자들의 강경한 반대 탓이었다. 그들은 신경증과 정신요법에 대한 먀시셰프의 작업을 과학적으로 타당한 것으로

---

19 *Voprosy psikhologii*, 6, 1956, pp.72~112[『심리학의 문제들』].
20 상장과 훈장에 대한 요약은 *Zhurnal nevropatologii i psikhiatrii*, 74(3), 1974, pp.467~468[『신경병리학과 정신의학 저널』]에 실린 먀시셰프의 부고 기사에서 발견할 수 있다. 또한 Edward Babayan, *The Structure of Psychiatry in the Soviet Union*, New York: International University Press, 1985, pp.200~202에서는 먀시셰프를 소비에트 정신의학자들 가운데 상위 레벨에 위치시키면서 높이 평가했다.

받아들이기를 거부하였으며, 먀시셰프가 파블로프 이론에 대해 공개적으로 경의를 표했음에도 불구하고 그를 소비에트 의학과 정신요법의 과학적 주류에서 벗어나 있는 것으로 간주했다.[21]

먀시셰프의 작업을 보면, 파블로프 이론의 수용과 정신분석에 대한 관심 사이에 모순이 있는 것처럼 보인다. 먀시셰프와 파블로프가 서로 다르다는 것이 사실상 맞지만, 그럼에도 먀시셰프는 종종 자신이 파블로프주의적 신경생리학에 더 가깝다고 이야기하려고 애썼다. 프로이트의 경우에서는 문제가 역전되었는데, 사실 먀시셰프는 프로이트뿐만 아니라 알프레트 아들러에게, 후기 프로이트주의자들 중에서는 해리 스택 설리번에게 많은 영향을 받았음에도 불구하고, 자주 정신분석 이론에 대한 반대를 표명했던 것이다. 공식적으로 먀시셰프는 소비에트 연방에서 "신경증의 임상 심리 이론과, 이러한 장애에 대해 근본적으로 정신분석과 구별되는 정신요법 체계를 구축하였다"는 찬사를 받았다.[22] 그럼에도 불구하고, 프로이트의 근본 원리의 핵심에 있는 정신병리학적이고 정신요법적인 치료 양식에 그가 얼마나 강렬한 흥미를 가지고 있었는지를 생각해 보면, 먀시셰프가 이데올로기적인 비난을 받지 않으면서 그렇게 많은 일들을 성취할 수 있었다는 사실이 놀랍다. 그가 불운을 피할 수 있었던 이유는 스탈린 사후에 뒤따라 온 한층 완화된 조건 덕택일 뿐만 아니라 그가 정신분석적인 내용을 노골적으로 사용하지 않고서도 신경증적 성격에 대한 프로이트의 관심사의 상당 부분을 그

---

21 레닌그라드의 정신신경학연구소에서 서구의 한 연구자가 약속한 방문 기간 동안 발견한 바에 따르면, 먀시셰프의 학생들과 동료들은 이에 대해 수년간 씁쓸함을 금치 못했다. W. Lauterbach, *Soviet Psychotherapy*, New York: Pergamon Press, 1984, pp.94~95 참조. 이 연구에서 먀시셰프의 영향력은 놀라운 것으로 그려졌다.
22 앞서 인용한 각주 20, p.467의 먀시셰프의 부고 기사에서 인용.

의 작업으로 섞어 내는 일을 성공적으로 해냈기 때문이었다.

임상의 이론과 실천에 대한 먀시셰프의 공헌은 그가 출판한 임상 사례 발표에서 명백히 드러나는데, 그것은 그 시기 소비에트 정신의학 저널에서는 드문 것이었다. 먀시셰프는 점점 심리학적으로 치료해야 한다고 생각한 환자들의 '내면적' 갈등에 대한 사례연구를 우선적으로 취급하게 되었다. 특정한 사례에서는 "진정제나 강심제도, 목욕요법이나 수면요법도" 도움이 될 수 "없다". 그는 신경증 환자들은 "집중하거나 감정을 제어할 능력을 관리하는 힘에 장애를 가지고 있다"라고 말했다. 강박신경증의 경우, "〔개인의〕 인격의 통제를 벗어난 작용들과 끊임없이 투쟁한다. 히스테리로 고통받는 사람은 충동에 완전히 압도당한다. 그리하여 그가 그것들을 통제하는 것이 아니라 그것들이 그를 지배하게 된다".[23]

좀 더 직접적으로 드러나는 병력 하나를 소개하면서, 먀시셰프는 난폭한 개에게 공격당할 것이라며 끊임없이 겁을 내는 한 환자에 대해 설명했다. 그녀는 종종 사납게 울부짖는 소리를 내면서 개처럼 행동하는 시기를 겪었다. 이 시기를 거치는 동안, 그녀는 너무도 사랑하는 어린 아들을 도끼로 내리치고 싶은 강한 충동을 느꼈다. 정신 치료 기간 동안 환자는 자신의 신경증적 반응 뒤에 숨겨진 동기로 밝혀진 예전에 겪은 외상을 기억할 수 있었다. 수년 전, 환자와 그녀의 남편은 제2차 세계대전으로 집을 잃었다. 그녀는 경쟁적이고 적대적인 관계였던 시누

---

23 V. N. Miasishchev, *Personality and Neurosis*, Washington, D.C.: Joint Publication Research Service, 1963, p.v. 이것은 1960년 베흐테레프상을 받은 저자의 *Lichnost' i nevrozy*, Moscow: Leningrad University Press, 1960[『성격과 신경증』]을 번역한 것이다. 이 책에는 1935년에서 1960년 사이에 출판된 먀시셰프의 가장 중요한 연구 논문이 들어 있다. p.v와 번역본 p.238에서 인용.

이와 함께 살 수밖에 없었다. 소외감 속에서 사랑받지 못하고 있다고 느끼면서, 또 자신의 삶에 영향을 미치는 결정을 내리는 데 무기력함을 느끼면서, 그녀는 통제할 수 없는 파괴적인 충동을 경험했다. 먀시셰프는 다음과 같이 말했다. "모든 것들과 모든 사람들을 파괴하고 싶은 충동을 느꼈을 때, 그녀는 숲으로 가서 옷의 단추를 풀어헤쳐 자신의 가슴을 할퀴고는 스스로를 땅바닥에 내던지면서 울부짖었을 것이다. 그녀가 아들을 죽이는 강박적인 성향이 생기기 시작한 것은 바로 그 무렵이었다. 그 후에 화가 날 때, 집에 있는 동안 바닥에 쓰러져 울부짖게 되었다." 이러한 행동은 부모님의 집에서 살던 환자의 유아기 경험의 영향을 받은 것이었다. 그녀가 기억할 수 있는 거의 모든 경우를 떠올려 보면, 그곳에서 그녀는 무엇이든 자신의 방식대로 할 수 있었다. 그녀는 어린아이 같은 행동에 적절한 경계를 설정해 주지 않았던, 지나치게 관대한 부모님의 사고방식을 자신의 결혼 생활로 끌어왔다. 결혼을 통해 그녀는 부모와의 관계에서 벗어나 처음으로 깊은 정서적 유대감을 형성한 듯 보였지만, 결혼 직후 시누이의 집으로 이사를 할 수밖에 없었다. 기가 센 시누이의 거부로 전능한 신으로서의 환상을 유지할 수 없게 된 그녀는 동물적인 분노에 휩싸이는 지경으로까지 악화되었다. 그녀의 지배 욕망은 너무 강해서, 그것이 좌절되자 자신의 파괴적인 충동을 아들에게로 돌리게 되었다. 냉혹한 복수를 하는 환상 속에서, 그녀는 남편의 도끼로 아들을 죽임으로써, 그리하여 남편과 경멸하는 누이로부터 가장 사랑하는 가족을 빼앗음으로써 복수할 수 있으리라 의심치 않았다.[24]

---

24 이 사례는 Miasishchev, *Personality and Neurosis*, p.207에 설명되어 있다. 다른 사례 요약은 pp.238~239 참조.

이 사례는 정신분석 문헌을 단 한 줄도 언급하지 않으면서도 정신분석적인 지식을 제공한 임상 연구였다. 외상적이고 유아기적인 성적 갈등을 이야기하는 대신에, 먀시셰프는 '과거의 역할'과 '병리적인 상황'을 설명했다. 게다가 비록 언급되지는 않았지만, 환자에 대한 먀시셰프의 분석에서 무의식의 역할은 강력한 모티프였다.

그럼에도 불구하고, 이데올로기적인 꼬리표를 붙이는 수준에까지 이르렀던 시기에는, 먀시셰프의 저작에서도 프로이트에 대한 의무적인 비판이 분명히 표명되었다. 예를 들어, 1948년에 그는 "인격의 심리학은 프로이트 심리학의 전형인 무의식이라는 현대의 반동적인 부르주아 심리학과 대립적인 관계이다"라고 말했다.[25] 같은 논문에 있는 또 다른 구절에서 먀시셰프는 다음과 같이 말했다. "우리 소비에트 정신요법은, 서유럽과 미국의 의사擬似과학적인 혹은 더 정확하게는 반反과학적인 정신요법의 사례에서처럼 본능과 무의식이라는 '생물학화된' 신비주의가 아니라, 질병을 연구하고, 성격에 대한 의식적인 사고방식을 큰 자산으로 하여 질병을 통제하는 발병학pathogenesis의 이해에 치료의 목표를 두고 있으며 이를 달성할 수 있으리라 믿는다."[26] 1956년 신경증에 대한 에세이에서, 먀시셰프는 "프로이트가 세운 이론에서, 그는 성의 중요성을 왜곡하고 지나치게 과장하였다"고 말하면서 다음과 같이 쓰기도 했다. "프로이트는 이후에 성적인 경향성(삶에 대한 경향성)을 다른 것, 즉 보다 강력하고, 그의 새로운 견해에 의하면 결정적인 경향성인 ─ 죽음에 대한 경향성에 종속시키려는 시도를 했다. 이것이 그의 체계를 본질적

25 *Ibid.*, p.45.
26 *Ibid.*, p.47.

으로 변화시키지는 않았지만, 삶에 대한 낙관적 경향성과, 죽음에 대한 경향성이 가져온 향락의 이러한 교체는 우연이 아니다. 이것은 '유럽의 황혼' 시대의 제국주의적인 부르주아의 염세적인 분위기를 표현하고 있기 때문이다."[27]

　동일한 맥락에서, 프로이트의 작업에서 '남용'되고 있다고 주장하는 무의식 개념에 대한 먀시셰프의 논의에는 흥미로운 지점이 있다. 이러한 남용은 의식적 태도와 무의식적 태도를 구분하는 문제에 있어 "우리의 심리학적이고 신경생리학적인 해석에 중대한 결함을 야기했다". 하지만 먀시셰프는 "무의식에 대해 말하는 것이 프로이트주의로의 전락을 의미한다고 생각하는 것은 옳지 않다"고 말했다. 그는 계속해서 곧바로 핵심적인 질문을 하였다. "인간에게 무의식적인 태도, 그리고 그에 따른 경향성과 결핍이 존재하는가?" 동료들과 함께 진행한 다양한 실험들을 참조하면서, 먀시셰프는 그렇다고 대답했다. 게다가 그는 정신요법의 주된 과제 중 하나는 "[자유]연상과, 지금까지는 알지 못했지만 자신들의 행동을 결정하는 것의 의미를 이해하고 파악하도록" 환자들을 돕는 것이라고 말했다. 이 과정은 본질적으로 무의식적인 차원을 의식적인 차원으로 만드는 것이었다. 한때 무의식의 태도와 요구에 의해 동기부여되었던 행동이 치료를 통해서 "이제는 의식의 차원에 도달하게 될 것이다".[28]

　먀시셰프의 논문 곳곳에서는, 비록 명확한 언급이 없을 때조차도 프로이트의 영향력을 식별할 수 있다. 먀시셰프에게 의식적이고, 건강

<hr/>

27 *Ibid.*, p.202.
28 *Ibid.*, p.155.

하며, 사회적으로 기능하는 인격의 개념은 그것의 대립물—즉 강력한 무의식적 충동의 지배를 받으며, 억압된 과거에서의 충격적이고도 유해한 관계로 인한 외상으로 불구가 된, 개인적 차원의 신경증적 성격—과 밀접한 관련을 맺는다.

먀시셰프의 저서『성격과 신경증』의 끝부분 즈음에서, 그는 한 소비에트의 심리학자와 트빌리시의 그루지야 과학아카데미 산하 심리학연구소Institut psikhologii AN Gruzii에서 일하는 자신의 동료들이 진행한 "다양하고 흥미로운 실험"에 대해 논의했다.[29] 먀시셰프는 드미트리 우즈나드제의 작업을 언급하고 있었는데, 그는 프로이트가 결코 하지 않았던 것, 즉 인간의 성격에 무의식이 존재한다는 데 대한 실증적 증거를 확보하기 위한 노력을 하고 있었다.

우즈나드제의 학창 시절과 관련해서는 그가 1909년 독일에서 박사학위를 받았다는 사실 이외에는 알려진 것이 거의 없다. 그는 분명 유럽 심리학에서의 선도적인 경향을 잘 알고 있었지만, 또한 이 시기의 중요한 두 명의 철학자—러시아의 블라디미르 솔로비요프Vladimir Solov'yov(우즈나드제의 학위논문의 주제였다)와 프랑스의 앙리 베르그송의 영향도 받았다. 무의식 현상에 대한 우즈나드제의 관심은 솔로비요프와 베르그송의 독서를 통해 상당 부분 자극받은 것으로 보인다.[30] 우

---

29 *Ibid*., p.270.
30 코줄린은 1926년 독일에서 출판된 우즈나드제의 베르그송 논문을 포함해서, 그가 받은 이러한 영향들에 대해 주목했다. *Psychology in Utopia*, pp.95, 166, 각주 24 참조. 러시아에서의 우즈나드제의 지위에 대해서는 Petrovskii, *Istoriia sovetskoi psikhologii*, pp.315~318[『소비에트 심리학의 역사』]; Budilova, *Filosofskie problemy*, pp.176~183[『철학적 문제들』]; Smirnov, *Razvitie*, pp.280~282[『발전』] 참조.

즈나드제와 프로이트의 경력을 비교하기도 하지만,[31] 어떤 외관상의 유사점보다는 차이점이 훨씬 중요하다. 분명, 우즈나드제의 학생들은 가장 헌신적인 프로이트의 제자들에게서 볼 수 있는 종류의 무조건적인 존경을 가지고 우즈나드제의 이론과 실험 작업에 애정을 보였다. 게다가 우즈나드제는 모스크바의 파블로프에 비교될 정도로 조지아 심리학계에서 높은 지위를 차지하였다. 그는 넓고 다양한 분야에서 중요한 발견을 한 세계사적으로 중요한 인물로서뿐만 아니라 현대 조지아 심리학의 창시자로서도 자주 언급되었다.[32] 하지만 이 모든 것은 그것의 특징 대부분을 결정하는 특수한 소비에트적 맥락에서 수행된 것이었다.

1950년대까지는 우즈나드제의 작업이 소비에트의 심리학자들과 정신의학자들 사이에서 크게 알려지지 않았다. 사실상 그의 주요 연구 논문은 모두 조지아어로 출판되었기 때문에 수십 년 동안 그의 독자는 제한적이었다.[33] 동시에 우즈나드제의 은둔 생활이 그의 작업의 본질이었음을 설명하는 것이 중요하다. 그는 모스크바에 있는 학계의 동료들이 무시하거나 비판한 문제들을 연구했다. 사실, 우즈나드제는 정신분석에 관한 모든 흔적들이 혹독하게 비판받거나 이데올로기적인 파블로프주의 학설 아래 매장되었던 바로 그 시기에 무의식의 현상을 가장 집

---

31 Hans Lobner, "'The Unconscious' in the Soviet Union", *Sigmund Freud House Bulletin*, 3, 1979, p.21.

32 R. G. Natadze, "Fifty Years of Psychology in Georgia"; A. S. Prangishvili, "The Concept of Set in Soviet Psychology in Light of Research by Georgia Psychological School" 참조. 두 편 모두 *Soviet Psychology* 7(2), Winter, 1968~69, pp.21~32, 33~47에 실려 있다.

33 우즈나드제의 중요한 초기 논문으로는 러시아의 *Psikhologiia*, 3, 1930[『심리학』]에 실린 "On the Problem of the Basic Law of a Change in Set"와 독일의 *Psychologische Forschung*, 1931에 실린 "On the Weight Illusion and Its Analogue"가 있다. 당시의 소비에트 심리학자들은 일상적으로 이 두 잡지를 읽었다.

중적으로 파고들었다. 이 문제에 대해서는 스탈린의 역할에 궁금증이 생긴다. 한편으로, 우즈나드제와 그의 동료들은 상대적으로 방해받지도 않고, 모스크바에 만연해 있는 잔인한 공산당의 투쟁에 연루되지도 않으면서 자신들의 연구를 진행하도록 허용된 듯하다. 하지만 다른 한편으로, 우즈나드제의 영향력은 크렘린에 살던 그의 조지아 친구[스탈린을 말한다]가 죽은 후에야 수용되고 확산되었다.

자신의 실험 연구에서, 우즈나드제는 '소비에트 무의식'이라고 부르면 가장 좋을 것을 이론적으로 설명하기 위한 개요를 그리고 있었다. 그것은 프로이트가 설명한 것과는 완전히 달랐다. 우즈나드제는 모든 의식적인 정신 활동의 기반에 놓여 있다고 생각되는 현상을 설명하기 위해 '장치'ustanovka, set라는 용어를 사용했다. 장치는 "검토하고 해결할 문제가 있는 상황에 대한 근본적인 반응"이다. 인간의 의식에서 정신적 활동을 위한 준비는 분명 보다 전 단계인 전의식 단계에서 발생한다. 전의식 단계는 "의식적인 층위에서의 문제 해결 과정에서 정신 활동의 절차와 구성을 결정한다". 우즈나드제는 지각적 환상에 대한 실험을 통해 "정신 발달의 초기 단계, 즉 전의식 단계에 과학적인 분석으로 접근할 수 있다"고 확신했다.[34]

초창기에 우즈나드제는, 정상적인 성격이든 비정상적인 성격이든 간에, 장치의 형성이 매우 중요하다고 생각했다. 가정에서, 그리고 이후

---

34 Dmitrii Nikolaevich Uznadze, *The Psychology of Set*, ed. Joseph Wortis and trans. Basil Haigh, New York: Consultants Bureau, 1966, p.10. 이 전공 논문은 1949년 조지아에서 처음 출판되었으며, 러시아에서는 보론인 "The Basic Principles of Theory of Set"와 함께 1961년에 출판되었다. 영어판에 두 편 모두 수록되어 있다. 우즈나드제의 초기 실험에 대한 개관은 *A Handbook of Contemporary Soviet Psychology*, eds. Michael Cole and Irving Maltzman, New York: Basic Books, 1969, pp.603~624에 수록된 R. G. Natadze, "Experimental Foundations of Uznadze's Theory of Set" 참조.

에는 학교에서 이루어지는 개인의 훈련과 교육을 기반으로 하여, 그 사람의 인생 전반을 함께하는 일련의 '무의식적 장치들'이 구성된다는 것이었다. 우즈나드제는 "그는 보통 이 장치들을 인식하지 못하지만, 그럼에도 불구하고 이것은 주어진 방향대로 그의 행동을 통제하는 힘으로 작용하기를 멈추지 않는다"고 말했다.[35]

우즈나드제는 프로이트를 비판했지만, 특정 정신분석 개념에 대한 그의 이해는 제한적인 것으로 보인다. 우즈나드제는 무의식적 본성의 깊이를 재려고 했기 때문에 프로이트가 틀린 것이 아니라 무의식의 부정적 측면을 강조했던 탓에 그의 이론적 설명이 "잘못된 것"이라고 주장했다. 우즈나드제에 따르면, 프로이트는 의식으로 설명할 수 없는 모든 과정들을 무의식으로 정의했다. 이와 같이 무의식은 "의식 상태의 부정"을 통한 작용에 근거한다.[36]

이러한 거부의 태도에도 불구하고, 우즈나드제는 동일한 논고에서 스탈린 시대 내내 해왔던 프로이트 임상 작업에 대한 가장 적극적인 지지 발언을 하였다. "(하지만) 실천적 측면에서, 프로이트는 정신병 치료에 종종 긍정적인 결과를 얻었다. 그런 결과물을 얻어 냈다는 점을 부정하기는 쉽다. ── 하지만 그들은 의심의 여지없이 그것을 해냈다."[37] 우즈나드제는 프로이트의 무의식 **이론**은 "과학에 긍정적으로 기여한 바가 없다"고 생각했지만, 임상 정신분석은 진정 가치 있다고 인성할 준비가 되어 있었다. 하지만 가장 중요한 것은 우즈나드제의 작업과 프로이

---

35 Uznadze, *The Psychology of Set*, p.243. 우즈나드제의 이론은 여기에 요약한 것보다 훨씬 더 복잡하다. 하지만 우즈나드제의 '광범위한 이론적 전제'와 '아주 협소한 실증적 토대' 사이의 모순을 지적한 코줄린의 비판은 타당하게 여겨진다. Kozulin, *Psychology in Utopia*, p.97.
36 Uznadze, *The Psychology of Set*, pp.197, 213~214.
37 *Ibid.*, p.214.

트의 작업이 명백하게 연결되어 있다는 것, 그리고 그가 자신의 작업을 프로이트를 극복하고 과학의 진보를 이룬 것으로 발표한 것이었다. "그러므로 우리는 무의식이 분명 우리 안에 존재하지만, 이 무의식은 주체의 장치 이상은 아니라는 것을 알게 된다. 결론적으로, 이 순간부터 무의식 개념은 순전히 부정적인 개념이길 멈추고 전적으로 긍정적인 의미를 획득하며, 일반적인 연구 방법에 근거한 과학으로 분석될 것이다."[38]

프로이트 비판이라는 주제에 관해 우즈나드제는 단순한 공식화 이상으로 그것들을 온건하게 변형시켰다. 의도적이었든 그렇지 않았든 간에, 그는 1920년대 이래로 휴면기에 접어들었던 프로이트에 대한 소비에트의 관심을 전면적으로 부활시킬 무대를 세우고 있었다. 무엇보다도, 그는 새 단장을 하고서 풍부한 내용을 담은 정신분석 비평뿐만 아니라, 프로이트주의도 파블로프주의도 아닌 대안적인 무의식 개념을 가능하게 할 새로운 무의식 개념을 소개했다.

## 비판으로 부활한 정신분석

누구도 1960년대에 프로이트의 작업에 대한 관심이 눈부시게 부활하리라고 예상하지 못했다. 그것은 맹렬한 기세로 몰아쳤을 뿐만 아니라 특별히 소비에트적인 방식으로 찾아왔다. 하지만 부활의 특징은 실천적인 임상 정신분석가들의 귀환으로 나타난 것이 아니라, 오히려 다른 비판적 담론으로 나타났다. 프로이트는 칭송하기 위해서가 아니라 새롭게 규탄하기 위해서 재소환되었다. 게다가 비판은 전적으로 프로이트

---

38 *Ibid*.

의 저작에 익숙한 아주 수준 높은 전문가들이 이끌었다. 더구나 아주 흥미로운 점은, 검열당한 프로이트의 저작에 접근하는 방법을 알았고, 정신분석에 대해 진정으로 관심을 가졌던 사람들이, 프로이트 이론의 비판가가 되어 이 부활에 참여했다는 사실이다. 그들은 비판이 얼마만큼 엄격해야 하는지 또는 얼마만큼 온건해야 하는지와 같은 지침이 없다는 것도 알게 되었다.

적절한 시기를 포착하는 것이 1960년대에 새로워진 소비에트의 프로이트에 대한 관심을 기회로, 내용으로, 의미로 구체화하는 데 있어 중요한 요인이었다. 한편으로, 모스크바의 정치적 격변으로부터 얼마간 떨어져 있었던 트빌리시의 우즈나드제의 학생들은 인간의 동기와 무의식적 행동의 문제를 지속적으로 연구해 왔기 때문에 국가의 중요한 전문 업무를 맡게 되었다. 다른 한편으로, 국제적인 문제에 있어서는 냉전 시대에 미국과의 경쟁이 확장되면서 새로운 차원의 대립 양상에 접어들었다. '작전 지역'은 이제 과학 영역으로 깊숙이 확대되었다. 적대적이고 위협적으로 여겨지는 서구 사상을 단순히 무시하거나 부인하는 것은 더 이상 가능하지 않았다. 새로운 전후세대 전문가들에게 포괄적인 분석은 필수적이었다. 이데올로기적인 논쟁술 대신에 과학적 비평이 요구되었던 것이다. 만약 공산주의 과학자가 부르주아 과학자보다 우월하다면, 이것은 단지 주장에 그쳐서는 안 되고 증명되어야만 했다. 우즈나드제의 제자들은 공식적으로 승인된 유일한 프로이트 연구 집단이었기 때문에 정신분석에 맞선 비평을 개진할 가장 좋은 위치에 있는 것처럼 보였다.

부활은 이데올로기적인 강조와 함께 시작되었다. 1957년, 정치적으로 좋은 지위에 있었던 한 소비에트 정신의학자가 미국의 사회주의 잡지 『월간 논평』The Monthly Review의 편집자로부터 소비에트가 프로이트에 대해 어떤 태도를 취하고 있는지에 대해 논평해 달라는 제안을 받고 이에 응했다. 그 정신의학자는 바로 당시 보건부의 정신과 연구소장인 D. D. 페도토프D. D. Fedotov였다. 논문에서 그는 소비에트 전문가들이 프로이트의 작업을 왜 그렇게 비판적으로 보는지, 그리고 동시에 정신분석이 미국에서 왜 그렇게 광범위한 영향력을 가지게 되었는지를 미국인들에게 설명하고자 했다. 소비에트 정신의학자들은 "오직 외국에 있는 우리 동료들의 과학적 관심과 접촉하고자 하는 목적에서" 서구 정신분석 논문을 읽는다는 점을 지적한 뒤에, 페도토프는 계속해서 프로이트에 대한 주된 반박 몇 가지를 제시했다. 정신분석 이론과 실천은 "과학적 본질을 결여하고 있기 때문에 거절당했다". 반대로, 페도토프는 '뇌 생리학의 객관적 탐구'와 뇌의 '정신적 과정'에 대한 과학적 의미를 입증한 파블로프의 가르침이 준 '엄청난 의미'를 강조하였다. 페도토프는 계속해서 정신분석가들은 이 정신적 과정을 뇌의 생리학적 기능과 별개로 생각한다고 말했다. 소비에트의 "유물론적 관점은 정신과 물질적 토대 사이의 그런 이분법을 전적으로 받아들일 수 없는 것으로 다룬다".

페도토프는 인간과 환경의 관계를 개념화하는 데 있어서도 문제점을 발견했다. 소비에트 연구자들은 "정신은 객관적으로 실재하는 현실이 뇌 속에 반영된 것"이라는 전제로부터 출발했다. 따라서 인간 의식은 인간의 외부 세계의 반영이었다. 하지만 페도토프가 보기에 정신분석은, "무의식은 정신에서 분리된 일부분으로, 근본적으로 외부 세계와는 별개로 존재하며", "인간의 의식에 결정적인 영향을 행사한다"라고 가정하였다. 이것은 정신분석가가 인간의 '사회적 본질'을 부인하는 이론을 받아들이도록 만들었다. 프로이트와 그의 제자들은, 소비에트 과학자들이 그러듯이 인간과 그 정신을 사회적 힘의 역사적 발전의 산물로서 묘사하기보다는, 인간 행동을 설명하기 위해 유아기의 성적 본능 이론을 만들었다고 페도토프는 강조했다. 이것은 그것이 역사와 사회로부터 인간을 고립시켰다는 점에서뿐만 아니라, 실천적인 치료에 있어서도 "현실로부터, 직접적으로 존재하고 있는 진짜 갈등으로부터 환자를 빼돌린다는 점에서 오류가 있는 관점이다. …… 마땅히 고려되어야 할 것은 상상된 것이 아닌 초기의, 진짜로 존재하는, 증명된 심리학적 외상이다. 그러는 사이에 신경증 환자의 치료에 있어 의사의 주된 관심은 당면한 미래의 관점에서 환자의 현재적 삶에 집중되어야 한다는 것을 우리는 놓쳐서는 안 된다. 정신요법을 진행하면서 의사는 현재 환자를 괴롭히고 있는 것을 주시해야 한다". 페도토프는 인간의 성격이 비이성적이고 무의식적으로 작동하는 개인화된 원초적인 본능이 아니라 "사회적인 환경 속에서 역사에 의해 형성된다"고 결론 내렸다.[39]

페도토프의 관점 일부는 전형적인 스탈린주의 비평 쪽에서 온 것이었지만, 정신분석의 임상적 측면에 대한 그의 언급은 독특했다. 보다 중요한 것은 그의 논문이 단순히 전공 주제를 논평해 달라는 외국 학계의 제안에 응하는 과학자로서의 행동에서 나온 것이 아니었다는 점이다. 냉전 시대의 정점에서 미국 잡지에 게재된 정신분석에 대한 페도토프의 논의는 이 시기 소비에트연방에서 일어나고 있었던 전반적인 프로이트의 재평가 작업과 직접적으로 연결되어 있었다. 1958년 10월, 페도

---

39 D. Fedotov, "The Soviet View of Psychoanalysis", *Monthly Review*, 9, December, 1957, pp.249~254. 페도토프의 주장에 반박하는 노먼 리더(Norman Reider) 박사의 반론이 pp.254~258에 이어진다. 내가 알기로는 이것은 정신분석을 주제로 이루어진 미국과 소련의 정신의학자들 간의 토론이 최초로 출판된 경우이다.

토프의 논문이 실린 지 불과 10개월 후에, 소비에트 의학 아카데미의 최고 회의 간부의 후원으로 '현대 프로이트주의와의 이데올로기적 투쟁 문제'Voprosy ideologicheskoi bor'by s sovremennym freidizmom를 논의하는 특별 학술 대회가 모스크바에서 개최되었다. 이 주제가 얼마나 중요했던지, 의학 아카데미의 뇌 신경학연구소, 파블로프 생리학연구소, 보건부 같은 권위 있는 조직에 소속된 과학자들과 아카데미의 철학부 교수진들까지도 이 대회에 초청되었다.

제시된 대회의 목적은 커져 가는 서구 정신분석의 영향과 싸우는 소비에트 과학자들의 숙명에 관한 것이었다. 대회 의사록에 따르면, 프로이트의 가르침은 "신경증의 원인과 특성을 설명하려 했던" 이론으로 출발했지만, "이후에 의학과 생물학을 넘어 사회경제학과 역사학의 학문 분야로 영향력을 확대하면서 보편적인 학설의 역할을 자임하기 시작했다". 프로이트에 대한 소비에트의 담론을 통틀어 가장 선동적인 문구 중 하나를 살펴보면, 이 '보편적인 학설'은 대회에 파견된 대의원들을 위해 다음과 같이 적절한 맥락에 끼워 맞춰졌다. "프로이트주의는 제국주의적 기원을 가진 전형적인 부르주아 이데올로기의 반동의 산물로, 부르주아 이데올로기 신봉자들은 제국주의를 위해서 대중을 속이기 위해 이것을 마르크스주의에 대항하는 무기로 사용했다."

의학 아카데미의 최고 회의 간부 중 한 명이었던 S. A. 사르키소프s. A. Sarkisov는 이러한 주장을 증폭시켰다. 그는 연설을 통해 미국에서 어떻게 "반동적인 프로이트 지지자들이 노동자를 설득하는지, 즉 살아가는 데 있어서의 모든 어려움들은 부르주아 사회가 아니라 그 자신으로부터 기인한 것이며, 다시 말해 착취자의 사회에 존재하는 생산 관계의 결과가 아니라는 것을 납득시키기 위해 노력하는지"를 설명했다. 게다가 이 지지자들은 "노동자 자신의 지위 향상을 위한 투쟁에 소극적인 태도를 주입하고, 노동계급의 사회적 역할"을 축소시키려는 의도하에 "심리학적 냉전을 벌이려는 계획"에 착수하였다. 사르키소프는 또한 소비에트 과학자들이 "지금 서구에서 진행 중인 현대 프로이트주의와의 이데올로기적 전쟁에 그들이 해야 할 만큼 활동적으로 참여하고 있지 않다"고 비판하기도 했다.

그는, "양 진영의 평화로운 공존이 마르크스-레닌주의에 저항하는 부르주아 과학 및 철학 사조와 싸우는 이데올로기적 투쟁에 티끌만큼이라도 휴식을 가져다주는 것은 아니다"라는 점이 명시되었던 20차 당대회의 지침을 대의원들에게 상기시키는 것으로 논문을 마무리했다.[40] 이렇게 수십 년 전에 제거되었다고 생각했던 정신분석의 영향은, 소비에트 사회를 위협하는 운동으로 되살아났다. 단, 그 위협은 1920년대에 그러했던 것처럼 내부에서 발생한 것이 아니라 외부로부터 온 것이었다. 전쟁을 위해 군대가 다시 동원되어야만 했다.

대회에서의 또 다른 논문인 「현대 프로이트주의에 대한 비판적 논고」Kriticheskii ocherk sovremennogo freidizma는 F. V. 바신F. V. Bassin이 발표한 것으로, 여기서는 보다 학문적인 접근이 이루어졌다. 우즈나드제의 가장 성공한 제자 중 한 명이었던 바신은 프로이트의 작업을 전기와 후기로 나누었는데, 이것은 헤겔 철학과 매우 복잡하게 얽혀 있는 '전기 마르크스'와 당대의 사건에 대한 정치적 분석과 예리한 자본주의 비판으로 알

---

40 "Freud and Pavlov: Report of a Soviet Conference", *Soviet Survey*, 29, July-September, 1950, pp.29~31. 원본 보고서는 P. P. Bondarenko and M. Kh. Rabinovich, "Nauchnoe soveshchanie po voprosam ideologicheskoi bor'by s sovremennym freidizmom", *Voprosy filosofii*, 2, 1959, pp.164~170[「현대 프로이트주의와의 이데올로기적 투쟁 문제에 대한 학술대회」, 『철학의 문제들』] 참조.

려져 있는 '후기 마르크스' 사이에 그어지곤 했던 구분을 연상시켰다. 이 경우에, 바신은 (특히 프로이트의 실증에 근거한 신경생리학적 작업과 관련해서) 찬성을 표했던 '젊은 프로이트'와 훨씬 비판적으로 바라봤던 '후기 프로이트'를 구별하였다. 바신은 정신분석에서 가장 풍부한 이론적·임상적 작업을 수행했던 시기의 프로이트에 대해서는 전적인 반대 입장을 보류하였다. 바신은 프로이트의 에고, 이드, 초자아 이론을 '고약한' 것으로 여겼다. 그는 프로이트가 공격적인 본능의 억압에 대한 입증 불가능한 가설을 채택하고, 문학·사회학·역사학으로 영역을 확장함으로써 한층 더 악영향을 미쳤던 것을 최악으로 여겼다. 정신질환 치료에 활용가치가 없음을 증명하는 정신분석 비판이 사방에서 쏟아져 나왔지만, 바신은 "외국의 프로이트주의가 최종적으로 패배하려면 아직 멀었다"는 사실을 인정해야 한다고 생각했다.[41]

숙련된 정신의학자였던 E. A. 포포프E. A. Popov와 O. V. 케르비코프 O. V. Kerbikov는 대회 대의원들에게 정신분석의 임상 차원에 대해 말했다. 그들은 정신질환 치료에 프로이트 이론을 적용한 것을 되풀이해서 비판했는데, 이는 이후에 유럽과 미국에서 일어난 비판을 앞지른 것이었다. 특히 그들은 오이디푸스 이론이 사변적이며, 임상치료에 있어 어떤 실증적 근거도 가지고 있지 못하다고 폭로했다. 나아가 그들은 프로이트의 이론이 상황을 널리 아우르는 일과는 전적으로 관련이 없으며, 계속해서 다음과 같은 문제들을 일으킨다고 주장하였다. "모유 수유를 받지 않고 인공 수유를 받은 아이들에게는 오이디푸스 콤플렉스가 어떻게 생겨날 수 있는가? 아이들이 자신의 아버지에 대해 알지 못하는 모

41 Ibid., pp.31~33.

계사회 시대에 오이디푸스 콤플렉스는 어떻게 되었나? 아이들이 유아기에 고아원에서 키워진다면 무슨 일이 생기는가?" 이 소비에트 정신의학자들은 프로이트도, 카렌 호르나이, 해리 스택 설리번, 프란츠 알렉산더Franz Alexander 같은 '현대 프로이트주의' 지지자들도 이 질문에 잘 대답할 수 없었다고 단정하였다. 의학 아카데미의 회원이었던 N. I. 그라셴코프N. I. Grashchenkov와 A. V. 스네즈네프스키도 대회에서 프로이트의 철학적 관점에 대한 논문을 발표했다. 그들은 기본적으로 프로이트가 생리학과 신경학에 관심을 보인 유물론자로 자신의 경력을 시작하였다가 나중에 관념론으로 돌아섰다는 바신의 의견에 동의하지 않았다. 그들은 프로이트가 유럽의 가장 저명한 신경학자들 — 빈의 테오도어 마이네르트Theodor Meynert와 에른스트 브뤼케Ernst Bruecke, 파리의 장-마르탱 샤르코로부터 배웠음에도 "결코 유물론자가 아니었다"고 주장했다. 사실 프로이트는 연구 초창기에는 니체, 쇼펜하우어, E. 하르트만E. Hartmann을 포함한 관념론자와 신비론자들의 영향을 더 많이 받았다. 그라셴코프와 스네즈네프스키는 또한 프로이트가 '니체 철학에 대한 심리학적 기초'를 구축했지만, 이것은 "그가 사회학 분야로 자신의 이론을 확장하게 된 이후에" 후기 프로이트의 작업에서 주로 나타난다고 주장했다.[42]

대회에서 프로이트에게 가장 호의적이었던 논문은 V. N. 먀시셰프와 P. K. 아노힌P. K. Anokhin이 공동으로 발표한 것이었다. 그들은 "프로이트주의 비평에 대한 보다 심도 있고 구체적인 접근"을 위해서는 정신의학자들과 심리학자들이 정신분석에 대해 훨씬 심층적으로 연구할 필요가 있다고 강조하였다. 프로이트와 현대 프로이트주의자들에 대한 보

42 Ibid., p.35.

다 심화된 연구의 부재로, 소비에트의 전문가들은 정신분석 이론과 실천에 관해 지나치게 단순화된 비평을 내놓게 될 위험에 처했다. 오직 이 주제에 대한 더 많은 지식을 갖추고서야 "과학적이고 유물론적인 반박 자료"는 "프로이트주의가 독점하고 있었던 복잡하고 본질적인 문제들에 대한 설명"을 생산할 수 있었다. 저자들은, "프로이트주의는 정체되지 않았다. 그것은 변화해 왔고, 그와 관련된 논쟁 또한 변화해 왔다"는 점이 가장 중요하다고 말했다. 마지막으로, 정신적 과정에 대한 소비에트의 연구는 "뇌가 의식의 영역 바깥에 있는 특정한 인상의 잔여를 보유하고 있다는 것을 망각한 채로 반응하는 스크린으로서의 뇌 연구에 자리를 빼앗겼음을 인식해야 한다". 지배적인 파블로프주의 학설을 공공연하게 비판하면서, 아노힌과 마시셰프는 "고도의 신경 활동을 연구하는 생리학은 뇌에 누적된 잔여 인상과 그것이 의학 영역과 행동에 미치는 영향을 활용하는 문제를 진지하게 연구하지 않았다"고 결론 내렸다.[43]

대회의 막바지에, 의학 아카데미의 철학부 학부장이었던 P. P. 본다렌코P. P. Bondarenko는 프로이트와 사회학에 대해 이야기했다. 그의 요지는 프로이트주의자들이 인간을 "사회적 피조물이 아니라 평생 동안 선천적인 본능과 무의식적 충동의 지배 아래 행동하는 생물학적 피조물"로 간주한다는 것이었다. 무의식을 강조함으로써, "그들은 사실상 이성의 역할과 인간 행동에 있어 의식의 사회적 형식을 부인하고, 인간 사회를 동물의 무리에 견주어 보았다". 프로이트의 작업에서 이러한 '생물화'biologization 경향 이외에 본다렌코가 확인한 또 다른 심각한 사회학적

---

43 Ibid., pp.35~36. 강조는 필자. 이렇게 비판하긴 했지만, 아노힌은 파블로프의 주요 제자이자 주요 개혁가 중 한 명으로 가장 잘 알려져 있다. 아노힌의 경력에 대해서는 Loren Graham, *Science and Philosophy in the Soviet Union*, New York: A. A. Knopf, 1972, pp.407~425 참조.

문제는 아버지의 사회적 역할에 대한 문제였다. 본다렌코에 따르면, 프로이트의 오이디푸스 콤플렉스 이론은, "대다수의 사람들은 권위에 굴복하려는 욕구에 사로잡혀 있기" 때문에 "역사에서 개인의 위대함이 출현한다"고 설명했다. 이러한 욕구는 "유아기 때부터 인류에게 남겨진 아버지에 대한 그리움의 표현"이었다. 본다렌코는 사회학적으로, 이것은 "역사의 선두에 선 대중의 역할"을 부인하고, '아버지의 대리자'로 행동함으로써 "역사에 남을 만한 일을 한 위대한 사람에게 지배를 받는 수동적인 군중의 지위로 대중을 환원시켰다"라고 결론지었다.[44]

의도적이었든 그렇지 않았든 간에, 본다렌코는 이 논의와 함께 스탈린주의의 문제를 제기함으로써 대단히 논쟁적인 영역을 헤맸다. 소비에트 비판의 전형적인 방식, 즉 훨씬 더 심각한 문제들을 표면화하는 수법을 통해, 프로이트는 비난을 받았다. "역사의 선두에 선 대중의 역할을 부인한" "역사의 위대한 인간"은 다름 아닌 거의 30년 동안 권력을 잡았던 소비에트연방의 지도자였다. 이 문제가 명시적으로 다루어질 수 있기까지는 얼마간의 시간이 더 흘러야 했다.

"의학 연구자들 사이에 커다란 흥미를 불러일으켰던" 이 대회는 최고위직에 있었던 소비에트 정신의학자들에게 프로이트와 정신분석의 중요성을 알리는 결의문으로 마무리되었다. 첫째, 결의문은 "소비에트 과학자들은 변증법적 유물론과 생리학에 대한 파블로프의 학설을 기반으로 프로이트주의의 반反과학적 학설에 맞선 투쟁"을 강화할 것을 다짐했다. 둘째, 결의문은 "파블로프와 프로이트의 가르침이 전적으로 대립되고 있음에도 이를 조화시키고 일치시키려는 외국 저자들의 부적

---

44 "Freud and Pavlov", pp.36~37.

절한 시도에 맞서 단호한 비판이 필요하다"는 점을 강조했다. 마지막으로, 결의문은 "사회 정치적 현상의 영역에 프로이트의 이론을 확장하려는 현대 프로이트주의자들의 노력에 관해" 각별한 주의를 이끌어 냈다. "인문과학에서 정신분석적 경향은 부르주아 이데올로기의 가장 적대적인 형식 중 하나이며, 그것의 정체를 폭로하는 것이 마르크스주의 사회학과 철학의 시급한 과업이다."[45]

프로이트와 현대 정신분석의 전 영역에 대한 집중적이고 비판적인 연구를 이렇게 긴급하게 승인한 것은 중요한 일이었다. 제시된 모습은 명쾌했다. 프로이트의 영향력은 이미 철학·문학·심리학·정신의학에 나타났으며, 다른 지식 영역에서도 지지를 얻었다. 이러한 위협과 싸우기 위해서는 이 모든 분야에서 소비에트 전문가들의 군대가 필요했다.

선봉대로 나선 사람은 1958년 대회의 참가자 중 한 사람으로, 신경생리학자이면서 소비에트 의학 아카데미의 신경학 연구소 회원이었던 F. V. 바신이었다. 2회에 걸친 긴 논문인 「현대 과학 담론으로 조명해 본 프로이트주의」Freidizm v svete sovremennykh nauchnykh diskussii는 1958년 11월 유명한 소비에트 심리학 잡지에 실렸는데, 여기서 바신은 1920년대 소비에트연방에 등장한 프로이트의 생애와 작업에 대해 가장 상세하게 논의했다.[46] 바신은 프로이트주의의 영향력이 정신의학적 치료의 형식으

---

45 Ibid., p.37. 당대 미국의 러시아 문학 연구에서 나타난 프로이트주의적 영향의 경우에서 이러한 '폭로'의 예로는 L. Zhelianova, "O freidistskom iskazhenii russkoi literatury v sovremennom amerikanskom literaturnovedenii", *Russkaia Literatura*, 2, 1959, pp.226~234[「현대 미국 문학 연구에서 러시아 문학의 프로이트주의적 왜곡에 관하여」, 『러시아 문학』] 참조.
46 원본은 *Voprosy psikhologii*, 5, 1958, pp.133~145[『심리학의 문제들』]와 Ibid., 6, 1958, pp.140~153에서 찾을 수 있다. 러시아어 원본에 수록된 광범위한 도서 목록을 뺀 두 편의 발췌 영역본이 있다. F. V. Bassin, "Freudism in the Light of Contemporary Scientific Discussion", *Soviet Survey*, 7, January~March, 1959, pp.82~87; F. V. Bassin, "A Critical Analysis of Freudianism", *Soviet*

로서뿐만 아니라 "세계관을 가진 철학 체계"로서도 "널리 퍼지게 되었다"는 사실을 시인하는 것으로 시작하였다. 이 철학은 "완전히 반동적이고" "생리학과 인문과학 영역에서 변증법적 유물론의 사조에 적대적"인 것으로 설명되었다. 이 "프로이트주의적 해석의 거대한 부활"의 배후에 있는 원인이 무엇인지는 확실치 않았지만, 바신은 과거엔 알려지지 않았다가 1954년에 출판된 프로이트의 1895년 저작 「과학적 심리학 초고」Entwurf einer Psychologie와 신경생리학에서의 최근의 발전을 언급하였다. 프로이트가 "정신분석으로의 돌파를 감행하기" 직전의 계획의 초안을 담고 있는 이 자료는, 전기와 후기 프로이트에 대한 주제, 즉 의학 아카데미 대회의 발표에서 언급했던 구분에서 한 걸음 더 나아가 프로이트의 발전 단계를 논하는 지점으로 바신을 이끌었다.

바신은 프로이트가 수련 기간 및 요제프 브로이어와 교제하던 시기에 쓴 초기 문구들을 보면서 "그때까지는 반反생리학적 관념론의 신봉자는 아니었다"라고 말했다. 오히려 반대로 그 시기에 프로이트의 관심은 "처음에는 실어증과 어린이의 마비 증상 연구에, 나중에는 기능성 장애의 치료 문제 연구에 집중했던 실증주의 성향을 가진 신경생리학자로서의 특징을 보여 주었다". 하지만 1900년 『꿈의 해석』의 출판을 앞둔 시기에, 그리고 특히 그 후 수십 년 동안 프로이트는 억압된 성적 본능이라는 심리학 이론의 비과학적인 영역으로 이동하였다. 바신은 계속해서 그의 방법론이 '생리학과 무관한' 개념을 발전시키는 방향으로 그

_Review_, 1(5), December, 1970, pp.3~14 참조. 이에 대한 응답으로는 Emanuel Miller, "Freud and Pavlov", _Soviet Survey_, 28, April~June, 1959, pp.64~65, 80; Cesare L. Musatti, "An Answer to F. V. Bassin's Criticism of Freudianism", _Soviet Review_, 1(5), December, 1970, pp.14~27 참조. 무사티의 논문에 뒤이어 바신의 "Rejoinder to Professor Musatti", pp.27~44가 이어진다.

를 끌고 갔다고 말했다. 프로이트는 심리학 분석에서 생리학적 증거를 제외시킴으로써 실증 과학으로부터 한층 멀어져 갔으며, 이러한 경향은 만년의 사변적인 사회학적·초심리학적 작업에서 정점을 찍었다.

바신은, 소비에트의 관점에서 볼 때 프로이트의 이론에서 가장 큰 반발을 일으켰던 부분은 프로이트가 정신분석학에 매진한 시기, 즉 환자의 억압된 충동의 특성과 치료 중에 나타난 의학적인 증상 사이에 직접적인 관련성이 있다는 점을 증명하려고 노력했던 시기와 관련되어 있다고 주장했다. 바신에 따르면, 의학적인 증상은 "억압된 충동에서 기인하는 것일 뿐만 아니라 행동에 상징적으로 표현된다"라는 것이 프로이트의 명제였다. 프로이트는 이 관계를 결코 성공적으로 증명하지 못했다. 하지만 프로이트와는 별개로 파블로프는 그것을 개념화하였으며, 나아가 우즈나드제와 그의 제자들은 프로이트가 할 수 있었던 것보다 훨씬 더 많은 과학적 객관성을 요구하면서 실증적인 태도로 일했다. 바신은 이들 실험에 대해 자세히 설명하지는 않았지만, 그는 분명 전통적으로 프로이트에게 주어졌던 치료 연구의 영역을 소비에트 심리학자에게 되돌리기 위해 노력하였다.

몇몇 사례에서 바신은 병리적인 증후군이 그가 '억압된 충동'이라 불렀던 것으로 인해 촉발될 수 있다는 개념을 받아들이기도 했지만, "충동들이 무조건 상징적 변형"을 일으킨다고 했던 프로이트에 대해서는 동의하지 않았다. 이렇게 그는 프로이트의 가장 근본적인 견해의 일부였던 승화와 전이 개념뿐만 아니라 꿈 분석의 영역 전반을 받아들이지 않았다. 게다가 바신은 "무의식적 감정이 존재한다거나, 그것들이 행동으로 표현될 수 있고 심리학적·생리학적·의학적 과정의 역학에 또렷한 인상을 남길 수 있으며 동시에 명확한 심리학적 내용으로 연결될 수 있다거나 하는 점들에 대해서는 의심의 여지가 없을 것"이라고 인정했다. 그는 다시금 '탈억제'dis-inhibition 혹은 반응이 억제되는 느낌에 관한 파블로프의 작업과, 이러한 관점을 지지하는 후-최면적 암시에 대한 우즈나드제 학파의 실험 작업으로 방향을 돌렸다.

바신은 프로이트가 무의식적 힘의 작용에 대한 생리학적 기초의 발견 같은 특정한 개념적 난제들을 해결할 수 없었던 이유를 지적하기도 했다. 그는 "그와 같은 설명이 없다고 프로이트를 책망할 수 없다. 이 개념이 만들어졌던 때에는 생리학으로 그것을 설명하는 일이 불가능했을 것이기 때문이다". 사실 바신은 프로이트가 두 차례 "새로운 심리학의 내용과 의식적인 관계를 바탕으로 한 [무의식적] 충동의 변형" 가능성을 인식하는 데 근접했다고 말했다. 여기서 바신은 프로이트가 인간의 삶에 있어 객관적 현실이 어떤 식으로든 이 충동과 자극에 어떻게 영향을 미치는지를 이해하는 쪽으로 막 이동하기 직전에, 그렇게 하지 않고 유아기 성욕에 기초한 덜 과학적인 이론과 내면의 억압이라는 기제로 되돌아가고 말았다고 설명을 이어 갔다.

결론에서, 바신은 프로이트 작업의 핵심에 반론을 제기하면서 그것을 기각하기보다는 다음과 같은 의견을 제시했다. "소비에트 정신신경학과 심리학은 프로이트가 제기한 문제들을 무시해서는 안 된다. …… 무의식적인 행동 요소들의 심리학적이거나 생리학적이기나 임상적인 징후의 문제들 또는 이러한 정서들의 기능성 긴장에 대한 문제들이 정신분석적 개념에서 탄생했다거나 그것을 토대로 해서만 발전될 수 있다고 여기는 것은 큰 오산이다."

프로이트의 이론에 반박하면서, 바신은 이제 프로이트가 제기했던 문제의식을 유지하면서도 "프로이트주의의 범주와 공통점이 없는 개념

에 기반하여 그것들을 발전시키는 것"이 이 분야에 속한 소비에트 과학
자들의 임무라고 생각했다.[47]

## 해석의 새로운 영역

1960년대 내내 등장했던 프로이트 관련 문헌은 정신분석적 개념에 대
한 소비에트의 관심의 부활과 그 주제에 대한 입장 전환을 드러내었다.
이데올로기 전문가들이 내놓은 암시와 신화에 의존하는 대신에, 많은
저자들이 프로이트와 유럽 및 미국의 다른 정신분석가들을 공부했다.
또한 정신분석 개념의 비판은 정치적인 공격에서 학문적이고 과학적인
논박으로 바뀌었는데, 이는 스탈린 이후 세대의 학생들의 관심을 반영
하는 것이었다. 지금까지의 프로이트 비판은 단지 비판을 위한 것에 불
과했다. 하지만 이제 공격은 보다 섬세해졌고 순수한 [학문적] 관심을
불러일으켰다. 바깥 세계에는 이런 집중적인 비판이 이전과 같이 프로
이트에 대해 적대적인 것처럼 비춰졌지만, 기호와 상징을 파악하는 기
술을 익힌 젊은 소비에트 지식인들이 곧 등장하게 된다.

　새로운 비판은 소비에트 학자들에게 스탈린 시대에 공개적인 토론
주제로 금지되었던 것에 대해 발언할 여지를 주었다. 예를 들어, 1961년
F. 미하일로프F. Mikhailov와 G. 차레고로드체프G. Tsaregorodtsev의 저서 『의
식의 문턱을 넘어서』Za porogom soznaniia는 개인적인 곤경의 답을 찾으려는

---

47 F. V. Bassin, "A Critical Analysis of Freudianism", *Soviet Review*, December, 1970, pp.3, 7, 10,
14. 바신의 논문에 대한 응답으로 쓴 무사티의 글과 이에 대한 바신의 답변이 pp.14~44에 이어서
실렸는데, 이 글들은 전부 읽어 볼 만한 가치가 있다. 이 시기 이탈리아의 뛰어난 정신분석가였던
무사티는 실험심리학과 이탈리아 공산주의에 대해 공개적으로 정치적 공감을 표현한 것으로 잘
알려져 있는데, 바신의 글에 대한 답변은 예외적인 위치에 있었다.

프로이트의 투쟁이 어떤 식으로 일반 대중들에 있어서의 신경증적 장애의 원인을 탐색하는 길로 그를 인도했는지를 연구했다. 「무의식의 심연에서」라는 장에서 저자들은 무의식 메커니즘과 역학에 대한 프로이트의 설명을 집중적으로 논의했다. 반프로이트주의적 맥락에서였긴 하지만, 이 장은 소비에트 사회 자체에 대한 진술이었다. 저자들은 자신의 욕구와 사회의 요구 사이의 조화를 찾는, 즉 내적 검열의 처벌이 존재하는 상태에서 자신의 성적이고 관능적인 무의식적 욕구를 만족시키려는 '쾌락 원칙'과, 외부 세계에 존재하는 법과 규범의 엄격한 체계인 '현실 원칙' 사이를 조화시키려는 인간의 근원적이면서도 때로는 헛된 투쟁에 대해 설명했다.

프로이트의 작업이 이러한 딜레마를 이해하기 위해 필요한 증거를 담고 있다고 확신하면서, 그들은 출판되었지만 수십 년간 논의되지 않았던 안나 O.와 꼬마 한스의 사례와, 『자아와 이드』, 『집단 심리학과 자아 분석』 등을 포함한 프로이트의 여러 핵심 텍스트와 사례연구를 검토했다. 나아가 이 저서는 프로이트의 관심사인 소포클레스의 『오이디푸스 왕』Oedipus Rex을, 그러니까 에로스의 힘, 즉 어머니를 차지하고 아버지와 경쟁하는 아들의 욕망과 그로 인한 갈등에 대한 주제를 자세히 풀어낸 이 책을 탐구하였다. 『의식의 문턱을 넘어서』는 공식적인 과학학술대회에 제출된 것으로서, 정신분석의 영향력에 맞서 싸우는 전쟁의 일환으로 여겨졌기 때문에 대규모로 인쇄되었다. 그리하여 이 잠재적이고 전복적인 주제는 광범위한 독자층을 확보했다.[48]

---

48 F. Mikhailov and G. Tsaregorodtsev, *Za porogom soznaniia*, Moscow, Gosudarstvennoe izdatel' stvo politicheskoi literatury, 1961, 특히 pp.40~66[『의식의 문턱을 넘어서』]. 이 시기 프로이트의 부활을 명시적으로 다룬 책과 논문의 편수뿐만 아니라 책의 인쇄 부수도 늘어났다는 점은 흥미롭

하지만 비판 부활에 지배적인 인물은 바신이었다. 그는 1961년 몬트리올에서 열린 제3차 세계정신의학 학술대회에서 프로이트와 파블로프를 비교하는 논문을 발표함으로써 프로이트에 대한 소비에트식 관점으로 국제 정신의학계의 이목을 끌었다. 이듬해 모스크바에서는 '고등 신경 작용과 심리학의 철학적 문제에 대한 전 연방학술대회'가 열렸다. 이것은 공을 많이 들인 행사로, 과학 아카데미와 고등교육부ministerstvo vysschego obrazobaniia가 후원하였으며, 1000명 이상의 대표인단이 참가하였다. 전국 방방곡곡에서 온 대표인단은 생리학, 심리학, 정신의학, 철학 분야를 대표하였다.

이 학술대회의 회의록은 771쪽의 분량으로 출판되었는데, 한 미국 전문가는 이것을 두고 "스탈린 시대가 지나간 뒤 소비에트 생리학과 심리학에서의 철학적 주제를 이해하는 데 있어 최고의 단독 자료"라고 칭했다.[49] 이 모임에서, 바신은 「의식과 '무의식'」Soznanie i "bessoznatel'noe"을 발표했다. 여기서 그는 소비에트 생리학자, 임상학자, 정신의학자들이 "최근 들어 충분히 주목받지 못했으며, 널리 프로이트주의의 독점 지역으로 상당히 부적절하게 간주되고 있는 영역들"에 대한 장악을 거듭 천명해야 한다는 자신의 입장을 되풀이하였다.[50]

---

다. 예컨대, 미하일로프와 차레고르드체프의 책은 상대적으로 다량 인쇄해서 4만 2000부를 찍어 냈는데, 이는 국립 출판사에서 이 자료가 읽혀지기를 바랐다는 사실을 보여 준다. 당국에 의해 우선순위가 매겨지지 않은 전형적인 학술 논문은 대개 1판 인쇄 시 5000부 미만을 찍었다. 미하일로프와 차레고르드체프는 Ich(자아)와 Das(이드)를 Ia와 Ono라고 쓰는 등, 독일어로 된 프로이트의 용어를, 1920년대 소비에트 프로이트주의자들이 했던 대로 러시아어로 번역해 사용했다. 이것은 '에고'와 '이드'처럼 훨씬 추상적인 대체 용어를 쓴 영역과는 정반대이다. 이 문제에 대해서는, Bruno Bettelheim, *Freud and Man's Soul*, New York: Knopf, 1983 참조.

49 Graham, *Science and Philosophy in the Soviet Union*, p.391.

50 F. V. Bassin, "Consciousness and Unconsciousness", eds. Cole and Maltzman, *A Handbook of Contemporary Soviet Psychology*, 특히 pp.401~404.

다른 저자들도 프로이트에 대해 연구했다. 1965년 서구 언어로 쓴 자료에 대해 풍부한 지식을 가지고 있었던 I. T. 쿠르친I. T. Kurtsin은 『의학 및 생리학에서의 프로이트주의 비판』Kritika Freidizma v meditsine i fiziologii을 출판했다. 이 책은 사실 심신의학 연구에 대한 철저하고 비판적인 논평이었는데, 여기서 저자는 생리학 분야와, 정도는 덜 하지만 신경학 분야에로 정신분석이 확산됨으로써 발생하는 직접적인 부작용을 폭로했다.[51]

같은 해, A. M. 할레츠키A. M. Khaletskii는 정신분석과 실존주의의 관계를 다룬 논문을 권위 있는 잡지인 『신경병리학과 정신의학 저널』Zhurnal nevropatologii i psikhiatrii(모스크바)에 게재하였다. 그것은 소비에트의 프로이트 비판을 전적으로 새로운 영역으로 데려갔다. 할레츠키의 지적 중 가장 흥미로운 것 중 하나는 다음과 같은 주장이었다. 그가 보기에, 선악 개념을 진단하는 객관적 기준이 존재하지 않는다고 믿는다는 점에서 실존주의와 정신분석 양자의 관점이 겹쳐진다는 것이었다. 실존적 인간의 심리가 윤리와 이성의 힘을 결여한 채로 "부조리한 세계에서 무감각하게" 그려지고 있는 것처럼, 프로이트의 무의식적인 이드는 "도덕적 기준을 알지 못하며 반사회적이고, 무질서하며, 원시적이다". 이러한 난국은 부르주아 사회의 현상으로 간주되었지만, 그럼에도 소비에트의 독자들은 이 문구들에서 그들 자신의 사회에 대해 비판적으로 생각할 필요가 있다는 메시지를 놓칠 수는 없었을 것이다.[52]

---

51 Ivan Terent'evich Kurtsin, Kritika Freidizma v meditsine i fiziologii, Moscow–Leningrad: Nauka, 1965[『의학 및 생리학에서의 프로이트주의 비판』]. 쿠르친의 책 pp.258~294에는 면밀하게 조사한 서지 목록이 있는데, 러시아어와 서구 언어로 된 것 모두 실려 있다.
52 A. M. Khaletskii, "Freudianism, Microsociology and Existentialism", Soviet Psychology and Psychiatry, 6(1), Fall, 1965, pp.43~53. 원본은 Zhurnal nevropatologii i psikhiatrii, 65(4), 1965, pp.624~630[『신경병리학과 정신의학 저널』] 참조.

프로이트에 대한 비판적 연구는 수그러들지 않고 계속되었다. 레닌그라드대학의 유명한 사회학자 I. S. 콘I. S. Kon의 『인성의 사회학』Sotsiologiia lichnosti이 1967년 출판되었다. 이 책은, 먀시셰프의 작업 이후로 출간된 성격 문제 관련 첫 주요 연구서로, 소비에트와 서구의 성격 이론과 연구에 대한 분석이었다. 그 책은 장 전체를 소비에트 사회학의 관점에서 본 정신분석의 인격 이론에 관한 논의에 바치고 있다는 점에서 주목할 만하다.[53]

프로이트에 대한 비판적 담론이 전개되는 이러한 국면에 정점을 찍은 것은 바신의 역작, 방대한 연구서 『무의식의 문제』Problema bessoznatel'nogo의 등장이었다.[54] 이 책으로 바신은 소비에트연방에서, 사실상 그가 이미 성취했던 것 ── 즉 자신의 생애에서 적어도 두 차례 말살되었던 분야에서 국가적으로 유능한 전문가로 인정받게 되었다. 1920년대 이래 처음으로 러시아어로 된 주요 과학 저서의 제목에 '무의식'이라는 용어가 사용었다. 게다가 무의식의 개념이 어느 정도 광범위한 맥락에서 책과 논문을 통해 연구되어 왔긴 했지만, 그럼에도 이전에는 그것이 책 전체에서 중심 주제가 되었던 적은 결코 없었다. 바신의 책의 출판은, 비판이라는 목적에 부응하는 한, 필요하다면 어떤 분야에라도

---

53 I. S. Kon, *Sotsiologiia lichnosti*, Moscow: Izdatel'stvo politicheskoi literatury, 1967[『인성의 사회학』]. 「프로이트에 의한 인격 구조」(Personality Structure According to Freud) 논의는 pp.45~66 참조. 콘의 흥미로운 자료의 근거는 윌리엄 제임스부터 예브게니 예프투셴코(Yevgeny Yevtushenko)와 안드레이 보즈네센스키(Andrei Voznesensky)의 시에 이르기까지 광범위하다. 게다가 이 책은 5만 5000부를 찍어 냄으로써, 지금까지 이 주제를 다룬 어떤 사회과학 텍스트보다도 대규모로 인쇄되었다.

54 F. V. Bassin, *Problema bessoznatel'nogo*, Moscow: Meditsina, 1968[『무의식의 문제』]. 책의 부제는 '고등 신경 작용의 보이지 않는 형식에 대하여'이다. 이 책의 프랑스어 번역판은 1973년에 출판되었다.

연구자들이 프로이트를 원문 그대로 연구할 수 있게 해주었으며, 프로이트주의가 합법적이고 영구적인 지식의 장이 되었다는 사실을 한 번 더 입증해 주었다.

무의식 전문가로서 바신의 명성은 소비에트연방의 국경 너머로까지 널리 퍼졌다. 이 저서를 준비하고 있었던 10년간, 바신은 그의 접근 방식에 비판적이었던 많은 사람들을 포함해서 외국의 동료들로부터 수많은 자문 요청을 받았으며, 이에 응답했다. 그는 서문에서 그들에게 감사를 표했을 뿐만 아니라 저서의 마지막에 있는 부록에 이 '귀중한 반대자'들 중 몇몇과의 토론을 싣기도 했다. 자본주의 세계 출신의 외국인들에게 그런 감사의 말을 전하고 그들의 관점을 전달할 동등한 지면을 허용한 것은, 전공과 상관없이 이 시기의 어떤 소비에트 연구에서도 아주 드문 일이었다. 말하자면 프로이트 관련 소비에트 문헌에서, 그런 인정은 전례 없는 것이었다.

그의 책에서 바신은 소비에트 시대에 서로 간에 관련성이 거의 없는 사상가 두 명의 말을 인용하여 소개하였다. 하나는 레닌에게서 따온 전통적인 소비에트 식 인용이었다. "사상의 역사는 변화의 역사이며, 결국 사상 투쟁의 역사이다." 다른 하나는 스피노자의 『윤리학』Ethica에서 가져온 구절이었다. "사람들은 자신의 행동을 의식하면서 스스로 자유롭다고 생각하지만, 이 행동을 결정하는 원인에 대해서는 인식하지 못한다." 인용은 그저 수사가 아니라 독자에게 보내는 신호로서 신중하게 선택되었다. 즉 의식과 무의식이라는 보다 구체적인 심리학적 문제 못지않게 사회에서의 인간의 동기와 갈등이라는 광범위한 문제와 관련되어 있음을 확실하게 설명하고자 한 것이었다. 바신은 이 두 영역을 불가분의 것으로 간주했다.

바신은 애초에 그가 무의식에 대해 관심을 가지고 있지만 정신분석적 접근과는 전적으로 다른 전망에서 그러하다는 점을 분명히 했다. 그의 방법론은 지각되지 않는 '고등 신경 작용'과 알려지지 않은 그것의 대상의 다양한 형태 중 하나로서 무의식을 이해하는 것이었다. 그는 프로이트적 의미로 사용된 **무의식적인 것**bessoznatel'noe[풀어 보면, '의식이 결여된 것'이란 뜻이다]이라는 용어보다 더 실증적이고 덜 추상적인 용어를 찾아 **비非의식적인 것**neosoznavaemyi[풀어 보면, '의식되지 않은 것'이란 뜻이다]이라는 특정한 러시아 단어를 선택하기까지 했다. 그는 또한 생리학적이고 신경학적인 현상으로서, 정보의 전달과 행동의 규제를 위한 체계로서 무의식의 메커니즘과 '물질적 본성'에 기초한 무의식에 관심이 있다고 말했다.[55]

책에서 바신은 프로이트 이전의 철학적 기원에서부터 프로이트 이후 현재에 이르기까지 무의식의 개념의 역사를 추적했다. 그는 프로이트의 전기적인 초상과, 아들러·융의 프로이트 비판 요약, 그리고 프로이트의 작업에 대한 상세한 검토를 실었다. 하지만 이 비판은 그가 "프로이트의 체계가 가지는 긍정적인 측면"의 인식을 방해하지 않았다.[56]

바신의 주요 논점은 무의식의 문제가 의식의 일반 이론의 한 측면에 불과하다는 데에 있었다.[57] 그 이론은, 주관적인 욕구와 흥미를 개인과 그/그녀의 환경이 서로 주고받는 정보의 흐름으로 연결하는 뇌 작업의 산물로서 무의식적인 정신 활동을 이해할 것을 요청했다. 몇 가지 경

---

55 *Ibid.*, pp.50~51.
56 *Ibid.*, pp.90~94. 바신이 언급하지는 않았지만, 프로이트와 그의 적수들에 관한 논의는 반대파 마르크스주의자들에 맞선 레닌의 싸움이라는 표준적인 소비에트 식 역사 서술을 연상시킨다.
57 *Ibid.*, pp.124, 153.

우에서, 주체는 병적인 형식의 반영이거나 혹은 정상적인 적응 행동의 반영일 수 있는 자극의 원천에 대해 인식하지 못하거나 '비의식적'이다. 그는 방해받고 왜곡된 인식과 의식을 명쾌하게 밝힌 수많은 소비에트 실험을 인용했다.[58]

바신은 우즈나드제의 장치 이론에 대해서도 길게 검토하였다. 우즈나드제의 이론에서 신경생리학적이고 심리학적인 차원을 다룬 부분은 대부분 동의하면서도, 바신은 우즈나드제에 의견을 달리하는 지점을 두 군데 들었다. 첫째, 우즈나드제는 장치가 항상 무의식적으로 작동한다고 생각한 반면, 바신은 충동과 태도가 무의식적일 뿐만 아니라 의식적이기도 하다고 주장했다. 둘째, 바신은 장치가 불완전한 방식으로 작동하며, 우즈나드제가 실험에서 증명했던 완전한 방식에는 못 미치는 정도로 행동에 작용하리라고 보았다.[59]

책의 마지막 부분에서, 바신은 뇌 활동을 규제하는 다양한 형식으로서 의식과 무의식 사이의 상호 의존적인 관계에 대한 개념을 되풀이했다. 의식은 본질적으로 객관화와 합리화를 담당하는 상층과, 인식과 이성의 역할이 작거나 없으며 자극·의지·감정의 활동의 지배를 받는 하층의 두 층위에서 작동한다. 바신은 프로이트가 정보의 무의식적인 작용으로서 다루었던 말실수, 꿈, 그리고 다른 현상들을 이 개념으로 설명할 수 있었다.[60]

바신은 정신분석이 정서적인 행동에서 무의식의 정신적 갈등의 역

58 Ibid., p.177.
59 Ibid., pp.229~233.
60 Ibid., p.343. 또한 Nancy Rollins, "The New Soviet Approach to the Unconscious", *American Journal of Psychiatry*, 131(4), March, 1974, pp.301~304 참조. 때 이른 죽음을 맞기 전까지, 롤린스 박사는 이 주제에 관해 가장 잘 알고 있던 미국의 정신의학자였다.

할에 주목함으로써 궁극적으로 업적을 달성했음을 인정했지만, 전적으로 심리학적인 메커니즘을 지지함으로써 무의식의 신경생리학적 근본을 무시한 후기의 결정에 대해서는 매우 비판적이었다. 바신은 또한 무의식의 연구에 대한 소비에트의 접근법이 "행동 지향적"이며, 직접적으로 치료에 응용하기 위한 지식 이론으로서, 고통과 억압에서 인간을 자유롭게 할 수 있다고 말했다. 바신에 따르면, 반대로 프로이트의 무의식 개념은, 비이성적이고 불가해한 충동에 인격이 복종한 탓에, 수동성, 희생, 심지어는 변화에 대한 무력감 등의 요소로 특징지어졌다. 바신은 프로이트가 문명사회에서 인간이 겪는 중심적인 딜레마의 토대라고 주장한 충동들로부터 어떻게 소비에트 식 접근법이 인류를 자유롭게 할 수 있는지를 정확하게 보여 주지는 않았다. 그럼에도 불구하고, 이 책은 바신이 프로이트주의를 "반동적인 이데올로기적 목적"에 봉사하는 "기만적인 개념들"로 가득 찬 "잘못된 과학적 방법론"이라고 말했던 10년 전의 편향적인 진술로부터는 멀리 떨어져 있었다.[61] 프로이트에 대한 태도에 있어서의 그의 발전은 아직 끝나지 않았다. 같은 일이 러시아 사회 전역에서 발생할지도 모를 일이었다.

---

61 Bondarenko and Rabinovich, "Nauchnoe soveshchanie", p.167[『학술대회』].

# 무의식의 귀환

지금까지 우리는 프로이트주의자들이 '잠재의식'이라고 부른 것의
형성 과정에 대해 분명 충분한 주의를 기울이지 못했다. 뇌의 작용
을 주의 깊게 연구하면서도, 우리는 의식의 진원지의 경계를 넘어선
그곳에 뇌의 기억이라고 불러도 좋을 엄청난 양의 지식이 축적되어
있다는 것을 망각한다. 이 지식의 축적은 평생에 걸쳐 누적되며, 특
정한 최면 실험에서 밝혀졌듯이, 대단히 안정적이다. 하지만 이러한
흔적들이 어떻게 존속하며, 어떤 방식으로 의식으로 떠오르는지 심
리학자들은 충분히 면밀하게 연구해 왔는가? 우리가 이러한 문제들
에 대해 거의 연구하지 않았음을 깨달아야 할 것이다. 그 결과, 프로
이트주의와 겨루는 일이 불리해져 버리고 말았다. ── P. K. 아노힌
(1958)

## 소비에트 프리즘을 통과한 프롬, 라캉, 후기 프로이트주의

1970년대, 소비에트연방에서의 정치적 분위기는 실질적인 변화를 겪
고 있었다. 흐루쇼프 시대의 예측 불가능성은 강한 흔적을 남겼다. 한편
으로, 흐루쇼프는 1956년 20차 당대회에서 스탈린의 '범죄'에 관한 공
개적인 비난의 물꼬를 텄으며, 1962년 굴라크에서의 삶을 폭로한 알렉
산드르 솔제니친의 소설 『이반 데니소비치의 하루』의 출판을 허가했
다. 다른 한편으로, 지도자들은 불안정한 대내외 정책을 주도한 장본인
이었다. 쿠바 미사일 위기 때 미국과의 핵 충돌을 도발했다가 물러섰고,

가장 큰 동맹국이었던 중국과의 관계가 악화되었으며, 생산을 필수적인 단계로 끌어올리지 못한 농업 개혁은 인기를 잃게 되었던 것이다.

레오니트 브레즈네프Leonid Brezhnev는 1964년 흐루쇼프의 퇴진 이후 천천히 권력을 강화하기 시작하였고, 1970년대에 이르러 정점을 찍었다. 세계의 주도권 획득을 위한 미국과의 공개적인 경쟁이 소비에트 대외 정책의 지배적인 원칙이었기 때문에, 냉전이 계속해서 국제 문제를 주도하였다. 게다가 이 시기에 당의 헤게모니에 반발하는 전례 없는 저항의 방식들이 출현하는 데도 불구하고, 정부는 소비에트 사회에 권위주의적인 통제의 유지를 고집했다. 인권 활동가와, 서구와의 (경쟁이 아니라) 평화적 협력을 지지하는 사람들은 정부로서는 묵인할 수 없는 단체들을 조직하였다. 당 지도부는 1917년 혁명의 즉각적인 여파로 초창기 볼셰비키들이 의사들에게 개업을 포기하게끔 했던 이래 그 어느 때보다도 훨씬 직접적으로 정신의학 분야 일부를 흡수하는 해결책을 강구하였다. 정신의학자들은 가혹한 사법부의 역할을 떠맡아야 했다. 반대자들에게는 정신의학적 장애라는 꼬리표가 붙었으며, 그러고 나서는 '치료'를 위해 모스크바에 있는 전全연방 법의학적 정신의학 국립 세르프스키 과학연구소Gosudarstvennyi nauchno-issledovatel'skii Institut sudebnoi psikhiatrii obshchesoiuznogo znacheniia im. Serbskogo에 보내졌다. 서구에서 정신의학의 남용과 관련된 구체적인 사례 보도가 표면화되면서, 세계정신의학협회 World Psychiatric Association, WPA의 영국 대표단은 소비에트 동료들이 반대자들을 정신병원에 강제수용하는 일을 그만두도록 하기 위해 이들에 대한 반대 운동을 펼쳤다. 이러한 노력은 1977년 호놀룰루에서 열린 WPA 학술대회 총회에서 소비에트의 정신의학 남용을 규탄하는 결의문이 통과되면서 절정에 달했다. 수많은 해외 정신의학 기관으로부터의 압박이 점점 커지자, 소비에트는 여름에 있을 연합의 대회에서 제명당할 가능성에 직면하느니 차라리 1983년 1월 돌연히 WPA를 탈퇴하는 쪽을 택했다.[1]

서구 매체에 자주 등장하는 의학 분야의 부정적인 이미지를 반박하는 데 소비에트 의학계의 관심이 쏠려 있는 동안, 정신분석 전문가들은 다소 다른 궤적을 밟고 있었다. 1970년대 초반, 소비에트연방의 '프로이트주의'는 비평 분야에서 공식적인 지원을 받게 되었다. 프로이트의 작업뿐만 아니라, 1939년 프로이트가 사망한 이래로 서구에서 광범위하게 발전해 온 후기 프로이트주의 정신분석 운동의 내용에 정통한 여러 분야의 전문가가 요청되었다. 이러한 소비에트 전문가들에는 바신처럼 잘 알려져 있는 인물들뿐만 아니라, 프로이트 비판가와 지지자로서 자신의 경력을 시작하고 있던, 전통 분야에서부터 새롭게 발전하고 있는 관심 분야까지 다양한 분야의 대학원생들이 포함되어 있었다.

무의식을 다룬 바신의 책이 출판되자마자, 다른 관련 작업들도 등장했다. 이들 책과 논문은 계속된 서구와의 경쟁의 일부로 여겨졌다. 목표는 부르주아 이데올로기의 탄약고에 들어 있는 위협적인 무기인 정신분석과 전투를 벌이는 것, 그리고 전통적으로 정신분석의 영향 아래 있는 연구 영역을 공산주의에 기반을 둔 새로운 과학을 위한 것으로 선포하는 것이있다. 하지만 이 브레즈네프 시대의 비평은 아직 형성 중이었고, 어떤 특정 정부 부서나 대학 학부의 산하에 있는 것도 아니었기

---

1 이러한 전개에 대한 통상적인 기술은 Sidney Bloch and Peter Reddaway, *Soviet Psychiatric Abuse*, Boulder: Westview Press, 1984; *Psychiatric Terror*, New York: Basic Books, 1977을 따랐다. 다른 관점에 대해서는 Martin A. Miller, "The Theory and Practice of Psychiatry in the Soviet Union", *Psychiatry*, 48(1), February, 1985, pp.13~24 참조.

때문에, 프로이트의 작업을 얼마만큼 중요시해야 하는지 일반적인 합의사항이 없었다. 마찬가지로, 얼마만큼 비판적이어야 하는지에 대한 분명한 지침 또한 없었다. 서구에 관한 대부분의 주제는 '부르주아 역사기술의 문제'와 '자본주의 세계 비판' 같은 표제 아래 논의된 이래로, 소비에트 연구자들에게 있어 적절한 비평적 안목으로 그런 주제들을 논의하고 평가하는 방법을 익히는 일은 대단히 중요한 것이었다. 이데올로기적 설명이 없는 상황에서, 1970년대에서 1980년대 초반에 소비에트연방에서 출판된 프로이트의 문헌이 가능한 범위를 명시해 주었다. 과학자들은 정신의학을 포함한 각종 분야에서 여전히 파블로프의 이름을 끌어들였지만, 그의 작업에 대한 공식적인 해석은 더 이상 1950년 과학 아카데미 학술대회에서와 같은 교리적인 권위를 수반하지 않았다.

소비에트연방에서 1970년대에 출판된 프로이트와 정신분석에 대한 담론은 세 개의 범주로 나누어 볼 수 있다. 첫 번째 일련의 저작들은 포위당한 정신의학계에서 나타났는데, 이 분야에서 지속되고 있는 프로이트의 영향력을 여실히 말해 주고 있었다. A. M. 스뱌도시치A. M. Sviadoshch의 『신경증자와 그 치료』Nevrozy i ikh lechenie의 개정 증보판이 이러한 영향력의 증거이다. 1959년에 나온 초판본은 구성 체계가 좀 더 작았는데, 1971년 2판을 발행하면서 스뱌도시치는 새로운 자료를 추가하였다. 그 책은 프로이트를 비판적으로 평가하는 방법을 경험했던 소비에트 정신의학자들과 심리학자들의 혼란을 보여 주는 좋은 예였다. 이 443페이지짜리의 다소 두꺼운 책에서 정신분석가와 프로이트는 아주 간략하게 논의되었다. 하지만 책 전체에는 프로이트적인 범주와 해석이 스며들어 있었다. 이 책은 은연중에 프로이트에 호감을 보이는 정도가 아니라, 오히려 프로이트의 작업에 대한 저자의 해박한 지식을 분명하게 드러내고 있었다. 스뱌도시치는 프로이트가 신경증적 장애의 병인학을 다루면서 유아기의 성적 갈등의 역할이라는 증명되지 않은 이론을 믿었다는 점에서 프로이트를 비판했다. 이 이론의 '잘못된' 성격에 대한 증거로서, 스뱌도시치는 프로이트의 제자 중 한 명인 아들러가 그것을 받아들이지 않고 대안적인 신경증 이론을 지지했다는 점을 강조했다. 스뱌도시치가 보기에, 이 이론은 힘을 향한 개인의 분투(능력)와 열등감(무능력) 간에 발생하는 인격 내부에서의 갈등이라는 더 현실적이고 받아들일 만한 개념에 근거하고 있었다. 이 책은 특히 에디트 야콥슨Edith Jacobson처럼 정신분석적 성향을 가진 치료사들이 수행한 작업을 상세히 다루면서, 치료 방법으로서의 정신요법에 대해서 논하기도 하였다.[2]

다른 출판물들에서는, 이전의 경우보다는 덜 비판적인 어투로 표현함으로써, 프로이트에 대한 관심이 커지고 있음을 드러냈다. 레닌그라드의 베흐테레프연구소의 정신신경학 연구자 A. E. 리츠코A. E. Lichko는 1977년 「의료심리학과 정신요법의 이론적 개념으로서 관계의 심리학」Psikhologiia otnoshenii kak teoreticheskaia kontseptsiia v meditsinskoi psikhologii i psikhoterapii이라는 논문을 발표했다. 논문의 취지는 관계의 심리학이라는 먀시셰프의 개념의 지속적인 쓸모에 매진하는 것이었다. 그러는 동안, 리츠코는 인격 기능의 분석에서 "무의식보다 의식이 탁월하다는 견지를 고수"한 먀시셰프 학파를 다루기도 했다. 그는, "프로이트가 '무의식적'인 것으로 본 초기 몇 달 동안의 역학"을 포함해서, 인간의 인격 발달에 있어

---

2 A. M. Sviadoshch, *Nevrozy i ikh lechenie*, Moscow: Meditsina, 1971, pp.28~31, 72, 228[『신경증자와 그 치료』]. 스뱌도시치의 책은 먀시셰프 이래로 신경증에 관한 가장 종합적인 연구였다. 프로이트에 대한 스뱌도시치의 태도에 관해서, 레비틴은 그가 그런 정신분석적인 발상에 대해 반대하고 있음을 강조하면서도, "정신분석적 개념을 몰래 가져오기 위해" 노력했다고 평가했다. Lobner and Levitin, "Short Account of Freudism", p.22.

심리학적 관계를 맺는 초창기의 영향력에 관심을 쏟는 것이 중요하다고 말했다. 리츠코에 따르면, 이 기간 동안에 아이와 그 혹은 그녀의 직접적인 환경들, 특히 부모 사이에 '최초로 관계 체계'가 성립된다. 아이는 각 부모와 직접적인 관계를 가지지만, 리츠코가 말한 '무의식적 유년기'에 있어 그 관계는 상호적이라는 것이다. 리츠코는 계속해서 이 시기의 의식적인 기억은 거의 사라지기 십상이지만, 그럼에도 "선명한 조각은 인간의 기억 속에 남아" 그 이후의 삶에서 되살아난다고 말했다. 이 초반의 관계 체계는 기억하기 어려운 탓에 이후의 삶에서 작동하지 않는 듯 보인다고 하더라도, 또 '교체'되기도 하고, 나중에 분간하기 어려운 변화를 겪게 된다는 사실에도 불구하고, 지배적인 영향력을 가진다. 리츠코는 동료들이 이렇듯 중요한 연구 영역을 무시해 왔다는 것을 인식했다. 그는 "불행하게도", "최근까지, 관계의 심리학은 초기 유년기에 대해 거의 주목하지 않았다. 유년기에 형성되는 근본적인 관계 체계의 발달에 대한 진지한 분석은 다양한 정신분석 학파의 대표자들과의 논쟁에서 우리의 지위를 강력하게 만들어 줄 것이다".[3]

이 시기 정신분석에 관련된 저작의 두 번째 범주는 바신이 이끄는 우즈나드제 학파로부터 출현했는데, 바신은 우즈나드제의 이론에 찬성하는 입장에서 프로이트의 개념에 의구심을 표하기 위해 프로이트의 무의식 개념을 복귀시키는 역설적인 작업을 수행하였다. 공산당의 이데올로기적 기관지 『공산주의자』Kommunist에 그 주제의 논문을 싣는 것이 허용된 이래로, 1971년에 당 지도자들이 프로이트 비평의 문제를 논

---

3 A. E. Lichko, "Psikhologiia otnoshenii kak teoreticheskaia kontseptsiia v meditsinskoi psikhologii i psikhoterapiia", *Zhurnal nevropatologii i psikhiatrii*, 77(12), 1977, pp.1833~1838[「의료심리학과 정신요법의 이론적 개념으로서 관계의 심리학」, 『신경병리학과 정신의학 저널』].

의했다는 점은 의심할 여지가 없다. 정신분석과 프로이트를 검토한 논문이 정치와 이데올로기를 전문적으로 취급하는 당의 상급 기관지에 게재된 것은 1920년대 이후 처음 있는 일이었다. 이 논문에는 바신과, 전연방정신요법센터Vsesoiuznyi tsentr po psikhoterapii의 책임자인 V. E. 로쥬노프V. E. Rozhnov를 포함해 세 명의 저자가 열거되었다. 러시아의 탁월한 프로이트 비평가였던 바신이 이 논문을 쓴 것은 당연한 선택이었지만, 로쥬노프의 참여는 전문적이고 정치적인 차원 양쪽에서 모두 중요했다. 브레즈네프 정부의 관점에서 볼 때 그의 신원증명서는 나무랄 데 없었고, 아울러 그는 정신요법과 최면에서 오랜 경험을 쌓은 전문가였다.[4]

이와 같은 공식적인 과학적 입장을 표명했음에도 불구하고, 『공산주의자』에 실린 논문은 소비에트의 반프로이트주의자들이 했던 이전 작업을 재언명한 것에 불과한 정도밖에는 되지 않았다. 「프로이트주의: 심리 현상을 해석하는 유사과학」Freidizm: Psevdonauchnaia traktovka psikhicheskikh iavlenii은 프로이트 이론의 기본적인 세부사항들에 대한 첫 논평으로, 정확성, 과장, 오류가 뒤섞여 있었다. 의견 차이는 좁혀지지 않았다. 바신과 그의 동료들은 프로이트가 정신을 단지 생물학적인 본능과 충동으로 환원했고, 인간 행동의 이면에 있는 동력인 성적 본능을 과장해서 강조했으며, 프로이트의 이론이 궁극적으로 과학이 아니라 신화에 근거해 있다고 생각하여 이에 반대하였다.

바신과 그의 공동 집필자들에게 가장 용납할 수 없었던 것은, 개인의 '내부 세계'의 힘에 대한 프로이트의 개념이 (변증법적 유물론의 철학

---

4 소비에트 정신요법에 대한 로쥬노프의 논의에 대해서는 Edward Babayan, *The Structure of Psychiatry in the Soviet Union*, pp.94~113 참조. 특히 pp.104~105에 있는 프로이트와 정신분석에 대한 그의 비판에 주목할 것.

에서 상술된) 사회적 관계의 결정적인 역할에 던진 도전이었던 듯했다. 이 내면의 세계는 비이성적인 욕망이 이성적인 규범과 끊임없이 싸우고 있는 무의식적 갈등의 영역으로 개념화되었다. 바신은 이것을 "'욕망'과 '필연'의 영역" 간의 갈등으로 보았다. '이성에 우선한 본능의 지배'를 만들어 내면서 '의식을 일시 중지시키는' 무의식 개념은, 용납될 수 없으며 따라서 받아들일 수 없는 프로이트적 개념을 교체하는 경쟁력 있는 설명이 가능한 인간 동기 이론의 탐색에 박차를 가했다. 소비에트 정치에서의 변화의 조짐에 발맞춰, 바신과 그의 동료들은 이 기회에 우즈나제의 작업뿐만 아니라, 언급하지는 못했지만 프로이트에 공감한다는 혐의로 과거에 혹독한 비판을 받았던 비고츠키, 루빈슈테인, 루리아의 작업도 프로이트에 대한 마르크스주의적 해결책으로 삼도록 권고하려고 했다.[5]

또 다른 프로이트 연구가 키예프에서 나왔는데, 이는 조지아와 러시아뿐만 아니라 우크라이나까지 포함해서 소비에트의 무의식 관련 분야의 심화와 확장을 암시하는 것이었다. A. N. 보이코A. N. Boiko의 저

---

5 F. Bassin, V. Rozhnov, M. Rozhnova, "Freidizm: Psevdonauchnaia traktovka psikhicheskikh iavlenii", *Kommunist*, 48, January, 1972, pp.94~106[「프로이트주의: 심리 현상을 해석하는 유사과학」, 『공산주의자』]. 이 잡지는 소비에트 시대에 걸쳐 가장 오랫동안 지속적으로 출판된 당 기관지 중 하나로, 1924년에 '볼셰비키'라는 이름으로 창간되었다. 이 논문은 '부르주아 이데올로기의 위기'라는 표제 아래 실렸는데, 이것은 이 잡지에서 자주 등장했던 주제였다. 바신과 로쥬노프는 또 다른 논문을 같이 썼는데, 이번에는 국가의 주요 철학 잡지에 실었다. 여기서 그들은 한편으로는 인간의 인식 작용에서 심리학 차원의 무의식 개념이 중요하다는 점을, 다른 한편으로는 이렇듯 복잡한 주제를 과학적으로 이해하는 데 있어 유일하게 정당한 접근은 프로이트가 아니라 우즈나드제라는 그들의 주장을 되풀이했다. F. V. Bassin and V. E. Rozhnov, "O sovremennom podkhode k probleme neosoznavaemoi psikhicheskoi deiatel'nosti(bessoznatel'nogo)", *Voprosy filosofii*, 10, 1975, pp.94~108[「새로운 심리 활동(무의식) 문제에 대한 현대적 접근」, 『철학의 문제들』]. 참조. 또한 바신은 이 시기에 해외 쪽과 의견 교환을 지속하였다. F. V. Bassin, "Le conscient, 'l' inconscient' et la maladie: A propos de l'approche moderne du problème psychosomatique", *Revue de Médecine Psychosomatique*, 14(3), 1972, pp.263~280 참조.

서 『철학과 구체과학에서의 무의식의 문제』*Problema bessoznatel'nogo v filosofii i konkretnykh naukakh*는 바신의 최근 연구와 우즈나제의 초기 실험에 크게 기대고 있었다. 보이코의 책은 프로이트에 대한 소비에트적 태도에서 보여지는 복잡함과 양가성을 상세히 설명하였다. 이 책에서, 프로이트 는 인간관계의 근원적 동기로서 성욕에 전념하는 관념론을 개진했고, 개인과 집단이 속한 사회적 환경의 중요성을 인정하지 않았다는 점에 서 방법론적으로 비판받았다. 그럼에도 불구하고, 데카르트부터 현재에 이르기까지 무의식의 해석을 추적해 본 후에, 보이코는 무의식의 주요 기능이 "주변 세계에 대한 인간 유기체의 적응"을 촉진하는 데에 있다 고 결론지었다. 성장과 발전에 필수적인 적응을 처리하는 기술을 제공 함으로써, 무의식은 "항상 변화하는 환경의 조건 속에서 건설적이고 창 조적인 활동을 위해 의식을 해방시킨다".[6]

1970년대 출판된 정신분석에 대한 세 번째 저작군은 가장 혁신적 이었다. 지금까지, 소비에트의 비평 문헌은 나머지 정신분석적 관점에 대해서는 충분한 주의를 기울이지 않은 채 프로이트의 작업 자체에만 초점을 맞추어 왔다. 이것은 1970년대 초반 소비에트연방에 새로운 세 대의 사회과학자들이 당대의 서구 정신분석, 특히 에리히 프롬과 자크 라캉Jacques Lacan에 대해 관심을 가지게 되면서 달라졌다.

소비에트에서 프롬에 대한 최초의 연구는 1972년에 출판되었다. 개별 연구 주제로서 프롬이 선택된 것은 전적으로 우연이 아니었다. 프 롬은 소비에트의 정신분석 전문가들이 도전 의식을 불태울 만한 전문

---

6 A. N. Boiko, *Problema bessoznatel'nogo v filosofii i konkretnykh naukakh*, Kiev: Izdatel'stvo pri Kievskom gosudarstvennom universitete, 1978, p.131 [『철학과 구체과학에서의 무의식의 문제』].

적 배경을 제시하였다. 그는 많은 기술적 사안에 있어 정통 프로이트주의에 반대하는 정신분석가였고, 미국으로 이민 가기 전에는 독일의 프랑크푸르트사회연구소의 회원이었으며, 다양한 사회 운동과 소비에트가 온건을 넘어 '진보적'이라고 규정했던 미국의 지식인 비평 모임과 관계된 마르크스주의자였다.

이 새로운 경향은 프롬의 저서 중 하나인 『정신분석의 위기』The Crisis of Psychoanalysis를 정신분석 분야에 대한 폭넓은 토론의 출발점으로 삼았던 한 논평에서 다소 차분하게 출현하였다. 이 논문은 소비에트연방의 우수한 철학 잡지에 게재되었다. 저자인 V. M. 레이빈V. M. Leibin은 모스크바의 철학 연구자로, 자신의 논문에 「정신분석의 순응주의와 사회성」 Konformizm i respektabel'nost' psikhoanaliza이라는 제목을 붙였다. 그는 자신의 소비에트 동료들에게 프롬의 사상이 잘 알려지지 않았다는 사실을 알았기에, 최근의 저서인 『정신분석의 위기』(미국에서는 1970년에 출판되었다)뿐만 아니라 프롬의 초기 저서들도 논평했다. 레이빈의 논문에서 언급된 프롬의 저서 중 시중에서 구할 수 있는 러시아어나 다른 언어로 된 번역본은 하나도 없었다.

레이빈의 논문은 대부분 정신분석이 사회 비평에서 순응주의 이론으로 변형되어 왔다는 프롬의 명제에 주목하였다. 레이빈에 의하면, 프롬은 프로이트가 부르주아 사회를 지배하는 몇 가지 가설에 대한 대담한 도전과 관련된 무의식의 힘에 대한 이론을 공식화했다고 논증했다. 하지만 프로이트의 계승자들이 정신분석을 "새로운 '기술' 사회의 요구에 순응하는 인습의 이론"으로 진화시켰다.

레이빈의 논문은 스탈린 이후 시대에 적어도 두 가지 방식에서 새로운 장을 열었다. 그는 일반적으로 가장 부정적으로 언급된 프로이트

의 작업 —— 즉 프로이트의 '방법론' —— 에서 소비에트적 가치와 양립할
수 있는 부분이 있다는 점을 주장했던 이 시기의 최초의 정신분석 논평
가였다. 레이빈은 논쟁적인 미사여구를 쓰지 않으면서, 프로이트의 제
자들이 '순응주의 이론'으로 변형시키기 전까지만 해도 프로이트 이론
의 비임상적 노작들이 급진적인 사회적 관련성을 가지고 있었다는 프
롬의 주장을 재생산했다. 이것은 정확히 바신, 페도토프, 그리고 다른 소
비에트 정신의학자들과 심리학자들이 프로이트 이론에서 그토록 가혹
하게 비판했던 차원이었다. 게다가 레이빈은 소비에트 독자들에게 프
롬이 프로이트에 대해 쓴 글에 대해 허버트 마르쿠제Herbert Marcuse가 행
한 비판의 핵심뿐만 아니라 카렌 호르나이, 해리 스택 설리번, 에릭 에
릭슨Erik Erikson 같은 다른 탁월한 정신분석가들의 작업도 소개했다.[7]

　　프롬의 작업에 대해 한결 풍부한 서술은 몇 달 뒤인 1972년, 모스크
바의 젊은 사회학자 V. I. 도브렌코프V. I. Dobren'kov의 『에리히 프롬의 신
프로이트주의 개념 비판』Kritika neofreidistskoi kontseptsii Erikha Fromma으로 모습
을 드러냈다. 이것은 소책자로 발간된 긴 논문이었다. 프롬을 사회주의
에 위협으로 남아 있는 '자유주의 부르주아 이론가'의 진영에 위치시키
는 간략하고 필수적인 소개말에 뒤이어, 저자는 프로이트와 프롬의 정
신분석 작업을 요약·제시했다. 그는 프롬의 가장 영향력 있는 저서들을
분석했는데, 전부 소비에트연방에서 합법적으로는 입수할 수 없었던
영역판을 인용하였다. 저자의 비판에도 불구하고, 마르크스와 레닌의

---

7 V. M. Leibin, "Konformizm i respektabel'nost' psikhoanaliza", *Voprosy filosofii*, 4, 1972,
pp.143~147[「정신분석의 순응주의와 사회성」, 『철학의 문제들』]. 레이빈과 유사하게 프로이트의 저
작에서 보여 준 최초의 급진성이 순응주의라는 결과로 이어진 데 대해 크게 주목했던 해석으로는
Russell Jacoby, *The Repression of Psychoanalysis*, New York: Basic Books, 1983 참조.

장식적인 인용에 힘입은 프롬의 저작에 대한 이 해석은 섬세하고 통찰력이 있었으며, 소비에트연방에서 출판된 프롬에 대한 논의로는 가장 광범위한 것이었다. 2년 뒤, 도브렌코프는 서구의 신프로이트주의 운동의 맥락에서 프롬의 작업을 한층 풍부하게 해석하여 출판했다.[8] 이 작업으로 도브렌코프는 바로 그 소비에트적인 명성을 — 바로 그 공적인 방식으로 얻게 되었고, 공식적으로는 아직 읽을 수 없었던 서구 지식인들에 관해서 소비에트연방의 선두적인 전문가가 되었다.

그러는 사이, 관심은 프랑스의 정신분석가 자크 라캉에게로 옮겨졌다. 1973년의 끝 무렵에, N. S. 아프토노모바N. S. Avtonomova는 라캉의 작업을 면밀하게 설명하고 평가한 방대한 논문 「자크 라캉의 정신분석 개념」Psikhoanaliticheskaia kontseptsiia Zhaka Lakana을 발표했다. 하지만 정신분석 이론을 다룬 대부분의 소비에트의 작업과 다르게, 이 논문은 라캉을 사회주의에 적대적인 부르주아로 해석하지 않았다. 게다가 라캉의 복잡한 사상에 대한 그녀의 논의에는 "마르크스주의-레닌주의의 고전"이 단한 개도 인용되지 않았다.[9]

8 V. I. Dobren'kov, *Kritika neofreidistskoi kontseptsii Erikha Fromma*, Moscow: Znanie, 1972[『에리히 프롬의 신프로이트주의 개념 비판』]; V. I. Dobren'kov, *Neofreidizm v poiskakh 'istiny'*, Moscow: Mysl', 1974[『신프로이트주의의 진리 탐구』].

9 N. S. Avtonomova, "Psikhoanaliticheskaia kontseptsiia Zhaka Lakana", *Voprosy filosofii*, 11, 1973, pp.143~150[「자크 라캉의 정신분석 개념」, 『철학의 문제들』]. 수년 후 관련 작업인 프랑스 마르크스주의자의 정신분석 비평이 러시아어로 번역되어 나왔다. K. B. Klemen, P. Briuno, L. Sev, *Marksistskaia kritika psikhoanaliza*, Moscow: Progress, 1976[『마르크스주의 정신분석 비평』] 참조. 프랑스어 판본을 번역한 것으로, F. V. 바신과 V. E. 로쥬노프가 서문을 쓰고 편집했다. 프랑스어판 원본은, C. B. Clément, P. Bruno, L. Sève, *Pour une critique Marxiste de la théorie psychanalytique*, Paris: Editions sociales, 1973 참조. 프로이트적 주제를 다룬 문헌이지만 소비에트에서 생산된 것이 아니기 때문에 이 흥미로운 책의 내용을 여기서 논의하지는 않았다. 하지만 저자는 프로이트 이론의 원천과 정신분석의 기원('정신분석 혁명'), 메타심리학과 정신분석의 문화 철학에로의 전환, 빌헬름 라이히와 마르크스를 프로이트와 융합시키려는 노력, 라캉주의자의 프로이트주의, 마르크스주의적 역사유물론의 견지에서 본 정신분석 비판 등과 같은 주제들을 광범위하게 다루었다. 책

라캉과 정신분석을 다룬 다른 작업이 1970년대 중반에 계속해서 등장했지만,[10] 그것들은 소비에트연방에서 출판된 국제적인 정신분석 운동을 다룬 것들 중에서 의심의 여지 없이 가장 권위 있고 객관적인 저작인 V. M. 레이빈의 『정신분석과 신프로이트주의 철학』*Psikhoanaliz i filosofiia neofreidizma*의 그늘에 얼마간 묻혀 버렸다. 레이빈은 유럽과 미국에서 '정통 정신분석'의 진화에 대해서뿐만 아니라 정신의학, 철학, 사회학, 역사학, 인류학, 예술 분야에 걸친 정신분석의 거대한 영향력에 대해 논의했다. 레이빈은 성장하는 정신분석 운동 내부에서 나온 프로이트의 반대자들, 그러니까 융과 아들러, 그리고 '성 혁명', 즉 파시즘의 심리학에 관한 빌헬름 라이히의 이론 및 마르크스주의와 정신분석의 융합을 관통하는 분석을 포함시키기도 했다. 게다가 그는 '신프로이트주의자', 특히 호르나이, 설리번, 프롬을 다룬 장에 많은 지면을 할애했다. 학문적 중립성을 유지했던 브레즈네프 시대에, 레이빈은 소비에트의 출판물에서는 거의 인용되지 않았던 자료들, 즉 쇠렌 키르케고르Søren Kierkegaard, 앙리 베르그송, 장-폴 사르트르Jean-Paul Sartre, 마셜 매클루언Marshall McLuhan뿐만 아니라 정신분석 이론가들의 글에서 직접적으로 논거를 가져왔다.[11] 레이빈은 "신프로이트주의 운동"에 관한 논의에서 이데올로기 문제를

---

의 일부가 초기 소비에트 담론에 되풀이되는 동안, 프랑스의 저자들은 이전의 소비에트 문헌에는 등장하지 않았던 자료와 프로이트의 출전에 관한 참고문헌을 포함시켰다.

10 L. I. Filippov, "Strukturalizm i Freidizm", *Voprosy filosofii*, 3, 1976, pp.155~163[「구조주의와 프로이트주의」, 『철학의 문제들』] 참조. L. I. 필리포프(L. I. Filippov)는 라캉과 더불어 소쉬르, 데리다, 레비스트로스의 작업 역시 논의한다. 또한 자기 분석이었던 조셴코 소설의 완성본이 40년의 휴지기를 거치고 이때 출판되었다. Mikhail Zoshchenko, *Pered voskhodom sol'ntsa*, Moscow: Sovetskaia Rossiia, 1976[『태양이 뜨기 전에』] 참조.

11 V. M. Leibin, *Psikhoanaliz i filosofiia neofreidizma*, Moscow: Izdatel'stvo politicheskoi literatury, 1977[『정신분석과 신프로이트주의 철학』].

확실하게 피해 감으로써, 차후에 소비에트연방에서의 정신분석에 대한 공식적인 비판의 태도를 약화시키는 데 성공하였다.

## 무의식에 관한 소비에트 국제학술대회

소비에트연방에서 정신분석에 대한 문제를 두고 이처럼 모순적인 상태를 지속할 수는 없었다. 1970년대 말까지, 정신분석에 관한 작업은 읽을 수는 있었지만 출판될 수는 없었고, 논의될 수는 있었지만 승인될 수는 없었으며, 학술 모임에서 논문으로 제출될 수는 있었지만 병원이나 정신의학자의 진료실에서 실천될 수는 없었다. 정신분석적 철학, 정신분석적 역사학, 정신분석적 사회학 분야에 상당수의 전문가들이 있었지만, 대학이나 의학부 강좌에서 그 주제를 가르칠 수는 없었다. 더욱이 인간 동기 이론이 프로이트 심리학의 중요한 부분이었음에도 불구하고 무의식 개념만을 강조함으로써, 이를 생리학 쪽으로 치우쳐 있던 소비에트의 선택을 심화시키는 데 주로 이용하였다.

수년 동안 우즈나제의 여러 제자들은 무의식 개념을 주제로 한 국제적인 학제간 회의를 개최하기 위해 소비에트연방과 해외 양쪽의 접촉을 시도하는 일을 하고 있었다. 발기인 중 한 명은 파리에서 정신분석을 훈련한 조지아의 심리학자 세르게이 출라드제Sergei Tsuladze였다. 그는 자신의 착상이 현실화되기 전에 사망했지만, 바신과 그의 몇몇 동료들에 의해 그의 작업이 수행되었다. 바신과 더불어 예정된 학술대회의 중심이 되었던 소비에트 주최자는 소비에트 조지아공화국 과학 아카데미의 심리학 연구자인 A. S. 프란기시빌리A. S. Prangishvili와 트빌리시국립대학의 심리학자 A. E. 셰로지야A. E. Sheroziia였다.

아울러 바깥 세계의 전문가들로부터 분명한 지원 신호들이 왔다. 학술대회 참가자 중 한 명인 낸시 롤린스Nancy Rollins는 미국 정신의학자로, 1968년에서 1969년 겨울 모스크바에서 소비에트 아동 정신의학을 공부하면서 4개월을 지냈으며, 이 회의를 조직하는 데 도움을 주었다. 모스크바 연구에 기초하여 쓴 자신의 책에서, 그녀는 소비에트와 미국의 정신분석 연구를 전문가들끼리 교환할 수 있도록 국제 심포지엄을 조직해야 한다고 구체적으로 조언을 하였다.[12] 또 다른 중요한 지지자인 레옹 셰르토크Léon Chertok는 파리의 심신의학센터Centre de Médecine Psychosomatique에서 정신분석 훈련을 받은 프랑스의 정신의학자로, 수년간 소비에트와 서구 정신의학자 간의 연합을 이끌어 내려는 노력의 선두에 서 있었다. 셰르토크에 의하면, 논문 발표를 위한 초청장은 소비에트연방, 유럽, 미국에 있는 "다른 모든 정신분석 학파를 포함한 모든 과학 분야의" 전문가들에게 보내졌다.[13]

논문 청탁에 대한 반응은 압도적이었다. 주최자들은 150여 개 이상의 논문을 받았는데, 그 가운데 약 2/3는 소비에트연방에서 왔으며, 의학과 과학뿐만 아니라 문학, 예술, 음악, 연극, 사회학, 역사, 철학의 전문가들이 제출한 것이었다. 무의식을 주제로 한 제1차 국제 심포지엄 모임을 위해 1400명 이상의 사람들이 1979년 10월 1일에서 6일까지 한

---

12 Nancy Rollins, *Child Psychiatry in the Soviet Union*, Cambridge, Mass.: Harvard University Press, 1972, p.239.

13 Léon Chertok, "Reinstatement of the Concept of the Unconscious in the Soviet Union", *American Journal of Psychiatry*, 138(5), May, 1981, p.575. 이 분야에서 셰르토크의 초기 작업에 대해서는 "Psychiatric Dialogue between East and West", *British Journal of Medical Psychology*, 41, 1968, pp.295~297; "Psychosomatic Medicine in the West and Eastern European Countries", *Psychosomatic Medicine*, 6, 1969, pp.510~521 참조.

주 동안 트빌리시에 모였다. 그중에는 세계적으로 유명한 언어학자 로만 야콥슨Roman Jakobson도 있었는데, 조지아어로 쓴 그의 논문은 청중들을 압도했다. 자크 라캉은 방문할 것으로 기대되었지만 불참하였다.

출판된 대부분의 대회 회의록으로 판단하건대, 주최자들은 그들이 기대했던 것 이상의 성과를 올렸다. 세르토크는 그것을 특히 '소비에트 심리학의 역사에 비추어 볼 때' '중요한 사건'이라고 여겼다. 이로써 그는 무의식 학술대회를 소비에트연방에서 전문가들의 승리로, 특히 파블로프 학설의 신화성을 제거하고 정신분석 이론의 연구를 재건하기 위해 싸웠던 심리학자들의 승리로 보았다.[14] 시카고 정신분석연구소 소장인 조지 폴락George Pollack은 트빌리시 회의에서 긍정적인 평가를 가지고 돌아왔다. "심포지엄은 흥미진진했고, 내 기억은 많은 개인적인 인상으로 가득 차 있다. …… 회의 내내 우리는 의견을 구하는 동료로서 친절하고 관대한 대우를 받았다."[15] 낸시 롤린스는 서구 정신분석 연구자들이 대회 주최자들에게 보낸 원고가 직접적인 충격을 주었다고 적었다. "우리의 소비에트 동료들은 참가자들의 공헌을 일관된 주제로 정리했다. 그뿐만 아니라 그들은 서구 정신분석 문헌을 읽었고, 정신분석 운동에 내재된 곤궁을 검토하였으며, 무의식에 관해 자신들의 입지를 넓혔다." 롤린스는 그녀와 서유럽에서 온 동료들이 마주쳤던 몇 가지 문제

14 Chertok, "Reinstatement", pp.575~578.
15 George Pollack, "Psychoanalysis in Russia and the U.S.S.R.: 1908-1972", *Annual of Psychoanalysis*, 10, 1982, pp.267~268. 폴락과 미국 정신의학협회의 다른 참가자들이 작성한 보고서에 근거한 다른 트빌리시 대회 관련 보고서는 "The Unconscious in the USSR: Can Marx and Freud Find Common Ground", *Roche Report: Frontiers of Psychiatry*, 11(9), October 15, 1981, pp.12~13에서 찾을 수 있다. 대회와 관련된 개인적인 기억을 이야기해 준 폴락 박사에게 감사드린다.

들에 대해서도 언급했다.

트빌리시에서 진행되고 있는 것을 어떻게 전할까 생각해 보니, 만만찮은 어려움들이 있었다. 언어 차원에서, 회의 때 원고들이 러시아어, 영어, 프랑스어, 독일어로 출판되고 제출되었기 때문에 우리는 수많은 언어들의 혼돈, 바벨탑을 경험했다. 같이 제공되었던 번역문은 내게 가슴이 턱턱 막히는 경험을 주었다. 외국어에 대한 약간의 지식은 원본과 번역본 어느 쪽이든 이해하는 데 오히려 방해가 되어서, 충돌하는 패들이 생겼다.

의미 차원에서는, 정의를 내리는 문제가 있었다. 예컨대, 무의식은 정신 경험의 특성으로 받아들여져야 하는가 아니면 정신 활동 체계로 받아들여져야 하는가? (우즈나드제의 용어인) '장치'는 무의식과 일치하는가, 아니면 무의식이라는 용어는 여러 가지 종류의 추가적인 정신 활동들을 함축하는가?

개념 차원에서, 나는 과학자들 무리가 자신의 눈을 가리고 코끼리를 연구하는 모습을 연상했다. 나는 다음과 같은 장면을 상상했다. 한 연구자는 코끼리의 긴 등뼈에 설레어하면서, 공중으로 붕 떠서 그 짐승의 등으로 가까이 가고, 다른 사람은 코를 조사하며, 누군가는 큰 귀를 붙잡고 등등. 우즈나드제 학파는 실험실에서 지각 장치에 대한 실험으로 무의식을 연구해 왔고, 반면에 정신분석가들은 주로 신경증 환자의 자유연상 기법으로 무의식을 연구해 왔던 것이었다.[16]

16 Nancy Rollins, "A Critique of Soviet Concepts of Consciousness and Unconsciousness", *Interaction*, 3(4), Winter, 1980, pp.225~226.

대회의 또 다른 회의록에는 시큰둥한 반응도 묘사되어 있었다. 당파적으로 분열되어 있던 프랑스 대표단은 몇몇 회원들이 소비에트가 특정 주제를 억압하고 있다고 생각했던 탓에 불만족스러워했다. 몇몇은 대회를 보이콧하기까지 했다. 의견을 달리하는 사람들을 임상적으로 학대했다는 혐의로 최근 세계정신의학협회에서 퇴출되었던 소비에트 정신의학 연구자들이 자신들의 참석으로 인해 합법적으로 인정받게 될 것이라고 생각했기 때문이었다. 트빌리시에서 프랑스 대표단은 임상 사례든 이론적 연구든 간에 소비에트 대회의 발표 주최 측이 허용한 여러 종류의 정신분석 자료들에 관해 투명성이 부족하다는 이유로 불만을 표시하기도 했다.[17]

트빌리시 대회가 얼마만큼 방대한 범위를 다루었는지의 여부는 248편의 논문이 가장 명백하게 보여 준다. 이 논문들은 대회에서 발표되었다가 이후에 조지아 과학 아카데미에서 총 2710페이지에 달하는 네 권의 두꺼운 책으로 발행하였다.[18] 편집자들은 서문에서, 페이지에서 묻어나는 저자들의 다양한 작업이 보여 주는 광범위한 스펙트럼으로 증명된 것처럼 이 '공동 연구서'가 '세계 과학에서 무의식 문제에 대한 중요한 접근법'을 반영하고 있다고 밝혔다. 편집자들은 무의식에 대해서 소비에트의 전망과 서구의 전망 사이에 차이가 있음을 아주 잘 알

---

17 Elizabeth Roudinesco, *Jacques Lacan and Co.: A History of Psychoanalysis in France, 1925-1985*, Chicago: University of Chicago Press, 1990, pp.643~666 참조.

18 A. S. Prangishvili, A. E. Sheroziia, and F. V. Bassin eds., *The Unconscious: Nature, Function, Method of Study*, Tbilisi: Metsniereba, 1978, vols.I~III. 4권은 1985년도에 나왔다. 논문은 참가자들의 언어, 즉 영어·프랑스어·독일어·러시아어로 출판되었다. 먼저 나온 세 권은 대회에 앞서 제출된 212편의 논문이 수록되어 있으며, 대회에서 논의되었던 다른 36편은 4권에 실렸다. 지금까지 정신분석과 무의식을 주제로 한 단독 학술대회에서 출간한 것으로는 가장 분량 있는 논문집으로 남아 있다.

고 있었다. 학술대회 주최자들의 말에 의하면, 그들은 "1차적인 이론적 접근 방식과 분석 방향, 그리고 서로 다른 저자들의 특징적인 해석 방법 사이에 보다 깊고 근본적인 방법론적 질서의 차이가 놓여 있음"을 알고 있었던 것이다. 공평성을 위해 노력했음을 강조하면서, 편집자들은 초기의 무의식 연구가 '관념론 철학'이나 '단순화된 기계론적 구조'의 흔적을 지니고 있으며, 회의에 우선해서 비판적 진술이 서구와 소비에트의 작업 모두를 망라하고자 했음을 명시했다.

학술대회에서 해석의 충돌이 일어나고 있음을 인식하고 있었지만, 편집자들은 자신들의 '이론적 명제'를 분명히 하였다. 여기에는 다음과 같은 것들이 포함되었다. 첫째, 심리학적 현상으로서의 무의식이 실재한다는 믿음. 둘째, 무의식을 고려하지 않고서는 "어떤 행위에 대해서든 인간 행동의 심리적 구조에 대한 깊은 통찰을 얻는 것은 불가능하다"는 확신. 셋째, 무의식에 대한 적절한 이해를 위해 변증법적 유물론 개념의 적용이 필요하다는 점. 넷째, 무의식의 과학적 이론은 우즈나드제가 발전시키고 그 제자들이 정교화한 장치 개념의 연구에 기반하여 성립될 수 있다는 점.[19]

신중하게 표현된 '명제들'은 학술대회 전반에 깔려 있는 알력을 드러냈다. 대다수의 서구 정신분석가들은 앞의 두 가지에 대해서는 동의할 것이지만, 소비에트연방의 관리하에서 재개된 무의식의 복귀의 산물인 세 번째와 네 번째에 대해서는 그렇지 않을 터였다. 하지만 몇몇 대표단이 제기한 문제는 반대로 이것이 '정통' 프로이트주의자의 모임과는 무슨 차이가 있는가였다.

19 *Unconscious*, vol.1, pp.19~20.

우즈나드제주의자와 서구적 경향 사이의 긴장은 논문집의 첫 권 『개념의 발전』*Razvitie idei*의 구성에 뚜렷하게 나타났다. 이 책은 3부로 나누어져 있었는데, 1부에서는 무의식의 심리적 실재를 검토하는 문제를 다루었고, 2부에서는 프로이트 이전과 프로이트가 활동하던 시기, 그리고 특히 프로이트 이후의 무의식 개념의 전개를 다루었으며, 3부에서는 무의식적 행동의 신경생리학적 기제를 다루었다. 논문의 1부는 주로 우즈나드제 학파의 소비에트 조지아 연구자들의 기고로 구성되었으며, 2부에는 서로 대립하는 관점들이 열거되었다. 여기에는 소비에트와 러시아 저자들이 쓴 알프레트 아들러, 피에르 자네, 자크 라캉 관련 논문뿐만 아니라 마르크스 이론과 프로이트의 '친연성'을 다룬 프랑스 철학자 루이 알튀세르Louis Althusser의 논문, 프랑스에서 프로이트 이전의 무의식 개념을 개괄한 셰르토크의 논문, 무의식에 대한 프로이트와 융의 관점을 비교·분석한 레이빈의 논문, 롤린스의 우즈나드제 비판 등이 있었다. 3부는 특히 지난 30년간 소비에트연방과 외국에서 수행된 작업에서 무의식적 정신 활동의 신경생리학적 근거에 대한 관심이 유사한 영역에 있음을 보여 주었다.

2권은 임상적 응용과 실험 연구 쪽에 더 초점을 맞췄다. 『꿈, 임상, 창조성』*Son. Klinika. Tvorchestvo*이라는 어색한 제목이 붙은 이 책도 3부로 나누어져 있었다. 논문들은 내적 타당성에 따라 다음의 분야로 분류되었다. 첫째, 수면 최면의 조건에서 무의식의 활동과 다른 의식의 변용 상태. 둘째, 임상 증후군에서 무의식적 징후. 셋째, 예술적 창조성에서 무의식의 역할. 이 책의 편집자들은 '무의식의 언어'의 중요성에 기초한 이 세 가지 분야에서 주제의 일관성을 발견했다. 이를 통해서 그들은 꿈, 임상적 증상, 예술 작품이 모두 다양한 형태로 무의식적 갈등을 표현할 수 있다는 점을 말하고자 하였다. 그들은 무의식의 언어의 구조에 관한 라캉의 작업을 직접적으로 언급하면서 이것을 꿈의 상징적 소통에 대한 프로이트의 연구에서 발전한 것으로 보았다. 그리고 이것을 서구의 무의식 개념과, 우즈나제가 실증적으로 발전시키고 비고츠키가 보다 이론적으로 발전시킨 언어에 대한 강조를 연결하는 방법으로 여겼다.[20]

이 책에는 1권보다는 더 많은 미국 기고자들의 논문이 실렸을 뿐만 아니라 과거에 반프로이트주의 비평의 지지자로 목소리를 냈던 모스크바와 레닌그라드의 여러 뛰어난 정신의학자들이 제출한 논문들도 포함되었다. 후자의 논문들을 대표하는 것으로는 A. M. 스뱌도시치, D. D. 페도토프, A. E. 리츠코가 있는데, 이들 대다수는 대회에서 무의식적 갈등의 증상을 치료하는 방법으로서의 정신요법이라는 주제를 논의했다. 이 논문들에는 프로이트에 대한 비판이 남아 있었지만, 이제는 그 비판에 프로이트의 업적에 대한 존경 어린 찬사가 자주 섞였고, 아니면 기본 방향에서 좀 더 명확히 정신분석적임을 보여 주는 실질적인 토론이 끼어들었다.[21]

3권은 『인식. 사회. 개성. 무의식 연구의 방법들』Poznanie. Obshchestvo.

---

20 Ibid., vol.2, pp.23~24.
21 예컨대 V. S. 로텐베르크(V. S. Rotenberg)는 치료를 받는 개인이 어떻게 "기본적인 행동 기준으로는 수용하기 어려운 동기들과 화해하는 방법을 찾는지"를 밝힌 꿈의 개념을 받아들여서, 자신의 논문 "Dreaming as an Active Process and the Problem of the Unconscious", Ibid., vol.2, pp.99~110[「활발한 작용으로서의 꿈꾸기와 무의식의 문제」]에서 프로이트의 개념을 사용하기도 했다. 또 A. M. 스뱌도시치는 "The Role of Unconscious Motives in the Clinical Picture of Neuroses", Ibid., vol.2, pp.361~366에서 유아 성욕 이론을 부인하고 있음에도 프로이트에 대해서는 긍정적인 평가를 내리고 있다. 비슷한 관심사를 가진 것으로는 정신요법에서 방어기제에 대한 여섯 편의 사례연구가 담긴 V. E. Rozhnov and M. E. Burno, "The Unconscious and Clinical Psychotherapy: The Problem Posed", Ibid., vol.2, pp.346~352가 있다.

*Lichnost'. Metody issledovaniia bessoznatel'nogo*로, 여기에는 제목에서 말한 주제들에 대한 것과 더불어 '무의식의 연구 방법'에 대한 논문도 수록되었다. 이 책에는, 비고츠키와 우즈나드제의 작업을 통합하려는 시도가 있었으며,[22] 인지에 관한 실바노 아리에티Silvano Arieti의 기고문과 언어학에 관한 로만 야콥슨의 기고문도 역시 여기에 수록되었다.[23]

4권이자 이 시리즈의 마지막 권은 1985년에 나왔는데, 이 심포지엄의 개최가 결정된 후에 사망한 세로지야를 추모하여 그에게 헌정되었다. 4권 『논의의 결과』Rezultaty diskussii는 외국의 참여자들을 거의 다루지 않고 주로 심포지엄에 참여한 조지아 연구자들의 작업을 실었다.[24] 주최자들의 속내를 보면, 이 행사에 대한 소비에트의 분석은 다음과 같은 사실, 즉 심포지엄이 '무의식 문제에 대한 두 가지 기본적인 접근법', 일명 '서구에서 주도권을 가진' 프로이트 및 프로이트 이후 정신분석의 경향과, 우즈나드제의 제자들의 연구 방법론 사이에서 발생한 대규모 충돌로 특징지어져야 한다는 점을 분명히 하였다. 소비에트의 편집자들은 특히 세로지야가 수정한 우즈나드제의 장치 이론을, 무의식적인 정신 활동의 기능을 연구하는 가장 과학적이고 진보적인 방법으로 제시했다. 그럼에도 불구하고 프로이트의 업적은 이 기획에 근본적인 것으로 공개적으로 인정되었다.[25]

---

22 특히 권두 논문을 참조. *Ibid.*, vol.3, pp.27~46.

23 *Ibid.*, vol.3, pp.47~55, 156~167.

24 파리에서 온 레옹 셰르토크의 논문 한 편이 실렸다. *Ibid.*, vol.4, pp.106~114.

25 N. V. Bakhtadze-Sheroziia, "The International Symposium on the Problem of the Unconscious, Tbilisi, 1979", *Ibid.*, vol.4, pp.147~148. 후기 우즈나드제주의자들의 연구 중에서 가장 대표적인 것 중 하나는 A. E. Sheroziia, *K probleme soznaniia i bessoznatel'nogo psikhicheskogo*, 2 vols., Tbilisi: Metsniereba, 1969, 1973[『의식 및 무의식적 심리의 문제』]이다. 이 책에는 프로이트 저작에 대한 면밀한 독해에 기반한 긴 프로이트 비판(vol.1, pp.7~169), 우즈나드제의 연구에 대한 재검토

차이점뿐만 아니라 공통점을 기준으로 하여 프로이트와 우즈나드 제를 대치시키려는 이와 같은 복잡한 노력에 관해서 그 이상의 논의들이 있었지만,[26] 트빌리시 심포지엄에서 완성된 작업은 소비에트연방의 정신분석의 역사에 있어 전환점이 되었다. 1917년 혁명 이래 처음으로 서구에서 수행된 무의식에 대한 정신분석적 연구와 소비에트연방에서의 유사한 발전을 화합시키기 위해 진심으로 노력했던 것이다. 당국이 어떻게 반응할지 분명치 않았기 때문에 대회의 소집은 분명 얼마간의 위험을 수반했다. 사실, 대회가 끝난 직후 프란기시빌리, 셰로지야, 그리고 다른 동료들을 과학적으로 합당한지 의심스러운 무의식에 지나친 관심을 쏟는 프로이트주의자로 낙인을 찍으면서, 1980년 초 심포지엄에 대한 공개적인 공격이 수면으로 떠올랐다.[27] 하지만 심포지엄의 주최자들은 자신들의 입장을 유지하였고 일찍이 발표했던 발언을 철회하기를 거부했다. 그들은 심포지엄에서 자신들이 '이데올로기적 반대자들과 우리 자신 사이의' 일치점과 차이점을 충분히 알고 있으며, 무의식의 문제에 마르크스주의적 방법론으로 접근하겠다는 약속을 단호하게 지

---

(1권의 나머지 부분), 인격의 '통합된 관계 체계'로서 의식과 무의식에 관한 셰로지야 자신의 일반론(2권 전체)이 수록되어 있다. '제안된 새로운 이론의 관점에서' 저자는 보증되지 않은 오만한 말투로 "의식과 무의식의 심리학에서 이러한 방향에서 시도된 거의 모든 것들은 단지 전 단계의 형식을 취할 뿐이다"라고 언급했다(vol.2, p.518).

26 Nancy Rollins, "Consciousness, Unconsciousness and the Concept of Repression", *Unconscious*, vol.1, pp.226~281; "A Critique of Soviet Concepts of Consciousness and Unconsciousness", *Interaction*, 3(4), Winter, 1980, pp.225~233 참조.

27 이 공격에 대해서는 L. Kukuev, "O nekotorykh teoreticheskikh aspektakh nevropatologii i psikhiatrii", *Zhurnal nevropatologii i psikhiatrii*, 80(1), pp.3~8[「신경병리학 및 정신의학의 몇 가지 이론적 측면들에 관하여」, 『신경병리학과 정신의학 저널』] 참조. 우즈나드제주의자들의 반응에 대해서는 A. S. Prangishvili, A. E. Sheroziia and F. V. Bassin, "Mezhdunarodnyi simpozium po probleme neosoznovaemoi psikhicheskoi deiatel'nosti", *Voprosy psikhologii*, 2, 1980, pp.181~284[「의식되지 않은 정신 활동의 문제에 관한 국제 심포지엄」, 『심리학의 문제들』] 참조.

키고 있다고 말했다.

그러나 그들은 계속해서 다음과 같이 말했다. "이 같은 입장을 반대자들의 관점을 이해하려는 노력의 거부로, 또 급진적이기보다는 오히려 관습적인 차이들이 존재하는 영역 ── 철학적 체계와 방법론적 전제를 정의하길 고수하기보다는, 이러한 차이들이 연구와 기존 전통의 독특한 발달사發達史를 반영하는 경향이 있는 영역 ──에서 그들과 협력하는 노력의 거부로 해석해서는 곤란할 것이다. 그런 거부는 불관용을 내포할 것이며 우리 지식의 더 나은 성장을 분명 방해할 것이다." 그들은 엄격했던 파블로프 시대를 은연중에 언급하면서 그런 불관용이 "심지어 보다 폭넓게 부정적인 영향을 끼칠 수 있다"는 염려 섞인 결론을 내렸다.[28] 동시에 그들은 반응이 그럴듯하다면 심포지엄의 진행에 관한 추가적인 저서를 출판하겠다고까지 하면서 서구와의 대화를 개방적이고 적극적으로 유지하려는 의도를 밝혔다.[29] 서구와 정치적으로 경쟁하는 거대한 냉전 세계의 맥락에서 보면, 셰로지야와 그의 동료들은 소비에트의 정치적 입장의 영역에서 온건한 태도를 취하고 있었다. 당 지도부의 관점에서, 그들은 분명히 자본주의라는 적과의 평화로운 협력을 지지하고 있었다.

트빌리시 학술대회에 참석한 서구의 몇몇 참가자들은 큰 희망을 가지게 되었다. 셰르토크는 대회가 끝난 후 소비에트연방으로 돌아온 뒤에 "약간의 우발적인 반응이 있었지만 심포지엄은 확실한 시작과 분명 결실을 맺게 될 결과를 가져다주었다"라고 말했다.[30] 또 다른 서구의 해

---

28 *Unconscious*, vol.3, p.734.
29 *Ibid*., vol.4, p.457. 계획된 책은 나오지 않았다.
30 Chertok, "Reinstatement", p.582.

설가는 빈의 지크문트 프로이트 출판사의 『보고서』*Bulletin*에서 한 걸음 더 나아가기까지 했다. "조지아 학파의 심리학은 무의식 이론을 일반 심리학의 더 큰 분야로 통합하는 데 있어 최초의 성공으로 밝혀질 수도 있을 것이다. 만약 이것이 사실이라면, 우리는 전통적으로 고전 심리학의 주류로부터 정신분석을 분리하는 심연을 어떻게 가로지를 수 있는지를 보게 될 것이다."[31]

반면 프랑스 참가자에 따르면 "폭넓고 개방적이었지만, 심포지엄이 소비에트연방에 프로이트주의를 눈곱만큼이라도 재이식시켰다고 말하는 것은 어불성설이다. 그러한 진출이 일어나기 위해서는, 반드시 정신분석적 실천이 금지되지도, 정신분석 연구가 금지되지도 않아야 할 것이다".[32] 이것이 정확하게 실제로 발생한 일이었던 것이다.

31 Lobner, "The 'Unconscious' in the USSR", p.27.
32 Roudinesco, *Jacques Lacan and Co.*, p.646.

# 9장

# 정신분석과 소비에트의 역사

인간의 본성은 원초적이고 잠재적인 무의식의 가장 깊고 어두운 곳
에 숨겨져 있다. 탐구하는 정신과 창조적인 기획에 기울여진 가장
큰 노력들이 그곳을 향할 것이란 점은 자명하지 않은가? ──L.D.트
로츠키

## 페레스트로이카와 정신분석

소비에트의 지도자 미하일 고르바초프Mikhail Gorbachyo의 야심찬 기획, 정
치 개혁(페레스트로이카)과 문화 개방(글라스노스트)이 시작되고 2년 후
인 1987년에, 정신분석 관련 특집기사가 정부의 주요 일간지 『이즈베스
티야』에 게재되었다. 글쓴이 안드레이 보즈네센스키는 소비에트연방에
서 가장 존경받는 시인 중 한 명이었다. 보즈네센스키의 논문은 과거에
공식적으로 개념화해 왔던 것들에 기만적인 태도가 깃들어 있음을 깨
달은 우울한 선언이고, 소비에트 사회가 과거에 대한 보다 진실된 이해
로 나아가야 한다는 명백한 요청이었다. 시인은 과거 수십 년 동안의 정
치적 악행을 대면하고 자신이 '사유의 양심'이라고 일컬었던 것의 실현
이 필요하다고 생각했다. 그는 "스탈린 체제가 자의적으로 체포했던 사
람들"과 "탐탁치 않은 사람들의 초상"을 제거한 거짓된 역사 교과서를
언급했다. 그는 "어린 시절에 가장 결백한 사람들에 대한 중상모략을 믿

었다는 것을 알게 된 것이" "지금 얼마나 수치스러운지 모른다"고 썼다. 그는 학생 때 읽은 책에는 실리지 못했던 위대한 작가들, 이를테면 안나 아흐마토바Anna Akhmatova, 미하일 불가코프Mikhail Bulgakov, 오시프 만델스 탐, 보리스 파스테르나크Boris Pasternak 등에 대해 논의하기도 했다. 그는 읽는 게 허락되지 않았던 많은 유럽 지식인들 중 한 명으로 프로이트를 기억했다. 그는 기사에서 "왜 프로이트의 작업이 출판되지 못했는가?" 라는 질문을 던졌다. 나아가 소비에트연방에서 "왜 정신분석이 임상적 실천에서 배제되었는가"를 알고 싶어 했다. 보즈네센스키에게 무엇을 읽을지를 선택할 수 있다는 것은 "사유 그 자체와 같이 자유롭고 열려 있으며 제한 없는 것을 의미했다. 그리고 이는 휴머니즘과 결합한 과학" 의 창조에 있어 필수불가결한 부분이었다.[1]

변화에의 요구가 박차를 가하게 되면서 보즈네센스키가 던진 것과 유사한 질문이 소비에트연방 곳곳에서 공개적으로 제기되었다. 변화의 과정은 고르바초프가 '새로운 사고'Novoe myshlenie를 요청하기 이전에 시 작되었으며, 변천하는 정세 속에서 정신분석의 운명에 관심을 가지고 있던 적어도 몇몇 관찰자들은 이를 눈치챘다. 1970년대 후반에 한 보고 자는 직접 경험한 것에 기반하여 다음과 같이 말했다. "정신요법의 다양 한 형식에 대해 상당히 유연한 태도가 있다. 몇몇 비전문가의 정신분석 은 비공식적인 상태로 계속되는 듯하다. 지식인들과, 보다 젊은 세대의 의사와 의대생들도 프로이트에 대해 상당한 관심을 보인다. 몇 번이고

---

1 Andrei Voznesensky, "Sovest' mysli", *Izvestiya*, December 6, 1987, p.3[「사상의 양심」, 『이즈베스티 야』]. 나는 보즈네센스키 박사에게 감사의 뜻을 표하고자 한다. 그는 출판 당시의 기사 자료를 내게 주었으며, 1988년 미국 방문 기간 동안 듀크대학에서 사담을 나누면서 프로이트의 부활에 대해 확 인해 주었다.

프로이트주의를 버렸던 정신의학의 대변인들은 여전히 같은 반복 안에 갇혀 있지만, 오늘날 정신분석에 대한 거부는 전체적인 것도 합의된 것도 아니다. 최근 새로워진 관심과 매혹을 나타내는 징후가 늘고 있다."[2]

이러한 변화가 어디서 기인하는지에 대해서는 논의의 여지가 있다. 즉 과거에 금지되었던 주제를 다룬 책과 논문이 쏟아져 나올 수 있었던 고르바초프 시대의 당의 통제 완화 때문인지, 아니면 인텔리겐치아 스스로 사상과 행동에 대한 권리를 밀어붙인 결과 당으로 하여금 사회적 통제를 완화시키도록 만들어서인지 말이다. 이전이었다면 이와 같은 압박은 억압적인 폭력을 코앞에 맞이해야 했을 터이다. 하지만 변화 그 자체의 방향에 대해서는 이견이 없다. 스탈린 치하에서 비난받은 작품을 썼던 작가들은 종종 독점적인 국립 출판사의 부서명이 찍힌 채로 서점과 가판대에 등장했다. 마찬가지로, 트로츠키와 부하린처럼 금지되고 처형당한 정치적 인물들, 그 이름이 공식적인 기록에서 지워져 버렸던 사람들은 열띤 공개 토론회와, 1930년대의 테러에 의해 국가에 자행된 끔찍하면서도, 몇몇 논평자들에 따르면, 돌이킬 수 없는 폐해를 성토하는 자리에서 논쟁의 중심이 되었다.

이러한 지식인의 각성을 다시 불러일으킨 주된 추진력은, 보즈네센스키가 말했듯이, 과거를 이해하는 방법을 모색하고, 공적 공간에서의

---

2 Lobner and Levitin, "Short History of Freudism", p.26. 또한 Léon Chertok, "Sigmund chez Karl", *Le Monde*, September 2~3, 1984; "Philosophie: Les Soviétiques à Paris", *Le Monde Campus*, December 18, 1986; "L'Etat actuel de la psychanalyse en U.R.S.S.", *Psychanalyse clinique*, 1, 1986, pp.1~3 참조. 정식 훈련을 받지 않고 정신분석을 실행하는 것과 관련해서 프로이트는 특정 상황하에서는 어느 정도 장점이 있다고 보았다. 이에 대해서는 S. Freud, "'Wild' Psychoanalysis", ed. James Strachey, *Standard Edition of the Complete Psychological Works*, London: Hogarth Press, 1957, vol.xi, pp.221~227 참조[지크문트 프로이트, 「야생의 정신분석」, 『끝낼 수 있는 분석과 끝낼 수 없는 분석』, 이덕하 옮김, 도서출판b, 2004 ― 옮긴이].

탐색에 전념한 데 있었다. 이는 여태껏 통치 권력에 의해서만 정의되어 왔던 것이었다. 이와 같은 노력에 합류한 사람들이 누적되어 그 무게가 점점 커지게 되면서, 과거를 교정할 필요성도 한층 강화된 듯했다. 새로우면서도, 종종 진리를 드러내는 정보의 흐름을 생산하거나 소비하는 사람들 사이에서 정신분석에 관심을 가지고 있었던 사람들이 중요한 역할을 맡게 된 것은 놀라운 일이 아니었다. 1930년대 초 이래로 강요되었던 이데올로기적 속박이 풀리면서 정신분석적 개념에 대한 열린 토론이 잡지와 신문에서 재개되었다. 게다가 이 개념들은 다양한 방식으로 문제가 많았던 과거의 소비에트를 재해석하는 데 이용되었다. 누군가에게 그 노력은, 과거를 이해하는 것이야말로 그것으로부터 탈출하는 길이라는 깨달음의 일환이었다. 다른 누군가에게는, 정치적으로 수용 가능한 것의 경계를 해소하는 것이 글라스노스트의 신선한 바람을 타고 새로운 공적 정체성을 다시 세울 기회로 제시되었다. 동기와 상관없이, 많은 사람들은 지난 수십 년에 걸쳐 소비에트 당원들과 일반 인민들을 엄격하게 통치하고 엄중한 판결을 내리며 가혹하게 처벌했던 전체주의의 지배에 대해 말할 수 있을 정도로 변화된 정치적 분위기를 충분히 이용하길 바랐다.

고르바초프 시대 이전에도 의학 분야에서는 프로이트에 관한 토론이 재개됐지만, 그것은 대중적인 매체에 출현한 글쓰기들에서보다는 훨씬 조용하고 온건했다. 정신의학 교재와 논문에서 프로이트의 용어는 거의 저자 표시 없이 사용되었다. 이는 신경증적 장애와 정신요법의 기술을 다루는 자료들에서 특히 그랬다. 그 자료들의 상당수는 섬세하면서도 사회주의에 기반을 둔 성격 이론을 발전시키기 위한 필요에 의해 제시된 것들이었다.[3] 심지어 억압되었던 많은 성 병리학의 주제는 한

의학 교재 안에서 부활했다. 이 책은 1977년 출판되고 나서 한참이 지난 뒤에도, 특히 의학 전공자들이 아닌 독자들 사이에서 수요가 많았다.[4]

동시에, 보다 학술적인 프로이트 비평이 그 영향력을 확대했다. 예술적 창조성 이면의 동기 같은 문제들에 대해 정신분석을 적용한 연구와 도브렌코프, 아프토노모바, 레이빈의 초기 저작의 연구를 발판 삼아 쓰여진 박사학위 논문들이 출판되었다.[5] 또 바신과 우즈나드제 학파의 작업은 모스크바에서뿐만 아니라 캅카스에서도 계속해서 영향을 미쳤다. 아제르바이잔의 수도 바쿠의 과학 아카데미가 출판한 무의식 관련 책이 그 증거이다.[6]

고르바초프 정권에서 출판된 정신분석 관련 자료 중 일부는 페레스트로이카 전 시기에 확립된 학술적 패러다임에 맞춰 다소 순화되거나 교정되었다.[7] 하지만 그 대부분은 전인미답의 길로 들어갔다. 심지어는 프로이트의 유산을 어떻게 지킬 것인가에 초점을 맞춘 논쟁이 포함된

3 다음의 예를 참조. B. D. Karvasarskii, *Nevrozy*, Moscow: Meditsina, 1980[『신경증자들』]; B. D. Karvasarskii, *Meditsinskaia psikhologiia*, Leningrad: Meditsina, 1982[『의료심리학』]. 이 책 p.141에는 정신분석에 대한 간략한 토론이 실려 있다. B. F. Lomov, "Lichnost' v sisteme obshchestvennykh otnoshenii", *Psikhologicheskii zhurnal*, 2(1), 1981, pp.3~17[「사회관계 체계에서의 인격」, 『심리학 저널』]; R. A. Zachepitskii, "Psychotherapy and Psychoanalysis in Neuroses", ed. Jules H. Masserman, *Current Psychiatric Therapies*, 23, 1986, pp.249~256.

4 G. S. Vasil'chenko, *Obshchaia seksopatologiia*, Moscow: Meditsina, 1977[『일반 성-병리학』].

5 L. T. Levchuk, *Psikhoanaliz i khudozhestvennoe tvorchestvo*, Kiev: Izdatel'stvo pri Kievskom universitete, 1980[『정신분석과 예술작품』]; A. A. Pruzhinina, *Kritika frantsuzskimi marksistami psikhoanaliza*, Moscow: Izdatel'stvo Moskovskogo universiteta, 1984[『프랑스의 마르크스주의적 정신분석 비판』]의 초록 참조. 후자의 논문 사본을 준 L. 셰르토크(파리) 박사에게 감사의 뜻을 전하고 싶다.

6 G. N. Veliev, *Problema bessoznatel'nogo v filosofii i psikhologii*, Baku: Elm, 1984[『철학과 심리학에서 무의식의 문제』].

7 흥미로운 예로는 L. T. Levchuk, *Psikhoanaliz: ot bessoznatel'nogo k "ustalosti ot soznaniia"*, Kiev: Izdatel'stvo pri Kievskom universitete, 1989[『정신분석: 무의식에서 '의식의 피로'에로』]; 또, K. E. Tarasov and M. S. Kel'ner, "*Freido-Marksizm" o cheloveke*, Moscow: Mysl', 1989[『인간에 관한 "프로이트-마르크스주의"의 입장』] 참조.

해석에 대해 공개적인 이의 제기도 있었다.[8] 이미 정신분석에 대한 책을 출판한 몇몇 학자들은 자신들의 작업을 계속해서 확장했다. V. M. 레이빈은 1990년에 정신분석과 '철학적 인류학', 실존주의, 현상학, 해석학, 구조주의, 신실증주의, 프랑크푸르트 학파와의 관련성을 연구한 학술서를 썼다.[9]

글로 쓰여진 것 이외에도, 프로이트와 정신분석이 최초로 영화에 등장하였다. 정신분석적 주제가 초기 영화들에서는 발견되기도 하지만, 안드레이 자그단스키Andrei Zagdansky의 영화 「꿈의 해석」Tolkovanie snovedeniia은 프로이트에 대한 방대한 길이의 다큐멘터리를 선보인 최초의 소비에트 영화였다. 정신분석에 대한 제작자의 태도는 분명했다. 그는 20세기 전반에 전개된 야만의 역사, 즉 제국주의, 전쟁, 혁명의 생생한 장면을 프로이트의 저작에서 가져온 인용들과 병치시켰는데, 기괴하게도 그 인용들은 역사적 사건들을 해석하는 듯 보였다. 자그단스키의 시선을 따라가 보면, 집단적 폭력의 시대, 파시스트 및 공산주의 지도자들에 대한 복종이 존재했던 시대는 전체주의의 기획자가 창조한 모든 공적

---

8 *Literaturnaia gazeta*, November 1, 1989[『문학신문』]의 벨킨과 셰르토크의 논쟁을 참조. 또 F. V. Bassin, "Aktual'nost' problemy bessoznatel'nogo na sovremennom etape razvitiia psikhologicheskikh predstavlenii", *Filosofskie nauki*, 3, 1990, pp.43~53[「심리적 표상의 현대적 발전 단계에 있어 무의식 문제의 현재성」, 『철학』] 참조. 이 논문은 원래 프로이트 서거 15주년을 맞이하여 모스크바 심리학연구소의 강연에서 발표한 것이었다. 그것은 바신이 글라스노스트 이전에 쓴 출판물에서 보여 주었던 것보다 프로이트의 작업에 보다 깊은 경의를 표하는 것이었다. 그의 벨킨 비판은 pp.52~53에 있다.

9 V. M. Leibin, *Freid, psikhoanaliz i sovremennaia zapadnaia filosofiia*, Moscow: Politizdat, 1990[『프로이트, 정신분석 그리고 현대 서구철학』]과 레이빈이 쓴 다음 논문들을 참조. "Vera ili razum", *Voprosy filosofii*, 8, 1988, pp.126~132[「믿음과 이성」, 『철학의 문제들』]; "Iz istorii vozniknoveniia psikhoanaliza(Pis'ma Z. Freida V. Flissu)", *Voprosy filosofii*, 4, 1988, pp.104~117[「정신분석의 발생사(플리스에게 보낸 프로이트의 편지들)」, 『철학의 문제들』]; "Psikhoanaliz i bessoznatel'noe: utochnenie poniatii", *Psikhologicheskii zhurnal*, 10(3), 1989, pp.17~22[「정신분석과 무의식: 개념의 정교화」, 『심리학 저널』].

공간에 전시된 현대 정치의 상징들 ― 깃발, 당의 의장, 대규모의 대중 집회 등 ― 에 지배되어 잔인한 만족의 억제되지 않고 가혹하며 공격적인 본능의 틀에 단단히 결합되어 있었다. 소비에트연방에서 개인적이거나 사회적인 억압과 정신분석에 대한 오래된 불관용 사이의 관련성을 강조하면서, 그 영화는 스크린에 다음과 같은 문장 하나를 띄우면서 끝을 맺는다. "1929년부터 1989년까지, 프로이트는 소비에트연방에서 출판되지 않았다."[10]

하지만 정신분석을 대하는 태도에 있어서의 진짜 변화는, 그리고 이러한 변화가 이 시기 소비에트 사회의 대체적인 분위기를 반영하는 정도는, 신문과 잡지 기사에 실린 프로이트 해석에서 가장 두드러지게 나타났다. 정부 일간지 『이즈베스티야』와 대중 잡지 『등불』*Ogonek*과 같이 소비에트에서 가장 널리 읽힌 대다수의 출판물은 프로이트와 정신분석을 언급하거나 논의한 기사들을 싣기 시작했다.[11] 정신분석에 중요한 지면을 제공하고 과거의 반프로이트 비평과 단절한 최초의 출판물 중 하나는 널리 읽힌 주간지 『문학신문』*Literaturnaia gazeta*이었다. 1988년 6월 초 이 신문은 프로이트에 대한 찬사로 전 지면을 채웠다. 프로이트를 기리는 아론 벨킨의 글과 프로이트의 생애에 대해 장-폴 사르트르가 쓴 시나리오에서 따온 긴 인용문이 프로이트의 사진과 함께 실렸다. 편집

---

10 이 영화에 대해 관심을 갖도록 해주고 모스크바의 자택에 초대해 그 영화를 보여 주었던 러시아 정신분석학회의 레프 게르치크(Lev Gertsig) 박사에게 감사의 뜻을 표하고 싶다.

11 이 시기 소비에트 언론에서 프로이트에 관한 이들 대다수의 출판물 목록은 I. E. Lalaiants and L. S. Milovanova, "Freid i Freidizm", *Sovetskaia bibliografiia*, 5, September–October, 1990, pp.59~62[「프로이트와 프로이트주의」, 『소비에트 서지학』] 참조. 정치적으로 억압된 매체의 귀환에 대한 예는 V. V. 크릴로프(V. V. Krylov)가 편집한 '서지학의 부활'이라는 주제에 들어 있는 트로츠키에 대한 논문인 "L. D. Trotskii: Bibliografiia", *Ibid*., pp.78~93[「L. D. 트로츠키: 서지학」]를 참조.

자들은 "사르트르가 정직한 과학자, 고결한 인간, 용감한 진리의 탐구자로서, 프로이트의 인상적인 이미지를 창조하는 데 성공했다"는 말로 이 자료를 소개했다.

모스크바에 있는 보건부의 국립정신내분비학센터Moskovskii psikho-endokrinnyi tsentr 소장인 벨킨은 프로이트가 대중적으로 알려진 1920년대 이후 소비에트 정권의 가혹한 공격을 받아 "정신분석에 대한 총체적인 박해로 이어졌으며", "정신분석적 방법을 환자 치료에 활용하려는 시도는 억압적인 수단을 통해 처벌받았다"고 말했다. 그는 이러한 억압이 소비에트연방에 미친 결과는 막대했다고 말했다. 정신분석을 배제해 버림으로써, "우리는 수천 수백의 사람들에 대한 의학적 치료를 거부했을 뿐만 아니라 이 분야에서 일하는 모든 세대의 창조적인 인재들의 능력을 갉아먹었다". 벨킨은 결론에서 핵심 문제를 다음과 같이 요약하였다.

병에 걸리는 것보다 회복하는 것이 언제나 훨씬 더 어렵다. 하지만 개인의 회복에서와 마찬가지로, 사회 전체의 회복은 내부의 저항을 극복하고, 공포를 다스리며, 개인의 실수를 인정하고 그것의 발단을 이해하는 일을 필요로 한다. 그것들을 의식의 층위까지 끌어올리고, 아울러 그 기원을 이해하는 것도 필요하다.

나에게는 지크문트 프로이트의 가르침이 최근 전개된 생물학, 자연과학, 인문학의 관점으로 오늘날 새롭게 접근해야 할 것처럼 보이기 때문이다.[12]

프로이트 관련 작업을 하고 있었던 다른 많은 사람들은 이제 정신

---

12 "Zigmund Freid", *Literaturnaia gazeta*, June 1, 1988, p.15「지크문트 프로이트」, 『문학신문』].

분석을 재해석함으로써 글라스노스트 정책을 최대한 이용하였다. 소비에트연방의 한 유명한 심리학 잡지에 L. A. 라드지호프스키L. A. Radzikhovskii는 「프로이트의 이론: 목적의 변화」Teoriia Freida: smena ustanovki라는 제목의 글을 실었는데, 여기에서는 과거의 공식적인 프로이트 비평과 현재 부활한 비평 사이의 차이점을 또렷이 구분하였다. 라드지호프스키는 "1930년대 이래, 프로이트는 공식적인 심리학의 관점에서 '제1의 범죄자'였다"라고 일부러 과장해서 말했다. 프로이트와 그의 이론을 검열하고 비난하면서, 소비에트연방은 스스로 한때 신격화했던 파블로프를 포함해서 20세기에 다른 그 어떤 사람보다도 "세계 심리학의 대표자로 판명된 인물"의 노고를 박탈하였다. 게다가 소비에트 사회는, 정신분석은 차치하고서라도, 문학·영화·회화·철학에 대표적으로 표현되는 '인간적인 문화의 핵심'을 전개하는 것을 방해하였다. 서구에서는 프로이트와 그의 작업이 비평 담론 및 인간의 행동과 동기에 대한 설명을 제공하면서 '20세기 문화의 보편적 상징'이 되었다. 저자는 계속해서 프로이트가 문화적 패러다임과 물리학 세계에서 뉴턴의 지도에 비견될 정신의 무의식 기능에 대한 초상을 창조했다고 말했다. 그는 사적이고 개인적으로 경험하는 이 무의식 영역에서의 상징을 모두가 접근할 수 있는 언어로 번역하는 데 성공했다. '위대한 독재자' 스탈린이 소비에트연방에서 이 지식의 전 영역을 추방했기 때문에 "독재적인 상태는 우리의 의식에 여전히 살아남아 있으며, 우리의 의식을 신경증적으로 만들었다"라고 라드지호프스키는 결론을 내렸다.[13]

---

13 L. A. Radzikhovskii, "Teoriia Freida: smena ustanovki", *Voprosy psikhologii*, 1, 1988, pp.100~105[「프로이트의 이론: 목적의 변화」, 『심리학의 문제들』].

소비에트연방에서 정신분석과 인간의 자유에 공통적으로 작용한
억압의 관련성을 이끌어 낸 라드지호프스키의 노력은 대담한 것이었
다. 그럼에도 불구하고 그는 이데올로기적으로 잘 알려진 엄중한 프로
이트 비판 담론에서 그것에 과도하게 가치부여를 하는 담론으로 전환
되는 것이 위험하다는 점을 잘 알고 있었다. 라드지호프스키의 텍스트
이면 아래에서 감지되는 것은 새로운 설명을 위한 담화를 구성하고 그
것에 과도한 권위를 부여하고픈 욕망이었다.

과거 수십 년간 접근 불가능했던 국가 기록물이나 비밀스러운 개
인 소장물로 보유되었던 사적인 대화와 미출판 자료들이 이제는 출판
되어 논의되었다.[14] 프로이트 르네상스에 참여했던 뛰어난 심리학자(이
면서 과거 강경 노선을 펼쳤던 공산주의자 학자)인 M. G. 야로셰프스키M. G.
Yaroshevsky는 수년 전 고故 알렉산드르 루리아와 나누었던 이야기를 공개
하였다. 그때 루리아는 그에게 1920년대 초 베라 슈미트가 운영한 정신
분석 학교에 다녔던 아이들 중 한 명이 스탈린의 아들 바실리Vasily였다
고 말했다. 이 이야기는 얼마간 은밀하게 떠돌았지만, 그에 대한 확실한
증거는 없었다.[15]

또한 이 시기에는, 1920년대 정신분석학계에서 가장 중요한 인물
중 한 명인 이반 예르마코프의 활동과 관련해 미출판 자료들이 나왔다.
대부분의 자료는 예르마코프의 개인적인 기록에서 직접적으로 가져왔
는데, 여기에는 도스토예프스키의 삶과 작품에 대한 예르마코프의 정

---

14 A. A. Belkin and A. V. Litvinov, "K istorii psikhoanaliza v Sovetskoi Rossii", *Rossiiskii
psikhoanaliticheskii vestnik*, 2, 1992, pp.24~26[「소비에트 러시아의 정신분석 역사 입문」, 『러시아
정신분석 통보』]에 있는 문서 목록을 참조.
15 M. G. Iaroshevskii(Yaroshevsky), "Vozvrashchenie Freida", *Psikhologicheskii zhurnal*, 9(6), 1988,
p.131[「프로이트의 귀환」, 『심리학 저널』].

신분석적 연구가 들어 있는 장을 복구한 것도 포함되어 있다.[16] 이와 관련된 상황으로, 1989년 1월에 벨킨은 소비에트연방의 국가 『의학신문』에 동료들에게 "다양한 전공의 의사들에게 필수적"이라고 말하면서 프로이트의 작업을 임상에 활용하도록 촉구하는 특집 논문을 실었다.[17]

나데즈다 만델슈탐이 감동적인 회고록 『회상』Vospominaniia에서 많은 이들을 대신해서 던진 스탈린주의에 관한 질문 — "왜 우리는 그것이 일어나도록 했는가?"와 관계된 다른 층위의 연구도 있었다. 이러한 질문에 대한 통상적인 답이었던 희생자로서의 인민이라는 개념은 이제 테러의 사회적인 공모라는 개념에 도전받게 되었다.

정신분석 용어를 사용한 이러한 해석은 1989년 레닌그라드의 문학적이고 지성적인 잡지 『네바』Neva에 실린 두 심리학자가 쓴 긴 논문에서 논증되었다. 그 논문의 주제는 역사적으로 '힘의 숭배'에 종속된 사회로부터 권력이 인민에게 부여된 사회로 진화할 때까지 소비에트연방에서 자유의 조건은 실현될 수 없다는 것이었다. 문제의 본질을 평가하면서, 저자인 레오니트 고즈만Leonid Gozman과 알렉산드르 에트킨트는 스탈린 체제가 또한 수백만의 사람들이 아돌프 히틀러Adolf Hitler와 폴 포트Pol Pot

---

16 예르마코프에 대해서는, M. I. Davydova, "Ivan Dmitrievich Ermakov(1875~1942)", *Psikhologicheskii zhurnal*, 10(2), 1989, pp.156~159[「이반 드미트리예비치 예르마코프(1875~1942)」, 『심리학 저널』]; 그리고 M. I. Davydova and A. V. Litvinov, "Ivan Dmitrievich Ermakov", *Rossiiskii psikhoanaliticheskii vestnik*, 1, 1991, pp.115~127[「이반 드미트리예비치 예르마코프」, 『러시아 정신분석 통보』] 참조. 예르마코프가 쓴 도스토예프스키 장은 V. Zelenskii, "Psikhoanaliz v literaturnovedenii", *Sovetskaia bibliografiia*, 6, November~December, 1990, pp.101~111, 특히 pp.104~111[「문학연구의 정신분석」, 『소비에트 서지학』]에 있다.

17 A. Belkin, "Mify i realnost'", *Meditsinskaia gazeta*, January 8, 1989, p.3[「신화와 현실」, 『의학신문』]. 이 논문은 프로이트에게 헌정하는 전면 특집기사의 일부로 게재되었는데, 아인슈타인과 프리츠 비텔스가 쓴 프로이트에 대한 몇 가지 문건들에서 인용한 글과 『환상의 미래』와 『정신분석 강의』의 발췌글이 포함되어 있다.

같은 잔인한 통치자들의 손에 죽음을 당했던 한 세기에 '가장 야만적인' 독재 정권이라는 점은 증명된 문제라고 말했다. 그들은 다음과 같이 물었다. 자신의 인민에 적대하는 이 기괴하고 부적합한 국가의 전쟁이 의미하는 것은 무엇인가? 그들의 대답은 사회의 심연을 규명해야 한다는 것이었다. 거기서 전체주의 국가는 자신을 허용하고 지지하는 기반을 발견한다. 저자들은 "권위를 이해하기 위해서는", "단지 그것을 고발하는 것으로는 안 되며, 우리의 요구가 어떻게 그런 병리적인 형식으로 만족되는지에 대해 이해하는 것이 필요하다"라고 말했다.

　이러한 목적을 위해서, 고즈만과 에트킨트는 1917년 혁명 이후의 소비에트 역사에 대한 심리학적 해부를 수행하였다. 실재하는 인간관계의 기초를 파괴하는 한편 동시에 영광스러운 미래를 약속하면서, 스탈린 체제는 일상적 삶의 모든 측면을 통제하는 거대한 네트워크를 만들었다. '신비화'는 아주 효과적으로 사용되어서 그 결과 인민들은 점차 정치적인 책임을 포기해 버리고 그것을 '지도자의 자질'에 내맡기게 되었다. 정보를 소통하는 가능한 수단을 독점하면서, 체제는 안으로는 단일함과 질서라는 상상된 세계와 그 경계 너머에 적대국들의 세계에서 의심스러운 적들 중 하나를 만들었다. 그것은 언제나 모든 문제들을 해결하는 스탈린이 확립한, 불변하며 자비로운 힘으로 그려지기도 했다. 저자들은 궁극적으로 스탈린이 사회에 '사랑의 독재정치'를 전염시키는 동시에 '권위에 대한 사랑'에 기반한 전제정치를 수립했다고 말했다. 체제에 반대하는 것은, 심지어 그런 생각을 하는 것만으로도, 자동적으로 유죄이며, 살 권리를 거부하는 것과 다름없었다. 이러한 구조를 무너뜨리기 위해서 새로운 정치 심리학과 사회적 가치의 근본적인 전환이 뿌리를 내려야 할 터였다. 소비에트 인민은 모든 형식에서 과거 권위에 대한 복종의 결과를 깨달아야만 하며, 법치에 근거한 새로운 제도와 사회적 관계를 기꺼이 조성해야 할 것이었다. 고즈만과 에트킨트는 과거 권력의 수직 구조 대신에 인민이 최대한 참여하는 수평적인 사회제도로 개편할 것을 주장했다.[18]

이 시점에서, 프로이트 비평은 완전히 전세 역전을 이루었다. 지배 권력의 명령으로 인해 경멸과 공격의 대상이었던 정신분석 이론은 정부에 **대항하는** 중요한 무기로 돌변한 것이었다. 이러한 경향은 소비에트 역사의 맥락에서 정신분석을 자유의 지표로 보았던 벨킨의 노력을 한층 더 확대시켰다. 벨킨의 1989년판 프로이트 전집(1920년대 이래 처음 나온 프로이트 선집 중 하나)의 서두 논문에서 그는 프로이트의 사상이 갖는 그 태도가 "우리 사회의 현존에 대한 새로운 접근"을 제안했다고 말했다. 정신분석의 주요 성과 중 하나는 사회 구성원들이 자신의 내면을, 수많은 일상의 행동과 관계 이면의 결정적 요소를 살펴보는 것을 허용했다는 것이었다. 의식적 층위 아래의 그곳에는 "과거의 두려운 메아리가, 즉 격렬한 분노, 폭력, 광신, 굳어 버린 편견, 미친 전쟁, 수많은 공격 행동, 그리고 분열된 인격의 징후마저" 놓여 있다. 벨킨의 말에 따르면, 정신분석적 탐구라는 현미경으로 이러한 무의식적 갈등의 원천을 진단하면서, 프로이트는 개인이 "무의식적 충동으로서의 욕망의 노예가 되기를 그치고, 그것을 통제하며, 진정한podlinnyi 인격이 될 수 있음"을 증명했다.[19]

---

18 L. Gozman and A. Etkind, "Ot kul'ta vlasti k vlasti liudei", *Neva*, 7, 1989, pp.156~179[「권력숭배에서 인간숭배로」, 『네바』]. 심리학자 율리야 알레시나(Iulia Aleshina)에 따르면, 고즈만은 모스크바에서 크라프초프(Kravtsov)와 정신분석을 공부했다(1990년 9월 16일 모스크바 국립대학에서의 인터뷰).

19 A. I. Belkin, "Zigmund Freid: Vozrozhdenie v SSSR?", S. Freud, *Izbrannoe*, ed. A. I. Belkin, Moscow: Vneshtorgizdat, 1989, pp.5, 7, 9[「지크문트 프로이트: 소련에서의 부활?」, 『선집』].

게다가 초기 스탈린 시대에 행해진 프로이트의 작업에 대한 비난은 "모든 세대의 인민의 창조적인 작업의 효과를 저하시켰고", 국가의 집단적 과거를 말소했던 체계인 소비에트 공산주의의 증상이었다고 벨킨은 말했다. 그는 "정신분석을 향한 첫걸음"이라고 묘사했던 대로 이 중 일부를 직접 경험했다. 벨킨은 1950년대 초 동부 시베리아의 수도인 이르쿠츠크에서 두 명의 스승에게서 프로이트에 대해 배웠다. 러시아로부터 멀리 떨어진 이곳에서 벨킨은 레지던트 정신요법가 이고르 숨바예프Igor Sumbaev가 개인 서고에 소장하고 있던 프로이트 저작집을 읽었다. 또 벨킨은 숨바예프의 조수로 신경증적 장애를 앓고 있는 환자들을 치료하기 위해 비밀리에 정신요법을 사용하던 니콜라이 이바노프Nikolai Ivanov로부터 임상 지식을 얻을 수 있었다. 이바노프는 이것이 위험한 시도라는 것을 잘 알고 있었으며, 벨킨에게 이것을 어느 누구에게도 말하지 말라고 당부했다. 이바노프는 블랙 유머를 구사하면서, 만약 그들에게 들켰을 때 일어날 수 있는 최악이란 벨킨이 일자리를 잃고 학위를 박탈당하는 일일 것이라고 말했다. "하지만 걱정하지는 말게. …… 그들이 시베리아보다 더 먼 곳으로 자네를 보낼 수는 없을 테니까."[20]

벨킨은 논문에서 소비에트 이데올로기와 그 전체주의적 기관이 정신분석과 국가 양자에 전반적으로 미친 파괴적인 결과를 논의하기도 했다. 벨킨은 독자들에게 1920년대에 정신분석과 화해하려는 노력이 있었다는 점을 상기시켰다. 진정한 위협은 공개적인 토론이 아니라 1930년대 나치 독일과 소비에트연방에서 시행된 전체주의의 제도화에서 비롯되었다. 두 나라 모두에서 사회 구성원의 실질적 저항은 없었다.

20 Ibid., pp.18~20.

벨킨은 자신이 '사회적 오이디푸스'라고 불렀던 이러한 상황, 즉 전체주의적 경험에서 사회적인 공모가 이루어지는 과정에 대한 설명을 찾았다고 생각했다. 이 '사회적 오이디푸스' 상황에서, 아들은 자신을 죽이려 드는 아버지와 합쳐진다. 이러한 상황의 역학을 이해함에 있어 벨킨은 자아가 체제의 전체주의적 가치를 받아들이면, 초자아의 판단 기능은 정상 상황에서라면 도덕적으로 용납될 수 없다고 여길 것을 받아들이게끔 역전된다고 주장했다. 그 과정은 "인격의 심리학적인 통합을 파괴하면서", 자아와 이드의 관계를 해체하는 경향을 가지게 된다는 것이 벨킨의 결론이었다. 결과적으로 "초자아는 자아가 저지른 죄로 인해 고통받지 않게 되었다". 그리하여 인민은 외부 세계로부터의 처벌과 안으로부터의 죄의식에서 자유로워져서 동료·친구·가족을 고자질할 수 있었으며, 국가를 위해서 범죄를 저지를 수 있게 되었다. 양심 자체는 부식되었고 사람들은 '과거의 문화적 유산을 파괴'하는 일에 동참하면서 환영과 '반反현실'의 세계에 살았다.[21] 스탈린주의에 대한 경험의 여파로 소비에트 인민들이 대면하게 된 위험은 심각했는데, 체제의 비현실적인 약속이 행동의 극단적인 형식들을 낳았기 때문이었다. 체계에 대한 저항은 국가의 가치관에 의해 규정된 범죄적 방식으로 행동하는 것이었다. 그리고 충성스런 행동이란 전체주의 체제의 요구를 수행함으로써 범죄자로서 행동하는 것을 의미했다. 많은 사람들이 택했던 다른 유일한 선택은 냉소적이고 무관심해지는 것이었다. 소비에트 시대의 쇠퇴기였던 1990년의 저작에서 벨킨은 사람들이 그들의 선택과는 상관없이 기준과 법칙을 표 나게 무시했음을 지적했다. 러시아 사회

21 Ibid., pp.21, 29, 31~32.

가 전체주의적 과거를 넘어서려면 이런 상황은 뒤집혀야만 했다. 벨킨은 프로이트에 대한 관심의 부활이 이 과정에서 유일한 도움이 되리라고 생각했다.

## 결론: 미래로서의 과거?

소비에트연방에서 정신분석을 공적인 영역에서 되살리려는 벨킨의 노력은 서구 학계의 시선을 끌지 않을 수 없었다. 하지만 그 의도에 대한 서구 학계의 해석과 추측은 소비에트연방에서 프로이트의 부활이라는 맥락보다는 서구의 관찰자들이 품고 있던 공산주의에 대한 깊은 의혹을 깔고 있었다. 『뉴욕 타임스』*New York Times*는 1988년 『문학신문』에 실린 벨킨의 전면 기사에 대대적인 지면을 할애했지만, 이를 다음과 같이 설명했다. "벨킨 박사가 그렇게 말한 것은 아니지만, 지식의 책무를 다해 프로이트를 원상복귀시킴으로써 소비에트 정신의학은 스스로 어느 정도 국제적인 지위를 회복하게 될 것이다. 반대자를 억압하는 방법으로서 그들을 정신병원에 감금시키는 일을 광범위하게 이용했다는 지속적인 보고로 인해 소비에트 정신의학의 이미지는 심하게 훼손되어 왔다."[22]

---

22 Felicity Barringer, "In the New Soviet Psyche, a Place Is Made for Freud", *New York Times*, July 18, 1988, p.1. 그 기사는 또한 벨킨의 이름을 아론 대신 이반으로 잘못 적었고, 무의식에 관한 트빌리시 국제학술대회의 연도를 1979년이 아니라 1971년이라고 잘못 적는 등, 여러 가지 오류를 범하고 있다. 유사한 경우로, 『문학신문』에 있는 벨킨의 기사를 대대적으로 취재한 한 미국 잡지 기사에서 저자는 다음과 같이 썼다. "프로이트를 복권하려는 시도는 또한 소비에트 사회를 되살리기 위해 계획된 글라스노스트와 페레스트로이카에 대한 미하일 고르바초프의 정책과 맥락을 같이 하는 것으로도 보여질 수 있다." 이 기사에도 "프로이트의 저작이 지성계에서 사라졌으며, 1953년 스탈린이 사망하기 전까지는 입 밖에 낼 수 없는 채로 있었다"는 진술과 벨킨의 가장 중요한 요점 중 하나에 대한 왜곡된 번역 등과 같은 몇 가지 오류들이 있었다. Helle Bering-Jenson, "Soviets Curing Their Freud Phobia", *Insight*, September 5, 1988, pp.50~52.

벨킨의 원고는 프로이트, 정신분석, 소비에트 역사에 대한 더 광범위하고 공개적 대화의 일부였다. 역사적 전망의 차원에서, 이 담화의 가장 놀라운 측면은 1920년대 정신분석에 관한 소비에트 최초의 토론 이래 발생한 **대전환**volte face이었다는 점이다. 당시 프로이트의 제자들은 정신분석 이론을 마르크스주의 이데올로기와 녹여내기 위해 노력했다. 주어진 작업 조건 속에서 소비에트 프로이트주의자들에게 선택의 여지는 거의 없었다. 그리고 정권의 승인 없이는 그들의 기획은 살아남지 못했을 터였다. 1980년대 후반 고르바초프 정권의 변화된 환경에서, 정신분석은 존경받는 지위를 되찾았을 뿐만 아니라, 이제는 마르크스주의와의 완전한 양립 불가능성으로 보이는 것들을 증명하는 데 이용되었다.

러시아 정신분석의 역사를 되돌아보면, 몇몇 진전의 양상은 프로이트 사상이 지지자들을 매혹시켰던 다른 국가에서 발생한 발전을 반영하고 있음이 분명하다. 비록 러시아에서 수련의들과 이론가들이 직면하고 있던 특수한 상황이 다른 결과를 초래했지만 말이다. 예컨대, 정신분석이 세 차례나 제도로 확립되었던 곳은 어디에도 없다. 최초의 러시아 정신분석학회는 제1차 세계대전과 1917년 혁명의 긴급한 상황으로 인해 무효화되고 말았다. 그것은 볼셰비키의 비난을 순종적으로 받아들여 1921년 소비에트 정신분석연구소로 재건되었다. 1930년 정신분석에 유죄판결이 내려지면서 이 국면은 끝을 맞게 되지만, 경쟁 관계에 놓인 여러 정신분석학계와 연구소들이 등장했던 1989년에는 전적으로 새로운 상황이 전개됐다.

더욱이 다른 어떤 나라에서도 국가 지원을 받고 정부 기금을 받은 정신분석연구소는 없었다. 일반적으로 서구의 정신분석가들은, 수익을 창출하는 개인 영업을 하는 자본주의 경제 안에서 활동해 왔다. 그리고 의사와 환자 사이의 비밀을 지켜야 한다는 약속이 있었다. 만약 비밀을 보장하지 못하게 되더라도 그것은 최소한 전문적 활동의 양상을 띠어야 했다. 정부의 영향력이 미미했던 것이다. 혁명 전 러시아에서 초기 프로이트주의자들이 겪은 상황도 일반적으로 그러했다. 비록 러시아에서 국가의 역할이 대부분의 제1차 세계대전 이전의 서유럽 국가들의 경우에서보다 훨씬 중요했었음에도 말이다. 하지만 1917년 볼셰비키가 권력을 잡은 후, 이러한 관계는 근본적으로 변화하였다. 정신분석가들은 곧 공산주의 사회에서는 자신들이 개인 병원을 운영할 수 없다는 것을 알게 되었다. 그리하여 자신들의 작업을 위해 정부의 지지를 끌어내는 데 처음으로 성공하였다. 트로츠키와 루나차르스키를 포함한 고위 당원이 정신분석의 치료와 이론 작업을 기꺼이 수용하거나 적어도 묵인했다는 사실이 그들을 도왔다.

하지만 국가적 지원은 국가에 대한 의존을 의미했다. 사실, 1921년 소비에트 정신분석연구소가 발표한 문서를 보면 정부가 그 기관에 활동 중단을 지시할 권리를 가지고 있었다. 그리고 이는 정확히 1920년대 후반에 일어난 일이다. 정부가 진료실에서의 치료에서부터 잡지에 싣는 연구까지 정신분석적 작업의 체계 전체를 말 그대로 폐쇄해 버린 경우는 다른 어느 국가에서도 없었던 일이다. 가장 가까운 사례로 나치 독일이 떠오르지만, 베를린의 정신분석연구소조차, 비록 히틀러 정권하에 심하게 왜곡된 형식으로 남게 되었고 직원들을 완전히 개조하고 강제했다 할지라도, 계속해서 운영되었다.[23]

23 Geoffrey Cocks, Psychoanalysis in the Third Reich, New York: Oxford University Press, 1985. 이 시기에 베를린연구소 소장이었던 마티아스 괴링(Matthias Goering)이 '총통의 생일선물'로 정신분석가들에게 나치당에 입당할 것을 권유했다는 보고서가 있다. Edith Kurzweil, The Freudians,

혁명 이데올로기가 합법화시킨 중앙집권화된 국가에서 활동하길 강요받으면서, 소비에트연방의 정신분석학계의 구성원들은 교리적 맥락에서 그 자신의 존재를 정당화해야 했다. 30년 이상, 정신분석적 실천이 실제로 허용되었던 시간보다 훨씬 더 긴 시간을 소비에트 정치가와 학자들은 프로이트적인 사상과 영향력에 맞서 확고한 '이념 투쟁'을 수행했다. 일자리를 만들기도 하고 잃게도 했던 이 작전은 소비에트에서 정신분석이 사라졌다고 여겨질 때까지 계속되었다. 당 관리들은 정신분석이 혁명 후의 국가에 대한 도전을 상징한다고 확신했다. 20세기의 다른 그 어떤 정부도 소비에트 체제가 한 것만큼 비판적이거나 또는 그 밖의 수단을 써서 프로이트의 사상을 주시했던 정부는 없었다. 소비에트 시대를 전부 통틀어 정신분석에 대한 담론은 중단 없이 지속되었기 때문에, 책임은 프로이트주의자들에게 가장 가혹한 공격을 가했던 스탈린은 물론이고, 모든 당 지도자들에게도 있었다.

심지어 정신분석의 제도적인 체계가 무너진 이후에, 정신분석이 그런 주목을 받을 만큼 소비에트연방에 무슨 위협이라도 가했는가? 정신분석을 공격했던 소비에트 학자들은 여러 상반된 이유들을 제시했다. 몇몇 비평들은 체제의 이데올로기와 결합된 산물이었다. 또 다른 비평들은 서구 정신분석에 대한 비판에 다름 아니었다. ──때로는 그 비판의 다양한 양상을 예측하기까지 했다. 한편으로 프로이트의 작업은 마르크스주의 역사유물론의 이데올로기적 교리뿐만 아니라 과학적 실증

New Haven: Yale University Press, 1989, p.322, 각주 5 참조. 국제 정신분석 운동의 비교 역사 연구는 아직 나오지 않았지만, 정신분석의 수용을 다룬 *Social Research*, Winter, 1990의 특별호와 전 세계적인 정신분석의 기원과 발전에 대해 다룬 *Comparative Studies in Society and History*, October, 1982를 참조.

주의에 반하는 개념에 근거한다는 의미에서 너무 '관념적인' 것으로 비쳐졌다. 다른 한편으로 정신분석은 '생리학적 환원론'의 지배를 당한다는 비난을 받게 되었다. 이러한 비난에 따르면, 프로이트는 인간의 행동을 본능적 충동의 관점에서 설명함으로써 심리학을 '생물학화'하였다는 것이다. 하지만 정신분석을 인정할 수 없었던 또 다른 이유는 프로이트와 그의 지지자들이 "신경생리학과 정신의학에 대립한다"는 것 때문이었다.[24] 다른 사람들은 프로이트의 저작에서 회의주의와 성욕에 대해 여전히 반대하였다. 한 러시아 심리학자의 관찰에 따르면, '프로이트 문제'는 정신분석이 "희망 없는 정신의 인과성의 원환에 인간을 가둔다. 이 인과성의 원환에서 성욕과 공격성이라는 맹목적인 힘이 주체가 의식의 스크린에서 보게 되는 것을 결정한다"는 사실에 집중되어 있다.[25]

게다가 프로이트의 위험한 영향력이 심리학과 정신의학에서부터 철학·미학·예술·사회학·문학·역사에까지 확장되어 다른 분야에서도 나타날 수 있다는 우려가 있었다. 한 비평가에 따르면 이러한 경향은 소비에트 과학이 방어해야 하는 "부르주아 이데올로기의 가장 해로운 형식 중 하나"였다.[26] 여기에 정신분석이 "제멋대로인 독단적 성격을 가지고 있으며", 실제로 "진정한 의학적 개입의 가능성으로부터 주의를 돌리게 함으로써 공공 건강에 해를 끼친다"는 혐의가 추가되었다. 아마도 가장 치명적인 공격은, 정신분석이 실천되는 곳이라면 어디든지 성적

---

24 R. A. Zachepitskii, "Kriticheskii analiz 'Freido-Marksizma'", *Zhurnal nevropatologii i psikhiatrii*, 1982, p.144[「'프로이트-마르크스주의'에 대한 비판적 분석」, 『신경병리학과 정신의학 저널』].

25 M. Yaroshevskii, *Lev Vygotsky*, Moscow: Progress, 1989, p.305.

26 P. P. Bondarenko and M. K. Rabinovich, "Nauchnoe soveshchanie po voprosam ideologicheskoi bor'by s sovremennym Freidizmom", *Voprosy filosofii*, 2, 1959, p.170[「현대 프로이트주의와의 이데올로기적 투쟁 문제에 대한 학술대회」, 『철학의 문제들』].

매력의 힘을 사회적 요소 차원으로까지 끌어올리며, 그로 인해 불건전한 경향, 퇴폐 문학과 예술 등을 조장함으로써 청년들을 '타락시키는 영향력'을 발휘한다는 것이었다.[27] 다른 말로 하면, 프로이트보다 한참 전에 소크라테스가 그러했던 것처럼, 청년들을 타락시키는 오래된 유언비어에 대해서 프로이트에게 책임을 묻는 것이었다.

만약 정신분석이 개인 동기 이론으로서 비과학적인 오류투성이로 밝혀지고, 치료요법으로서 쓸모없고 효과 없는 것으로 밝혀진 후에도 계속된 공격을 받는다면, 정신분석에 대한 해석과는 상관없이, 진짜 적은 프로이트도 프로이트의 사상도 아니라는 것이 분명하다. 사실, 정신분석은 소비에트 체계 특유의 뿌리 깊은 문제에 대한 강력한 상징이 되었다. 소비에트연방에서의 공산주의 실험 전체를 스탈린주의자가 자행한 테러로 보는 관점은 역사적 상황을 지나치게 단순화시킨다. 일단 승리한 볼셰비키들은 그 후 강제력뿐만 아니라, 혁명의 이데올로기를 믿고 제국 이후와 부르주아 이후의 사회주의자의 사회라는 가능성에 고무되었던 많은 사람들의 자발적인 참여를 통해서도 권력을 유지했다. 분명 그 사람들 중에서 이 새로운 질서가 어떨 것인지에 대해 분명히 알고 있었던 사람들은 거의 없었다. 그럼에도 불구하고 많은 사람들은 당 지도부를 기꺼이 신뢰했으며 개인의 희생을 대가로 치르더라도 미래를 위해 스스로를 기꺼이 헌신하였다. 이 현상을 목격할 수 있는 곳은 당회의 의사록이 아니라 바로 새로운 문화 ── 즉 당과 당의 열렬한 지지자들이 전국적으로 만들었던 독창적인 포스터, 영화, 대중적인 쇼, 문맹퇴치 학교, 공장의 연극 동아리 ── 의 최전선에서이다.[28]

27 F. V. Bassin, *Problema bessoznatel'nogo*, Moscow: Meditsina, 1968, pp.77~78[『무의식의 문제』].

그 과정에서 경쟁하는 가치 체계 간에 맹렬한 싸움이 벌어졌다. 당 지도부의 이념적 호소에 동감하는 것은 개인주의자의 관심보다 집단주의자의 가치가 우위에 있음을 받아들이는 것을 의미했다. 그다음에야 정치적 계급의 다양한 층위에서 힘이 결집될 수 있으며, 적에 맞서서 새롭게 등장한 사회주의자의 사회가 선언한 가치를 수호하기 위해 만들어진 조직적인 집단에 이바지할 수 있었다. 적은 '부르주아적'이라는 낙인이 찍힌, 혁명의 달성을 위협하는 것으로 인식된 과도한 개인주의의 혼돈으로 규명되었다. 혁명 이전의 시기에 살아남은 러시아 정신분석가들은 이 상황에 직면한 채 제한된 범위 안에서 어려운 선택을 해야만 했다.

하지만 러시아에서 프로이트의 작업에 대한 보고와 번역이 처음 소개된 혁명 이전의 시기에는 상황이 완전히 달랐다. 1세대 분석가들은 프로이트와 그의 최초 유럽인 지지자들이 발전시킨 노선을 따라 러시아 임상 정신요법의 환경을 정착시키는 것을 주된 임무로 삼았다. 환자들을 치료하든 정신분석 잡지에 연구 논문을 발표하든, 그들은 프로이트 이론을 온전히 따르지는 않았다. 오시포프, 불프, 슈필라인, 예르마코프, 그리고 그들의 동료들은 뒤부아같이 비정신분석 의사들뿐만 아니라 융, 아들러, 슈테켈로부터 훈련법과 치료법을 찾기도 했다.

그들은 서구의 동료들에게서 훈련을 받고 또 어느 정도 영감도 받

---

28 냉정한 관찰자가 찾은 당대의 증거에 대해서는, René Fülöp-Miller, *The Mind and Face of Bolshevism*, New York: G. P. Putnam, 1927, 특히 책에 전체적으로 실려 있는 시각적 증거를 참조. 또한 Richard Stites, *Revolutionary Dreams: Utopian Vision and Experimental Life in the Russian Revolution*, New York: Oxford University Press, 1989; William Rosenberg ed., *Bolshevik Visions: First Phase of the Cultural Revolution in Soviet Russia*, Ann Arbor: Ardis, 1984; Katerina Clark, *Petersburg: Crucible of Cultural Revolution*, Cambridge: Harvard University Press, 1995 참조.

았겠지만, 지지자들에게 기대되는, 이를테면 무비판적인 것까지는 아니라도 숭배하는 마음으로 창시자를 받드는 쪽을 택하지 않았다. 서구 연구자들은 자신의 지도자에게 거의 카리스마적인 권위를 부여했지만, 권위주의적인 러시아에서 1917년 혁명 전과 후의 정신분석가들은 빈의 프로이트, 취리히의 카를 융, 베를린의 카를 아브라함, 부다페스트의 산도르 페렌치, 파리의 자크 라캉, 런던의 안나 프로이트와 멜라니 클라인 등에게서 발견되는 것과 같은 그런 지도적 원칙을 만들거나 지지하지 않았다.

동시에 초기 러시아 정신분석가들은 그들 자신의 문제에 대면해야 했다. 한편으로, 그들은 자신의 정신의학 동료들에게 정신분석이 정당한 의학 치료이며 그것의 진단 분류 체계가 의학적 맥락에서 수용 가능하다는 점을 증명하기 위해 노력했다. 오시포프의 초기 출판물들은 명시적으로 그리고 암암리에 이러한 주제들로 씨름했다. 다른 한편, 러시아의 정신분석가들은 그들의 전문 분야가 차르 정부에 의해 잠식당할 것을 염려하였다. 비록 이러한 우려가 정신의학에서 정신요법에 대한 국가의 무관심과 정신병원 및 클리닉의 확대와 발전을 위한 적절한 재정 지원의 부족을 비판하는 자리에서는 크게 한정되었지만 말이다.

혁명 이후, 정신분석학계는 보다 심각한 문제에 직면하게 되었다. 국가권력은 이데올로기적 요구를 최우선으로 내세우고, 볼셰비키당의 강력한 주장으로 확립된 너무도 막연한 혁명적 질서를 위해 대대적인 사회적 동원을 실시함으로써 스스로를 드러냈던 것이다. 이것을 완수하기 위해서 통치 권력은 사회 전반에 '문화적 장막'cultural curtain을 드리웠다. 신경제정책이 시행되었던 몇 년간은 다소 누그러진 분위기였지만, 이러한 활동은 1930년대에 들어서자 서구나 과거의 차르와 동일시된 '부르주아적' 구조에 대한 공격과 결합되었고, 새로운 소비에트와 프롤레타리아적 가치 창조와 함께 확장되고 견고해졌다. 자본주의하에서 역사를 지배했던 계급 갈등의 잔인성은 역사와 정치를 제자리로 돌려놓기 위한 불가피한 통제 없이는 완화될 수 없다는 것이 소비에트 지도부의 주장이었다. 전체주의로 개념화된 것의 본질에 놓여 있는 것은 (의도적이거나 자기도 모르는 사이에 이루어지는) 사회적인 공모로 형성된 위협적인 통제력을 축적한 통치 권력 집단의 능력이었다. 이런 식으로 당은 새로운 질서의 창출을 위해 사회 다방면에 고통스러운 희생을 강요했으며, 그로써 통제 과정을 신화화하였으며, 정치와 역사에서 경쟁적인 견해들을 제거하였다. 서구 사회는 자본주의적 적대자였으며, 뿐만 아니라 공산주의가 가야 할 길, 집단주의적 가치의 과업을 방해하고 위협하는 용인될 수 없는 것으로서 이념화되었다. 서구에서 반입된 것으로 꼬리표가 달린 정신분석은 쉽사리 이 범주에 포함되었다.

소비에트 시대 전반에 정신분석이 심리학 이론과 치료 실습 방법으로 기능하도록 허용된 두 번의 역사적 국면이, 서구에 대한 문화적 장막이 해제되었을 때 찾아왔다는 것은 우연이 아니었다. 첫 번째 국면은 1920년대 초 신경제정책 기간 동안 서구의 영향력이 다양한 형식으로 국가에 유입되는 것이 허용되었을 때였다. 두 번째는 고르바초프의 페레스트로이카 정책으로 서구화가 심지어 더 큰 규모로 장려되었을 때였다. 두 가지 예에서, 국가의 통제에서 분리되어 기능하는 개인주의자의 활동과 사회 내에서의 사적 영역에 대한 욕망에 대해서 소비에트 집단주의 가치의 헤게모니가 완화되었다. 정신분석은 역사적 상황에서 인격의 특성에 대한 과학적 진실을 주장할 어떤 유효한 권리를 가졌기 때문이 아니라, 바로 그것의 현실 해석이 용납될 수 있었고, 또 치료적으로든 인식론적으로든 사회의 특정 영역의 요구에 답을 줄 수 있는 것처럼 보였기 때문에 지금까지 번성해 왔던 것이다.

소비에트연방에서 정신분석이 직면하고 있던 또 다른 문제는 과거를 어떻게 해석하느냐에서 오는 갈등이었다. 소비에트 공산주의의 주된 특징 중 하나는 역사 다시 쓰기였다. 정권은 영웅적인 국가 서사를 만들어 냈다. 그것은 역사에서의 계급투쟁에 대한 특정한 해석이 규정한 것이었다. 1917년 볼셰비키 권력이 도래하면서, 주장하는 바에 따르면, 영광스러운 정당이 대표하는 사회의 하층계급이 역사적인 주인으로서 권력을 계승하여 착취와 부정을 쓸어버릴 역사의 새로운 단계가 시작되었다. 아마도 자본주의에서 사회주의로의 변화가 현실화될 수 있기 전에 이러한 변화에 대한 신화적인 서사의 신뢰성을 다지기 위해서 러시아와 전 세계의 역사는 집단주의자의 가치를 최우선으로 인정하는 틀 속에서 재편되었다.

이러한 해석은 정신분석을 하는 의사들에게 어려운 도전으로 제시되었다. 그들은 스스로를 구성하는 서사를 가지고 있었지만 아주 다른 종류의 것이었다. 자본주의적 적대자에 맞서 자비로운 당이 지도하는 영웅적인 프롤레타리아의 마니교적 계급투쟁이라는 마르크스주의적 이상 대신에, 국내외의 프로이트주의자들은 스스로에 대해서든 타인에 대해서든 갈등하는 개인의 관계가 우위에 있다고 믿었다. 정신분석가들이 공언한 목표는, 예컨대 피학적이거나 가학적인 행동 방식을 더 잘 이해하고 완화시키기 위해 환자의 억압의 층위를 벗겨 내는 것이었다. 그 과정은 파괴적인 행동으로부터 어느 정도 만족을 얻는 개인의 공모로 인해 더욱 복잡해졌다. 이러한 갈등은 개인의 조건뿐만 아니라 사적인 공간이라는 맥락에서도 이해되어야 했다. 이로써 그들은 계급투쟁의 해법을 당의 통제하의 사회적 맥락에 놓는 마르크스주의-레닌주의의 이데올로기와 직접적으로 반대편에 서게 되었다. 1920년대 소비에트 프로이트주의자들이 타협점을 찾기 위해 엄청난 노력을 기울였음에도 불구하고, 상반된 견해들은 서로 화해하지 못했다.

1980년대 후반 정신분석의 귀환과 프로이트 저작의 대대적인 재출간은 수십 년간 국가 정권이 지지하고 소비에트 사회가 중요하게 수용한 집단주의적 가치의 통치 기조에 대한 변화를 허용하는 보다 커다란 시도의 일환이었다. 고르바초프 시대에 국가라는 집단적 차원과 시민이라는 개별적 차원의 모든 층위에서 러시아인들은 자신의 과거를 점검하는 고통스러운 과정을 밟기 시작했다. 많은 이들에게 그것은 스탈린주의의 악의적이고 파괴적인 힘과, 이 과정에서 누가 어떤 역할을 했는지를 정리하는 어려운 작업을 대면하는 일을 수반했다. 고르바초프가 집권한 마지막 시기에 '스탈린 시대의 범죄', 그리고 소비에트 정권의 불황, 부패, 이중성에 대한 적발이 없이 지나간 날이 거의 없었다. 이전의 경우에서 그랬듯, 많은 활동에 아주 맹렬히 동기부여를 하면서 국가가 사회를 비난했지만, 그러기는커녕 그 반대가 진실이었다. 국가의 억압된 과거에 대한 집단 무의식이 밝혀지고 이제는 소비에트연방 그 자신이 역사에서 사라지고 있는 듯했다. 사실상 정권은 부분적으로 자신에게 가해진 공격을 더 이상 통제할 수 없었기 때문에, 그리고 그러한 통제력 없이는 존속할 수 없었기 때문에 1991년 결국 붕괴되었다. 정신분석은 소비에트연방의 마지막 단계에서 과거를 해석하는 방법론으로서, 그리고 보다 큰 사회에서 개인주의의 가치를 다시 주장함으로써 몇 가지 의미 있는 역할을 하였다.

1991년 소비에트연방의 종언과 함께, 러시아 정신분석의 발전에 전적으로 새로운 장이 전개되었지만, 그것은 이 연구의 범위 너머에 있다. 공산주의의 몰락 이후 성립된 새로운 정치적 조건에서, 정신분석은 소비에트 권력에 의해 강요당했던 제약 없이, 그렇지만 1920년대의 짧은 시기에는 정부의 지원을 받았지만 이제는 그런 지원도 없이, 임상 분야로서의 역할을 할 수 있게 되었다. 새롭게 훈련한 러시아 정신분석가들이 혁명 이전 시기 러시아의 초창기 프로이트 지지자들이 했던 것처럼 더욱더 서구의 전형에 가까워지게 될지, 혹은 혁명 이후 시기 첫 세대들이 했던 대로 러시아 정신분석에 공헌했던 사람들과 구별되는, 전적으로 새로운 길을 만들어 갈지는 시간이 말해 줄 것이다.

부록

# 프로이트가 오시포프에게 보낸 편지

러시아 정신분석의 창시자 중 한 명인 니콜라이 오시포프 박사는 1920
년 러시아를 떠나 이듬해 프라하에 정착하였다. 1910년 빈에서 프로이
트와 첫 만남을 가진 뒤 그는 프로이트와 연락을 주고받았다. 그리고 프
로이트는 그의 입국 준비를 도왔다. 이후 프라하 카를로바대학Universita
Karlova의 시간강사로 일했던 오시포프는 그곳에서 정신분석 그룹을 만
들었으며 훈련 중인 의사들에게 프로이트의 방법을 소개했다.

다음에 소개될 여섯 통의 편지는 수년 전 컬럼비아대학의 정신의
학연구소가 입수한 것인데, 한동안 검토되지 않은 듯했다. 컬럼비아연
구소 클리닉의 전직 소장이었던 고故 존 웨버John Weber 박사는 오시포프
에 대해 더 많이 배우고자 노력했다. 웨버는 오시포프와 오토 페니헬의
학생이었던 테오도어 도수즈코프Theodor Dosuzkov 박사와 접촉했다. 도수
즈코프 박사의 분석가였던 안니 라이히Annie Reich는 정신의학연구소의
관심을 끌었던 이 편지들을 소장하는 데 중요한 역할을 하였다. 도수즈
코프는 1979년에 이 편지들의 전시회가 열릴 수 있도록 웨버에게 충분
한 전기적 정보를 제공하였다. 그때 나는 컬럼비아대학 의학센터에서

정신의학 역학 과정을 공부하고 있었는데, 그 시절에 웨버를 소개받았다. 이 문서들의 출판을 도와준 그에게 커다란 감사의 뜻을 전한다. 또한 이 편지의 최초 출간을 허락해 준 지크문트 프로이트 저작권Sigmund Freud Copyrights, Wivenhoe에도 감사드린다. 웨버와 그의 동료인 안드레 발라드Andre Ballard 박사가 이 편지의 독일어 원본을 번역하였으며, 나는 대부분 문법적인 부분만 아주 조금 수정하여 덧붙였다. 같은 시기에 오시포프가 프로이트에게 보낸 편지들의 원본 파일은 워싱턴 D.C.의 국회도서관에 있는 프로이트 문서고에 있는데, 거기서 그 편지들을 읽을 수는 있지만, 소장품에 제한이 걸려 있기 때문에 전문 인용이나 게재는 불가하다.

나는 이 편지들에 나온 불분명한 출전을 확인하는 데 있어 피터 게이(예일대학), 다니엘 랑쿠르-라페리에르Daniel Rancour-Laferriere(캘리포니아대학 데이비스캠퍼스), 제임스 라이스(오리건대학), 넬리 톰슨Nellie Thompson(뉴욕정신분석연구소) 등 여러 동료들의 도움을 받았다.

\*     \*     \*

1921년 2월 18일, 빈 9구 베르가세가 19번지

내 친애하는 동료에게

얼마나 놀랐는지! 불쾌한 일이 아니라서 다행이군. 정말이지 자네는 좋은 친구들과 안전하게 지내는군. 다시 일하고 싶어 하면서 말이야. 자네의 위대한 조국이 조만간 다시 깨어나 위기에서 벗어나리라는 그 소망은 우리 안에 있는 가장 강렬한 공감을 불러일으킨다네. 나 역시 자네의 동포들, 열정적이고 너무도 풍부한 재능을 지닌 여성 동료들과, 열렬하고 소박하며 진지했던 남성 동료들이 그립구먼. 우리는 최고의 친구로서 대부분 떨어져 있었지. 자네 나라의 웅장한 모스크바를 —— 강력한 기관의 보호를 받으며 —— 볼 수 있다면 얼마나 좋을까. 다 물 건너 갔군! 내 평생에 기회는 없을 거야. 자네의 편지에 사유(와 아이디어)의 교환을 자극하는 내용이 무수히 담겨 있지만, 우리와 함께 여기서 자네를 만날 거라는 희망을 버리지 않았기 때문에 짧게 대답하도록 하지. 자네를 위해 주거 허가나 이민 비자를 얻어 줄 매우 영향력 있는 러시아 사람과 선이 닿아 있으니, (내 주소를 경유해서) 그와 직접 얘기해서 자네의 모든 정보를 알려 주어야 할 걸세. 자네가 그러고 싶은지를 늑장 부리지 말고 내게 알려 주게.

독일문화연구자인 프리다 텔러Frieda Teller 씨가 프라하에 살고 있네. 그녀는 우리 학회 회원인데, 이미 『이마고』Imago에 여러 편의 논문을 게재했지.[1] 자네가 그녀에게서 우정 어린 환대를 받을 것을 의심치 않네. 그녀를 만나서 우리 〔정신분석〕협회의 안부를 전해 주길 바라네. 그녀는 수많은 〔정신〕분석 책들을 가지고 있을 거야. 금상첨화로, 그녀의 아버지가 프라하에 서점을 소유하고 있어서, 거기서 아마도 자네에게 필요한 책이라면 뭐든지 구할 수 있다는 거지. 우리가 그 서점에 자네의 신용 계좌를 열겠네. 지금 우리는 출판사로,'국제정신분석출판사'라는 이름으로 불리고 있지. 그리고 좋은 시장을 발견해 낳은 책들을 제공하고 있다네. 망설이지 말고 우리 이름을 사용하게나. 자네의 이 망명 생활이 우리로 인해 보다 견딜 만한 것이 된다면 나에게도 큰 기쁨이라네.

---

1 프리다 텔러에 대해서는 Elke Mühlleitner, *Biographisches Lexikon der Psychoanalyse*, Tübingen: Edition Diskord, 1992, pp.346~347 참조.

자네의 소식을 기다리고 있겠네.

진심 어린 안부를 전하며,

프로이트

*　　*　　*

1921년 5월 19일


내 친애하는 동료에게

자네가 쓴 것이라면 무엇이든 어떤 사례든 간에 우리에게 보내 주길 바라
네. 최대한의 관심을 가지고 읽겠네. 그리고 그것은 다른 독자들에게도 즐
거움을 줄 거라고 생각한다네.

새로 나온 출판물을 모두 읽을 수 없다고 언짢아하지 말게나. 자네도 알다
시피, 전체 출판물 중에서 완전히 읽을 가치가 있는 것은 5퍼센트도 안 되
니 말일세. 만약 내가 모든 출판물을 읽었다면, 한 줄도 쓸 수 없었을 거야.
나로서는 아직 어떤 저작도 없었던 분야에 뛰어든 게 행운이었던 게지. 그
래서 내가 살아남을 수 있었던 거라네.

자네의 어여쁜 아이들 이야기에 마음이 훈훈해졌다네. 자네의 이야기는
후대에까지 잊혀지지 않을 거야.

나도 R 박사의 부고를 들었네만, 어떤 사정인지 자세히는 모른다네.[2]

현재의 조건들을 생각해 보건대 자네의 기분을 이해하네. 나는 조국을 가

---

2 상트페테르부르크의 러시아 정신분석가 타티아나 로젠탈의 자살을 참고.

져 본 적이 없었지. 그리고 여전히 뿌리 없이 떠도는 기분이라네. 정신분석에 관심이 없었다면, 난 차라리 R을 부러워했을 거야.

진심 어린 안부를 전하며,

프로이트

＊　　＊　　＊

1921년 6월 23일, 빈 9구 베르가세가 19번지

친애하는 박사에게,

마침 자네의 논문을 읽은 바로 다음 날 편지가 도착했네. 자네 편지가 논문에 대한 비평적 평가를 훨씬 수월하게 만들었다네. 원고는 지금 랑크가 가지고 있다네. 그는 그 원고로 우리가 무엇을 할 수 있을지 가늠하고 있어. 자네가 보낸 모든 작업을 확실히 높이 평가하고 있기 때문이지. 자네가 톨스토이에 관해 발표한 원고는 문체를 조금 손보는 것 이외에는 볼 것도 없이 『이마고』에 게재하려고 해. 동의해 주기를 바라네.[3]

자네의 '유기체 철학'Organic Philosophy은 매우 매력적으로 들려. 그렇지만 나로서는 광범위하고 포괄적인 이론을 감히 펼칠 수 없는 데다가, 이전부터 내 작업을 난해한 분석적 경험에 관한 것으로 의도적으로 한정시켜 왔다네.

가장 우울한 시절을 보내면서도 자네는 스스로 러시아인의 나라가 사라

---

3 "Leo Tolstois Seelenleidin", *Imago*, 9, 1923, pp.495~498로 발표되었다.

질 리 없음을 굳게 믿고 있네그려.

곧 소식 들을 수 있기를 바라네.


진심으로 생각하면서,

프로이트


\*　　\*　　\*


제펠트인티롤Seefeld in Tirol,

쿠르하임Kurheim, 1921년 8월 17일


친애하는 박사,

자네가 내 강의를 러시아어로 번역할 준비를 하고 있다니 참으로 반갑군.

신경 써서 봐주길, 아울러 그 일의 규모가 얼마나 큰지 또 얼마의 시간이

걸릴지 확인해 보길 바라네. 하지만 만약 자네가 그 일을 하길 원한다면,

문제는 해결되는군. 만약 오시포프가 내 저서의 번역가라고 한다면, 그땐

다른 어느 누구도 필요하지 않다네.

물론, 우리가 베를린에 있는 러시아 출판사와 최종 계약을 할 수 있을지는

모르지. 하지만 조만간 그 번역은 출판될 것이고 그때를 위해 준비해 두는

것이 자네에게도 좋을걸세.

톨스토이 분석에 대한 자네의 어렴풋한 논평을 보니, 논문 전체를 자세히

읽고 싶어졌다네. 조만간 자네에게 그 원고를 완성시킬 여유가 생기기를

바란다네.

테플리츠에서 멋진 시간을 보내시게. 나도 그곳을 알아. 나는 아마도 9월

중순까지는 제펠트에 머물게 될 것 같네. 그곳은 숲과 산이 있는 경치 좋고 아름다운 높은 고원(1800미터)이라네.

진심 어린 안부를 전하며,

프로이트

\*     \*     \*

1922년 1월 20일, 빈 9구 베르가세가 19번지

친애하는 박사,

자네의 톨스토이는 한동안 랑크 박사의 손에 있었다네. 자네에게 그것에 대해 편지하기 전에 랑크의 결정을 기다리고 싶었을 뿐이었다네. 그는 자네의 허락을 받아 원고의 분량을 조금 줄인 다음, 이 멋진 논문을 『이마고』 책 시리즈의 1권으로 출판하길 원해.[4] 우리는 그것이 커다란 관심을 불러일으키리라 기대하고 있다네. 가능한 빨리 이후의 작업 계획을 진행해 달라고 요청해도 될는지. 랑크가 요정 이야기에 대해 살짝 지적한 것을 빼고는 아직까지는 우화에 대한 별다른 고려 사항은 없었네.

자네가 미래파 등에 대해서 쓴 것 말일세. 그게 현대인들에게 인기를 끌지는 못하겠지만, 내게는 아주 설득력이 있었네. 그리 깊게 들어가지는 않았지만 그 주제에 대해서 피스터Pfister가 연구한 것이 있지.[5]

---

4 Osipov, *Tolstois Kindheitserinnerungen: Ein Beitrag zu Freuds Libidotheorie*, Imago-Buecher, Leipzig, Vienna, Zurich: Internat. Psychoanalytische Verlag, 1923 참조.

자네가 다른 누군가에게서 그 농담을 들었다니 아쉽네그려. 하지만 나는 정말 자네가 읽고 싶어 할 만한 자료라면 뭐든지 자네에게 보내고 있어. 오토 푀첼Otto Pötzel 교수는 지금 프라하에서 정신의학의 의장 자리에 있어. 그는 우리 학회의 회원인데 폴락Pollak 박사와 함께 '심리학 연합'을 정신분석협회로 전환시킬걸세.[6] 사실상 자네와 텔러 씨의 고립이 끝났다는 뜻이지. 일전에 모스크바에서 불프가 보다 대대적인 접촉 가능성을 시사하면서 예르마코프의 이름으로 보고서를 올렸더군.[7] 나는 아직 어떤 답도 내놓지 않았다네.

진심 어린 안부를 전하며,

프로이트

\*　　\*　　\*

1923년 3월 23일, 빈 9구 베르가세가 19번지

나의 친애하는 박사에게,

그것이 얼마나 자네를 휘젓고 있는지, 연구에 대해 생각하고 계획하면서

---

5 Oskar Pfister, *Der psychologische und biologische Untergrund expressionistischer Bilder*, Bern, Leipzig: Ernst Bircher, 1920 참조.

6 오토 푀첼에 대해서는, Mühlleitner, *Biographisches Lexikon*, pp.245~247 참조. 아마도 폴락 박사는 과거에 편지로 프로이트와 논쟁을 했던 산도르 페렌치의 환자였을 것이다. Eva Brabant, Ernst Falzeder, and Patrizia Giampieri-Deutsch eds., *The Correspondence of Sigmund Freud and Sandor Ferenczi*, Cambridge, Mass.: Belknap Press of Harvard University Press, 1993, vol.1, pp.111~113 참조.

7 I. D. 예르마코프. 러시아 정신분석가.

자네가 얼마나 훌륭해졌는지 보게나. 이번에 자네는 사방에서 자네를 붙잡고 있는 무언가를, 자네의 가장 강한 과학적 관심과 가장 깊은 개인적 경험을 종합하는 무언가를 생각해 냈다네. 다시는 그것을 놓치지 말아야 하네. 그것을 철저하게 훑어보게. 그래서 『이마고』에 실을 훌륭한 논문으로 압축시키게. 자네가 가지고 있는 핵심 난제는 자네 자신이 잘 알고 있어. 그것은 본질적으로 동일한 혼란스럽고 피상적인 비유에서 발견되는 것이 아니라네. 그런 비유는 더 많은 유사점들에 대한 심오한 입증인 양 보여지는 법이라네.

조만간 자네의 고립이 끝나게 되어 나 또한 기쁘다네. 푀첼 교수는 폴락 박사와 협력하여 프라하에 정신분석 그룹을 만들기로 분명하게 약속했지.[8] 콜카타의 많은 힌두 학자들은 이미 자네를 앞질러서 그곳에 지방 분회를 설립했다네.

건강과 행운을 기원하며,

프로이트

---

8 프라하에서의 정신분석 출발에 오시포프가 기여한 바에 대해서는 Eugenia Fischer, "Czecho-slovakia", ed. P. Kutter, *Psychoanalysis International*, Stuttgart: Fromman-Holzborg, 1992, pp.34~49; Michael Sebek, "Psychoanalysis in Czechoslovakia", *Psychoanalytic Review*, 80(3), Fall, 1993, pp.433~439 참조.

# 참고문헌

:: 일반 도서

Annenkov, P. V., *The Extraordinary Decade: Literary Memoirs*, ed. Arthur P. Mendel. Ann Arbor, University of Michigan Press, 1968.

Artsybashev, Mikhail Petrovich, *Sanin*, New York: Huebsch, 1915.

Bater, James H., *St. Petersburg: Industrialization and Change*, Montreal: McGill-Queen's University Press, 1976.

Belyi, Andrei, *Petersburg*, translated, annotated, and introduced by Robert A. Maguire and John E. Malmstad, Bloomington: Indiana University Press, 1978.

Briusov, Valerii, "Now That I Have Awakened (Notes of a Psychopath)", *The Silver Age of Russian Culture*, eds. Carl and Elendea Proffer, Ann Arbor, Ardis, 1975, pp. 303~308.

Brower, Daniel, *The Russian City between Tradition and Modernity*, Berkeley: University of California Press, 1990.

Brown, Edward J., "So Much Depends... Russian Critics in Search of 'Reality'", *Russian Review*, vol. 48, 1989, pp. 353~381.

Chekhov, Anton P., "A Nervous Breakdown", *The Oxford Chekhov*, vol. 4, Oxford: Oxford University Press, 1980, pp. 157~179.

Clark, Katerina, and Michael Holquist, *Mikhail Bakhtin*, Cambridge: Harvard University Press, 1984.

Crome, Anna Lisa, "Nietzschean, All Too Nietzschean? Rozanov's Anti-Christian Critique", *Nietzsche in Russia*, ed. Bernice G. Rosenthal, Princeton: Princeton University Press, 1986, pp. 95~112.

Fauchereau, Serge, *Moscow, 1900-1930*, Fribourg, Switzerland: Mallard Press, 1988.

Filosofov, D. V., "Vesennyi veter", *Slovo i zhizn'*, St. Petersburg: Tipografiia Akts, Obshch. Tip. Dela, 1909, pp. 3~29.

_____, "V. V. Rozanov", *Slovo i zhizn'*, St. Petersburg: Tipografiia Akts. Obshch. Tip. Dela, 1909, pp. 148~161.

Fülöp-Miller, René, *The Mind and Face of Bolshevism*, New York: Putnam, 1927.

Ginzburg, Lidiia, *O psikhologicheskoi proze*, Leningrad: Sovetskii pisatel', 1971.

Gorky, Maxim, "Soviet Literature", *Problems of Soviet Literature: Reports and Speeches at the First Writers' Congress*, New York: International Publishers, 1934.

Izgoev, Alexander, "On Educated Youth", *Landmarks*, eds. Boris Shragin and Albert Todd, New York: Karz Howard, 1977, pp. 88~111, Also reprinted in Vekhi, eds. Marshall S. Shatz and Judith E. Zimmerman, Armonk, N.Y.: M. E. Sharpe, 1994.

Jakobson, Roman, "The Generation that Squandered Its Poets", *Literature and Revolution*, ed. Jacques Ehrmann, Boston: Beacon Press, 1970.

Jay, Martin, *The Dialectical Imagination*, Boston: Little, Brown, 1973.

Kuprin, A. I., "The Circus Wrestlers", *The Duel and Selected Stories*, New York: Signet, 1961.

Møller, Peter U., *Postlude to the Kreutzer Sonata*, Leiden: Brill, 1988.

Nilus, Pavel, "Summer Heat", *The Silver Age of Russian Culture*, eds. Carl and Elendea Proffer, Ann Arbor, Ardis, 1975, pp. 321~324.

Ostroumov, S. S., *Prestupnost' i ee prichiny v dorevoliutsionnoi Rossii*, Moscow: University Press, 1980.

Perrot, Michelle, ed., "From the Fires of Revolution to the Great War", *A History of Private Life*, vol. 4, Cambridge: Harvard University Press, 1990.

Poggioli, Renato, *The Phoenix and the Spider: A Book of Essays on Some Russian Writers and Their View of the Self*, Cambridge: Harvard University Press, 1957.

_____, *Rozanov*, New York: Hillary House, 1962.

Roberts, Spencer, ed./trans., *Four Faces of Rozanov: Christianity, Sex, Jews and the Russian Revolution*, New York: Philosophical Library, 1978.

Rosenthal, Bernice G., ed., *Nietzsche in Russia*, Princeton: Princeton University Press, 1986.

_____, *Nietzsche in Soviet Culture*, Cambridge: Cambridge University Press, 1994.

Rozanov, V. V., *O sebe i zhizni svoei*, Moscow: Moskovskii rabochii, 1990.

_____, *Solitaria*, London: Wishart, 1927.

Scott, Helen Gifford, "V. F. Pereverzev", *Soviet Studies in Literature*, vol. 22~23, Spring-Summer, 1986, pp. 19~24, 123~126.

Stites, Richard, *Revolutionary Dreams: Utopian Visions and Experimental Life in the Russian Revolution*, New York: Oxford University Press, 1989.

_____, *The Women's Liberation Movement in Russia: Feminism, Nihilism and Bolshevism, 1860-1930*, Princeton: Princeton University Press, 1978.

Trotsky, L., *Sochineniia*, vol. 21, Moscow-Leningrad: Gosizdat, 1927.

_____, *Literature and Revolution*, Ann Arbor: University of Michigan Press, 1960.

Voznesensky, Andrei, "Sovest' mysli", *Izvestiya*, December 6, 1987, p. 3.

Walicki, Andrzej, *A History of Russian Thought*, Stanford: Stanford University Press, 1979.

Zetkin, Klara, *Reminiscences of Lenin*, London: Modern Books Limited, 1929, Originally published in 1925.

Zoshchenko, Mikhail, *Pered voskhodom sol'ntsa*, Moscow: Sovetskaia Rossiia, 1976.


:: 러시아 의학, 심리학 및 정신의학의 역사

Babayan, Eduard, *The Structure of Psychiatry in the USSR*, New York: International Universities Press, 1985.

Bauer, Raymond, *The New Man in Soviet Psychology*, Cambridge: Harvard University Press, 1952.

Bazhenov, N. N., *Istoriia moskovskogo dolguaza*, Moscow, 1909.

_____, *Psikhiatricheskiia besedy na literaturnyia i obshchestvennyia temy*, Moscow: Tipografiia A. I. Mamontova, 1903.

Bekhterev, V. M., *Avtobiografiia*, Moscow: Gosizdat, 1928.

Belgrave, T. B., "The Asylums for the Insane in St. Petersburg and Copenhagen", *Journal of Mental Science*, vol. 13, 1867, pp. 7~19.

Bogoiavlenskii, N. A., "O dushevnykh i nervnyhk bolezniakh na Rusi epokhi feodalizma(XI-XVII vek)", *Zhurnal nevropatologii i psikhiatrii*, vol. 66, 1966, pp. 1706~1713.

Brown, Julie V., "Heroes and Non-Heroes: Recurring Themes in the Historiography of Russian-Soviet Psychiatry", *Discovering the History of Psychiatry*, eds. Mark S.

Micale and Roy Porter, New York: Oxford University Press, 1994, pp. 304~315.

_____, "The Professionalization of Russian Psychiatry: 1857-1911", Ph.D. diss., University of Pennsylvania, 1981.

_____, "Revolution and Psychosis: The Mixing of Science and Politics in Russian Psychiatric Medicine, 1905-13", *Russian Review*, vol. 46, 1987, pp. 283~302.

Brown, Mabel W., and Frankwood E. Williams, eds., *Neuropsychiatry and the War: A Bibliography with Abstracts*, New York: National Committee for Mental Hygiene, 1918.

Budilova, E. A., *Filosofskie problemy v sovetskoi psikhologii*, Moscow: Nauka, 1972.

Bykov, K. M., "Development of the Ideas of I. P. Pavlov", *Scientific Session on the Physiological Teachings of Academician I. P. Pavlov*, Moscow: Foreign Languages Publishing House, 1951, pp. 22~76.

Chernakov, E. T., "Protiv idealizma i metafiziki v psikhologii", *Voprosy filosofii*, vol. 3, 1948, pp. 301~314.

"Diskussii i obsuzhdeniia. Obsuzhdenie dokladov po probleme ustanovki na soveshchanii po psikhologii. 1-6 julia 1955 goda", *Voprosy psikhologii*, vol. 6, 1955, pp. 72~112.

Dix, Kenneth S., "Madness in Russia, 1775-1864: Official Attitudes and Institutions for Its Care", Ph.D. diss., UCLA, 1977.

Dowbiggin, Ian, "Degeneration and Hereditarianism in French Mental Medicine, 1840-1890", *The Anatomy of Madness*, eds. W. F. Bynum, Roy Porter, and Michael Shepherd, London and New York: Tavistock Publications, 1985, ch.1, pp. 188~232.

Fedotov, D. D., *Ocherki po istorii otechestvennoi psikhiatrii*, Moscow: Ministerstvo zdravookhraneniia SSSR, 1957.

Fedotov, D. D., and V. M. Lupandin, "O deiatel'nosti vrachei-psikhiatrov v revoliutsionnom dvizhenii Rossii", *Voprosy psikhopatologii i psikhoterapii*, vol. 40, 1963, pp. 310~320.

Frieden, Nancy Mandelker, *Russian Physicians in an Era of Reform and Revolution*, Princeton: Princeton University Press, 1981.

Galach'yan, A. G., "Soviet Union", *Psychiatry in the Communist World*, ed. Ari Kiev, New York: Science House, 1968, pp. 29~50.

Graham, Loren, *Science and Philosophy in the Soviet Union*, New York: A. A. Knopf,

1972.

Grashchenkov, N. I., "K stoletiiu so dnia rozhdeniia Akademika I. P. Pavlova", *Nevropatologiia i psikhiatriia*, vol. 18, no. 1, 1949, pp. 3~9.

Gurevich, S. A., "P. I. Kovalevskii: Osnovatel' pervogo Russkogo zhurnala psikhiatrii", *Zhurnal nevropatologii i psikhiatrii*, vol. 79, 1979, pp. 350~352.

Holquist, Michael, "Bazarov and Sechenov: The Role of Scientific Metaphor in Fathers and Sons", *Russian Literature*, vol. 15, 1984, pp. 359~374.

Hutchinson, John F., "Society, Corporation or Union? Russian Physicians and the Struggle for Professional Unity (1890-1913)", *Jahrbücher für Geschichte Osteuropas*, vol. 30, 1982, pp. 37~53.

_____, *Politics and Public Health in Revolutionary Russia*, 1890-1918, Baltimore: Johns Hopkins University Press, 1990.

Iakobii, P. I., *Printsipy administrativnoi psikhiatrii*, Orel: Tip. gub. pravleniia, 1900.

Iaroshevskii, M. G., *Ivan Mikhailovich Sechenov*, Leningrad: Nauka, 1968.

Iudin, T. I., *Ocherki istorii otechestvennoi psikhiatrii*, Moscow: Medgiz, 1951.

Joravsky, David, "The Construction of the Stalinist Psyche", *Cultural Revolution in Russia*, 1928-1931, ed. Sheila Fitzpatrick, Bloomington: Indiana University, 1978, pp. 105~128.

_____, *Russian Psychology*, Oxford: Blackwell, 1989.

Kandinskii, V. Kh., *O psevdogalliutsinatsiiakh*, ed. A. V. Snezhnevskii, Moscow: Gosizdatmedlit, 1952, Originally published in 1890.

Kannabikh, Iu., *Istoriia psikhiatrii*, Leningrad: Gosmedizdat, n.d. 1929.

Karvasarskii, B. D., *Meditsinskaia psikhologiia*, Leningrad: Meditsina, 1982.

_____, *Nevrozy*, Moscow: Meditsina, 1980.

Kornilov, K. N., "Psychology in the Light of Dialectical Materialism", *Psychologies of 1930*, ed. Carl Murchison, Worcester, Mass.: Clark University Press, 1930.

Korsakov, S., "Etude medico-psychologique sur une forme des maladies de la mémoire", *Revue philosophique de la France et de l'etranger*, vol. 28, no. 2, 1889, pp. 501~530.

Kozulin, Alex, "Gregory Chelpanov and the Establishment of the Moscow Institute of Psychology", *Journal of the History of the Behavioral Sciences*, vol. 21, 1985, pp. 23~32.

_____, *Psychology in Utopia*, Cambridge: MIT Press, 1984.

_____, *Vygotsky's Psychology: A Biography of Ideas*, Cambridge: Harvard University Press, 1990.

Krug, John, "The Pirogov Society, 1917-1920", Ph.D. diss., University of Wisconsin, 1979.

Kruglianskii, V. F., *Psikhiatriia: Istoriia, Problemy, Perspektivy*, Minsk: Vysheishaia shkola, 1979.

Kukuev, L., "O nekotorykh teoreticheskikh aspektakh nevropatologii i psikhiatrii", *Zhurnal nevropatologii i psikhiatrii*, vol. 80, no. 1, 1980, pp. 3~8.

Kurazov, I. F., "Metodologicheskie itogi povedencheskogo s"ezda", *Voprosy izuchniia i vospitaniia lichnosti*, ed. V. P. Osipov, no. 1~2, Moscow: Gosmedizdat, 1930.

Leontiev, A. N., and A. R. Luria, "The Psychological Ideas of L. S. Vygotsky", *Historical Roots of Contemporary Psychology*, ed. Benjamin Wolman, New York: Harper and Row, 1968, pp. 338~367.

Lomov, B. F., "Lichnost' v sisteme obshchestvennykh otnoshenii", *Psikhologicheskii zhurnal*, vol. 2, no. 1, 1981, pp. 3~17.

Lomov, B. F., ed., *Sergei Leonidovich Rubinshtein: Ocherki, Vospominaniia, Materialy*, Moscow: Nauka, 1989.

Lotova, E. T., *Russkaia intelligentsia i voprosy obshchestvennoi gigieny*, Moscow: Gosudarstvennoe izdatel'stvo meditsinskoi literatury, 1962.

Lunbeck, Elizabeth, *The Psychiatric Persuasion: Knowledge, Gender and Power in Modern America*, Princeton: Princeton University Press, 1994.

Luria, A. R., "Krizis burzhuaznoi psikhologii", *Psikhologiia*, 1932, pp. 63~88.

Miasishchev, V. N., *Personality and Neurosis*, Washington, D.C.: Joint Publication Research Service, 1963. Translation of *Lichnost' i nevrozy*, Moscow: Leningrad State University Press, 1960.

Micale, Marc, *Approaching Hysteria: Disease and Its Interpretations*, Princeton: Princeton University Press, 1995.

Micale, Marc, and Roy Porter, eds., *Discovering the History of Psychiatry*, New York: Oxford University Press, 1994.

Miller, Martin A., "The Theory and Practice of Psychiatry in the Soviet Union", *Psychiatry*, vol. 48, no. 1, February, 1985, pp. 13~24.

Miller, Martin A., and Ylana N. Miller, "Suicide and Suicidology in the Soviet Union",

*Suicide and Life-Threatening Behavior*, vol. 18, no. 4, Winter 1988, pp. 303~321.

Mosketi, K. V., et al., "Materialy po istorii organizatsii psikhiatricheskoi pomoshchi i razvitiia nauchno-psikhiatricheskoi mysli v Odesse (1833-1927)", *Zhurnal nevropatologii i psikhiatrii*, vol. 87, no. 3, 1987, pp. 442~447.

Natadze, R. G., "Experimental Foundations of Uznadze's Theory of Set", *A Handbook of Contemporary Soviet Psychology*, eds. Michael Cole and Irving Maltzman, New York: Basic Books, 1969, pp. 603~624.

_____, "Fifty Years of Psychology in Georgia", *Soviet Psychology*, vol. 7, no. 2, Winter 1968-69, pp. 33~47.

Owen, A. R. G., *Hysteria, Hypnosis and Healing: The Work of J.-M. Charcot*, New York: Garett Publications, 1971.

Pavlov, I. P., *Lectures on Conditioned Reflexes*, vol. 2, ed./trans. W. H. Gantt, New York: International Publishers, 1928-41.

Payne, T. R., *S. L. Rubinstein and the Philosophical Foundations of Soviet Psychology*, Dordrecht, Holland: D. Reidel, 1968.

Petrovskii, A. V., *Istoriia sovetskoi psikhologii*, Moscow: Prosveshchenie, 1967.

_____, *Psychology in the Soviet Union*, Moscow: Progress, 1990.

Portnov, A. A., and D. D. Fedotov, *Psychiatry*, Moscow: Mir, 1969.

Prangishvili, A. S., "The Concept of Set in *Soviet Psychology* in Light of Research by the Georgia Psychological School", *Soviet Psychology*, vol. 7, no. 2, Winter 1968-69, pp. 21~32.

Raskin, Naomi, "Development of Russian Psychiatry Before the First World War", *American Journal of Psychiatry*, vol. 120, no. 9, March 1964, pp. 851~855.

Reich, Walter, "Serbsky and Czarist Dissidents", *Archives of General Psychiatry*, vol. 40, June, 1983, pp. 697~698.

Roitel'man, A. G., "Psikhiatricheskie aspekty deiatel'nosti vrachei v meditsinskikh obshchestvakh nezemskikh mestnostei Rossii", *Zhurnal nevropatologii i psikhiatrii*, vol. 86, 1986, pp. 1237~1242.

Rokhlin, L. L., "Les conceptions psychopathologiques de Kandinsky", *L'évolution psychiatrique*, vol. 36, no. 3, July-September, 1971, pp. 475~488.

_____, "Filosofskie i psikhologicheskie vozzreniia V. Kh. Kandinskogo", *Zhurnal nevropatologii i psikhiatrii*, vol. 69, no. 5, 1969, pp. 755~761.

Rollins, Nancy, *Child Psychiatry in the Soviet Union*, Cambridge: Harvard University

Press, 1972.

Rothman, David, *Discovery of the Asylum*, Boston: Little, Brown, 1971.

Rubinstein, Sergei L., *Bytie i soznanie*, Moscow: Izdatel'stvo Akademii nauk SSSR, 1957.

_____, "Problems of Psychology in the Works of Karl Marx", *Studies in Soviet Thought*, vol. 33, 1987, pp. 111~130, Originally published in Sovetskaia psikhotekhnika, vol. 7, no. 1, 1934, pp. 3~20.

_____, "Voprosy psikhologischeskoi teorii", *Voprosy psikhologii*, vol. 1, 1955, pp. 6~18.

Schniermann, A. L., "Bekhterev's Reflexological School", *Psychologies of 1930*, ed. Carl Murchison, Worcester, Mass.: Clark University Press, 1930, pp. 221~242.

Shemiakin, E., and L. Gershonovich., "Kak Trotskii i Kautskii revizuiut Marksizm v voprosakh psikhologii", *Psikhologiia*, 1-2, 1932, pp. 3~37.

Shereshevskii, A. M., "Sozdanie v Rossii pervykh spetsial'nykh uchrezhdenii dlia dushevnobol'nykh", *Zhurnal nevropatologii i psikhiatrii*, vol. 78, no. 1, 1978, pp. 131~134.

Shirman, A. L., "O predmete i metode refleksologii kak nauki o sootnositel'noi deiatel'nosti", ed. V. P. Osipov, *Voprosy izucheniia i vospitaniia lichnosti*, no. 1~2. Moscow: Gosmedizdat, 1930.

Simon, Bennett, *Mind and Madness in Ancient Greece: The Classical Roots of Modern Psychiatry*, Ithaca: Cornell University Press, 1978.

Sirotkina, I. E., "Psikhologiia v klinike: raboty otechestvennykh psikhiatrov kontsa proshlogo veka", *Voprosy psikhologii*, vol. 6, 1995, pp. 79~92.

Smirnov, A. A., "Vzgliad 1. M. Sechenova v razvitie nauchnoi psikhologii v Rossii", *Razvitie i sovremennoe sostoianie psikhologickesoi nauki v SSSR*, Moscow: Pedagogika, 1975, pp. 51~65.

Stoliarov, A., *Dialekticheskii materializm i mekhanisty*, Leningrad: Priboi, 1930.

Surh, Gerald, "A Matter of Life or Death: Politics, Profession and Public Health in St. Petersburg before 1914", *Russian History*, vol. 20, nos. 1~4, 1993, pp. 125~146.

Talankin, A., "Protiv men'shevistvuiushchego idealizma v psikhologii", *Psikhologiia*, 1-2, 1932, pp. 36~62.

Todes, Daniel P., "Biological Psychology and the Tsarist Censor: The Dilemma of Scientific Developments", *Bulletin of the History of Medicine*, vol. 4, 1984, pp. 529~544.

*Trudy pervago s"ezda otechestvennykh psikhiatrov*, St. Petersburg: Stasiulevich, 1887.

Tucker, Robert, "Stalin and the Uses of Psychology", *The Soviet Political Mind: Studies in Stalinism and Post-Stalin Change*, New York: Praeger, 1963, pp. 91~121.

Umrikhin, V. V., "'Nachalo kontsa' povedencheskoi psikhologii v SSSR", *Repressirovannaia nauka*, ed. M. G. Iaroshevskii, Leningrad: Nauka, 1991, pp. 136~145.

Uznadze, D. N., *The Psychology of Set*, ed. Joseph Wortis, trans. Basil Haigh, New York: Consultants Bureau, 1966.

Vallon, Charles, and Armand Marie, *Les Aliénés en Russie*, Montrevain: Imprimerie Typographique de l'Ecole d'Alembert, 1899.

Valsiner, Jaan, *Developmental Psychology in the Soviet Union*, Brighton, England: Harvester Press, 1988.

Van der Veer, Rene, and Jaan Valsiner, *Understanding Vygotsky: A Quest for Synthesis*, Oxford: Blackwell, 1991.

Vavilov, S. I., "Inaugural Address", *Scientific Session on the Physiological Teachings of Academician I. P. Pavlov*, Moscow: Foreign Languages Publishing House, 1951, pp. 9~15.

Vygotskaia, G. L., and T. M. Lifanova, *Lev Semenovich Vygotskii. Zhizn'. Deiatel'nost'. Shtrikhi k portretu*, Moscow: Smysl', 1996.

Vygotsky, L. S., "Consciousness as a Problem in the Psychology of Behavior", *Soviet Psychology*, vol. 17, no. 4, Summer 1979, pp. 3~35, Originally published in *Psikhologiia i Marksizm*, ed. K. N. Kornilov, Moscow-Leningrad: Gosizdat, 1925, pp. 175~198.

_____, "Istoricheskii smysl' psikhologicheskogo krizisa", *Sobranie sochinenii*, vol. 1, Moscow: Pedagogika, 1982, pp. 291~436.

_____, "The Methods of Reflexological and Psychological Investigation", *The Vygotsky Reader*, eds. Rene Van der Veer and Jaan Valsiner, Oxford: Blackwell, 1994, pp. 27~45.

_____, *Thought and Language*, ed. Alex Kozulin, Cambridge: MIT Press, 1986.

Wertsch, James V., *Vygotsky and the Social Formation of Mind*, Cambridge: Harvard University Press, 1986.

Wortis, Joseph, *Soviet Psychiatry*, Baltimore: Williams and Wilkins, 1950.

Yaroshevskii, M. G., "I. M. Sechenov: The Founder of Objective Psychology", *Historical Roots of Contemporary Psychology*, ed. Benjamin Wolman, New York: Harper and Row, 1968, pp. 77~110.

_____, *Lev Vygotsky*, Moscow: Progress, 1989.

Zilboorg, Gregory, "Russian Psychiatry: Its Historical and Ideological Background", *Bulletin of the New York Academy of Medicine*, vol. 9, October, 1943, pp. 713~728.

## :: 정신분석, 정신요법, 성욕 및 무의식

Abraham, Hilda, and Ernst L. Freud, eds., *A Psychoanalytic Dialogue: The Letters of Sigmund Freud and Karl Abraham*, 1907-1926, New York: Basic Books, 1965.

Asatiani, M. M., "Psikhoanaliz odnogo sluchaia istericheskago psikhoza", *Psikhoterapiia*, vol. 1, 1910, pp. 172~227.

_____, "Sovremennoe sostoianie voprosa teoriia i praktiki psikhoanaliza po vzgliadam Jung'a", *Psikhoterapiia*, vol. 1, 1910, pp. 117~125.

Atanasov, A., "Problema katarsisa v nauchnom nasledii N. Krestnikova", *Zhurnal nevropatologii i psikhiatrii*, vol. 86, 1986, pp. 758~760.

Avtonomova, N. S., "Psikhoanaliticheskaia kontseptsiia Zhaka Lakana", *Voprosy filosofii*, vol. 11, 1973, pp. 143~150.

Bakhtadze-Sheroziia, N. V., "The International Symposium on the Problem of the Unconscious, Tbilisi, 1979", *The Unconscious*, eds. A. S. Prangishvili, A. E. Sherozia, and F. V. Bassin, vol. IV, Tbilisi: Metsniereba, 1985, pp. 140~148.

Barringer, Felicity, "In the New Soviet Psyche, A Place Is Made for Freud", *New York Times*, July 18, 1988.

Bassin, F. V., "A Critical Analysis of Freudianism", *The Soviet Review*, vol. 1, no. 5, December, 1970, pp. 3~14, Originally published in *Voprosy psikhologii*, vol. 6, 1958, pp. 140~153.

_____, "Aktual'nost' problemy bessoznatel'nogo na sovremennom etape razvitiia psikhologicheskikh predstavlenii", *Filosofskie nauki*, vol. 3, 1990, pp. 43~53.

_____, "Consciousness and Unconsciousness", *A Handbook of Contemporary*

*Soviet Psychology*, eds. Michael Cole and I. Maltzman, New York: Basic Books, 1969, pp. 399~420.

_____, "Freudism in the Light of Contemporary Scientific Discussion", *Soviet Survey*, vol. 7, January-March, 1959, pp. 82~87, Originally published in *Voprosy psikhologii*, vol. 5, 1958, pp. 133~145.

_____, "Le conscient, 'l'inconscient' et la maladie: A propos de l'approche moderne du problème psychosomatique", *Revue de Médecine psychosomatique*, vol. 14, no. 3, 1972, pp. 263~280.

_____, *Problema bessoznatel'nogo*, Moscow: Meditsina, 1968.

_____, "Rejoinder to Professor Musatti", *The Soviet Review*, vol. 1, no. 5, December, 1970, pp. 27~44.

Bassin, F. V., and V. E. Rozhnov, "O sovremennom podkhode k probleme neosoznavaemoi psikhicheskoi deiatel'nosti(bessoznatel'nogo)", *Voprosy filosofii*, vol. 10, 1975, pp. 94~108.

Bassin, F., V. Rozhnov and M. Rozhnova, "Freidizm: Psevdonauchnaia traktovka psikhicheskikh iavlenii", *Kommunist*, vol. 48, January, 1972, pp. 94~106.

Belkin, Aron, "Mify i realnost'", *Meditsinskaia gazeta*, January 8, 1989, p. 3.

_____, "Svobodnoe issledovanie", *Literaturnaia gazeta*, November 1, 1989.

_____, "Zigmund Freid", *Literaturnaia gazeta*, June 1, 1988, p. 15.

_____, "Zigmund Freid: Vozrozhdenie v SSSR?", Sigmund Freud, *Izbrannoe*, ed. A. I. Belkin, Moscow: Vneshtorgizdat, 1989, pp. 5~35.

Belkin, A. I., and A. V. Lirvinov, "K istorii psikhoanaliza v sovetskoi Rossii", *Rossiiskii psikhologicheskii vestnik*, vol. 2, 1992, pp. 9~32.

Bering-Jenson, Helle, "Soviets Curing Their Freud Phobia", *Insight*, September 5, 1988, pp. 50~52.

Bernfeld, Siegfried, "Die kommunistische Diskussion um die Psychoanalyse und Reichs 'Widerlegung der Todestriebhypothese'", *Internationale Zeitschrift für Psychoanalyse*, vol. 18, no. 3, 1932, pp. 352~385.

Bettelheim, Bruno, *Freud and Man's Soul*, New York: Knopf, 1983.

_____, "Scandal in the Family", *New York Review of Books*, June 30, 1983, pp. 39~44.

Birken, Lawrence, *Consuming Desire: Sexual Science and the Emergence of a Culture of Abundance*, 1871-1914, Ithaca: Cornell University Press, 1988.

Birman, B. N., "Psikhoterapiia, kak sotsiorefleksoterapiia nevropaticheskoi lichnosti", *Psikho-nevrologicheskie nauki v SSSR*, ed. A. B. Zalkind, Moscow: Gosmedizdat, 1930, pp. 321~322.

Bloch, Iwan, *The Sexual Life of Our Time in Its Relations to Modern Civilization*, New York: Allied Book Co., 1925, Includes: "Appendix: A Contribution to the Psychology of the Russian Revolution (History of the Development of an Algolagnistic Revolutionist)" by N. K.

Boiko, A. N., *Problema bessoznatel'nogo v filosofii i konkretnykh naukakh*, Kiev: Izdatel'stvo pri Kievskom gosudarstvennom universitete, 1978.

Bondarenko, P. P., and M. Kh. Rabinovich, "Nauchnoe soveshchanie po voprosam ideologicheskoi bor'by s sovremennym freidizmom", *Voprosy filosofii*, vol. 2, 1959, pp. 164~170. Translated as "Freud and Pavlov: Report of a Soviet Conference", *Soviet Survey*, vol. 29, July-September, 1959, pp. 29~37.

Buzin, V. N., "Psikhoanaliz v Sovetskom Soiuze: K istorii razgroma", *Puti obnovleniia psikhiatrii*, ed. Iu. S. Savenko, Moscow: Intermechanics, 1991.

Bykhovskii, Bernard E., "O metodologicheskikh osnovaniiakh psikhoanaliticheskogo ucheniia Freida", *Pod Znamenem marksizma*, 11~12, 1923, pp. 158~177.

Carotenuto, Aldo, *A Secret Symmetry: Sabina Spielrein Between Jung and Freud*, New York: Pantheon Books, 1982.

Chertok, Léon, "L'Etat actuel de la psychanalyse en U.R.S.S.", *Psychanalyse clinique*, vol. 1, 1986, pp. 1~3.

_____, "Psychiatric Dialogue between East and West", *British Journal of Medical Psychology*, vol. 41, 1968, pp. 295~297.

_____, "Psychosomatic Medicine in the West and in Eastern European Countries", *Psychosomatic Medicine*, vol. 6, 1969, pp. 510~521.

_____, "Reinstatement of the Concept of the Unconscious in the Soviet Union", *American Journal of Psychiatry*, vol. 138, no. 5, May, 1981, pp. 575~583.

_____, "Sigmund chez Karl", *Le Monde*, September 2-3, 1984.

Chertok, Léon, and Raymond de Saussure, *The Therapeutic Revolution*, New York: Brunner-Mazel, 1979.

Cocks, Geoffrey, *Psychoanalysis in the Third Reich*, New York: Oxford University Press, 1985.

*Comparative Studies in Society and History*, October, 1982, Special issue on the historical origins and development of psychoanalysis in a variety of countries.

Crews, Frederick, *Sceptical Engagements*, New York: Oxford University Press, 1986.

Daian, G., "Vtoroi psikhonevrologicheskii s"ezd", *Krasnaia nov'*, vol. 2, no. 19, 1924, pp. 155~166; vol. 3, no. 20, 1924, pp. 223~238.

Davydova, M. I., "Ivan Dmitrievich Ermakov (1875-1942)", *Psikhologicheskii zhurnal*, vol. 10, no. 2, 1989, pp. 156~159.

_____, "Nezavershennyi zamysel: k istorii izdaniia trudov Z. Freida v SSSR", *Sovetskaia bibliografiia*, vol. 3, 1989, pp. 61~64.

Davydova, M. I. and A. V. Litvinov, "Ivan Dmitrievich Ermakov", *Rossiiskii psikhoanaliticheskii vestnik*, vol. 1, 1991, pp. 115~127.

Decker, Hannah, *Freud in Germany: Revolution and Reaction in Science*, 1893-1907, New York: International Universities Press, 1977.

"Diskussii i obsuzhdeniia, Obsuzhdenie dokladov po probleme ustanovki na soveshchanii po psikhologii. 1-6 iulia 1955 goda", *Voprosy psikhologii*, vol. 6, 1955, pp, 72~112.

Dobren'kov, V. I., *Kritika neofreidistskoi kontseptsii Erikha Fromma*, Moscow: Znanie, 1972.

_____, *Neofreidizm v poiskakh 'istiny'*, Moscow: Mysl', 1974.

Domic, Zorka and Bernard Doray, "Regards sur la psychanalyse en U.R.S.S.", *Psychanalytes*, vol. 35, June 1990, pp. 87~96.

Dosuzhkov, F. N., "Nikolai Evgravovich Osipov kak psikhiatr", *Zhizn' i smert'. Sbornik pamiati D-ra N. E. Osipova*. eds. A. L. Bem, F. N. Dosuzhkov and N. O. Losskii, Prague: n.p., 1935, pp. 25~45.

Dubois, Paul, *The Psychic Treatment of Nervous Disorders (The Psychoneuroses and their Moral Treatment)*, New York and London: Funk and Wagnalls, 1907, A translation of *Les psychoneuroses et leur traîtement moral*. Geneva, 1905.

Dynkin, Irina, Memoir letter, Personal communication, November 6, 1985.

Ellenberger, Henri, *The Discovery of the Unconscious*, New York: Basic Books, 1970.

Engelstein, Laura, "Soviet Policy toward Male Homosexuality: Its Origins and Historical Roots", Unpublished paper, 1994.

_____, *The Keys to Happiness: Sex and the Search for Modernity in Fin-de-Siècle Russia*, Ithaca: Cornell University Press, 1992.

Ermakov, I. D., "Dvoistvennost'", *Sovetskaia bibliografiia*, vol. 6, November-

December, 1990, pp. 104~111.

_____, *Etiudy po psikhologii A. S. Pushkina*, Moscow-Petrograd: Gosizdat, 1923.

Etkind, Alexander, *Eros nevozmozhnogo*, St. Petersburg: Meduza, 1993.

_____, "L'Essor et l'echec du mouvement 'paidologique'", *Cahiers du monde russe et soviétique*, vol. 23, no. 4, October-December, 1992, pp. 387~418.

_____, "Trotsky and Psychoanalysis", *Partisan Review*, vol. 2, 1994, pp. 303~308.

Fedotov, D., "The Soviet View of Psychoanalysis", *Monthly Review*, vol. 9, December, 1957, pp. 249~254.

Fel'tsman, O. B., "K voprosu o psikhoanalize i psikhoterapii", *Sovremennaia psikhiatriia*, vol. 3, 1909, pp. 214~224, 258~269.

Filippov, L. I., "Strukturalizm i Freidizm", *Voprosy filosofii*, vol. 3, 1976, pp. 155~163.

Fischer, Rene and Eugenie, "Psychoanalyse in Russland", *Die Psychologie des 20 Jahrhunderts*, vol. 3, 1977, pp. 122~124.

Fitzpatrick, Sheila, "Sex and Revolution", *The Cultural Front: Power and Culture in Revolutionary Russia*, Ithaca: Cornell University Press, 1992, pp. 65~90.

Fout, John C., *Forbidden History: The State, Society and the Regulation of Sexuality in Modern Europe*, Chicago: University of Chicago Press, 1992.

Freud, Sigmund, "An Autobiographical Study", *The Freud Reader*, ed. Peter Gay, New York: Norton, 1989.

_____, *Civilization and Its Discontents*, New York: Norton, 1961.

_____, *On the History of the Psychoanalytic Movement*, New York: Norton, 1967.

_____, "The Question of a Weltanschauung", *The Freud Reader*, ed. Peter Gay, New York: Norton, 1989.

_____, "Thoughts for the Times on War and Death", *Standard Edition of the Complete Psychological Works of Sigmund Freud*, ed. James Strachey, London: Hogarth Press, 1957, ch. XIV, pp. 273~302.

_____, "'Wild' Psychoanalysis", *Standard Edition of the Complete Psychological Works of Sigmund Freud*, London: Hogarth Press, 1957, ch. XI, pp. 221~227.

Freud, Sigmund, and Sandor Ferenczi, *The Correspondence of Sigmund Freud and Sandor Ferenczi*, eds. Eva Brabant, Ernst Falzeder, and Patrizia Giampieri-Deutsch, vol. 1, 1908~1914, Cambridge: Belknap Press of Harvard University Press, 1993.

*Freud-Jung Letters: The Correspondence between Sigmund Freud and C. G. Jung*, ed. William McGuire, Princeton: Princeton University Press, 1974.

Friche, V. M., "Freidizm i iskusstvo", *Vestnik kommunisticheskoi akademii*, vol. 12, 1925, pp. 236~264.

Fridman, B. D., "K dinamike tsikloidnykh zabolevanii", *Zhurnal nevropatologii i psikhiatrii*, vol. 4, 1928, pp. 367~372.

_____, "Osnovnye psikhologicheskie vozzreniia Freida i teoriia istoricheskogo materializma", *Psikhologiia i marksizm*, ed. K. N. Kornilov, Leningrad: Gosizdat, 1925, pp. 113~159.

Gakkebush, V. M., "K kritike sovremennogo primeneniia psikhoanaliticheskogo metoda lecheniia", *Sovremennaia psikhonevrologiia*, vol. 8, 1925, pp. 89~96.

Galant, I. B., "Masturbatsiia i avtokastratsiia v kartine shizofrenicheski-paranoidnogo zabolevaniia: k psikhologii paranoidnoi formy dementia praecoks", *Zhurnal nevropatologii i psikhiatrii*, vol. 3, 1928, pp. 307~315.

Gellner, Ernest, *The Psychoanalytic Movement or The Coming of Unreason*, London: Paladin-Granada Publishing, 1985.

Gozman, L., and A. Etkind, "Ot kul'ta vlasti k vlasti liudei", *Neva*, vol. 7, 1989, pp. 156~179.

Griboedov, A. S., "Trudnovospituemye deti i psikhoanaliz", *Voprosy izucheniia i vospitaniia lichnosti*, 1-2, 1926, pp. 57~68.

Grigor'ev, I., "Psikhoanaliz kak metod issledovaniia khudozhesrvennoi literatury", *Krasnaia nov'*, vol. 7, 1925, pp. 223~240.

Grigorov, G., and S. Skotov, "O 'liubvi' i brake", *Staryi i novyi byt*, Moscow-Leningrad: Molodaia gvardia, 1927, pp. 149~181.

Grunbaum, Adolf, *The Foundation of Psychoanalysis*, Berkeley: University of California Press, 1984.

Hale, Nathan, *Freud and the Americans: The Beginnings of Psychoanalysis in the United States*, 1876-1917, vol. 1, New York: Oxford University Press, 1971.

_____, *The Rise and Crisis of Psychoanalysis in the United States: Freud and the Americans*, 1917-1985, vol 2. New York: Oxford University Press, 1995.

Hodge, Thomas P., "Freudian Elements in Zoshchenko's Pered voskhodom sol'ntsa", *Slavonic and East European Review*, vol. 67, no. 1, January, 1989, pp. 1~28.

Iaroshevskii, M. G., "Vozvrashchenie Freida", *Psikhologicheskii zhurnal*, vol. 9, no. 6, 1988, pp. 129~138.

Ioffe, A. A., "Po povodu 'bezsoznatel'nogo' v zhizni individuuma", *Psikhoterapiia*, vol. 4, 1913, pp. 234~238.

Iurinets, V., "Freidizm i Marksizm", *Pod Znamenem marksizma*, vol. 8~9, 1924, pp. 51~93.

_____, "Psychoanalyse und Marxismus", *Unter dem Banner des Marxismus*, vol. 1, 1925, pp. 90~133.

Jaffe, Ruth, Interview with the author, July 8, 1985, Ramat Aviv, Israel.

_____, "Moshe Woolf: Pioneering in Russia and Israel", *Psychoanalytic Pioneers*, ed. F. Alexander, New York: Basic Books, 1966.

Jones, Ernest, *Life and Work of Sigmund Freud*, 3 vols, New York: Basic Books, 1957.

Jung, C. G., "The Freudian Theory of Hysteria", *Collected Works*, Princeton: Princeton University Press, 1979, 20 vols, ch. 4. pp. 53~58, Originally published in 1907.

Kannabikh, Iu. V., "Individual'naia psikhoterapiia Adlera, kak prakticheskii metod psikhoterapii i kak obshchaia teoriia povedeniia", *Psikho-nevrologicheskie nauki*, ed. A. B. Zalkind, Moscow: Gosmedizdat, 1930, pp. 319~321.

Katz, Michael, *Dreams and the Unconscious in Nineteenth-Century Russian Fiction*, Hanover, N.H.: University Press of New England, 1984.

Katzel, Siegfried, *Marxismus und Psychoanalyse: eine ideologiegeschichtliche Studie zur Diskussion in Deutschland und der USSR*, Berlin: VEB Deutscher Verlag der Wissenschaften, 1987.

Kerr, John, *A Most Dangerous Method: The Story of Jung, Freud, and Sabina Spielrein*, New York: Knopf, 1993.

Khaletskii, A. M., "Freudianism, Microsociology and Existentialism", *Soviet Psychology and Psychiatry*, vol. 6, no. 1, Fall 1965, pp. 45~53.

_____, "Psikhoanaliz lichnosti i tvorchestva Shevchenko", *Sovremennaia psikhonevrologiia*, vol. 3, 1926, pp. 345~354.

Klemen, K. B., P. Bruno and L. Sev, *Marksistskaia kritika psikhoanaliza*. Translated from the French, eds. F. V. Bassin and V. E. Rozhnov, Moscow: Progress, 1976.

Kollantai, Alexandra, "Make Way for Winged Eros: A Letter to Working Youth", *Selected Writings of Alexandra Kollantai*, ed. Alix Holt, Westport, Conn.: Lawrence Hill, 1977, Originally published in 1923.

Kon, I. S., "Reabilitatsiia Freida", *Moskovskie novosti*, vol. 26, July 1, 1990, p. 10.

_____, *Sotsiologiia lichnosti*, Moscow: Izdatel'stvo politicheskoi literatury, 1967.

Kon, Igor, and James Riordan, *Sex and Russian Society*, Bloomington: Indiana University Press, 1993.

Kubie, Lawrence S., "Pavlov, Freud and Soviet Psychiatry", *Behavioral Science*, vol. 4, 1959, pp. 29~34.

Kurtsin, I. T., *Kritika Freidizma v meditsine i fiziologii*, Moscow-Leningrad: Nauka, 1965.

Kurzweil, Edith, *The Freudians*, New Haven: Yale University Press, 1989.

Lalaiants, I. E., and L. S. Milovanova, "Freid i Freidizm", *Sovetskaia bibliografiia*, vol. 5, September-October 1990, pp. 53~62.

Laqueur, Walter, "Psychoanalysis in Soviet Perspective", *Soviet Survey*, vol. 7, 1956, pp. 2~8.

Lauterbach, W., *Soviet Psychotherapy*, New York: Pergamon Press, 1984.

Lavrent'ev, N. N., "Dushevnye bolezni i polovye prestupleniia", *Zhurnal nevropatologii i psikhologii*, vol. 1, 1928, pp. 59~74.

Leibin, V. M., *Freid, psikhoanaliz i sovremennaia zapadnaia filosofiia*, Moscow: Politizdat, 1990.

_____, "Iz istorii vozniknoveniia psikhoanaliza (Pis'ma Z. Freida Flissu)", *Voprosy filosofii*, vol. 4, 1988, pp. 104~117.

_____, "Konformizm i respektabel'nost' psikhoanaliza", *Voprosy filosofii*, vol. 4, 1972, pp. 143~147.

_____, "Psikhoanaliz i bessoznatel'noe: utochnenie poniatii", *Psikhologicheskii zhurnal*, vol. 10, no. 3, 1989, pp. 17~22.

_____, *Psikhoanaliz i filosofiia neofreidizma*, Moscow: Izdatel'stvo politicheskoi literatury, 1977.

_____, "Repressirovannyi psikhoanaliz: Freid, Trotskii, Stalin", *Rossiiskii psikhoanaliticheskii vestnik*, vol. 1, 1991, pp. 32~55.

_____, "Vera ili razum", *Voprosy filosofii*, vol. 8, 1988, pp. 126~132.

Leibin, V. M., ed., *Zigmund Freid, psikhoanaliz i russkaia mysl'*, Moscow: Izdatel'stvo "Respublika", 1994.

Levchuk, L. T., *Psikhoanaliz i khudozhestvennoe tvorchestvo*, Kiev: Izdatel'stvo pri Kievskom universiteta, 1980.

_____, *Psikhoanaliz: ot bessoznatel'nogo k "ustalosti ot soznaniia"*, Kiev:

Izdatel'stvo pri Kievskom universitete, 1989.

Lichko, A. E., "Psikhologiia ornoshenii kak teoreticheskaia kontseptsiia v meditsinskoi psikhologii i psikhoterapii", *Zhurnal nevropatologii i psikhiatrii*, vol. 77, no. 12, 1977, pp. 1833~1838.

Likhnitskii, V. N., "Osnovnyia napravleniia sovremennoi ratsionalisticheskoi psikhoterapii", *Psikhoterapiia*, 3, 1912, pp. 1~11, 103~120.

Ljunggren, Magnus, "The Psychoanalytic Breakthrough in Russia on the Eve of the First World War", *Russian Literature and Psychoanalysis*, ed. Daniel Rancour-Laferriere, Amsterdam: John Benjamins, 1989.

Lobner, Hans, "'The Unconscious' in the Soviet Union", *Sigmund Freud House Bulletin*, vol. 3, 1979, 20~28.

Lobner, Hans, and Vladimir Levitin, "A Short Account of Freudism: Notes on the History of Psychoanalysis in the USSR", *Sigmund Freud House Bulletin*, vol. 2, no. 1, 1978, pp. 5~29.

Luria, A. R., "Psikhoanaliz", *Bol'shaia sovetskaia entsiklopediia*, vol. 40, 1940, pp. 507~510.

_____, "Psikhoanaliz kak sistema monisticheskoi psikhologii", ed. K. N. Kornilov, *Psikhologiia i marksizm*, Leningrad: Gosizdat, 1925, pp. 47~80, Translated as "Psychoanalysis as a System of Monistic Psychology", *The Selected Writings of A. R. Luria*, ed. Michael Cole, White Plains, N.Y.: M. Sharpe, 1978, pp. 3~41.

_____, *Psikhoanaliz v svete osnovnykh tendentsii sovremennoi psikhologii*, Kazan: n.p., 1922.

_____, "Report of Meetings for the Fourth Quarter, 1923", *International Journal of Psychoanalysis*, vol. 5, 1924, pp. 258~261.

_____, *The Making of Mind: A Personal Account of Soviet Psychology*, eds. Michael and Sheila Cole, Cambridge: Harvard University Press, 1979.

Malis, G., *Psikhoanaliz kommunizma*, Kharkov: Kosmos, 1924.

Manson, Irina, "La psychanalyse en U.R.S.S.: La perestroika de la conscience", *Esquisse psychanalytiques*, vol. 2, Spring 1989, pp. 5~32.

Margetts, Edward L., "The Concept of the Unconscious in the History of Medical Psychology", *Psychiatric Quarterly*, vol. 27, 1953, pp. 116~138.

Marti, Jean, "La psychanalyse en Russie et en Union soviétique de 1909 à 1930", *Critique*, vol. 32, no. 346, March, 1976, pp. 199~236.

Masson, Jeffrey, *The Assault on Truth: Freud's Suppression of the Seduction Theory*, New York: Penguin Books, 1985.

Masson, Jeffrey, ed., *The Complete Letters of Sigmund Freud to Wilhelm Fliess*, 1887-1904, Cambridge: Harvard University Press, 1985.

Maximov, Igor, "La psychanalyse russe", *L'Ane*, vol. 10, 1983, pp. 3~5.

Micale, Marc, ed., *Beyond the Unconscious: Essays of Henri Ellenberger in the History of Psychiatry*, Princeton: Princeton University Press, 1993.

Mikhailov, F., and G. Tsaregorodtsev, *Za porogom soznaniia*, Moscow: Gosizdatpolitlit, 1961.

Miller, Emanuel, "Freud and Pavlov", *Soviet Survey*, vol. 28, April-June, 1959, pp. 64~65, 80.

Miller, Martin A., "Freudian Theory under Bolshevik Rule: The Theoretical Controversy During the 1920s", *Slavic Review*, vol. 44, no. 4, Winter 1985, pp. 625~646.

_____, "The Origins and Development of Russian Psychoanalysis, 1909-1930", *The Journal of the American Academy of Psychoanalysis*, vol. 14, no. 1, January, 1986, pp. 125~135.

_____, "The Reception of Psychoanalysis and the Problem of the Unconscious in Russia", *Social Research*, vol. 57, no. 4, Winter 1990, pp. 875~888.

Musatti, Cesare L., "An Answer to F. V. Bassin's Criticism of Freudianism", *The Soviet Review*, vol. 1, no. 5, December, 1970, pp. 14~27.

Naiman, Eric, *Sex in Public: The Incarnation of Early Soviet Ideology*, Princeton: Princeton University Press, 1997.

_____, "The Case of Chubarov Alley: Collective Rape, Utopian Desire and the Mentality of NEP", *Russian History*, vol. 17, no. 1, Spring 1990, pp. 1~30.

Neiditsch, J., "Über den gegenwärtigen Stand der Freudschen Psychologie in Russland", *Jahrbuch der psychoanalytische und psychopathologische Forschungen*, vol. 2, 1910, pp. 347~348.

Neiditsch, Sara, N. Osipov and M. Pappenheim, "Psychoanalysis in Russia", *International Journal of Psychoanalysis*, December, 1922, pp. 513~520. Slightly abridged translation of "Die Psychoanalyse in Russland während der letzten Jahre", *International Zeitschrift für arztliche Psychoanalyse*, vol. 7, 1921, pp. 381~388.

Neufeld, Iolan, *Dostoevskii: Psikhoanaliticheskii ocherk*, Leningrad: Izdatel'stvo "Petrograd", 1925.

Niqueux, Michel, "La critique marxiste face à l'érotisme dans la littérature russe (1908-1928)", *Amour et érotisme dansla littérature russe du XXe siècle*, ed. Leonid Heller, Bern: Peter Lang, 1992, pp. 83~90.

Nunberg, Herman, and Ernst Federn, eds., *Minutes of the Vienna Psychoanalytic Society*, New York: International Universities Press, vol. 1(1906~1908), 1962, vol. 2(1908~1910), 1964. vol. 3(1910~1911), 1974, vol. 4(1912~1915), 1975.

Obholzer, Karin, *The Wolf Man Sixty Years Later*, New York: Continuum, 1982.

Osipov, N. E., "Eshche o psikhoanalize", *Psikhoterapiia*, vol. 1, 1910, pp. 153~172.

_____, "Idealisticheskiia nastroeniia i psikhoterapiia", *Psikhoterapiia*, vol. 1, 1910, pp. 244~255.

_____, "Mysli i somneniia po povodu odnogo sluchaia 'degenerativnoi psikhopatii'", *Psikhoterapiia*, vol. 3, 1912, pp. 189~215, 299~306.

_____, "O bol'noi dushe", *Zhurnal nevropatologii i psikhiatrii*, vol. 13, 1913, pp. 657~673.

_____, "O naviazchivoi ulybke", *Zhurnal nevropatologii i psikhiatrii*, vol. 12, 1912, pp. 570~578.

_____, "O nevroze boiazni (Angstneurose)", *Zhurnal nevropatologii i psikhiatrii*, vol. 9, nos. 1-2, 1909, pp. 783~805.

_____, "O 'panseksualizme' Freud'a", *Zhurnal nevropatologii i psikhiatrii*, vol. 2, no. 1, 1911, pp. 749~760.

_____, "O psikhoanalize", *Psikhoterapiia*, vol. 1, 1910, pp. 11~28, 106~116.

_____, "Posledniia raboty Freud'ovskoi shkoly", *Zhurnal nevropatologii i psikhiatrii*, vol. 9, 1909, pp. 526~586.

_____, "Psikhologicheskie i psikhpatologicheskie vzgliady Sigm, Freud'a v nementskoi literature 1907 goda", *Zhurnal nevropatologii i psikhiatrii*, vol. 8, nos. 1~2, 1908, pp. 564~584.

_____, "Psikhologiia kompleksov i assotsiativnyi eksperiment po rabotam tsiurikhskoi kliniki", *Zhurnal nevropatologii i psikhiatrii*, vol. 8, no. 1, 1908, pp. 1021~1074.

_____, "Psikhoterapiia v literaturnykh proizvedeniiakh L. N. Tolstogo", *Psikhoterapiia*, vol. 2, 1911, pp. 1~21.

_____, "Zapiski sumashedshago", *Psikhoterapiia*, vol. 3, 1913, pp. 141~158.

Ovcharenko, V. I., "Sud'ba Sabiny Shpil'rein", *Rossiiskii psikhoanaliticheskii vestnik*, vol. 2, 1992, pp. 64~69.

Ozererskovskii, D. S., "K kritike psikhoanaliza: o novykh putiakh v lechenii nevrotikov", *Sovremennaia psikhonevrologiia*, vol. 8, no. 1, 1929, pp. 311~319.

Perepel, Elias, "On the Physiology of Hysterical Aphonia and Mutism", *International Journal of Psychoanalysis*, vol. 11, 1930, pp. 185~192.

_____, "The Psychoanalytic Movement in the U.S.S.R.", *Psychoanalytic Review*, vol. 26, 1939, pp. 291~299.

Perepel, I. A., *Opyt primeneniia psikhoanaliza k izucheniiu detskoi defektivnosti*, Leningrad: Izdanie avtora, 1925.

_____, *Sovetskaia psikhonevrologiia i psikhoanaliz: K voprosu o lechenii i profilaktike nevrozov v SSSR*, Leningrad: Izdanie avtora, 1927.

Pevnitskii, A. A., "Neskol'ko sluchaev psikhoanaliza", *Psikhoterapiia*, vol. 2, 1910, pp. 51~62.

Pirog, Gerald, "Bakhtin and Freud on the Ego", *Russian Literature and Psychoanalysis*, ed. Daniel Rancour-Laferriere, Amsterdam: John Benjamins, 1988, pp. 401~415.

_____, "The Bakhtin Circle's Freud: From Positivism to Hermeneutics", *Poetics Today*, 8, 1987, pp. 591~610.

Pokrovskii, A., "Sushchestvuiut-li bezsoznatel'nye psikhicheskie protsessy i esli sushchestvuiut, to kakova ikh deistvitel'naia priroda?" *Vera i razum* (Kharkov), vol. 11, 1912, pp. 640~655.

Pollack, George, "Psychoanalysis in Russia and the U.S.S.R.: 1908-1979", *Annual of Psychoanalysis*, vol. 10, 1982, pp. 267~279.

Polosin, M. P., "Dr. Med. N. E. Osipov", *Zhizn' i smert'. Sbornik pamiati D-ra N. E. Osipova*, ed. A. L. Bem, F. N. Dosuzhkov and N. O. Losskii, Prague, 1935, pp. 5~15.

Porter, Roy, and Mikulas Teich, eds., *Sexual Knowledge. Sexual Science: A History of Attitudes to Sexuality*, Cambridge: Cambridge University Press, 1994.

Prangishvili, A. S., A. E. Sheroziia and F. V. Bassin, eds., "Mezhdunarodnyi simpozium po probleme neosoznovaemoi psikhicheskoi deiatel'nosti", *Voprosy psikhologii*, vol. 2, 1980, pp. 181~184.

_____, *The Unconscious: Nature, Functions, Methods of Study*, 3 vols, Tbilisi: Metsniereba, 1978.

Pruzhinina, A. A., *Kritika frantsuzskimi Marksistami psikhoanaliza*, Moscow: Izdatel'stvo Moskovskogo universiteta, 1984.

Radzikhovskii, L. A., "Teoriia Freida: smena ustanovki", *Voprosy psikhologii*, vol. 6, 1988, pp. 100~105.

Reich, Wilhelm, "Dialekticheskii materializm i psikhoanaliz", *Pod Znamenem marksizma*, vol. 7~8, 1929, pp. 180~206.

_____, "Psikhoanaliz kak estestvenno-nauchnaia distsiplina", *Estestvoznanie i marksizm*, vol. 4, 1929, pp. 99~108.

_____, "Psychoanalysis in the Soviet Union", *Sex-Pol. Essays, 1929-1934*, ed. Lee Baxandall, New York: Random House, 1966, pp. 75~88, Originally published as "Die Stellung der Psychoanalyse in der Sowjetunion: Notizen von einer Studienreise nach Russland", *Die Psychoanalytische Bewegung*, vol. 1, 1929, pp. 358~368.

Reisner, M. A., "Freid i ego shkola o religii", *Pechat' i revoliutsiia*, vol. 1, January-February, 1924, pp. 40~60; vol. 3, May-June 1924, pp. 81~106.

_____, "Sotsial'naia psikhologiia i uchenie Freida", *Pechat' i revoliutsiia*, vol. 3, May, 1925, pp. 54~69; vol. 4, June 1925, pp. 88~100; vol. 5~6, July-September, 1925, pp. 133~150.

Rice, James, *Dostoevsky and the Healing Art*, Ann Arbor: Ardis, 1985.

_____, *Freud's Russia: National Identity in the Evolution of Psychoanalysis*, New Brunswick, N.J.: Transaction, 1993.

_____, "Russian Stereotypes in the Freud-Jung Correspondence", *Slavic Review*, vol. 41, no. 1 Spring 1982, pp. 19~34.

Robinson, Paul, *The Freudian Left*, New York: Harper and Row, 1969.

Rollins, Nancy, "A Critique of Soviet Concepts of Consciousness and Unconsciousness", *Interaction*, vol. 3, 4, Winter 1980, pp. 225~233.

_____, "Consciousness, Unconsciousness and the Concept of Repression", *The Unconscious*, eds. A. S. Prangishvili, A. E. Sherozia and E V. Bassin, Tbilisi: Metsniereba, 1978, ch. 1. pp. 266~281.

_____, "The New Soviet Approach to the Unconscious", *American Journal of Psychiatry*, vol. 131, no. 4, March, 1974, pp. 301~304

Rotenberg, V. S., "Aktivnost' snovidenii i problema bessoznatel'nogo", *The Unconscious*, eds. A. S. Prangishvili, A. E Sherozia and E. V. Bassin, Tbilisi: Metsniereba, 1978, ch. 2 pp. 99~110.

Roudinesco, Elisabeth, *Jacques Lacan and Co.: A History of Psychoanalysis in France, 1925-1985*, trans. Jeffrey Mehlman, Chicago: University of Chicago Press, 1990. Originally published as *La bataille de cent ans: Histoire de la psychanalyse en France*, 2 vols, Paris: Editions du Seuil, 1986.

Rozental, Tatiana, "'Opasnyi vozrast' Karin Mikhaelis v svete psikhoanaliza", *Psikhoterapiia*, 1911, pp. 189~194, 273~289.

_____, "Stradanie i tvorchestvo Dostoevskogo: Psikhologicheskoe issledovanie", *Voprosy izucheniia i vospitaniia lichnosti*, vol. 1, 1919, pp. 88~107.

Rozhnov, V. E. and M. E. Burno, "Uchenie o bessoznatel'nom i klinicheskaia psikhoterapiia: postanovka voprosa", *The Unconscious*, eds. A. S. Prangishvili, A. E. Sherozia and F. V. Bassin, vol. 2, Tbilisi: Metsniereba, 1978, pp. 346~352.

Rutkovskii, Leonid, "Gipoteza bezsoznatel'nykh dushevnykh iiavlenii", *Zhurnal ministerstva narodnago prosveshcheniia*, 1895, pp. 323~371.

Sapir, I. D., "Doklady v Komakademii", *Estestvoznanie i marksizm*, vol. 4, 1929, pp. 108~125.

_____, "Freidizm i marksizm", *Pod Znamenem marksizma*, vol. 2, 1926, pp. 57~87.

_____, "Freidizm, sotsiologiia, psikhologiia", *Pod Znamenem marksizma*, vol. 7-8, 1929, pp. 207~236.

_____, *Vysshaia nervnaia deiatel'nost' cheloveka*, Moscow: Gosizdat, 1925.

Schmidt, Vera, "Education psychanalytique en Russie soviétique", *Les temps modernes*, vol. 273, March, 1969, pp. 1626~1647.

_____, *Psychoanalytische Erziehung in Sowjetrussland. Bericht über das Kinderheim-Laboratorium in Moskau*, Leipzig: Internationaler Psychoanalytischer Verlag, 1924.

Sharp, Jane A., "Redrawing the Margins of Russian Vanguard Art: Natalia Goncharova's Trial for Pornography", *Sexuality and the Body in Russian Culture*, eds. Jane T. Coslow, Stephanie Sandler and Judith Vowels, Stanford: Stanford University Press, 1993.

Sheroziia, A. E., *K probleme soznaniia i bessoznatel'nogo psikhicheskogo*, 2 vols, Tbilisi: Metsniereba, 1969, 1973.

Sirotkina, I. E., "Is istorii russkoi psikhoterapii: N. E. Osipov v Moskve i v Prage", *Voprosy psikhologii*, vol. 1, 1995, pp. 74~83.

Smirnov, A. I., *O soznanii i bezsozllatel'nykh dukhovllykh iiavleniiakh*, Kazan: Univ. tipograf, 1875.

Spielrein, Sabina, "Beiträge zur Kenntnis der kindliche Seele", *Zentralblatt für Psychoanalyse*, vol. 3, 1912, pp. 57~72.

_____, "Die Destruktion als Ursache des Werdens", *Jahrbuch für psychoanalytische und psychologische Forschungen*, vol. IV, 1912, pp. 465~503.

_____, "Russische Literatur", *Bericht über die Fortschritte der Psychoanalyse in den Jahren 1914-1919*, Leipzig: Internationaler Psychoanalytischer Verlag, 1921, pp. 356~365.

_____, "Über den psychologischen Inhalt eines Falles von Schizophrenie", *Jahrbuch für psychoanalytische und psychologische Forschungen*, vol. III, 1911, pp. 329~400.

Sterba, Richard, "Discussions of Sigmund Freud", *Psychoanalytic Quarterly*, vol. 47, no. 2, 1978, pp. 181~184.

Stern, Mikhail, *Sex in the USSR*, New York: Times Books, 1980.

Sullaway, Frank, *Freud: Biologist of the Mind*, New York: Basic Books, 1979.

Sviadoshch, A. M., *Nevrozy i ikh lechenie*, Moscow: Meditsina, 1971.

_____, "Rol' neosoznavaemykh motivov v klinike nevrozov", *The Unconscious*, eds. A. S. Prangishvili, A. E. Sherozia and F. V. Bassin, vol. II, Tbilisi: Metsniereba, 1978, pp. 361~366.

Tarasov, K. E., and M. S. Kel'ner, *"Freido-Marksizm" o cheloveke*, Moscow: Mysl', 1989.

"The Russian Psychoanalytic Society", *International Journal of Psychoanalysis*, Selected reports throughout the 1920s.

"The Unconscious in the USSR: Can Marx and Freud Find Common Ground", *Roche Report: Frontiers of Psychiatry*, vol. 11, no. 9, October 15, 1981, pp. 12~13.

Tögel, Christfried, "Lenin und die Rezeption der Psychoanalyse in der Sowjetunion der Zwanzigerjahre", *Sigmund Freud House Bulletin*, vol. 13, no. 1, 1989, pp. 16~27.

Tsenrral'nyi gosudarstvennyi arkhiv RSFSR (Moscow), Fondy 298, 2306, 2307.

*Upadochnoe nastroenie sredi molodezhi: Eseninshchina*, ed. A. V. Lunacharskii,

Moscow: Kommunisticheskaia akademiia, 1927.

Vasil'chenko, G. S., *Obshchaia seksopatologiia*, Moscow: Meditsina, 1977.

Veidemiuller, K., and A. Shcheglov, "Freidizm", *Bol'shaia sovetskaia entsiklopediia*, 1935, pp. 187~193.

Veliev, G. N., *Problema bessoznatel'nogo v filosofii i pskihologii*, Baku: Elm, 1984.

Vittels, F., *Freid*, With an introduction by M. A. Reisner, Moscow: Gosizdat, 1925. Russian translation of Fritz Wittels, *Sigmund Freud, der Mann, die Lehre, die Schule*, Leipzig: E. P. Tal, 1924.

Vnukov, V. A., "Psikhoanaliz", *Meditsinkaia entsiklopediia*, 1933, no. 27, p. 733.

Voloshinov, V. N., *Freudianism: A Critical Sketch*, Bloomington: Indiana University Press, 1987, Originally published in 1927 as *Freidizm: Kriticheskii ocherk*, Reprinted in *Zigmund Freid, psikhoanaliz i russkaia mysl'*, ed. V. M. Leibin, Moscow: Izdatel'stvo "Respublika", 1994, pp. 269~346.

_____, "Po tu storonu sotsial'nogo: o Freidizme", *Zvezda*, vol. 5, no. 11, 1925, pp. 186~214.

Von Wiren-Garczynski, Vera, "Zoshchenko's Psychological Interests", *Slavic and East European Journal*, vol. 11, no. 1, Spring 1967, pp. 3~22.

Voronskii, A., "Freidizm i iskusstvo", *Krasnaia nov'*, vol. 7, 1925, pp. 241~262.

Vyrubov, N. A., "K voprosu o geneze i lechenii nevroza trevogi kombinirovannym gipnoanaliticheskim metodom", *Psikhoterapiia*, vol. 1, 1910, pp. 29~41.

Waning, Adeline Van, "The Works of Pioneering Psychoanalyst, Sabina Spielrein", *International Review of Psychoanalysis*, vol. 19, 1992, pp. 399~414.

Wells, Harry K., *Pavlov and Freud: Toward a Scientific Psychology and Psychiatry*, 2 vols, New York: International Publishers, 1956.

White, Lancelot Law, *The Unconscious before Freud*, New York: Basic Books, 1960.

Wolf Man, *The Wolf Man*, ed. Muriel Gardiner, New York: Basic Books, 1971.

Wolff, Larry, *Postcards from the End of the World: Child Abuse in Freud's Vienna*, New York: Atheneum, 1988.

Wood, Elizabeth, "Prostitution Unbound", *Sexuality and the Body in Russian Culture*, eds. Jane T. Coslow, Stephanie Sandler, and Judith Vowels, Stanford: Stanford University Press, 1993, pp. 124~135.

Wulff, Moshe, "A Phobia in a Child of 18 Months", *International Journal of Psychoanalysis*, vol. 9, 1928, pp. 354~359.

_____, "Beiträge zur infantilen Sexualität", *Zentralblatt für Psychoanalyse*, vol. 2, 1912, pp. 6~17.

_____, "Bemerkungen über einige Ergebnisse bei einer psychiatrisch-neurologischen Untersuchung von Chauffeuren", *Internationale Zeitschrift für Psychoanalyse*, vol. 14, 1928, pp. 237~242.

_____, "Die russische psychoanalytische Literatur bis zum Jahre 1911", *Zentralblatt für Psychoanalyse*, vol. 7/8, April-May, 1911, pp. 364~371.

_____, "Eine interessanter Zusammenhang von Traum Symbolhandlung und Krankheitssymptom", *Internationale Zeitschrift für arztlich Psychoanalyse*, vol. 1, 1913, pp. 559~560.

_____, "Kleine Beiträge aus der psychoanalytischen Praxis", *Zentralblatt für Psychoanalyse*, vol. 1, 1911, pp. 337~341.

_____, "K psikhoanalizu koketstva", *Sovremennaia psikhonevrologiia*, vol. 3/4, 1925, pp. 33~43.

_____, "Opyt' psikhoanaliticheskago razbora sluchaia psikhonevroticheskago zabolevaniia", *Sovremennaia psikhiatriia*, vol. 3, March, 1914, pp. 197~224.

_____, "Zur Stellung der Psychoanalyse in der Sowjetunion", *Die Psychoanalytische Bewegung*, vol. 2, 1929, pp. 70~75.

Young, Donald, "Ermakov and Psychoanalytic Criticism in Russia", *Slavic and East European Journal*, vol. 23, no. 1, Spring 1979, pp. 72~86.

Zachepitskii, R. A., "Kriticheskii analiz 'Freido-Marksizma'", *Zhurnal nevropatologii i psikhiatrii*, vol. 82, 1982, pp. 142~148.

_____, "Psychotherapy and Psychoanalysis in Neuroses", *Current Psychiatric Therapies*, ed. Jules H. Masserman, vol. 23, 1986, pp. 249~256.

Zalkind, A. B., "Freidizm i Marksizm", *Krasnaia nov'*, vol. 4, no. 21, 1924, pp. 163~186.

_____, *Ocherki kul'tury revoliutsionnogo vremeni*, Moscow: Gosizdat, 1924.

_____, "Pervyi vsesoiuznyi s"ezd po izucheniiu povedeniia cheloveka", *Zhurnal nevropatologii i psikhiatrii*, vol. 6, 1930, pp. 19~24.

_____, "Polovoi vopros s kommunisticheskoi tochki zreniia", *Polovoi vopros*, ed. S. M. Kalmanson, Moscow: Gosizdat, 1924, pp. 5~16.

_____, *Polovoi vopros v usloviiakh sovetskoi obshchestvennosti*, Leningrad: Gosizdat, 1926.

Zalkind, A. B., ed., *Psikho-nevrologicheskie nauki v SSR (Materialy I Vsesoiuznogo s"ezda po izucheniiu povedeniia cheloveka)*, Moscow: Gosmedizdat, 1930.

_____, *Revoliutsiia i molodezh*, Moscow: Gosizdat, 1925.

Zelenskii, V., "Psikhoanaliz v literaturnovedenii", *Sovetskaia bibliografiia*, vol. 6, November-December, 1990, pp. 101~111.

Zhelianova, L., "O freidistskom iskazhenii russkoi literatury v sovremennom amerikanskom literatunovedenii", *Russkaia Literatura*, vol. 2, 1959, pp. 226~234.

:: 고르바초프 시대에 처음으로 재발행된 프로이트의 저작

*Izbrannoe*, Edited and with an introduction by A. I. Belkin, Moscow: Vneshtorgizdat, 1989.

*Psikhologiia bessoznatel'nogo*, Edited and with an introduction by M. G. Iaroshevskii, Moscow: Prosveshchenie, 1989.

*Vvedenie v psikhoanaliz*, Edited by M. G. Iaroshevskii, With an essay by F. V. Bassin and M. G. Iaroshevskii, Moscow: Nauka, 1989.

# 찾아보기